As Origens da Civilização Adâmica – I

VIDA DE ABEL

Época: Oito mil e trezentos anos antes de Jesus Cristo

Josefa Rosalía Luque Alvarez
(Sisedon de Trôade)

AS ORIGENS DA CIVILIZAÇÃO ADÂMICA – I

VIDA DE ABEL

Tradução
HÉLIO MOURA

Cotejada com os originais por
HUGO JORGE ONTIVERO
MONICA FERRI

EDITORA PENSAMENTO
São Paulo

Título do original:
Origenes de la Civilización Adámica — I
Vida de Abel

Copyright © FRATERNIDAD CRISTIANA UNIVERSAL
Casilla de Correo nº 47
C.P 1648 — Tigre (Prov. Buenos Aires)
República Argentina

Edição	Ano
1-2-3-4-5-6-7-8-9	97-98-99-00

Direitos de tradução para a língua portuguesa
adquiridos com exclusividade pela
EDITORA PENSAMENTO LTDA.
Rua Dr. Mário Vicente, 374 – 04270-000 – São Paulo, SP – Fone: 272-1399
E-MAIL: pensamento@snet.com.br
http://www.pensamento-cultrix.com.br
que se reserva a propriedade literária desta tradução.

Impresso em nossas oficinas gráficas.

SUMÁRIO

Biografia	7
Prefácio	9
Os Prófugos	13
Os Caminhos de Deus	23
Johevan e Aldis	33
As Forças Radiantes	39
A Vida na Caverna	44
A Vida no Santuário	47
Gaudes	53
Lendo o Passado	56
Os Auxiliares de Gaudes	67
Funerais Kobdas	71
A Confidência na Caverna	75
Os Piratas	80
O Veleiro	83
A Transmigração de Bohindra	87
Johevan Livre	91
Abélio de Cretásia	96
Bohindra Jovem	99
O Ágape	101
Neve e Geadas	103
A Mulher Forte	105
Aldis e Seus Nove Companheiros	108
O Kobda Rei	111
Milcha, a Heróica	115
A Humanidade Decadente	118
A Aliança do Eufrates com o Nilo	124
As Glórias do Dever Cumprido	126
As Mulheres Kobdas	133
O Ensinamento de Tubal	136
A Magia do Amor	141
A Escrava Livre	143
Os Pequenos Eremitas	147
Adamu e Évana	151
Os Precursores do Verbo de Deus	161

A Luz Baixa à Terra	166
Clareando Sombras	174
O Paraíso de Adamu e Évana	176
Seguindo a Caravana	189
Os Tubos de Cobre	194
Dissecando o Passado	198
Sênio	201
Andorinhas que Retornam	206
A História de Shiva	210
O Santuário da Paz	215
No Eufrates	220
Ada de Musur	228
A Rainha Kobda	232
A Grande Aliança	237
Bohindra e Ada	242
O Poder do Pensamento	246
Crianças Com as Crianças	251
Os Pavilhões dos Reis	255
O Menino Mestre	260
O Despertar do Menino-Luz	261
Observações de Abel	264
O Caminho das Trevas	268
O Hino da Tarde	274
O Kobda Menino	284
O Jovem Mestre	288
Madeu de Ghanna	292
Vinte Anos de Amor	295
O Habitante de Sírio	297
Primeira Missão de Abel	300
Babel Pré-Histórica	306
Os Homens-Luz	311
O Príncipe de Shivara	318
Hélia e Mabi	323
O Homem das Folhas Secas	326
A Dúvida de Iber	332
Os Bambuais do Eufrates	337
Os Dois Santuários	341
Rosas do Entardecer	345
Num-Ma-Ki	348
O Reino de Bau	350
O Caminho das Trevas	354
A Mensageira Kobda	358
O Perdão e a Justiça	361
A Caverna dos Vampiros	369

JOSEFA ROSALÍA DEL CORAZÓN DE JESÚS LUQUE ALVAREZ
☆ 18-3-1893 — † 1º-8-1965

BIOGRAFIA

Fundou a Escola "Fraternidad Cristiana Universal" no ano de 1939, no santuário de Negadá, situado numa ilha do Delta Argentino.

Teve como base moral e espiritual o cultivo interior, o "conhecimento" de si mesma e a união íntima com a Divindade através da meditação, em relação ao indivíduo em particular e à divulgação do ideal cristão pelo exemplo e pela divulgação das obras.

Nasceu na cidade de Vila Dolores, província de Córdoba, na República Argentina, no dia 18 de março de 1893, sendo seus pais Don Rafael Eugenio Luque e Dona Dorotea Alvarez. Foi educada no Colégio das Carmelitas Descalças da Cidade de Córdoba.

Escritora de pena ágil, com asas de condor, sobrevoou os planos terrestres até pousar na morada dos escolhidos pela Eterna Lei para descerrar os Véus do Arquivo da Luz, onde tudo está gravado com decalques a fogo.

Que foi que viu sua mente iluminada? Ela presenciou um formidável apocalipse quando a Maga Invisível dos Céus descerrou diante dela seu véu de desposada, e deixou a descoberto as glórias, os triunfos, as lutas, as abnegações, os sofrimentos e esplendores da morte dos amantes do Amor e da Justiça por um ideal de libertação humana!

Que mais? As vidas dos missionários divinos, que, limpando de ervas daninhas os campos, abriam sulcos para a semeadura do Amor Fraterno nas almas que seriam as encarregadas de fazê-la frutificar o cento por um.

E por último? As vidas messiânicas de um Arcanjo do Sétimo Céu dos Amadores que, deixando sua morada de Paz e Amor, descia ao plano terrestre para misturar-se com as pequenas almas inconscientes do seu destino; e também para que, na sua mão, no seu manto, se abrigassem os que quisessem deixar de ser almas enchafurdadas no lodo das próprias paixões, dos desejos insatisfeitos e dos egoísmos que foram formando cicatrizes e manchando as vestes que cobrem a Essência Divina.

Tudo isso e muito mais ela viu nesse espelho brilhante e límpido como não há outro, e, descendo em precipitado vôo, mas com grande dor, transferiu para o papel tudo quanto sua mente viu e seu coração sentiu.

A ti, leitor amigo, é oferecido, com todo o amor, o que o seu amor criou através de mais de trinta anos de escrita: *Origens da Civilização Adâmica, Harpas Eternas, Cumes e Planícies, Moisés*, etc., prosa e poesia mística e profana.

Ao iniciar a leitura desta sua última obra, terminada antes de partir para sua morada na Luz, peço que o faças com a sinceridade daquele que busca a Verdade, a Luz e o Amor. Se, ao final dela, teu coração encontrou o que ansiava, elevemos uma prece de eterno agradecimento ao Altíssimo, e a ela, a sempre-viva de teu amor refletido em teus semelhantes.

Assim daremos cumprimento em nós mesmos ao ideal do nosso Divino Guia e Instrutor: "AMAR A DEUS SOBRE TODAS AS COISAS E AO PRÓXIMO COMO A NÓS MESMOS."

Prefácio

Para quem foi escrito este livro?

Para os buscadores sinceros da Verdade.

Para os que não têm outra religião além da Justiça, da Verdade e do Bem.

Finalmente, para os que, conhecendo a grandeza e a eternidade do espírito humano, buscam sua felicidade cultivando-o até o mais alto grau de perfeição possível sobre o plano terrestre.

Os leitores que não se contam entre os acima mencionados não só não compreenderão o livro, como sua leitura deixá-los-á tão vazios como antes de havê-lo aberto.

Falo, pois, neste prefácio, àqueles que podem compreender e assimilar esta leitura.

Em primeiro lugar me perguntareis: "Se esta obra relata fatos ocorridos há mais de dez mil anos, ou seja, vários milênios antes que a história recolhesse e conservasse as ocorrências dos homens, como o autor os recolheu e conservou?"

Em face de tal dúvida, torna-se necessário fazer ao leitor esta outra pergunta:

"Estudaste as obras desse grande explorador celeste dos tempos modernos, Camille Flamarion, chamado *o poeta dos céus*, ou de algum outro desses incansáveis viajantes estelares que fizeram dos espaços infinitos o campo de ação de todas as suas atividades científicas?"

Se os leste, saberás que a Luz é o grande arquivo do Universo e que, colocado o observador no ponto determinado pelas leis astrais e etéreas, produz-se o fato perfeitamente natural e lógico de que, seguindo os raios de luz refletidos pela Terra em qualquer época, por mais remota que seja, ele presenciará clara e nitidamente os fatos ocorridos.

Outro ponto que talvez sugira interrogações a algum leitor são as manifestações *extraterrestres* ou supranormais abundantes neste livro, e também ele perguntará: "Por que naquela época se produziam tais fatos com relativa facilidade e hoje não se produzem a não ser raríssimas vezes?"

Em primeiro lugar, partamos do princípio de que sou inimigo declarado do *milagre*, como se chama comumente aos fatos que não podem ser explicados pelas leis físicas conhecidas na atualidade; e sou inimigo simplesmente porque a palavra *milagre* denotou sempre a anulação ou destruição das leis imutáveis do Universo, o que não corresponde em absoluto à verdade; como, por exemplo, que um ser morto volte à vida, que as águas de um mar se abram como duas muralhas para deixar um largo caminho seco, e isto pela palavra de um homem e pelo tempo que esse homem quiser.

Trata-se de algo que pertence pura e simplesmente ao domínio da fábula, aceita somente por mentalidades demasiado estreitas que, sem raciocínio de nenhuma espécie, se deixam conduzir pelos dirigentes das religiões que medram com a ignorância das multidões inconscientes.

Quem ler esta obra certamente não encontrará tais maravilhas, porém muitos fatos que a ciência positiva e materialista nega porque não sabe explicá-los através das leis que hoje em dia lhe são conhecidas.

A força elétrica e a força magnética deram ao mundo surpresas admiráveis no último século. A força mental, ou seja, a do pensamento humano, dar-lhe-ia surpresas ainda maiores se a humanidade terrestre se dedicasse a cultivá-la como a cultivaram diversas instituições científicas e filantrópicas da mais remota antigüidade, até em países e continentes já desaparecidos e dos quais apenas hoje em dia começam a ser encontrados vestígios muito vagos e confusos.

Pois a esta força mental potentíssima, cujas leis são conhecidas apenas por um reduzido número de cultores, devem-se quase todos os fenômenos ou fatos supranormais que aparecem nesta obra. O leitor poderá perguntar: "Por que é reduzido o número dos cultivadores dessa grande força que tanto bem poderia causar à humanidade?" É reduzido em primeiro lugar porque para desenvolvê-la é necessária a depuração da alma, de tal forma que haja chegado ao domínio de todas as baixas paixões próprias desta atrasada humanidade.

Quantos são os homens que buscam e querem eliminar as baixezas de seu eu inferior?

Quantos são os que querem refrear a sua matéria e deixar voar o seu espírito?

Sendo tão mínima a evolução espiritual e moral da humanidade terrestre, é um ato de justiça da Lei Eterna de Harmonia e equilíbrio universal que, em meio destas humanidades tão novas, o desenvolvimento da força mental se conserve como patrimônio exclusivo dos poucos agrupamentos de seres cuja evolução os coloque em condições de fazer dela o uso devido.

As forças mentais ao alcance de todos os ambiciosos, egoístas e perversos fariam mais mal a esta humanidade do que todos os meios de destruição que as paixões humanas põem em favor de seus mesquinhos e vis interesses.

Creio com isto deixar satisfeito o leitor a respeito das manifestações extraterrestres realizadas no meio dos kobdas da época pré-histórica à qual se refere este livro.

Os domínios da mente humana são tão amplos como os espaços infinitos, e o homem mergulhado na espessa bruma de suas baixezas, próximas ainda da animalidade, não está apto para compreender e menos ainda para produzir fatos que requerem como base indispensável a pureza de vida e a elevação dos pensamentos e dos desejos, que possam formar um campo de ação perfeitamente equilibrado e harmônico.

Se até a mais insignificante máquina está sujeita a leis para produzir aquilo para o que foi destinada, quanto mais o estará esse princípio inteligente que é luz e vida

10

em cada ser e que faz dele uma centelha, uma parte, um reflexo da Eterna Energia criadora e conservadora de mundos na amplidão incomensurável do Universo.

Leitor que buscas sinceramente a Verdade; leitor que não tens nem queres outra religião senão o Bem, a Verdade e a Justiça; leitor que queres descobrir o segredo da paz e da felicidade humana nesta Terra que habitas, medita bem nas reflexões que te apresento no prefácio deste livro e entra sem temor nos pequenos caminhos iluminados pelo sol do amor fraterno, que tornará iguais e felizes todos os homens quando hajam compreendido e praticado a palavra do grande Mestre guia deste planeta: "Amai-vos uns aos outros como o Pai vos ama a todos por igual, porque essa é toda a lei."

OS PRÓFUGOS

As formosas regiões do sudeste da Atlântida foram sacudidas por um espantoso cataclismo no qual terremotos e maremotos simultâneos ocasionaram o transbordamento das águas do mar, e numerosas povoações emigraram para territórios que não haviam sido alcançados pela inundação.*

Foi nestas circunstâncias que Nohepastro, cujo reino se encontrava no norte da Atlântida, defronte às colunas de Hércules (Gibraltar), recebeu de seus áugures o aviso de que também o seu domínio estava ameaçado, motivo pelo qual ordenou a construção de um palácio flutuante para assegurar sua vida e a dos seus durante longo tempo.

Suas grandes cidades de pedra resistiram por muitos anos à invasão das ondas, segundo sua crença, e, se estas não cedessem aos homens sua presa, ele procuraria conquistar novas terras nos países costeiros do *Mar Grande*.**

O velho rei tinha uma dor oculta em seu coração: perdera sua companheira, a rainha Iba, sem que lhe deixasse um herdeiro varão, o que, em sua dinastia, era presságio de ruína iminente. Ficou-lhe apenas uma filha, Sophia, formosa como a alvorada, que acabou por centrar em si todo o culto, todo o amor, toda a adoração do pai.

Espírito de certa evolução e rebelde às imposições arbitrárias, não acorrentou ela o seu coração quando o amor a chamou sem pensar em sua real ascendência. Enamorou-se apaixonadamente de um chefe guerreiro, talvez o mais valente e formoso dos que constituíam a guarda do palácio.

O rei soube disto e a encerrou na antecâmara de seu aposento particular quando se convenceu de que nenhum argumento faria sua filha esquecer aquele irrefletido amor. O amoroso e amado Johevan foi desterrado de seu lado e destinado à lavoura dos campos.

Mas já havia cantado o poeta:

> *"A ausência é ar*
> *Que apaga o fogo pequeno*
> *E aviva o grande."*

---

* Esta foi a terceira vez que os mares transbordaram sobre o Continente.
** O Mediterrâneo era chamado assim na Antigüidade.

O amor de Johevan e Sophia agigantou-se com a separação e ambos prometeram mutuamente vencer ou morrer.

Quando o soberano ordenou o embarque, Sophia foi sua primeira preocupação; e, juntamente com ela, toda a criadagem e guardas do palácio, áugures e sacerdotes.

Em embarcações menores e integrando a magnífica escolta do palácio flutuante, embarcaram também vários milhares de guerreiros com suas famílias e criados.

Numa pequena embarcação e na qualidade de guardião dos animais destinados ao abate, embarcou disfarçado o amoroso Johevan para seguir, embora de longe, sua bem-amada, a qual via todos os dias quando ela subia ao convés de seu navio-palácio.

Ele levantava por três vezes seu cajado de guardião de animais, no extremo do qual flutuava uma bandeirinha branca. Cada vez que ela subia à cobertura, olhava para a barca-jaula onde sabia que, por causa de seu amor, estava relegado Johevan.

Assim se passaram seis meses até que chegaram às costas da Ática, ocupadas então por colônias de keftos que, atravessando o Mar Egeu, tinham procurado ali tranqüilidade e fortuna, ambas perdidas nas contínuas lutas movidas pelos gomerianos e zoaritas do continente.

Nohepastro estava decidido a se apoderar destes territórios por bem ou pela força, e assim anunciou uma visita de cortesia aos chefes da região, os quais, assombrados pela magnificência da frota marítima que acompanhava o soberano, o receberam com todas as honras que merecia.

Um dos príncipes áticos interessou-se muito pela branca e ruiva Sophia, que se assemelhava a *uma dourada espiga do ultramar*, e o velho Nohepastro viu com satisfação esta simpatia, visto que estava disposto a evitar por todos os modos a luta para se apropriar daquelas colônias e transformá-las em seus novos domínios.

Poucos dias depois, o soberano atlante e o chefe ático já haviam decidido a boda, sem que a *dourada espiga* tivesse notícia de quem ia ser o seu segador. Quando seu pai lhe participou haver combinado os esponsais dela com o mais jovem daqueles príncipes, Sophia empalideceu e esteve a ponto de cair exânime aos pés do rei, mas o amor deu-lhe forças para dominar-se e ela inclinou-se quase até o solo, segundo o costume, para demonstrar sua submissão às ordens paternas.

Tinha ela uma escrava de toda a sua confiança chamada Milcha, casada ocultamente e com a proteção de Sophia com um dos guardas do palácio. Milcha era, pois, a única confidente da princesinha angustiada pela cruel e dura resolução de seu pai. A infausta notícia foi transmitida pela escrava a seu marido e por este ao desventurado Johevan, que esteve a ponto de cortar a própria garganta com o mesmo machado com que sacrificava os animais.

Mas a princesinha pedira ao guarda, esposo de Milcha, que procurasse entre um meio de escapar, porque ela preferia a morte a ser esposa do príncipe ático, cuja pequena estatura e semblante moreno lhe inspirava invencível repugnância.

A altas horas de uma noite chuvosa e escura, a princesa e sua escrava, Johevan e o guarda desprenderam um dos pequenos barcos que estavam amarrados ao grande navio, destinados ao desembarque em pequenos ancoradouros, carregaram-no de roupas e provisões e fugiram para o alto-mar. Chegando à ilha Cretásia, descansaram uns dias, perdidos entre as imensas grutas naturais que lá havia. Contudo, não se julgando seguros por estarem próximos da costa, e antes de ser vistos pelos habitantes da ilha, fugiram novamente, protegidos pela escuridão da noite. Descansaram em outra pequena ilha do Arquipélago,* a qual, por sua agreste costa, tornava quase inacessível a subida.

No entanto, como "o amor é mais forte que a morte", os dois homens e a escrava tiveram habilidade e força suficientes para esconder a embarcação numa profunda baía da costa e cobri-la com ramos de árvores de tal forma que, até passando muito próximo dela, era impossível encontrá-la.

Foi Sophia quem fundou a ordem da nova vida que as circunstâncias lhes impunham, e disse a seus companheiros:

— A partir de hoje deixo de ser a filha do divino e sagrado Nohepastro para converter-me na esposa de Johevan, irmã de Milcha e de Aldis. Terminaram para nós as diferenças de linhagem, raça e posição, e não fica nada além da íntima compreensão da amizade verdadeira e da eterna igualdade do amor.

Assim dizendo, aproximou-se de Johevan e apoiou seu rosto sobre o peito do guerreiro, o que era a mais solene manifestação de que se dava a ele por companheira e esposa para toda a vida. Johevan então estendeu os braços e formou com eles um anel ao redor do corpo de Sophia, símbolo de que seu amor e sua força envolviam a jovem esposa.

Milcha e Aldis, com a mão direita levantada, formaram diante deles o sinal crucífero** (a cruz), emblema da bênção de Deus sobre o amor que unia os jovens desposados. Tal era a cerimônia habitual nos esponsais, só que o sinal-da-cruz era feito pelos pais dos contraentes ou, na ausência daqueles, pelos parentes mais próximos.

— Os raios do Sol são eternos — disseram com solenidade Aldis e Milcha, seguindo o ritual religioso de seu credo.

— Nosso amor será como os raios do Sol — responderam os desposados sem mudar a postura.

— A noite e o dia caminham eternamente um após o outro.

— Assim caminharemos como a noite e o dia.

— As estrelas miram-se eternamente no mar.

— Nossas almas refletir-se-ão uma na outra como as estrelas no mar.

— O Altíssimo recebe vossos juramentos.

Ao ouvir estas solenes palavras, os desposados cruzaram suas mãos uma em cima da outra e as testemunhas depositaram um beijo silencioso, reverente e religioso sobre a cruz formada pelas mãos dos esposos. Já estavam unidos para toda a vida e mais além da vida.

Terminada a cerimônia nupcial, aqueles quatro seres separados de todo o resto da humanidade, mas felizes com seu amor, dedicaram-se a conhecer seu país adotivo,

---

* Uma pequena ilha vizinha da Rodes atual.

** A Cruz foi um símbolo sagrado desde os mais remotos tempos pré-históricos, segundo o provam os achados feitos em escavações em diversas regiões.

que era uma pequena ilha montanhosa com depressões profundas e pequenos vales deliciosos. Formosas grutas naturais poderiam oferecer-lhes habitação segura para o resguardo contra o frio e a chuva.

As aves aquáticas, os frutos silvestres e as várias espécies de ruminantes que povoavam a ilha proporcionar-lhes-iam o alimento necessário até que, dominada a situação, pudessem tomar outros rumos para regiões habitadas pelos homens.

Achavam-se ali já havia dez meses quando Milcha deu à luz um menino ao qual chamaram Adamu, acontecimento que encheu de felicidade os quatro desterrados que, sentindo renascer a tranqüilidade, haviam quase esquecido a trágica fuga e a temível perseguição de Nohepastro.

O mesmo acontecimento repetiu-se três meses depois e a princesinha Sophia tornou-se mãe de uma formosa menina ruiva que era, como ela, uma dourada espiga, um reflexo da aurora. Chamaram-na Évana.

Os dois jovens pais se sentiram fortes para alcançar a felicidade com a qual deviam coroar suas esposas e seus filhos, e começaram a estender cada vez para mais longe suas expedições pelo mar, visitando as costas para fazer aprovisionamentos de peles, animais, frutas e tudo o mais que lhes era indispensável para uma vida mais suportável. De algumas das ilhas vizinhas, que haviam sido abandonadas, recolheram instrumentos de lavoura, utensílios e móveis, o bastante para dar às suas naturais habitações de pedra o aspecto confortável de tendas de campanha.

Não obstante, logo notaram que Sophia se ressentia em seu corpo físico pela falta de alimentação apropriada e dos cuidados necessários; e Johevan começou a sentir a dor intensa da impossibilidade de proporcionar à sua amada o que ela não pedia, mas que ele sabia ser-lhe indispensável.

Levados por este desejo, resolveram fazer todos juntos uma viagem ao continente e embarcaram para a costa do Mar Grande. Encontraram uma povoação e, ao desembarcar para procurar a venda de peles, púrpura e ouro bruto que haviam trazido, os dois homens chegaram a um aldeia que parecia ser de mercadores, mas que na realidade era um mercado de piratas que comerciavam escravos.

Aqueles dois homens esbeltos e formosos lhes prometiam um bom lucro; por meio de falsidades, os piratas prenderam-nos em suas cabanas e, poucas horas depois, levando-os amarrados nos porões de um barco, saíram rumo a Negadá, no Egito.

Sophia e Milcha viram passar um dia e outro mais, e sua embarcação ancorada na margem continuava embalada pelas ondas, como estavam elas pela esperança de ver aparecer de um momento para outro os esposos ausentes.

A inquietação começava a dominá-las quando Milcha observou um dia estarem espiadas desde a margem por uns homens cujo aspecto lhe causou terror. Uma voz interior pareceu dizer-lhe que se pusessem a salvo, porque um imenso perigo as ameaçava. Era impossível para duas débeis mulheres dar-se à vela num mar desconhecido, e além do mais temiam ser perseguidas. Então ela expôs à princesinha seus temores, e de comum acordo deixaram na gaveta secreta de um armário do barco, onde costumavam guardar objetos de valor, uma gravação por intermédio da qual seus esposos poderiam buscá-las quando voltassem. Favorecidas pela escuridão da noite, com seus filhinhos nos braços, subiram a um bote de pescador dos que haviam

16

ancorados na margem, com o único fim de que se durante a noite os piratas entrassem em seu barco, não as encontrassem. Mas um forte vento se desencadeou antes da meia-noite e o barquinho foi sacudido tão fortemente que a amarra se rompeu, e uma hora depois flutuava como uma casca de noz, joguete das ondas.

Não há palavra para descrever o terror de Sophia nem o valor sereno de Milcha. — Johevan!... Johevan!... — clamou a princesinha. — Olha-me como se refletem as estrelas no mar! Nosso amor é eterno como os raios do Sol. Johevan!... Somos a noite e o dia e eu devo ir atrás de ti! — e desmaiou num longo soluço. Os pequeninos choravam envoltos numa única manta de pele. Milcha, a escrava, abraçada à sua ama, amarrou-se com ela numa grossa corda, restos da amarra que o vento havia rompido, para evitar que uma sacudidela das ondas as arrojasse ao mar.

Quando o Sol do dia seguinte se levantou no horizonte, a tempestade havia acalmado e a barquinha estava beijando suavemente a costa verde e montanhosa da Mesopotâmia ou *País de Ethea*, como naquela época se denominava o que os séculos posteriores chamaram Fenícia.

A valente Milcha, a quem o desespero tinha redobrado as energias, amarrou a barca na margem e ajudou sua ama a descer, bem como às crianças.

Sophia, um fantasma do que fora antes, não podia manter-se de pé, como se sua fortaleza e sua energia houvessem desaparecido juntamente com seu amor. Temendo tudo de todos e não esperando nada de ninguém, não foram em busca de lugares habitados, e a primeira preocupação de Milcha foi procurar um refúgio antes que a noite as surpreendesse.

Nessa época, conservava-se ainda nessas regiões a espécie animal denominada rena ou rangífero, restos sem dúvida da abundância deles que houve séculos antes quando chegavam até ali os gelos do norte, época que os sábios denominaram período glacial. A rena, bem se sabe, é uma espécie própria dos climas polares. Caminhando pela frondosa montanha, mais ou menos no lugar em que um século depois foi edificada a cidade de Anzan, que por sua vez foi sucedida em milênios posteriores pela antiga Dafne, encontrou Milcha uma imensa caverna que ostentava evidentes sinais de ter sido habitada por seres humanos. Havia montões de palha em forma de leitos e pedaços de pedra e madeira dispostos como pequenos bancos ao redor de um enorme tronco lavrado em forma de mesa. Sobre ela um variado sortimento de utensílios inteiramente rústicos como vasilhas, pratos e jarros feitos da cortiça ou casca de uma planta semelhante à que chamamos cabaça; facas, machados, colheres, garfos e estiletes de madeira e de sílex polido.

Mas seu assombro não teve limites quando, ao levantar os ditos objetos, viu gravadas numa escrita que ela podia ler, sobre a rústica mesa, estas palavras:

"Viajante, náufrago ou perseguido pelos homens. Repousa aqui tranqüilamente porque eu, Gaudes, mago atlante, coloquei vigiás sobre esta caverna para todo ser dolente e abandonado. Uma família de renas domesticadas por mim pernoita nesta caverna. As fêmeas dar-vos-ão seu leite e guiar-vos-ão ao lugar onde há água. Removei as cascas de árvore que vedes ao fundo, detrás do mais alto montão de feno, e achareis abrigo e alimento. Gaudes, *servo do Altíssimo*."

Milcha não conseguiu ver mais nada e correu ao lugar onde havia deixado Sophia e as crianças cobertas com as únicas mantas que tinham salvo. A escrava carregou as duas crianças e ainda sustentou com seu ombro a débil princesinha que, vez por outra, perdia as forças.

Chegadas à habitação que a providência lhes havia deparado, Milcha correu a remover a lâmina de cascas de árvore, espécie de porta dissimulada pelos musgos verdolengos que cresciam pendurados pelas paredes da caverna. Era aquilo uma espécie de alcova que se comunicava com a caverna por aquela pequena porta que apenas dava passagem a um corpo humano. No fundo desta alcova havia um leito formado de troncos perfeitamente amarrados uns aos outros, em cima de suportes de pedra. Estava inteiramente coberto de peles de animais selvagens, mantas de lã rudemente tecidas e várias classes de roupas simples, porém limpas e em perfeitas condições de uso.

Milcha esqueceu por um momento a angústia da situação para pensar somente no bem-estar que tudo aquilo proporcionaria à sua ama. Correu até ela, levantou-a em seus braços como a uma garotinha e a recostou no acolchoado leito do mago atlante. Levantou em seguida as duas crianças que dormiam felizes em sua ditosa ignorância e, procurando devolver alegria ao coração de Sophia, disse:

— Quão bem estamos aqui até que Johevan e Aldis voltem à barca e encontrem nossa mensagem!

— Cala-te, tolinha — respondeu Sophia. — Como poderão encontrar-nos aqui?

Nem uma nem a outra podiam dar-se conta da distância a que se encontravam de onde ficou ancorada sua embarcação, que estava mais ou menos no lugar onde existiu a cidade subterrânea de Kurana na região chamada em épocas posteriores Panfília, no golfo deste nome na costa norte do Mediterrâneo. A dita cidade de Kurana, ao pé de uma das elevações do Monte Tauro, estava na ocasião habitada por uma raça pigméia fortíssima, cobiçada pelas outras raças do continente para o rude trabalho das minas em todas essas regiões montanhosas nas quais abundavam os metais e as pedras preciosas.

A escrava tampouco esperava encontrar-se novamente com seu marido; entretanto, acostumada à dor, à negação contínua de seus desejos pequenos e grandes, sentia-se capaz de resignar-se a essa nova imensa amargura e lutava para levar à alma da princesa essa mesma resignação. O instinto da própria conservação, unido com o amor a seus pequenos filhinhos, obrigou-as a pensar nos meios materiais de que poderiam dispor para conservar a vida.

A gravação do mago atlante sobre a rústica mesa dizia que encontrariam alimento e abrigo na alcova que acabavam de descobrir, e Milcha começou a procurá-los. Em bolas de couro encontrou trigo, milho, lentilhas e pequenos fardos de hortaliças albuminosas cortadas em delgadas fibras e secas cuidadosamente, além de outras conservadas em azeite naquela espécie de cabaça oca que havia em abundância entre as gretas e fendas da própria gruta.

Encontraram igualmente frutas secas de palmeira (tâmaras), de oliveira e de figueira, cerejas e amêndoas conservadas em suco de videira (vinho) e leite de rena solidificado por pressão e conservado entre folhas aromáticas empapadas em azeite.

Milcha continuou sua busca, curiosa de descobrir toda a solicitude daquele desconhecido protetor, enquanto Sophia, mergulhada num profundo sono, esquecia por algumas horas a situação terrível em que se encontravam. Ou melhor, não a esquecia, mas se entregava a ela sob outra forma ativa e eficaz: toda vez que seu espírito estava livre, tratava de orientar-se em direção àquele que amava, valendo-se de recursos próprios e de outros que lhe foram concedidos.

O mago atlante disse que havia posto vigias sobre a caverna, e estes vigias eram espíritos dedicados ao bem, fiéis e obedientes a seu pensamento por uma aliança de séculos para com as causas elevadas e justas. Este ser fora *Gaudes* em sua última vida, e descendia pelo sangue de uma família cuja origem remontava até um discípulo de Antúlio, o filósofo justo; sua família tinha seguido a lei emanada da escola antuliana. Dedicara-se ao trabalho mental, e seu espírito adquiriu um magnífico desenvolvimento mediante exercícios perseverantes e ordenados. Havia saído da Atlântida em sua juventude perseguido por uma madrasta que quis eliminá-lo do lar em benefício de seus próprios filhos, e habitou a caverna durante cinqüenta e três anos, saindo dela bem poucas vezes para o contato humano, do qual fugia por um sentimento de terror invencível. Não obstante, fazia o bem aos homens a distância e incógnito, para estar livre, segundo dizia, da vaidade nascida dos aplausos e das manifestações de gratidão. "Nada quero dos encarnados, nem sequer a gratidão", tinha ele gravado numa placa de cortiça sobre a cabeceira de seu leito na alcova de pedra. Havia desencarnado dois meses antes enquanto seguia a pé para Gutium, situada no grande golfo que alguns milênios mais tarde se chamou Cilícia, na costa oriental do Mediterrâneo.

Tendo ele oitenta anos e dedicando-se à atividade espiritual em seus períodos de sono físico, estava cada vez mais débil e sutil o fio fluídico que unia seu espírito à matéria; e este fio rompeu-se bruscamente pelo estampido de um trovão numa noite em que dormia no interior de uma gruta, antes de chegar à cidade. Pode ser dito dele que não quis dos encarnados nem sequer a sepultura para seus ossos, e foi a própria montanha o grandioso mausoléu que guardou seus restos mortais.

Fácil será compreender por este relato que ele mesmo era então o principal vigia da caverna que albergava as duas abandonadas. Quando Sophia mergulhou em sono profundo, o espírito de Gaudes aproximou-se da adormecida e, ajudando-a a se afastar sem medo de seu corpo, levou-a até Negadá, onde estavam Johevan e Aldis. E ela viu. Ambos tinham sido vendidos a um grande homem daquele país, o qual os colocou no estudo da ciência sagrada da época, que depois veio a se chamar *Cabala*, ou *Magia*, ou *Ciência do Invisível*, com o fim de se tornarem logo membros de uma vasta instituição consagrada ao desenvolvimento das elevadas faculdades do espírito e ao bem da humanidade. Aquele homem dissera ao comprá-los:

— Não vos quero escravos servis, mas discípulos submissos e laboriosos. Pelo vosso tipo e pelo vosso idioma sei que descendeis de uma ramificação dos gloriosos tolstekas da Atlântida, cujo gênio e força elevou aqueles países à maior grandeza alcançada pelos humanos. Espero muito de vós e, porque adivinho que uma dolorosa tragédia vos trouxe para o meu lado, vos digo que sem a dor nenhum homem se torna grande, e que um dia chegará em que abençoareis a dor desta época presente.

Assim falando, introduziu-os numa espécie de claustro severo e silencioso, com abóbadas como pequenos templos em cada um dos quais havia um ancião ou um jovem. Alguns desenhavam cartas geográficas, outros escreviam com estiletes de osso sobre lâminas de cera, e ainda outros desenhavam os diversos sistemas planetários com suas órbitas concêntricas em grandes telas, calculavam as distâncias, o tempo e a forma como realizavam seus movimentos.

Outros, sentados em largos bancos de pedra, pareciam múmias imóveis e silenciosas. Estes não dormiam, mas meditavam.

O amo lhes disse:

— Estes são os que realizam as grandes obras em benefício desta humanidade. Seu trabalho é todo mental e neste momento fazem explorações metafísicas ou estudos no plano astral para o ensinamento futuro dos homens.

Instalou-os cada qual em sua respectiva abóbada, onde um largo banco de pedra coberto de peles servir-lhes-ia de assento e cama e outro banco de pedra mais alto lhes serviria de mesa de trabalho e refeições. Grandes telas em branco e grandes placas de cera suspensas nas paredes indicaram-lhes que esse seria, daí em diante, seu trabalho. Mas aqueles jovens não podiam pensar em explorações, estudos ou gravações, quando uma imensa dor absorvia todas as suas faculdades com uma intensidade tal que os assemelhava a sonâmbulos ou ébrios.

Que teria acontecido aos quatro abandonados? Ante esta pergunta ambos retorciam suas mãos e esmagavam suas carnes como que dispostos a aniquilar-se, e às vezes se arrojavam um nos braços do outro e começavam a chorar como dois meninos.

Tal era a situação quando Gaudes e Sophia chegaram a Negadá para visitar os cativos. Ela se arrojou sobre Johevan e o encheu de carícias e beijos, produzindo nele um calafrio como se, abertas repentinamente as portas, houvesse entrado uma fresca rajada de vento.

As forças mentais de Gaudes atraíram substância plásmica do éter e a visão de Sophia tornou-se mais clara para o desventurado esposo, que perdeu a consciência do mundo físico e caiu em profunda letargia. Desprendido seu espírito do mesmo modo que o de Sophia, entregaram-se ambos à sublime loucura do amor que os havia unido, prometendo cada qual que esse amor seria sempre como as estrelas mirando-se eternamente no mar, como raio do Sol que sempre vive, como a noite e o dia caminhando um após o outro por toda a eternidade.

Gaudes contemplava sua obra e se deleitava nela em felicidade quase infinita, e disse, chorando de alegria:

— Mestre Antúlio!... Bendito sejas por nos haver aberto o caminho da felicidade, que se resume em fazer o bem sem o conhecimento e sem o aplauso dos homens!

Quando Sophia e Johevan despertaram na vida física, parecia envolvê-los uma suave irradiação de felicidade e de amor.

— Em sonhos vi Sophia, Aldis, eu a vi e falei com ela! — disse Johevan a seu companheiro, cheio de íntima satisfação.

— Durante o sonho estive ao lado de Johevan! — exclamou Sophia ao despertar, vendo Milcha junto ao leito.

Desde então desapareceu o desespero daquelas almas, e a esperança de voltar a reunir-se inundou novamente de luz o horizonte de suas vidas humanas. Os esposos favorecidos com a famosa visão eram incansáveis em detalhar até as menores circunstâncias que a rodearam.

Johevan explicou a Aldis como era a caverna que dava abrigo a seus entes queridos; como viu Milcha preparar com peles e mantas uma caminha comum para as duas crianças.

Sophia explicou a Milcha de que forma tinha visto em sonhos os esposos de ambas, e lhe transmitiu a segurança de que estavam vivos, com saúde e fora de perigo.

A obra de Gaudes deu flores e frutos em abundância, e Johevan disse a seu companheiro:

— A partir de hoje começo a gravar nestas ceras a história de tudo quanto nos ocorreu e de quanto nos suceder doravante. — E o fez.

Quando séculos mais tarde os faraós levantaram esfinges e pirâmides, não somente como monumentos funerários mas como gigantescos depósitos dos segredos do homem neolítico, recolheram nas galerias e passagens subterrâneas aquelas placas nas quais um ser ignorado contava suas dores, que eram ao mesmo tempo páginas da história de uma nascente civilização. As cópias em papiro se multiplicaram entre os cabalistas e os áugures antes que as placas originais entrassem no sagrado recinto do silêncio e das sombras de onde jamais haveriam de sair.

— Veio-me a idéia de gravar com este estilete em pedaços de cortiça tudo quanto nos ocorreu desde que saímos do nosso país. Parece-me que um dia, depois de eu estar morta, virá Johevan para estas terras, e quero que encontre aqui a prova de que meu amor por ele foi como o raio do Sol que nunca morre e como as estrelas mirando-se eternamente no mar. — Assim procedeu Sophia.

Um século depois, Anzan, discípulo de Abel, que levantou sua tenda a trezentos côvados da caverna, encontrou e recolheu aquelas hieroglíficas lendas estampadas nas cortiças das árvores ou no argiloso revestimento da caverna, que junto com as de Johevan e em distintos países, deram origem com múltiplas variações, mais ou menos desfiguradas pela incompreensão ou pelo fanatismo, à fantástica lenda que conhecemos dos começos da civilização adâmica.

Toda a transformação do estado espiritual de Sophia e Johevan foi o fruto do trabalho mental realizado por ele e por Gaudes durante as horas que mediaram desde o amanhecer das duas mulheres naquela terra desconhecida e a chegada da tarde, tarde de outono, suave, rosada, cheia de aromas de frutas maduras e espigas em maturação.

— Milcha, tenho frio e não há aqui fogo nem vinho quente — disse a princesinha, tentando em vão dominar os calafrios que a estremeciam. A escrava imediatamente tirou peles e mantas da alcova e a envolveu tanto quanto lhe foi possível, e depois sentou-se a seus pés para dar-lhe mais calor com seu corpo.

Nesse momento, uma sombra escureceu a luz da entrada da gruta e as duas mulheres assustadas se apertaram mais uma contra a outra.

Era uma formosa rena fêmea que as observava com seus grandes olhos inteligentes e meigos, quase como os de um ser humano que as olhasse assombrado.

Gaudes, o homem das obras sem aplausos e sem recompensa, vigiava os hóspedes de sua caverna, porque os guias superiores da evolução humana lhe fizeram compreender que aqueles quatro seres ali relegados pelas circunstâncias representavam o primeiro compasso de uma nova e magnífica sinfonia do progresso humano. O Mago envolveu com seu eflúvio as mulheres e fluidicamente acariciou o animal, que, assim convencido de que seu amo estava ali, aproximou-se mansamente e lambeu as mãos de Milcha, que se haviam estendido em sua direção como para impedir-lhe que se aproximasse de Sophia.

Depois a rena tomou com os dentes a manga do vestido da escrava e puxou-a suavemente, como se quisesse levá-la para um determinado lugar. Compreendendo a situação pela intuição que Gaudes incutia nela, Milcha deixou-se levar, enquanto a rena levantava com a boca um dos cântaros de cabaça e saía da caverna.

Milcha seguiu-a até um lugar a poucos passos da caverna, onde a vegetação crescia de um modo maravilhoso. Lá chegando, a rena, com repetidos e fortes golpes de suas patas dianteiras, afastou um pedaço de madeira bruta e a escrava assombrada viu o claro espelho de uma fonte de água cristalina, formada sem dúvida por infiltrações da montanha. Encheu o cântaro e ambas voltaram para a caverna, onde os motivos de assombro e emoção continuavam de momento em momento.

Apenas tinham chegado, a rena tomou com a boca outro recipiente menor e o levou para Milcha, que o recebeu sem saber o que devia fazer com ele.

O nobre animal aproximou-se cada vez mais lambendo-lhe a mão, até que, finalmente, dobrando-se quanto pôde sobre si mesma, fez chegar seu úbere à mão de Milcha, fazendo-a compreender que devia ordenhá-la.

Sophia e Milcha entreolharam-se com os olhos cheios de assombro e emoção, e a princesinha saltou dentre suas peles e mantas e, abraçando o pescoço da rena, disse:

— Depois de Johevan e de Milcha, ninguém é melhor do que tu! De agora em diante chamar-te-ei *Madina*, porque és mãe de mães.

Quando Milcha terminou de ordenhá-la, julgaram que o animal se afastaria, mas não foi assim.

Viram com crescente assombro que foi até um dos moitões de palha ali existentes e, tomando um feixe entre os dentes, foi depositá-lo sobre uma pedra achatada no centro da caverna. A pedra tinha incrustado num de seus bordos um pequeno pedaço cúbico de outra pedra de cor e qualidade diferente.

A rena começou a dar golpes com uma de suas patas dianteiras sobre o cubo incrustado na pedra do lar. Aqueles golpes ressoavam como marteladas, das quais não tardaram em sair chispas de fogo que acenderam a palha. Então as mulheres se deram conta de que a pata de Madina tinha uma pequena prancha de ferro em sua parte inferior, que ao se chocar com o cubo de sílex produzia as luminosas centelhas que inundaram de claridade e calor a estranha vivenda.

Feito isto, o animal deitou-se aos pés de Sophia e ficou quieto e tranqüilo como uma serva que terminou sua tarefa diária.

O espírito de Gaudes continuava desfrutando de suas obras de amor calado e silencioso, sem o aplauso e a gratidão dos homens. E como ele escrevera naquela gravação sobre a mesa rústica: "...uma família de renas domesticadas por mim pernoita nesta caverna...", aquela família começou a chegar juntamente com o cair da tarde. Milcha e Sophia, entre o medo e o assombro, viram entrar dez formosos animais grandes e pequenos, que tranqüilamente foram deitar-se em meio aos montões de palha espalhados em todos os cantos da caverna. Então as duas mulheres viram que aquela que primeiro chegou e demonstrava ser a mais inteligente e melhor levantou-se novamente e, tomando com os dentes de um vão inadvertido uma espécie de porta fabricada com troncos de freixo unidos entre si por meio de fibra vegetal, cobriu a entrada.

Tomou novamente ervas e ramos secos, arrojou-os na pequena fogueira e foi deitar-se tranqüilamente em meio de sua família já reunida no lar.

As duas mulheres se abraçaram chorando enquanto de suas almas se levantava um hino de gratidão e louvor à Eterna Providência de Deus, que de tão extraordinária maneira velava por elas.

— Mago, sacerdote ou santo, quem quer que sejas, Gaudes, duas mulheres abandonadas te abençoam neste momento!

O espírito evocado nesta exclamação de Sophia, ali presente como um vigia do Ser Supremo junto de suas criaturas, sentiu a onda suave e acariciadora daquela bênção, e envolvendo com sua aura as duas mulheres até que o sono físico as colocasse em condições de desprender-se da matéria, ajudou-as a se elevarem aos planos etéreos, onde cantam e vivem o amor os que verdadeiramente o sentem e onde podiam encontrar-se com seus amados cativos que já as esperavam, conduzidos também por aquele ser das grandes obras invisíveis, sem recompensa e sem aplausos.

Os Caminhos de Deus

Parece-me sentir aqui a pergunta que fazem os leitores deste relato:

Por que o espírito de Gaudes, que tão solícito estava em causar a felicidade daqueles seres, não os impulsionava a procurar reunir-se novamente na vida física? Por que não os ajudava a realizar esta união?

Retrocedamos séculos atrás.

Quando a magna e grandiosa civilização tolsteka degenerou até o aviltamento mais degradante e brutal, as grandes Inteligências Auxiliares do Messias da Terra utilizaram as forças dinâmicas que operam na desintegração de globos em decrepitude para produzir correntes astrais e atmosféricas que, afetando principalmente o continente atlante, submergiram um terço dele, com grande parte da iníqua e perversa humanidade que o habitava. A terrível catástrofe despertou a maioria dos sobreviventes que se congregou em torno de uma dinastia real, a qual, afastada no norte do continente por uma cadeia de montanhas, contribuiu para que aquele monarca e seus povos mantivessem vivos os princípios de justiça e eqüidade que fizeram a grandeza dos tolstekas em suas épocas de glória e esplendor. Num ramo da dita dinastia encarnou o Messias da humanidade e foi Anfião, o *Rei Santo*, como o chamaram, quem acendeu novamente o fogo sagrado do amor ao próximo, a se extinguir sobre a Terra.

Também nos países costeiros do Mar Grande e no território do Ponto, a vigorosa civilização sumeriana terminava sua incumbência, sendo substituída pelas ramificações atrasadas e muito primitivas das raças lemurianas que antes tinham dominado o Sudeste Asiático.

A grandiosa irradiação do espírito de Luz estendeu-se novamente até diversas regiões do planeta na forma de ressurgimentos ideológicos, princípios de eqüidade e resplendores de liberdade, igualdade e fraternidade humanas, a brotarem como plantas exóticas regadas e fecundadas com o sangue de milhares de mártires.

A imolação e o sacrifício sempre selaram as causas justas e nobres sustentadas pelas minorias idealistas e combatidas pela multidão confusa e desordenada, inconsciente e adormecida!

Quatro milênios depois, a onda da perversidade humana cobria tudo, e da formosa e pura civilização *anfionina* já não restavam senão vestígios numa cidade das menos populosas daquele continente já desaparecido em duas terças partes. Lá desceu novamente o Messias, o divino rouxinol do Amor eterno; e Antúlio, o Filósofo, acendeu novamente o fogo sagrado que a ignorância e o atraso dos homens lutava por apagar.

Quando uma mesma catástrofe três vezes repetida apagou da face da Terra todo aquele continente,* outras novas civilizações, já de séculos elaboradas em outros continentes, esperavam o sopro vivificador das grandes Inteligências transmissoras da Luz Divina e do Amor Infinito. Para que esse Amor chegasse à Terra feito carne era indispensável preparar o caminho de forma a não malograr o heróico sacrifício. As Inteligências auxiliares do Grande Enviado deviam ocupar-se em escolher não apenas o país e o lugar onde devia nascer, como também a raça, a família, os seres que lhe haviam de dar sua carne e seu sangue, juntamente com um ambiente de amplíssima liberdade para fundar novamente sua escola de aperfeiçoamento humano.

Os alicerces dessa nova escola seriam Adamu e Évana; uma princesa destronada e um escravo liberto, formoso símbolo da igualdade humana por cima *das classes* sociais que nada significam por si mesmas, a não ser pela evolução e progresso que alcançarem.

Para que Adamu e Évana fossem as raízes da nova árvore de civilização que o Messias trazia à Terra, era necessário que eles saíssem, tal como de fato saíram, do cenário da vida comum, afastados dos costumes viciados das velhas sociedades carcomidas por todas as corrupções.

---

* As grandes ilhas do Atlântico tropical são os mais altos cumes das montanhas, que ainda sobressaem das águas.

Tudo isto sabia Gaudes. Que importava, pois, o sacrifício de poucos anos da vida terrena desses esposos separados na vida física, sacrifício oferecido no altar do dever comum como participantes de uma vasta aliança de espíritos auxiliares da empresa messiânica?

Além do mais, eles mesmos haviam aceito uma missão de honra e glória, servir de instrumentos materiais para tão grandioso desígnio. A pergunta do leitor está respondida. Continuo, pois, o relato interrompido.

Pouco a pouco foi se normalizando a vida na caverna sob a tutela invisível de Gaudes, e a vida no velho santuário kopto ou kobda de Negadá, sob a tutela visível de Sisedon, espécie de guardião na Casa de Numu (Deus-pastor dos antigos koptos).

Quando levavam já quarenta dias essa vida, Johevan e Aldis foram chamados à Morada da Sombra, que era um amplo recinto de tranqüilo e silencioso ambiente, mas submergido numa semi-escuridão ou penumbra e às vezes em profundas trevas, de tal forma que aquele que entrava não sabia se estava ali sozinho ou no meio de outras pessoas.

Cada um teve que responder separadamente a um interrogatório formulado por Sisedon, o Pharaome daquela vasta instituição, espécie de sociedade científica e comunidade religiosa.

— Sombra vivente!... Numu te chamou a esta casa porque te ama.

Pela voz compreendeu Johevan que aquele que lhe falava era o homem que o havia comprado aos piratas e que os recebeu no dia de sua chegada a tão estranho lugar.

— Quarenta dias habitando a Casa de Numu — continuou a mesma voz —, que leva consigo as almas durante o sono para embriagá-las do elixir do amor e da vida que ele extrai da Alma Criadora do Universo, devem haver-te dado calma e tranqüilidade. Arrancado repentinamente dos teus afetos humanos, sentiste o desespero cravar as garras na tua carne. Mas para que vejas o amor e a justiça de Numu, aproxima-te de mim, meu filho, para que eu ponha a minha mão na tua testa.

Johevan aproximou-se até sentir a mão de Sisedon morna e suave apoiada em sua testa. Um suave pesadume obrigou-o a fechar os olhos, uma luz deslumbrou-o logo e em direção dessa luz, que parecia descer do teto abobadado, viu na parede a sua frente uma paisagem de montanha e reconheceu a ilha onde nascera sua filhinha Évana; em seguida viu Milcha recolhendo frutas silvestres e Aldis depenando uma ave para se alimentar. Em seguida viu Sophia débil, pálida e enfermiça como estava quando decidiram empreender a viagem buscando sua cura.

Depois viu o momento do desembarque na aldeia dos piratas, a traição deles e seu embarque para Negadá. O coração lhe saltava do peito e um terror de agonia foi apoderando-se dele. Haviam-no prevenido que devia ser como um homem de pedra na Mansão da Sombra, e Johevan fazia esforços supremos para dominar-se.

Depois, naquele cenário astral e fluídico, viu Sophia e Milcha carregando as crianças, deixando a embarcação e procurando refúgio nas montanhas rochosas da margem; viu que a maré começou a subir com grande violência ao se ocultar a Lua e que, com medo de morrer afogadas, as mesmas refugiaram-se numa barca de pesca amarrada a uma grande corda, que a marulhada em seu fluxo e refluxo aproximava e afastava da costa. Um suor frio invadiu o corpo de Johevan e ele sentiu que a outra mão do Pharaome pousava em seu coração e depois em seu plexo solar para reanimá-lo. O jovem serenou novamente e continuou observando.

Viu que o vento agitou as ondas, que a amarra se rompeu e a barca começou a saltar como uma lebre perseguida pelos galgos num trigal açoitado pelo furacão. Terrível momento para Johevan até que viu o mar serenar, e a barca náufraga beijar a costa sombria do País de Ethea e as duas mulheres com seus filhinhos na caverna, com o fogo chamejante. Viu Sophia recostada entre as peles na alcova da caverna com as crianças adormecidas sobre seus joelhos, enquanto Milcha lhe servia vinho quente e frutas secas. Viu mais ainda: a rena Madina junto delas e Milcha a ordenhá-la e todos, tanto elas como as crianças, bebendo seu leite espumoso e morno.

Um soluço contido escapou docilmente do peito de Johevan e duas grossas lágrimas rolaram de seus olhos e foram umedecer a mão do Pharaome apoiada ainda em seu plexo solar para reanimá-lo. Ouviu novamente a voz dele dizendo:

— Numu permitiu veres o que ele realizou por ti e por aqueles que amas. Agora verás o que haveria ocorrido por lógica conseqüência dos fatos se Numu não houvesse cuidado de ti e dos teus. Observa novamente.

A visão plásmica continuou esboçando-se como sob a criação mágica de um pincel encantado. Viu no momento de seu desembarque na aldeia dos piratas sair o chefe que tomou prisioneiros a todos juntos, o qual, encantado com a delicada beleza de Sophia, tomou-a brutalmente e a ultrajou em sua própria presença como um homem-animal dominado pela luxúria; que fez o mesmo com Milcha; e que, tomando as crianças pelos pés, as estatelou contra as rochas da margem. Depois entregou as duas mulheres à lubricidade de seus bárbaros esbirros, enquanto ele e Aldis, acorrentados, contemplavam o espantoso sacrifício de suas esposas. A visão desapareceu e a escuridão mais completa reinou novamente naquele misterioso recinto.

— Compreendeste o amor de Numu? — perguntou a meiga voz do Pharaome.

— Sim, Pharaome, compreendi! — respondeu a voz nervosa de Johevan, embargada pela emoção.

— Tu o amas e bendizes?

— Sim, Pharaome, eu o amo e bendigo do fundo do meu coração.

— Resignas-te agora com a tua nova vida?

Um profundo silêncio, um soluço, uns joelhos que caem sobre as lousas do pavimento e uma voz dolorida e trêmula dizendo como num eco repetido sob aquelas abóbadas inundadas de sombra:

— Pharaome!... Se tens coração e és um homem como eu, devolve-me à minha esposa e à minha filha!

Sentiu que seu corpo parecia subir numa serena e suave ascensão, uma luz de amanhecer o inundou e ele viu Sophia com sua filhinha nos braços, entregando-lha enquanto dizia:

— Atendemos ao teu chamado, Johevan, porque o nosso amor é como os raios do Sol que não morrem e como as estrelas que se miram eternamente no mar. Não sofras mais e espera-me, que logo nos reuniremos para não nos separarmos jamais.
— E o jovem despertou.

Quando voltou ao mundo físico, encontrou-se com a cabeça apoiada sobre os joelhos do Pharaome, entre cujas mãos estavam as suas, geladas e trêmulas.

— Como te chamas, sombra vivente? — perguntou a mesma voz que lhe falara desde o princípio.

— Johevan, filho de Suadin, do país de Otlana — respondeu o jovem.

Um gemido doloroso como uma queixa de moribundo ressoou num canto daquela sala, um corpo pareceu cair nas trevas e algo como a lembrança de uma tragédia distante flutuou naquele ambiente de silencioso recolhimento.

Johevan foi conduzido a sua abóbada particular ao mesmo tempo em que Aldis saía da sua para efetuar cerimônia idêntica à realizada por seu companheiro, embora não tenha tão forte irradiação emotiva em virtude de ser menos sensível e menos intenso em seus afetos.

Apenas Johevan se viu sozinho em seu recinto particular, arrojou-se sobre o leito e começou a chorar em grandes soluços. Sentia-se enlouquecer em razão de todo o mistério que o envolvia.

Sua vida de guerreiro acostumado ao êxito, ao triunfo e à glória não lhe havia dado tempo para se preocupar com os assuntos suprafísicos entre os quais se via agora submergido a tal ponto que chegava a duvidar se era homem vivo na matéria ou se tinha passado para o reino das almas errantes.

Por duas vezes nos quarenta dias que passara na Casa de Numu havia visto Sophia e escutado sua voz. Tinha voltado a viver a espantosa tragédia da aldeia dos piratas. Por quê? Como? Acaso estava louco? Um raio da Lua amarelada em sua fase minguante chegou até seu leito através de uma ogiva aberta na parede sobre a porta da entrada. Teve a idéia de erguer-se, talvez para interrogar a noite, a Lua, a paisagem silenciosa iluminada por ela, enfim, tudo quanto o rodeava, e viu com assombro diante da porta, de pé como uma estátua de mármore, um homem vestido como Sisedon, o Pharaome, porém mais alto que ele, tanto que lhe pareceu quase um gigante.

Ia perguntar-lhe o que fazia naquele lugar quando recordou-se da inscrição gravada numa das paredes de seu aposento: "Na Casa de Numu nada perguntes para que tudo venhas a saber."

O homem que tinha o aspecto de uma estátua de mármore deixou ouvir sua voz suave e harmoniosa no idioma atlante falado pelo jovem:

— Johevan, filho de Suadin do país de Otlana, queres ouvir-me?

O jovem abriu-lhe a porta e o ancião o estreitou em seus braços entre soluços contidos.

— Mas não me falas? Já estou farto de silêncio e mistério — observou Johevan.

Era visível, porém, a profunda emoção daquele homem, cujos lábios pareciam não poder articular palavra alguma.

— Falarei tão longamente nesta ocasião, Johevan, como guardei silêncio em tantos anos como os que tens de vida.

Ambos se sentaram e Johevan pôde ver que seu interlocutor era extremamente formoso em sua ancianidade, que lhe pareceu prematura. Sua cabeleira e barba brancas faziam contraste com o vivo fulgor de seus olhos castanhos de meigo e terno olhar e com o frescor de sua pele.

— Sou, como tu, do país de Otlana — disse depois de uns momentos.

— Então me ajudarás a sair daqui?

— Tem calma e escuta-me. Quanto tempo faz que morreu a tua mãe?

— Cento e quarenta Luas iluminam a sua tumba.

— E Suadin faleceu primeiro, não é verdade?

— Quando eu tinha doze anos.

— Como vieste parar aqui?

Johevan contou toda a sua tragédia desde o momento em que chegaram Sophia e ele a se amar.

— Tens toda a harmonia da voz de Sadia na tua palavra!... — exclamou o ancião com uma ternura que ninguém haveria suspeitado nele, principalmente na Casa de Numu, onde todos os homens pareciam estátuas de mármore.

— Conhecias então a minha mãe?

— Johevan!... Nem sempre foram brancos os meus cabelos e a minha barba. Nunca ouviste falar do *formoso pastor* e da sua lira mágica?

— Sim, de Bohindra, o formoso pastor que arrancava dos gemidos do vento e do gorjeio dos pássaros as harmonias da sua lira encantada. Quantas vezes mencionou isto minha mãe com a terna emoção com que são contadas as maravilhosas lendas do passado!

— Contou ela também *o que aconteceu* àquele formoso pastor?

— Que um dia foi encontrada deserta a sua cabana e rebentadas as cordas de sua lira, envolvida num negro véu sobre o seu leito de peles. Que os gênios tutelares da música o levaram ao país da harmonia... E sei lá quantas coisas mais disse ela para entreter meus momentos livres de adolescente mimado!

— Eu sou Bohindra, aquele pastor da lira encantada!... — disse com voz serena e profunda o ancião de alma de criança, cheia de ternura e carícias.

— Tu?... Quanto te amava minha mãe!... Quanto te amava! — exclamou o jovem, como que avivando suas recordações.

— Quanto amei a tua mãe, Johevan, filho de Bohindra e não de Suadin!...

O jovem saltou sobre o banco de pedra como se houvesse sido picado por uma serpente.

— Acalma-te, não culpes a tua mãe nem a mim, nem jamais culpes a ninguém sem ouvir. Consideras-te culpado por teres amado a filha do Rei?

— Não, mas Sophia era livre e amou somente a mim.

— E se o pai de Sophia, depois de ter-se ela desposado secretamente contigo, e sem ouvir razões de nenhuma espécie, a houvesse entregue a outro em matrimônio, e a ti houvesse condenado à cadeia perpétua ou a uma morte horrorosa? — perguntou o ancião com a voz trêmula em face do velho sofrimento renovado com a recordação.

— Como!... — exclamou Johevan aterrado. — Mãe, pobre mãe!... levou para a tumba a sua tragédia sem jamais revelar-me o seu segredo!...

E Bohindra continuou desfolhando as flores secas de seu doloroso passado.

— Teu avô era irmão de um príncipe tributário do Rei de Otlana, e como sua

28

filha era muito formosa, sonhava em casá-la com algum príncipe ou com algum alto chefe dos exércitos do soberano, e foi assim que a casou com Suadin, famoso guerreiro conceituado como um dos mais valentes homens dos exércitos de Nohepastro. Teu avô ameaçou-a de morte se revelasse o segredo dos seus amores com *o pastor*, ao qual procurava para enterrá-lo vivo no fundo de uma caverna, já que não podia dar-lhe morte porque derramar sangue ao celebrar um matrimônio significava atrair desgraça para toda a família, como sabes bem ser esta uma velha tradição do nosso país.

"Avisado a tempo da desgraça que me ameaçava, fugi para as montanhas da costa do mar e, incapaz de permanecer perto da tua mãe e vê-la em poder de outro homem, saí do país no primeiro barco que se fez a vela para estas regiões. Perdido o amor de Sadia, não me interessava a vida entre a sociedade dos homens, e eu mesmo procurei a morte do meu passado entre as *sombras viventes* da Casa de Numu, onde há liberdade para viver a vida da recordação e onde se aprende também a viver outra vida mais intensa, desconhecida pela maioria dos homens, e que é tão real ou mais ainda que a miserável e mesquinha vida carnal.

"O que viste nesta noite na Morada da Sombra, eu vi ao chegar a este lugar poucos dias depois do teu nascimento. Vi, com o desespero que podes supor, ter Suadin rechaçado duramente a Sadia quando ela lhe revelou que era casada com o pastor e que seu pai a obrigara a desposar-se com ele. Vi que a relegou a um lugar desprezível em sua casa, sem querer divulgar o segredo por causa do temor das chacotas dos guerreiros e da grave situação que se criaria entre ele e o príncipe tributário, tio e protetor de Sadia. Apareceste como seu filho, tratado com dureza e com desprezo por aquele homem que fugia sempre do lar a pretexto de suas campanhas militares.

"Tu que passaste por tudo isso, dize-me se não é verdade."

— Efetivamente, assim ocorreu, e minha mãe, minha pobre mãe sempre triste, passava a metade da sua vida entregue ao retiro do seu aposento, onde dizia encontrar o sossego e a paz. Mas dize-me, Bohindra, desta Casa não se sai nunca? Não seria cabível que tu, sendo meu pai, me ajudasses a reunir-me com a minha esposa para formarmos todos juntos uma só família? Não encontrarias acaso a beleza de Sadia em minha pequena Évana, que é tua neta?

— Desde que na Morada da Sombra ouvi pronunciares o teu nome, estou sabendo que me dirias todas estas coisas, e vim a ti sabendo o que devo responder. Estou aqui há tantos anos como os que tens de vida. Antes de Sisedon, o Pharaome anterior, que era tão justo e sábio quanto ele, me convenceu de que a minha paz e a minha felicidade se encontravam aqui, visto não me ser possível reconstruir aquele lar com o qual sonhei e que jamais consegui formar perante a sociedade. Estou já no ocaso da minha vida física, da qual nada me interessa pelo que a mim diz respeito, mas interesso-me grandemente por ti e por tudo o que está relacionado contigo. O Altíssimo deu-me muito mais do que eu merecia, porque me proporcionou os meios de viver nessa outra vida mais real e verdadeira que esta, vida que liberta das ficções e dos enganos quando aquele que a vive adquire com o seu esforço os conhecimentos, o desenvolvimento das faculdades do ser e a pureza de costumes necessária para vivê-la em toda a sua grandiosa amplitude.

"Sadia desencarnada e eu na matéria vivemos juntos nessa outra vida superior, e muitas vezes a sua alma, falando à minha, disse: '*O Altíssimo quer que o nosso filho venha um dia a este mesmo lugar...*' E vieste, meu filho, e tenho-te ao alcance dos meus braços!... Destes pobres braços de carne que, em razão da maldade dos homens, não puderam estreitar-te ao nascer!..."

A emoção de Bohindra foi transmitida a Johevan como por uma corrente elétrica, e o filho, tão belo quanto o pai, sentiu a necessidade de ser de novo menino acariciado por aquele que lhe deu a vida, e repousou sua cabeça de ondulados cabelos castanhos sobre aquele robusto peito no qual se haviam estraçalhado tanto e tanto as ondas da adversidade.

Bohindra beijou pela primeira vez aquela cabeça dourada cujos cabelos, acariciados ternamente, lhe recordavam outras sedosas madeixas para as quais havia cantado em sua lira mágica de pastor, sob os pinheiros de seu país, nos dias de seu amor ao lado de Sadia:

> *"Têm música tuas madeixas*
> *Quando as ondula o vento!...*
> *Teus cabelos*
> *Têm luz em seus reflexos*
> *Como se fossem*
> *Madeixas de bronze velho!"*

Johevan interrompeu o suave silêncio.

— É delicioso estar assim ao teu lado, meu pai! Sophia e minha pequena Évana completariam este quadro, que já não seria da Terra!

— Espera no Amor Infinito do Altíssimo para com todos os seres que não transgridem a sua Lei, e acredita firmemente que terás mais do que desejas e do que mereces. Tua vida é como uma continuação da minha, e, se souberes esperar, o Altíssimo te inundará tanto com as águas divinas da felicidade que terás de dizer um dia: "Basta, Senhor, basta!... Que em meu pequeno ser não cabe nem uma gota mais!"

"A cada dez dias serás chamado à Morada da Sombra, que é onde o Altíssimo derrama as suas águas divinas de esperança e de amor sobre as almas. De minha parte eu te visitarei todas as noites que não sejam destinadas a trabalhos especiais, para abreviar com minhas instruções o tempo de prova ao qual é submetido todo aquele que aqui chega. Se passadas vinte Luas não quiseres permanecer mais aqui, a Casa de Numu abrir-te-á as suas portas e te orientará para onde queiras encaminhar tua vida. Não julgues que esta Casa é um entreposto de compra e venda de escravos, mas um porto salvador para as vítimas da ambição dos piratas e das perseguições dos fortes contra os débeis.

"Para salvar os que caem nas garras dos piratas, são destinados os tesouros acumulados aqui desde séculos pelos kobdas que, ao entrar, depositam nestas arcas todos os seus capitais. Como existem nestas abóbadas reis destronados, príncipes perseguidos, reis condenados à morte, há também piratas e criminosos que venderam escravos a esta mesma Casa e que foram tocados pela água divina do arrependimento e quiseram lavar com ela seus extravios e seus erros.

"A primeira lei para um Pharaome da Casa de Numu é comprar a qualquer preço as vítimas da pirataria, cujo número aumenta tão horrivelmente de ano para ano com a emigração constante provocada pela invasão dos mares sobre os continentes."

— E se essas vítimas são mulheres? — perguntou Johevan.

— Oh!... Muito poucas chegam até aqui — respondeu Bohindra com dolorosa expressão — porque quase todas morrem em conseqüência da brutal sensualidade dos piratas. Procurando remediar tamanho mal, nosso Pharaome paga somas fabulosas pelas escravas que aparecem sem lhes causar dano a um fio de cabelo sequer. Existe nesta mesma cidade outra Casa de Numu igual a esta, onde uma Phara-femme (mulher-farol) as ensina a viver dessa outra vida superior desconhecida dos humanos, se elas quiserem, ou as devolve aos seus países e aos seus lares, se for possível realizar isto.

— Segundo isto que me dizes, deve haver centenas de homens nesta Casa!

— Atualmente somos setecentos e oitenta sem contar os *postulantes*, que são os que, nas mesmas condições em que te encontras, ainda não decidiram permanecer aqui para toda a vida.

— Mas esta vida não é de homens! — disse Johevan. — Sem amor, sem ambições, sem esperanças, sem desejos!...

— Não falarás assim dentro de pouco tempo, meu filho! Senão, dize-me: quando tens ao teu alcance uma ânfora de água cristalina que mana sem cessar diante de ti, dentro de ti mesmo, desejas água de fontes onde todos bebem, homens e animais?

"Deseja a luz avermelhada e trêmula do archote que o vento apaga, aquele que tem dentro de si a claridade de um sol ou de muitos sóis cuja luz amplia até o infinito os incomensuráveis horizontes deixados para trás há muitos séculos e os que virão dentro de outros tantos séculos?"

— É verdade... É verdade o que dizes! Mas renunciar assim repentinamente a tudo aquilo que formou o encanto de uma vida, a uns vínculos que não são fictícios mas reais; vínculos contraídos em cumprimento da lei natural que é a lei divina... É duro, meu pai Bohindra, é cruel e contrário a essa mesma lei. Falo com lógica?

— Sim, meu filho, falas como homem das multidões, sem outra luz além da do archote que o vento apaga, sem outra água a não ser a das fontes onde bebem homens e animais.

"Neste momento não posso dizer-te se o Altíssimo, senhor de tudo o que foi criado, te escolheu para sair dentre as massas inconscientes e fazer parte da legião dos pilotos no insondável mar da eternidade.

"Quando daqui a dez dias fores chamado novamente à Morada da Sombra, serás tu e não eu quem dirá se a tua rota está fora desta Casa ou dentro dela. Neste meio tempo entrega-te ao amor puro da tua esposa e da tua filhinha, pois se junto delas está demarcado o teu caminho, para junto delas irás tarde ou cedo.

"Com tal segurança, espera, e os próprios acontecimentos irão determinando o teu caminho.

"Duvidas acaso do amor e da justiça de Deus? Aprende a ser senhor do teu mundo afetivo e passional, e então te verás coroado de amor intenso e duradouro, superior a quanto havias sonhado. Sophia e tua filhinha Évana serão para sempre tuas, não na efêmera forma grosseira que conheces, mas algo assim como tua é a luz da Lua beijando o teu rosto, o perfume das flores embriagando-te, o gorjeio dos pássaros ao amanhecer, as taças de neve que recolhes na montanha e as brancas espumas do mar acariciando os teus pés quando passeias pela praia. Podem acaso os seres humanos tirar de ti alguma dessas coisas?

"Podem destruí-las ou extingui-las em ti? Medita até amanhã no significado das lendas que dia após dia vão sendo colocadas nas paredes desta abóbada:

" 'Deixa-te levar por Numu até a porta do ouro da felicidade verdadeira.'

" 'Se confias no amor e na justiça do Altíssimo, ele te cumulará de tesouros que ainda não chegaste a imaginar poderem existir.'

" 'Estão escritas na Alma Infinita teus fracassos e tuas angústias, teus afetos e teus desejos. Descansa n'Ela que tudo sabe e tudo vê.' 'Numu é teu pastor e tu és seu cordeirinho. Descansa, pois, em teu pastor, que só ele sabe de que pastos e de que águas necessitas e os dará a ti.'

"Seguirás meus conselhos, meu filho?"

— E Sophia e Évana, meu pai?... — clamou Johevan num profundo soluço, abraçando-se a seu pai como que para vencer aquela serena calma de montanha, que não se abala nem pelas fúrias do furacão nem pelo embate das ondas.

Em resposta, o ancião colocou a mão sobre a cabeça de seu filho e ao cabo de poucos instantes ele ficou profundamente adormecido. Recostou-o com terna solicitude no leito de peles e envolveu-o em suaves eflúvios magnéticos. Quando o viu entrar num sono sereno, pôs-se de pé e, estendendo suas mãos sobre ele, disse em voz baixa porém firme:

— Almas errantes, sopro fecundo de Deus!... Levai esta alma dolente para o mundo do amor e da luz!

O sono de Johevan se tornou tão profundo que quase não se percebia sua respiração.

Um frescor de brisa primaveril inundou o aposento como se revelasse suavíssimas vibrações de amor.

— Já estão aqui — disse Bohindra em voz sussurrante, e, com suavidade de fantasma alado, beijou o rosto do filho adormecido e se afastou.

JOHEVAN E ALDIS

No dia seguinte, vendo Aldis que seu companheiro não saía para tomar Sol no terraço segundo o costume, entrou em seu aposento e o encontrou ainda no leito.

— Estás enfermo? — perguntou.

— Não sei se enfermo, louco ou morto.

— Como? Não te compreendo.

— Quero dizer que são tão estranhas as impressões, as sensações que recebo e tudo quanto ocorre comigo, que o atribuo a um desses três estados do ser: a enfermidade, a loucura ou a morte.

Referiu a seu companheiro tudo quanto lhe ocorrera na noite anterior. Aldis, por sua vez, achava-se mais ou menos em iguais condições, não obstante ter mais serenidade e calma para aguardar os acontecimentos.

— Dize-me, Aldis, não te parece uma loucura que dois homens jovens, com esposas adoráveis e filhinhos adorados, estejam aqui como dois morcegos à sombra destas paredes cheias de mistérios e fantasmas?

— Assim o julgo — respondeu o interpelado. — Mas já pensaste que, por enquanto, não podemos fazer outra coisa? Acaso sabemos em que direção está essa caverna na qual elas se refugiaram? Além do mais, sem saber como nem por que, estou convencido de que elas estão seguras e de que uma força superior produziu estes acontecimentos com algum desígnio especial. Tenho outra razão para pensar assim: se passadas vinte Luas nós decidirmos sair desta casa, segundo a lei observada aqui, o Pharaome nos fará conduzir até onde quisermos. Não te parece mais acertado esperar esse tempo que precipitar-nos à aventura sem meio de nos encaminhar em busca das nossas esposas?

"Não pensaste na possibilidade de daqui a dez dias podermos ver na Morada da Sombra qual é o lugar onde elas se encontram?"

— Vejo que pensas coordenadamente, contudo devo confessar-te que aqui os dias se me parecem anos — observou Johevan. — A única coisa que me atrai é o sono, porque adormecido vejo Sophia e Évana, e de tal forma que quando desperto, custa convencer-me de que foi um sonho.

— Vê, Johevan, nós vivemos até agora de um modo totalmente oposto ao que aqui se vive. Lá em nosso país, quando eu tinha apenas quatorze anos, existia um solitário nas margens do Avendana, e quando minha mãe, que o venerava como a um santo, me mandava levar-lhe cestas de frutas e provisões, ele costumava dizer-me, vendo que eu demonstrava assombro com sua forma de viver: "Tu viverás como eu um dia, porque o Altíssimo te escolheu para semente de um povo novo." Eu mencionei isto à minha mãe e ela, com sua credulidade de mulher, aceitou-o como um fato, parecendo-lhe desde logo que em alguma guerra de conquista eu chegaria a ser um príncipe lendário em algum país encantado.

"Mas estou vendo, Johevan, que existe na vida dos seres algo além das fantásticas visões de anacoretas e lendas de encantamentos e aparições. Não o crês assim?"

— Sim, homem, sim, e mais ainda, visto que estou lutando por saber com toda a certeza qual é a vida real do homem: esta vivida agora à sombra desta Casa Misteriosa ou a que vivemos antes de chegar aqui.

"Com meus vinte e cinco anos, filiado desde os dezoito às legiões guerreiras do meu rei, acreditei estar vivendo com nobreza e honradez a vida de soldado: fiel ao seu Deus, ao seu país e ao seu soberano. Será que cometi um crime contra esses grandes deveres ao transgredir a vontade do meu rei, casando-me com a sua filha contra a sua determinação?

"Isto que está ocorrendo, os acontecimentos que a arrebataram do meu lado, serão um castigo merecido pelo meu delito?"

Nesse ponto estava o diálogo dos dois cativos, placidamente sentados diante de seus recintos particulares naquele silencioso terraço que dava sobre um amplo pátio de palmeiras, quando viram aproximar-se deles o mesmo kobda que desde o primeiro dia lhes havia servido os alimentos e acompanhado à Morada da Sombra.

Era de aspecto bondoso e meigo, mas falava muito pouco. Vestia a longa roupagem cinza-azulada usada pelos kobdas, tinha o cabelo na altura dos ombros e um gorro pequeno e cilíndrico de cor violeta forte. Esse kobda levava-lhes os alimentos para todo o dia em duas grandes cestas de junco, preparadas com tal esmero que as frutas e flores formavam em cima dos manjares como que uma artística ornamentação.

Nos dias anteriores havia deixado as cestas sem pronunciar palavra alguma, mas nesse dia sentou-se no mesmo banco onde eles estavam.

— Hoje fazei-nos companhia na refeição? — perguntou Johevan com estranheza.

— Nosso Pharaome quer que vos conduza para conhecer algo da Casa de Numu na qual viveis. Antes, porém, deveis comer, porque o passeio será longo.

— Comereis conosco? — perguntou Aldis enquanto recebia sua cesta, desejoso de saber se aqueles seres, aparentemente tão diferentes do resto da humanidade, estariam talvez liberados das duras e imperiosas necessidades físicas.

Quantas vezes tinham comentado os dois! Comerão, dormirão, beberão estas sombras vivas, ou serão gênios tutelares dos homens?

— Entrai em vossos aposentos e comei. Eu vos espero aqui — respondeu o kobda.

Os dois jovens se entreolharam dissimulando um sorriso, ao ver novamente insatisfeita sua tenaz curiosidade, e entraram para comer. Debaixo do ramalhete de frutas e flores que adornava cada cesta encontraram pequenas plaquetas de cera nas quais estavam escritas em seu próprio idioma otlanês mensagens de Sophia e de Milcha.

Johevan encontrou em sua cesta estas palavras da esposa com sua própria letra, seu mesmo estilo:

"Meu amado. Descansa que o Altíssimo vela por tua esposa e por tua filhinha até que chegue o dia da nossa felicidade. Sophia."

Na cesta de Aldis a placa dizia:

"Nosso Adamu ri e brinca. O Altíssimo é nosso guardião enquanto não chega a hora da liberdade. Milcha."

Ler isto e precipitar-se cada um no aposento do outro foi coisa de segundos.

— Vês?... Vês? — disse Johevan nervoso. — É coisa de ficar louco. Como chegou aqui esta mensagem de Sophia? Onde está o mensageiro? É preciso vê-lo, falar-lhe...

— Já o saberemos, homem, espera, acalma-te!

Entretanto, Johevan já não ouvia estas palavras, porque estava chegando ao banco onde o aguardava o kobda que levara as cestas, ao qual molestou com perguntas tão precipitadas que não era possível responder a todas ao mesmo tempo.

Calmo e sorridente, o kobda o ouviu sem se alterar pela veemência daquelas perguntas.

— Recordas o que te disse ela no sonho da noite passada? — perguntou serenamente o monge.

— Sonhei ter falado com minha esposa, mas não pude recordar o que ela me disse.

— Pois o que ela te falou no sonho foi gravado por ela mesma esta noite na Morada da Sombra, onde há sempre quarenta kobdas acumulando força plásmica no éter para que as almas errantes e as almas encarnadas se ajudem mutuamente no cumprimento do dever.

Aldis escutava em silêncio e com serenidade, mas Johevan dava voltas e mais voltas na placa sem se dar por satisfeito com a resposta do kobda, que o observava com terníssima piedade.

— Mistério, fantasia!... Estou ficando louco!... Isto não pode ser!...

— Acalma-te, Johevan — disse Aldis. — Com estes arrebatamentos não se chega a nada. Devemos pensar que tu e eu não temos conhecimento do que ocorre além da vida física. O que estamos vendo desde que chegamos aqui nos fala bem claro que há leis e forças desconhecidas por nós.

— Ide, pois, tomar algum alimento — insistiu suavemente o kobda, tomando Johevan pela mão como a um menino rebelde para conduzi-lo novamente ao seu aposento. Contudo, ele se voltou bruscamente e disse:

— Jurais em nome do Altíssimo que nenhum mensageiro trouxe estas placas?

— Eu vos juro pela Casa de Numu.

— Respondereis, durante o passeio, a tudo quanto vos perguntar?

— Agora já vos é permitido perguntar na Casa de Numu. Ide comer. Eu vos espero aqui. — E o kobda deixou-os a sós.

Aldis viu-se obrigado a abrir a cesta de seu amigo e oferecer-lhe os alimentos.

— Repara, Johevan, eu tenho mais idade que tu e talvez mais experiência da vida e dos homens. A situação é difícil, mas não tão má como te parece quando se alteram os teus nervos.

"Come tranqüilo e vamos ver o que tiramos a limpo durante o nosso passeio pela Casa de Numu, falando a linguagem particular que aqui se fala. Sabes que ficarias formosíssimo com a roupagem azulada e o gorrinho violeta sobre as tuas madeixas de bronze?"

— Eu? Cala a boca, homem, cala! Estou perdendo a pouca paciência que ainda me resta.

35

— Mas não te dás conta de que estamos na melhor situação possível?

— Sim, bem o vejo!... Caídos de cabeça num poço que não tem saída.

— Vamos, não sejas pessimista! Já esqueceste do que vimos nesta última noite na Morada da Sombra?

— E se nada disso for real?

— Não é real, acaso, a cena do nosso desembarque na aldeia dos piratas e nossa viagem até aqui? Não é real aquela ilha onde nasceram nossos filhos?

— Sim, é verdade, e isto me consola um pouco.

Assim falando, terminaram a refeição e saíram. O kobda esperava-os, sempre sorridente e sereno. Subiu uma escadaria de pedra que alçava-se para dentro de um aposento no final daquele mesmo terraço. Encontraram-se numa imensa sala toda rodeada de estantes com pequenos compartimentos, em cada um dos quais havia um rolo de papiro.

— Este é o arquivo das existências terrestres de todas as sombras viventes que aqui passaram para o mundo da Luz. Aqui está encerrada toda a história da humanidade nas diversas civilizações que se sucederam neste e em outros continentes tragados pelos mares.

— Como é que aqui se fala a língua do nosso distante país? — perguntou Aldis ao kobda, enquanto Johevan olhava ao redor sem nada ver.

— Não é que todos falemos esta língua, mas aqui há uma lei pela qual cada kobda deve dominar pelo menos três idiomas dos mais importantes e vulgarizados na humanidade atual para estar em condições de realizar a missão que a Casa de Numu cumpre no meio dos homens.

"Se esta Casa deve ser porto de salvação para as vítimas da maldade humana, temos de saber entender-nos com homens de todas as raças e línguas.

"Se eu fui designado para falar convosco é porque domino o vosso idioma que, por outro lado, se tornou familiar a quase todos nós graças ao fato de termos aqui um kobda do vosso próprio país, o qual escreve formosíssimos versos e os canta acompanhado da lira ou da ocarina, de forma maravilhosa. No desejo de compreender suas belas canções, muitos de nós aprendemos a língua de Bohindra, como chamamos a este kobda poeta e cantor."

Ao ouvir tal nome, Johevan saiu de seus devaneios e tomou parte na conversa. Quis comprovar se o que Bohindra lhe havia manifestado era verdade.

— Interessa-me muito essa pessoa que canta versos e diz ser de meu país. Deve ser muito alegre e divertido, não é verdade? Se faz versos e canta, deve estar sempre de bom humor.

— O homem que chega a permanecer dez anos aqui parece estar sempre no mesmo estado de ânimo, ainda que no seu íntimo esteja desgostoso e dolorido, porque chegou ao domínio de si mesmo a tal ponto que o seu mundo passional e afetivo não se manifesta no exterior; e, se acaso se agita, é internamente, e ninguém sabe nem vê.

"Assim Bohindra, o homem da harmonia, que chegou aqui um ano depois de mim, e que entrou na Casa de Numu como um pássaro ferido e maltratado, enlouquecido de dor e com loucas ânsias de desfazer e pulverizar a causa de seu pesar, após dez anos tinha a alma como uma água mansa e serena que não refletia outra coisa além da resplandecente beleza encerrada no vasto universo.

"Está aqui há vinte e cinco anos e realiza uma obra digna de um gênio da Beleza e do Amor. Por via espiritual foi ensinado a curar as enfermidades da mente com a poesia, com a música e com o cultivo de determinadas plantas, nas quais ele soube encontrar a força magnética que têm em afinidade com os seres humanos. É um médico admirável, porém sem drogas e sem torturas físicas.

— Interessa-me conhecer de perto a sua atuação — propôs Johevan, em seu desejo de aprofundar-se nesse terreno.

— Magnífico! — acrescentou Aldis. — Sou da mesma idéia, pois estamos extremamente necessitados de ser curados dos furacões internos. Não é verdade, Johevan?

O kobda sorriu da alusão direta às veemências afetivas do jovem e dirigiu seus passos para um rotunda ou pátio coberto, espécie de jardim de inverno de extensas proporções. Sua porta de entrada era um imenso painel de bronze polido, onde havia um alto-relevo representando um formoso adolescente dando morte a um horrível dragão dez vezes maior que ele.

Em cima do imenso painel estava gravada em sete línguas diferentes esta inscrição:

AQUI FLORESCEM A ESPERANÇA E O AMOR
AQUI MORREM O ÓDIO E O RANCOR.

Não havia outra ornamentação naquele vasto recinto além das plantas cujo crescimento não necessitava de fortes raios solares e uma fonte de pedra branca de cujo centro jorrava a água cantante, chocando-se, em seu cair inquieto e brincalhão, com umas estatuetas representando crianças banhando-se e rolinhas sedentas a beber.

Grandes bancos de pedra cobertos de peles indicavam ser aquele um lugar de repouso físico e espiritual.

— Neste momento não há aqui nenhum enfermo em tratamento, como vedes, porque é a hora em que todos comem. Portanto, podereis observar com tranqüilidade.

"Bohindra acumulou aqui plantas de todas as regiões da Terra, segundo as propriedades magnéticas que encontrou em cada uma delas.

"São também sombras viventes, irradiantes energias e vibrações especiais, e ele as dispôs de tal forma que todas elas se completam e formam uma aura conjunta potentíssima, que ele canaliza segundo os casos que tem em tratamento."

— Que quietude mais suave há neste lugar! — exclamou Johevan, estendendo-se suavemente num daqueles bancos.

Aldis e o kobda entreolharam-se com inteligência. Este último pressionou uma chave da parede, e um ventinho fresco soprou de todas as direções agitando a verde ramagem; o cair da água tornou-se mais impetuoso e musical; as estatuetas brancas das crianças e das rolinhas em deliciosos movimentos davam a impressão de crianças e rolinhas vivas banhando-se na fonte.

Johevan estava encantado.

— Oh!... A minha Évana e o teu Adamu estariam em casa neste lugar. Não é verdade, Aldis?

— Certamente — respondeu o interpelado, que não obstante ser de menos sensibilidade, não podia subtrair-se à suave e mágica influência daquele lugar sobre seu mundo mental e emotivo.

Ao ouvir os nomes de Évana e Adamu, o monge não pôde dissimular um olhar de assombro aos dois jovens, mas eles não o perceberam, submergidos como estavam na suave recordação evocada pelos meninos e as pombas a se banharem na fonte.

— São vossos filhinhos esses que mencionastes?

— Filhinhos que ainda não têm vinte Luas e já foram arrancados dos braços dos seus pais!... — exclamou Johevan como num gemido, com sua veemência habitual.
— É possível, dizei-me, suportar esta dor?

A título de resposta, o monge abriu uma espécie de armário incrustado na parede e cuja porta era uma grande tela na qual aparecia uma paisagem de montanha e mar, decoração adequada, como tudo o mais, para despertar o sentimento da beleza, grandeza e serenidade existentes na Natureza.

Procurou durante uns momentos e finalmente tirou um caderno de pequenas telas enceradas usadas para escrever.

— Este legado foi deixado para Bohindra por um ancião monge antes da sua morte — disse ele. — Esse monge tomou-lhe grande afeto por causa dos seus cânticos e versos. Havia vivido aqui sessenta e dois anos, pois foi trazido em sua adolescência depois de ter visto morrer numa devastação guerreira toda a sua família e quase todo o seu povo. Este kobda foi um dos que teve mais comunicação com as almas errantes protetoras deste planeta, e quando lhe assaltou o pensamento de ter esbanjado sua longa vida nesta ociosa quietude em vez de andar pelo mundo ensinando os homens, perdeu a paz e chegou às raias da loucura. Bohindra o trouxe para este lugar e o velhinho recobrou aqui a serenidade e a calma, porque entre a aura desta fonte e destas plantas e a poderosa irradiação de lira e dos cantos de Bohindra, Numu ditou-lhe esta divina lenda. — E o kobda leu:

— Aqui diz Numu, entre outras coisas: 'Vive sereno estes longos dias de calma que eu te dei para acumular forças e energias, porque nos anos vindouros voltarás à vida, sozinho e abandonado desde a infância às tuas próprias forças, sem outro amparo além dos animais da selva. Então te chamarás Adamu e quando achares a Évana em teu caminho, como uma flor da pradaria, serás o começo de uma torrente nova de minhas águas de saúde entre os homens.'

"Ao ouvir que mencionáveis Adamu e Évana, pareceu-me encontrar certo ponto de contato com a lenda que aquele velho monge deixou para Bohindra."

— Segundo isto, Numu anunciou a esse monge que numa vida posterior ele se chamaria Adamu e ver-se-ia abandonado desde a infância? — perguntou ansiosamente Johevan.

— Assim é.

— E que encontraria Évana em seu caminho? — interrogou novamente.

— Justamente.

— Dai-me, por favor, esse legado!

— Não entenderíeis este idioma, entretanto eu fiz a tradução exata.

Johevan e Aldis examinaram sem entender o velho conjunto de telas enceradas cobertas de estranhos caracteres.

Uma palidez mortal foi cobrindo lentamente o rosto de Johevan, como um homem a quem houvessem lido uma sentença de morte.

O monge compreendeu haver-se precipitado no falar. Deu um chamado com uma pequenina corneta ou clarim que levava, e Bohindra acudiu precipitadamente.

Não precisou de explicações para compreender o que ocorria. Tomou Johevan ternamente, envolvendo-o com seu braço através das costas, e o levou para um dos grandes bancos, onde o recostou. Um imenso lótus branco cobria aquele banco quase completamente. Correu algumas cortinas para atenuar a claridade do dia. Uma suave luz violeta filtrou-se através dos cortinados. Tirou do armário uma pequena lira e, sentado no mesmo banco onde descansava seu filho, começou a tocar, suavemente no princípio e cada vez mais intenso no som e na vibração etérea emanada do som, até que de cada planta saía como que um prolongamento daquelas harmonias, bem como suaves ondas de luz amarelenta, rosada e esverdeada.

Aquelas plantas eram harpas mudas a vibrar em harmonia com a lira de Bohindra, e emanavam ondas de luz de intensidade e força iguais à energia emitida por ele mesmo.

Johevan e Aldis sentiram como que uma inundação de amor e ternura a encher de pranto seu peito; e, abraçando-se ambos como duas crianças, que brincando juntas se haviam ferido, choraram em soluços profundos durante longo tempo.

— Então nunca mais veremos nossas esposas e nossos filhos? — clamou Johevan quando a emoção lhe permitiu expressar seu pensamento.

— Calma, meu filho! — disse seu pai acariciando-o. — A cada dia que passa possuireis de modo mais íntimo e verdadeiro vossas esposas e vossos filhos. Tudo é questão de esperar, confiar e querer. Sois capazes de querer, esperar e confiar?

— De todo o coração — respondeu Aldis. — E tu também, meu amigo. Não é verdade?

— Esperarei um século, muitos séculos, para ter Sophia novamente ao meu lado.

— Agora começastes a compreender a verdadeira vida do ser que pensa e ama.

AS FORÇAS RADIANTES

Bohindra tomou novamente sua lira e sentou-se junto a eles, enquanto o outro kobda, a quem chamavam Zhain, fazia correr, mediante um cordel, as cortinas ou gelosias da outra parte da rotunda, a fim de tornar mais densa e igual a penumbra do recinto.

— Pensai, unidos comigo, que vossos filhinhos dormem. O Sol está no zênite tanto para vós como para eles, visto que sabemos estarem na margem oposta do Mar Grande.

A lira começou a suspirar em um som quase imperceptível, como o piar de uma avezinha moribunda que já não tem forças para cantar. Os trinos suavíssimos e lentos foram se tornando mais sensíveis, mais profundos, mais tocantes, até formar uma divina melodia semelhante a um milhar de pássaros cantando em torno da fonte, cuja água cristalina caía do repuxo sobre as crianças e sobre as prateadas folhas de aguapé que atapetavam as bordas de mármore.

Algo semelhante a uma sutilíssima névoa começou a se desprender das begônias de folhas pintadas, dos coléus gigantescos, dos lótus erguidos em sua esbelta soberania, das samambaias e trepadeiras como trêmulas cabeleiras de esmeraldas.

A lira exalava suas melodias suavíssimas que já não eram gemidos de avezinha enferma nem gorjeios de milhares de pássaros, eram risos de crianças alegres e brincalhonas chapinhando na água. Johevan, como que eletrizado, levantou-se suavemente e caminhou sem ruído para a fonte... logo Aldis o seguiu, e ambos se sentaram em sua borda tapetada de plantas aquáticas. Zhain dormia em profundo sono e a lira continuava vibrando intensa, divina; em torno de Bohindra havia-se formado como que um redemoinho da mesma névoa sutil emanada das plantas. Já não se via o monge-cantor envolvido na névoa que, como uma brilhante nuvem branca, estendia-se cada vez mais pelo recinto em vertiginosas espirais a subir e descer como colunas torneadas que sustentassem um edifício imaginário, como véus de desposadas a se envolverem em torno de uma cabeça juvenil, como asas brancas de aves gigantescas revoluteando serenas e suaves sobre as plantas, os homens e a fonte.

— Minha Évana... minha Évana! — exclamou Johevan com indizível amor, inclinando-se para a fonte e retirando da água sua filhinha adorada, à qual cobriu de beijos e carícias.

Aldis estava adormecido como Zhain e também envolto na mesma névoa luminosa que cobrira Bohindra, as plantas e a fonte. Nada era visível além de Johevan com Évana sobre seus joelhos, entregues ao êxtase divino de seu amor. De repente, ele sentiu duas mãos suaves apoiadas sobre seus ombros e ao levantar a cabeça viu Sophia sorridente, que se inclinou até unir com os seus os lábios mornos, trêmulos de emoção e ternura.

— Meu amado — disse —, nosso amor é como os raios do Sol que não morrem e como as estrelas que se miram eternamente no mar.

"Eu sei que os nossos corpos de carne não hão de encontrar-se mais, entretanto os nossos verdadeiros seres, que não se desagregam como a matéria, estarão perenemente unidos como neste momento, mais felizes do que em todos os momentos passados sobre a Terra, porque estaremos livres da aflição produzida pela mesquinhez dos homens."

Johevan ouvia-a embevecido, enquanto a pequena Évana saltava de seus joelhos para a água e da água para a borda da fonte, arrancando folhas e deixando-as flutuar sobre a linfa ondulante.

— Como estás aqui? — perguntou Johevan à sua companheira.

40

— Não sei, mas estou aqui, bem me vês.

— E Milcha, e Adamu? Como pudestes viver sozinhas e abandonadas num país estrangeiro?

Sem falar, Sophia levantou seu braço para o alto; então disse:

— Johevan, foi necessária a dor para fazer-nos pensar que acima de nós há um Ser Supremo mais terno e solícito que todas as mães para com seus filhos. Tu e eu viemos para cumprir uma missão desse Ser Supremo sobre a Terra, e essa missão já está cumprida: Nossa Évana vive e viverá ao lado do pequeno Adamu, porque também eles como nós são servidores do Altíssimo, e têm também um dever a cumprir. Eu deixarei logo a minha matéria e tu também, mas com a diferença de que a minha se reduzirá a pó e a tua continuará animada por outro ser que não és tu.

— Não te compreendo, minha amada!... Estás magoando-me; não me fales assim porque me fazes pensar que não és tu, mas uma ilusão da minha mente enlouquecida.

— Sou eu, observa. — Sentou-se no solo como costumava fazê-lo para recostar sua cabecinha dourada sobre os joelhos de Johevan, que se inclinou para beijar-lhe a testa.

— Aldis está com Milcha na caverna. Eles viverão nesta vida terrena mais do que tu e eu. Meu corpo está muito esgotado e já não o quero mais, pois ele terminou a sua tarefa e já não é justo que me impeça de estar eternamente ao teu lado.

"Meu amado!... nosso amor é como os raios do Sol que não morrem e como as estrelas que se miram eternamente no mar.

"Évana, vem e beija o papai, porque vamos embora" — disse Sophia, tomando a menina e levantando-se com ela.

— Não, por favor! — gemeu Johevan, tratando de retê-las.

— Não transgridas a Lei, meu amor; logo voltaremos. — As três cabeças se uniram num longo beijo conjunto.

Imensos redemoinhos da névoa luminosa se agitaram novamente. Já não se ouvia a lira de Bohindra, e Johevan viu-se sentado sobre a fonte ao lado de Aldis, que acabava de despertar.

Viu as grandes folhas prateadas que sua filhinha Évana tinha cortado enquanto brincava na água e as recolheu uma por uma.

Os redemoinhos da névoa foram se desvanecendo lentamente até voltar tudo ao seu estado normal.

Ninguém se movia do lugar, seja porque a imobilidade dos estados extáticos parecia paralisá-los, seja porque a alma, extremamente feliz, lutava por prolongar essa felicidade íntima, intensíssima, desconhecida na Terra.

Bohindra foi o primeiro a se movimentar. Aproximou-se e disse-lhes:

— Bendizei o Altíssimo, que começa a abrir para vós o palácio encantado de seus tesouros infinitos. Voltai aos vossos aposentos e não vos entregueis mais ao desespero e ao pessimismo, porque com isto vos colocais fora do pensamento de amor com o qual Deus vos envolve.

Zhain dirigiu-se para a porta seguido dos dois jovens, que ainda estavam sob a ação das poderosas correntes de força que os kobdas ativaram para devolver a paz aos quatro seres encarnados que a Lei havia escolhido como instrumentos para que chegasse ao plano físico o Verbo de Deus.

— Aldis está com Milcha na caverna — dissera Sophia em sua manifestação plásmica a Johevan.

Quando Zhain viu em transe, seu espírito era o operador que combinava e ordenava as energias acumuladas pelas vibrações da lira de Bohindra, em sintonia com as vibrações das plantas, da água e do éter.

Esse conjunto de energias intensificou a faculdade vidente de Johevan e o desdobramento consciente de Aldis, cujo duplo etéreo foi transportado à caverna do país de Ethea, onde o calor do meio-dia tinha adormecido os quatro seres que nela se abrigavam.

Mas de repente Milcha despertou com a voz de Aldis que a chamava e viu seu companheiro diante dela, inclinado, acariciando o pequeno Adamu adormecido a seu lado.

Ia dar um grito e abraçar aquela querida imagem transparente e gasosa flutuando junto de si, mas Aldis pôs o dedo indicador em seus lábios recomendando silêncio ao mesmo tempo que olhava para Sophia e Évana adormecidas no leito da alcova.

A pergunta que Johevan fazia nestes mesmos momentos a Sophia junto da fonte — "Como vieste aqui?" — fez Milcha a seu esposo, o qual a acariciava ternamente em seus cabelos negros e sedosos.

— Não o sei, Milcha, mas estou ao teu lado, bem o vês. — E, dizendo assim, sentou-se na borda do leito de troncos coberto de peles no qual ela e o menino se haviam recostado.

"Minha pobre e querida escrava!... — repetiu enternecido o antigo guarda dos palácios de Nohepastro.

"Tua escravidão se transformou repentinamente numa liberdade solitária e dolorosa."

Milcha começou a chorar em grandes soluços, que Aldis procurava sufocar com suas ternas demonstrações de amor.

— Choro de felicidade, Aldis!... Deixa-me chorar este divino pranto que leva, ao correr, todo o peso, toda a amargura, todo o terror que ocultei dentro de mim desde que não voltaste para a embarcação naquele dia da nossa separação.

— Milcha, minha meiga escrava!... Rainha dos meus pensamentos e esperanças, quão grande és no teu valor sereno e forte perante a espantosa borrasca que nos arrojou para longe uns dos outros!

— Mas como estás aqui? Estás vivo? Ou acaso estás morto e é a tua alma errante que me vem visitar?

— Eu mesmo estou mergulhado no mistério destes acontecimentos e nada sei dizer-te, mas para que vejas que sou eu em realidade, observa.

Aldis desprendeu do pescoço de sua esposa um colar de ametistas que desde anos a adornava e o colocou no pescoço de seu filhinho adormecido.

— De hoje em diante jamais temas algo ou te julgues sozinha, porque sempre virei visitar-te. Deixarás teu corpo antes que eu, pois assim o quer a Lei Eterna, à qual de livre vontade ou por força estamos submetidos, uma vez que aceitamos a missão do Altíssimo. Do nosso amor surgiu Adamu. Tua missão e a minha estão cumpridas, e outros caminhos se abrem diante de nós. Adeus.

— Não vás sem que Sophia te veja...

— Fica em silêncio, não a chames, pois ela não pode ouvir-te neste instante. — Aldis beijou novamente seu filhinho adormecido, e ao beijar Milcha, repetiu:

— Deixo o teu colar no pescoço de Adamu, vês? É a prova que deixo de ter estado aqui.

Soltou as mãos de Milcha que o estreitavam e ela o viu sair da caverna sem abrir a porta fechada com as cortiças como de costume.

Correu a abrir para segui-lo com a vista, mas não encontrou senão a rena Madina voltando a essa hora, segundo o costume, para ser ordenhada.

Desiludida em sua esperança de encontrar ainda ali seu esposo, Milcha abraçou-se ao pescoço do nobre animal e começou a chorar sobre seu lombo brando e sedoso.

Como o leito no qual o pequeno Adamu se achava era tão baixo como um estrado, ele se deixou cair e, engatinhando como fazem os meninos fortes e ágeis muito antes de começar a andar, chegou até a porta da caverna onde viu sua mãe com a rena e começou a bater palminhas e alegres gritos que despertaram Sophia e Évana.

A princesinha, mais débil e lânguida a cada dia, parecia uma flor à qual se faz viver artificialmente para prolongar o momento em que a branca corola cai seca e sem vida.

— Milcha!... Que formoso sonho tive. Não me respondes?

Viu que ela não estava na cabana; só estava lá Adamu, sentadinho na porta, entretendo-se em dar voltas no colar ao redor do pescoço.

Sophia encheu-se de assombro, porque o colar de ametistas unidas entre si por elos de ouro não podia ser tirado do pescoço sem despedaçar-se; tinha sido fechado para não ser jamais retirado, segundo o costume do país, quando uma princesa herdeira do trono tomava na adolescência uma escrava para seu serviço íntimo.

O colar de ametistas posto por uma princesa herdeira no pescoço de uma jovem escolhida por ela para este honroso posto era, pois, quase um símbolo sagrado, uma espécie de consagração vitalícia; cerimônia que dava direitos e impunha deveres tanto a uma como à outra. Direitos e deveres de soberana à princesa; direitos e deveres de súdita escolhida e fiel.

— Milcha... Milcha!... — chamou Sophia alarmada.

A escrava ouviu sua voz e se aproximou, secando ainda suas lágrimas.

— Que aconteceu? Por que choras? — perguntou. — Como é que Adamu tem o teu colar de ametistas?

Milcha contou como pôde o quanto lhe havia acontecido. E Sophia descreveu, com luxo de detalhes, o quanto vira no lugar encantado onde se encontravam seus esposos detidos por desconhecidas forças maravilhosas.

Ambas se sentiam inundadas de felicidade sem que as circunstâncias de sua vida houvessem mudado em nada.

43

A Vida na Caverna

Absorvidas por esses estranhos acontecimentos, Sophia e Milcha tinham esquecido as crianças.

A pequena Évana divertia-se sozinha brincando com a enorme cabeça da pele de um urso branco que havia no leito, e Adamu não estava na caverna.

Milcha correu para a porta da caverna e em seu rosto esboçou-se primeiro o assombro e depois a emoção, diante de uma cena tão insuspeita como interessante e terníssima.

As duas mulheres viram que a rena, posta de joelhos, havia permitido ao menino robusto e forte sentar-se abraçando-se a uma de suas patas traseiras, e o pequenino mamava tranqüilamente enquanto Madina, com seu longo pescoço dobrado, lambia-lhe a cabecinha coberta de canhos escuros como os cabelos de sua mãe.

— Meu pobre Adamu não morrerá de fome se lhe faltar sua mãe — murmurou Milcha ao ouvido de Sophia para não chamar a atenção do menino.

— Em compensação Évana, a pobrezinha, não sabe senão chorar quando quer alguma coisa. Ouves?

Milcha correu para dentro e saiu com a menina nos braços. Sentando-se com ela no tronco de uma árvore caída junto à caverna, já lustroso de servir por tantos anos de banco ao mago atlante, incitou-a a observar o pequeno que fazia um estranho ruído a cada sorvo de leite que passava por sua garganta.

A escrava aproximou Évana da singular ama de cria que a Providência deparava tão improvisadamente a seus filhos, e Madina, como fizera com Adamu, lambeu as mãozinhas da menina ao mesmo tempo que ela puxava suavemente as orelhas do animal em meio de risos e alegres gritos.

Finalmente Adamu terminou sua merenda e olhou satisfeito para a mãe e para Sophia, que não sabiam se deviam rir ou chorar segundo a estranha emoção que a cena lhes produzia.

Milcha desceu a menina ao solo e correu para buscar na caverna o pequeno cântaro com o qual ordenhava a rena, mas esta começou a empurrar com a cabeça e o pescoço a Évana para que mamasse por sua vez. Vendo isto, Sophia aproximou sua filhinha do úbere do nobre animal, mas a menina se esquivava, até que chegando Milcha, espremeu-o ordenhando e dirigiu um jorro de leite para a rosada boquinha da menina. Esta, compreendendo e já sem medo, começou a mamar da mesma maneira que Adamu, porém sustentada por sua mãe, pois era menos forte e menor que aquele.

— Milcha — disse Sophia. — Eu sei que morrerei logo porque uma voz interior me diz isto. Mas, bem o vês, nossa nobre Madina te ajudará a alimentar minha pequena órfã.

— Não faleis assim, por favor, minha princesa querida!... Ambas temos que viver serenas para que quando regressarem Johevan e Aldis não tenham nada para reprovar.

É verdade que ao aceitar a maternidade firmamos com o Altíssimo o solene pacto de dedicar-nos à vida destes seres; contudo, as forças me faltam de dia para dia, Milcha, e apesar dos teus cuidados o meu pobre corpo resiste em viver.

— O leite morno de Madina vos reanimará, já vereis. — Évana havia completado sua refeição, e Milcha ordenhou a rena e ofereceu o pequeno cântaro de leite a Sophia.

Ainda estava ela bebendo quando viram Madina se erguer apressadamente. Levantando a cabeça para onde soprava o vento, ela parecia farejar algo que a inquietava. Passado um momento, começou a descrever círculos, estreitando cada vez mais o lugar ocupado junto à porta da caverna pelas duas mulheres e as crianças.

— Que tens, Madina, que nos empurras? —. perguntou Sophia acariciando o pescoço do animal.

— Queres expulsar-nos da tua casa? — perguntou Milcha.

Mas a rena nervosa dava voltas e voltas empurrando-as, até que sua aflição se tornou tão grande que tomou as roupas de Sophia com a boca e suavemente a arrastou para a caverna.

— Queres que entremos? Ameaça-nos algum perigo? — perguntou a escrava, seguindo sua ama com as duas crianças nos braços.

Observavam curiosas e angustiadas a rena, pois jamais a haviam visto fazer nada semelhante. Quando viu todos dentro, colocou-se na porta da caverna e começou a dar uns balidos tão longos e lastimosos que, assustadas, as crianças começaram a chorar.

Em vão Milcha acariciava a rena e a impelia para dentro. Ela continuava com seus longos e ressoantes ais, até que ouviram a rena maior, o macho chefe do grupo, responder com seu balido de trovão distante. Alguns momentos depois as duas mulheres ouviram o tremor produzido no campo pela correria de toda a família de renas, tão habilmente domesticada por Gaudes, o solitário das boas obras sem aplauso e sem recompensa dos homens.

As renas mães empurraram seus filhinhos menores para a caverna e ficaram guardando a porta, colocadas em fileiras compactas com as ancas para o exterior, enquanto os machos, maiores e mais fortes, ficaram fora, como que à espera. Uns bufos de fúria e grandes patadas que abriam sulcos no solo indicavam estar coléricos. Por entre os pescoços levantados dos animais, Milcha viu um grupo de búfalos negros aproximando-se a toda carreira, não na direção da caverna, mas como se, de passagem, corressem para um determinado lugar.

Se elas fossem conhecedoras do país e dos animais selvagens que o povoavam, teriam compreendido que os búfalos corriam procurando refúgio, porque se aproximava a espantosa manada dos mamutes, elefantes polares que desde a época glacial tinham ficado como restos da espécie, remanescentes ali como os rangíferos. Não eram tão grandes como os do Altai e do Pamir (regiões da Índia atual), mas eram ferozes e fortíssimos.

Teriam também compreendido que a rena Madina, quando farejou os búfalos, viu a caverna em perigo, pois as muitas peles dos ditos animais que tinham encontrado não eram senão o resultado de lutas terríveis entre as renas e os búfalos, para obter

45

cada qual o primeiro refúgio que se lhes apresentasse para resguardar o corpo da temida avalanche dos mamutes enfurecidos.

Por isso Gaudes, em seu meio século de estada na caverna, havia preparado seus animais domésticos para defender-se, pois tivera a imensa paciência de afiar os extremos dos chifres de suas renas de tal modo que os mais fortes eram agudos como um punção e tinham arestas afiadas e cortantes.

Sophia queria que Milcha fechasse a porta da caverna, e a escrava ia fazê-lo, mas Madina não o permitiu e, arrojando a porta ao solo, lambeu a mão de Milcha como se quisesse tranqüilizá-la. Então as duas mulheres fugiram com as crianças para o interior da alcova. Amontoados no leito de Gaudes, os quatro pediam a Deus proteção e socorro.

Este terror haver-se-ia tornado em serena calma se tivessem visto de que modo os vigias invisíveis do Mago Atlante realizavam trabalhos de defesa para espantar os búfalos, no caso improvável de que as renas não fossem suficientemente fortes para resistir.

Trêmulas e contendo a respiração, as duas mulheres ouviram o espantoso tropel, o choque dos chifres, o golpear das patas no solo ou na pedra e os balidos agudos das renas, entre os quais reconheciam os balidos de Madina.

O tempo que durou o embate foi breve, mas para elas assemelhou-se a longas horas.

— Ai, se matam Madina, a mãe dos nossos filhos!... — exclamaram as duas mulheres.

Um momento depois perceberam a corrida de alguns animais e em seguida ouviram o suave roçar do focinho de Madina na porta da alcova que, empurrada suavemente pelo animal, abria-se devagarzinho ante os assombrados olhos de Sophia e Milcha. Esta saltou em primeiro lugar para abraçar o pescoço de Madina; atrás dela foi Sophia. Os pequeninos tinham adormecido e elas saíram da caverna, onde só estavam as renas pequenas. Aventuraram-se a chegar até a porta seguindo a Madina que parecia guiá-las, e viram dois búfalos que, feridos no pescoço, arrojavam grandes borbotões de sangue e já estavam morrendo. Viram também uma das renas ferida numa das pernas, mas ainda de pé, e outra com uma ferida acima das costelas.

Sophia começou a chorar e Milcha correu para buscar azeite e vinho com os quais havia visto em seu país os pastores curarem os animais. Mas Madina tomou entre os dentes um dos pequenos cântaros com água, derramou-a no solo e, fazendo servir sua pata dianteira de colher, removeu a terra, formando lama em grande quantidade. Logo em seguida, tomando a mão de Milcha, colocou-a no meio do barro. A escrava compreendeu.

— Ah!... A lama é a tua medicina! Não é verdade, Madina? — E, tomando punhados de barro, cobriu as feridas dos dois animais.

Entre o assombro e o susto, Sophia havia se aproximado dos búfalos mortos e das renas feridas.

Milcha, cuja energia e valor aumentavam nos maiores perigos e dificuldades, sentia-se novamente forte para curar as duas vítimas daquela formidável batalha.

— Agora teremos que tirar a pele dos búfalos. Oh, será um formoso tapete para o chão da caverna quando tiver chegado o inverno!

As renas deitaram-se no solo e sua fatigosa respiração denotava imenso cansaço. Milcha aproximou delas cântaros com água e os animais beberam ansiosamente.

A tarde já terminava e as duas mulheres, seguidas da família de renas, entraram na caverna. Madina já estava produzindo faíscas luminosas com os golpes de sua pata dianteira sobre a pedra que servia de lareira na caverna de Gaudes. Quando se dispunham a fazer a frugal refeição da tarde à luz amarelenta do lar, um espantoso tremor perturbou os campos e a montanha onde se via a gruta protetora.

As duas mulheres entreolharam-se com profundo terror.

— A caverna está desmoronando! — gritou Milcha, enquanto ambas corriam para pegar seus filhos e já se dirigiam à porta para fugir.

As renas escutavam inquietas aquele ruído como de uma tempestade.

Com sua experiência e solicitude maternal, Madina lambeu as mãos das duas mulheres e se colocou diante da porta para impedir-lhes a saída.

Milcha compreendeu a linguagem muda da rena, dando a significar que o perigo estava do lado de fora.

— Deve ser um exército cruzando em disparada — observou Sophia, já bem mais tranqüila.

Milcha entrabriu a porta da caverna e através dos últimos resplendores do entardecer viu uma massa escura e rugente passando pelo vizinho vale como um torvelinho de negros fantasmas enfurecidos.

— A manada de elefantes! — exclamou Milcha, fechando precipitadamente a fresta que abrira.

Madina não se moveu da porta até que aquele tropel formidável ressoou como um bramido distante já e desvanecendo-se no silêncio do anoitecer.

— Quantas coisas se aprendem, Milcha, quando não se vive nos palácios! — exclamou Sophia estreitando sua filhinha entre os braços.

— Mas eu prefiro um palácio para vós, minha princesa — respondeu a escrava, acomodando as crianças sobre uma pele junto ao fogo para lhes dar sua ração da ceia.

— Por hoje, este é o nosso palácio, Milcha, e bendito seja o Altíssimo que o colocou no nosso caminho.

A VIDA NO SANTUÁRIO

Ao sair do formoso recinto dedicado às experiências suprafísicas de Bohindra em favor dos enfermos da alma e do corpo, Johevan e Aldis pediram a Zhain que os conduzisse aos seus aposentos particulares, pois se sentiam esgotados e precisavam descansar.

Na realidade, o que eles queriam era estar a sós para deliberar sobre o que acabava de ocorrer a cada um em particular.

Sendo conhecidas do leitor tanto a manifestação plásmico-radiante presenciada por Johevan como o desdobramento consciente de Aldis, me eximo de referir os comentários feitos por eles e desde logo fáceis de supor.

Ambos haviam chegado a se convencer de que estavam sob a ação de energias e forças muito superiores e benéficas, visto que todas as manifestações destas energias e forças tinham por fim devolver a quietude às almas e saúde aos corpos.

Apenas uma circunstância lhes parecia incompreensível à luz do raciocínio.

Se as forças que os envolviam eram boas e justas, por que os separavam no plano físico de suas esposas e filhos? Qual era o fim que pretendiam atingir com tal separação? Se essas forças os separavam, por que, em determinados momentos, os uniam como num deslumbramento do mais elevado e sublime amor?

— Observa, Johevan — disse Aldis, mais sereno e reflexivo, como de costume, que seu veemente companheiro. — Que estes kobdas são boas pessoas não há que duvidar, porque até este momento não recebemos deles a não ser amor e solicitude sob todas as formas. Não é verdade?

— Certamente, e quase estou para dizer-te que começo a querê-los bem e a achar-me bem entre eles.

— Pois te digo, homem, difícil seria que não lhes quisesses bem, dado o amor que nos concedem e o fato de haver encontrado o teu pai entre eles. Deves reconhecer seres um homem afortunado.

— Afortunado eu? Repara que é cruel o pouco-caso quando o coração está sangrando!

— Não te irrites, Johevan, e raciocinemos. Caímos prisioneiros de um bando de piratas. Qual foi a perspectiva que se nos apresentou? Uma vida de horrores que no final terminaria com uma morte pavorosa. Não é verdade isto? Sim ou não?

— Sim, é verdade, a mais plena verdade.

— Julgamos que nossas esposas haveriam tido a mesma sorte que nós, com a diferença de que, por serem mulheres, iriam servir de pasto para alimentar a lascívia desses animais com forma de homens. Não é mesmo?

— Sim, é isso mesmo, não posso negar.

— Pois bem, nada disto aconteceu. Temos o direito de nos queixar?

"É verdade que estamos longe desses seres queridos que formavam todo o nosso mundo, mas os acontecimentos maravilhosos que vimos presenciando provam até a evidência tratar-se de uma separação pela metade, em intervalos, uma vez que, sem saber como nem por que, nos vemos e falamos. Dize-me se tudo isto não é uma inesperada felicidade?"

Neste momento chamou sua atenção o eco distante de hinos solenes cantados por muitas vozes em coro acompanhadas de liras e ocarinas.

Saíram para o terraço de seus aposentos que, como se sabe, dava para um imenso pátio de palmeiras. As vozes pareciam aproximar-se por momentos, mas não podiam compreender as frases dos hinos religiosos que ouviam, pois eram cantadas num idioma diferente do seu.

Entretanto, havia tal unção, tão poderosas vibrações, tão profundo sentimento de adoração e amor naquelas vozes a flutuar no ambiente como se fossem as almas e não os lábios a cantar, que era impossível subtrair-se à profunda emoção.

Finalmente viram surgir pela arcada de um pórtico que dava para o pátio o Pharaome com sua longa roupagem de cor cinza-azulada no meio de uma fileira de dez kobdas, todos já de idade avançada, entre os quais se destacava, por sua elevada estatura, Bohindra, o kobda poeta e músico.

Atrás deles seguia em fileiras de dez uma multidão de homens, todos vestidos de igual cor e todos coroados de dormideiras brancas, menos o Pharaome, que cingia algo como um diadema de sete grandes lótus.

No final vinha uma fileira de dez jovens vestidos ao uso de seus países, mais ou menos como vestiam Johevan e Aldis, ou seja, uma espécie de túnica curta de variadas cores, apertada na cintura por uma faixa de seda verde, vermelha ou azul.

Deram todos três voltas ao redor do pátio e finalmente o Pharaome e seus dez acompanhantes se sentaram nos bancos de pedra que em forma circular se dispunham debaixo das palmeiras.

Todos os demais kobdas formaram um tríplice círculo ao redor deles.

Os dez jovens se adiantaram até onde estavam os anciãos sentados e se inclinaram, fazendo uma profunda saudação.

— Sombras viventes, de onde vindes? — perguntou o Pharaome.

— Das trevas da inconsciência humana — responderam os dez.

— Para que viestes?

— Buscar descanso na Luz.

— Que deixastes atrás de vós?

— Fogos fátuos que se apagam.

— Que pedis aos Filhos de Numu?

— A Sabedoria, a Paz e o Amor.

— Sabeis onde se encontram?

— Nas almas sem egoísmo.

— Sabeis como se conseguem?

— Dominando a matéria e cultivando o espírito.

— Com que forças contais para consegui-lo?

— Com a vontade.

Nesse momento aproximou-se um kobda com um turíbulo cheio de brasas acesas que colocou ante o Pharaome, o qual arrojou nelas resinas perfumadas.

— Que vossos pensamentos e vossas obras sejam como estas espirais de fumo perfumado subindo ao Infinito.

"Que a Sabedoria se derrame sobre vós como estas brancas dormideiras, símbolo do esquecimento dos prazeres maus e grosseiros da carne."

Todos os kobdas arrojaram suas coroas sobre os dez jovens inclinados quase até o solo. Achavam-se cobertos quase completamente por um suave manto de pétalas brancas.

— Que o Amor seja vossa coroa pelos séculos dos séculos — disse o Pharaome, tomando o seu diadema de lótus brancos e desfolhando-os também sobre o manto de dormideiras que cobria os dez jovens que se iniciavam na austera vida espiritual.

Uma torrente de vozes varonis acompanhadas de alaúdes transbordou num magnífico hino triunfal.

Quando terminaram as últimas vibrações do canto, os jovens se levantaram, fazendo cair ao seu redor aquela imensa montanha de flores que formava como que um branco tapete.

Os dez kobdas do Alto Conselho cobriram com a vestimenta cinza-azulada dos Filhos de Numu os dez postulantes, que foram recebendo do Pharaome o abraço de boas-vindas e o Livro da Lei.

Já estavam filiados à grande Fraternidade Kobda, para o serviço do Altíssimo e o bem da humanidade.

Intermináveis abraços uniam os corações dos kobdas antigos com os recém-chegados, fazendo-os sentir a infinita suavidade do amor fraterno sem egoísmo e sem interesse.

O Sol poente parecia estender um dossel de rosas e ouro sobre o magnífico quadro tão esplendidamente esboçado por aquela porção de humanidade que, afastada das mesquinharias da vida grosseira dos sentidos, se submergia placidamente como num horto silencioso com rumor de pequenos arroios cristalinos e resplendores de astros distantes; e onde a alma podia coroar-se com a glória de ter vencido a si mesma e renunciado a tudo nos altares de sacrifício da Sabedoria e do Amor.

— Que haverá acontecido a Nohepastro, nosso rei? — perguntaram Aldis e Johevan simultaneamente.

Vinte e seis Luas tinham transcorrido desde que as embarcações de Nohepastro saíram de Otlana em busca de terras e glórias, e o velho rei não recolhera a não ser desenganos, humilhações e dores.

Dir-se-ia que os gênios do mal haviam recebido poderes do Altíssimo para descarregar sobre ele a fúria de suas tempestades desde que, por sua ambição desmedida, tinha sacrificado a felicidade da filha.

Em sua sombria dor o rei perguntava a si mesmo:

— Que haverá acontecido à minha filha e à sua escrava favorita? Para onde terão sido conduzidas por aqueles homens que protegeram a sua fuga?

O desespero e a dor encheram de fel a alma do rei atlante e, quando o chefe ático exigiu-lhe o cumprimento da promessa, ele o prorrogou sem dar a razão verdadeira, pois o humilhava demasiado dizer que sua filha havia desaparecido. Seus melhores navegantes fizeram explorações pelas costas e seus mais hábeis guerreiros percorreram as montanhas e os vales, sem que por nenhum lado aparecessem vestígios das fugitivas.

Seu futuro genro apressava-o até que, convencido de que Nohepastro não pensava em cumprir a promessa, o ameaçou com a guerra. O velho rei respondeu fazendo desembarcar em compacto agrupamento de batalha todos os seus guerreiros, armados até os dentes.

O país da Ática, em distantes épocas, chegara a abrigar uma esplendorosa civi-

50

lização da qual não restavam senão vestígios. Modestas aldeias e vilas foram levantadas junto dos lugares onde ainda se podiam ver as ruínas grandiosas das antigas metrópoles nas quais floresceram as ciências e as artes levadas ali pela raça gloriosa dos samoyedos.

A Ática não era, pois, senão uma sombra de sua passada grandeza, mas, não obstante, os povoadores keftos, eurianos e sardos que a habitavam eram também hábeis guerreiros e a luta foi formidável; luta de incêndio e extermínio na qual ambas as partes saíram prejudicadas, como ocorre sempre nesse tipo de contenda. Apesar das vantagens obtidas pelo rei atlante, não quis ele permanecer naquele país, onde se veria obrigado a viver em contínua luta para submeter o povo; assim, se fez à vela no pequeno porto de Mora-Akon (depois Maraton) e passou para o país de Turéia (depois Eubéia), habitado pelos turânios, que o receberam com desconfiança por causa do grande número de barcos e gente que conduzia. Seus sábios e áugures asseguravam não terem ainda chegado ao destino que lhes fora designado e que era necessário continuar até o noroeste, onde o Altíssimo havia ocultado grossas artérias de ouro finíssimo no seio das montanhas. Ambicionavam conquistar as cordilheiras de Havilah no país de Manhp (Armênia), onde lendas fabulosas diziam haver tão enorme quantidade do precioso metal que seria possível cobrir com ele até o pavimento das ruas de magníficas cidades. O rei atlante poderia engrandecer-se, escurecendo a magnificência de quantos monarcas eram recordados nas velhas tradições. A amargura de seu coração encheu de fastio e cansaço sua vida, e, para distrair-se em novas aventuras, ele continuou viagem até as costas da Trácia. Passando pela Potidéia, encontrou-se nas azuladas águas do Ponto Euxino ou Mar Negro, que na época só estava separado do Mar Hircânio por um estreito istmo que desaparecia durante as altas marés.

Apenas tinha chegado ao porto de Karkena (mais tarde Heracléia) para tomar provisões quando teve lugar a espantosa catástrofe que submergiu o país que fora seu domínio, aquele magnífico país de Otlana a noroeste do Continente Atlante, onde durante trinta séculos seus antepassados haviam reinado.

O abalo sísmico foi tão formidável que alcançou o que hoje é a península escandinava, quase desabitada na ocasião, e da qual faziam parte Casiterida, Hibérnia e Ascusay (posteriormente Inglaterra, Irlanda e Escócia), que nessa catástrofe se desmembraram das terras geladas do Báltico.

Brusca mudança de temperatura provocou o degelo das geleiras do norte, e suas águas, inundando as terras desde o Danuvve até os Uralkes, se confundiram com as águas do Ponto Euxino, que transbordou sobre a vasta Anatólia e o país de Acádia até se unir com o Mar Hircânio no norte e o Mar Grande no sul.

Os navegantes de Nohepastro viram-se desorientados entre aquela confusão de mares que haviam misturado suas águas sem deixar vestígio das outrora numerosas e florescentes povoações das costas. Só ficou fora das águas, como uma enorme cabeça de gigante, o pico mais alto do Monte Ararat, onde ancoraram seus barcos, cansados já de uma navegação sem rumo fixo. Quando as águas foram baixando, a frota, destruída numa terça parte pelas contingências daquela desventurada expedição, refugiou-se no Golfo de Isgaur, onde Nohepastro estabeleceu-se não já como soberano conquistador mas como chefe de uma tribo emigrante do continente desaparecido, e fundou a cidade de Alhava na parte norte das planícies da Acádia, entre o Ponto e as terras banhadas pelo rio Kura onde, em épocas remotíssimas, havia existido uma ramificação das grandes tribos que formaram a antiga civilização sumeriana, cujo maior esplendor se desenvolveu descendo das montanhas de Manhp (depois Arame ou Armênia) pelo vale do Eufrates até o Golfo Pérsico.

O rei atlante em sua viagem tinha, pois, passado sobre os despojos das maiores civilizações antigas daquele continente.

Ao visitar as magníficas ruínas que a última subida das águas havia transformado em escombros, o velho rei chorando disse:

— Outros visitarão como eu as ruínas de minha formosa Otlana e suas belas cidades costeiras, quando as águas traiçoeiras que a arrebataram da face da Terra devolverem sua presa.

Três de seus chefes foram tão fiéis e dedicados em sua dor como talvez não o houvessem sido os próprios filhos: Senis, Kanabe e Yapeth, motivo por que Nohepastro lhes outorgou os direitos de legítimos herdeiros.

A tradição recorda-os como filhos do ambicioso marujo do palácio flutuante que, segundo a lenda, mandara um corvo e uma pomba como exploradores sobre as águas audazes e traiçoeiras.

Os descendentes dos que foram súditos do rei atlante confundiram-se com os acádios e os sumerianos, que amistosamente lhes concederam terras com a condição de serem pacíficos e perseverantes agricultores.

Quem diria ao velho Nohepastro que meio século depois um bisneto seu, filho de uma filha de Sophia, passaria ensinando o desprendimento e o amor pelos mesmos lugares aonde o levaram seu egoísmo e sua ambição?

Quem diria ao desterrado rei atlante que esse seu descendente direto ouviria os anciãos agricultores falar de um rei vindo de distantes continentes num palácio flutuante sobre as águas, e que morrera de tristeza pela perda de seus domínios e até de sua única filha, por causa da audácia dos mares traiçoeiros e vorazes...

Quem diria que esse peregrino, missionário do amor entre os homens, ignoraria que aquele rei, personagem da lenda, lhe dera seu sangue e era o pai da mãe de sua mãe.

Estranhas coincidências e pontos de contato entre os destinos dos seres e das sociedades humanas!

Tudo isto que acabo de relatar, referiu a Johevan e Aldis no pátio das palmeiras, poucos dias depois da cerimônia da consagração, um kobda que acabava de chegar em Negadá do outro lado do Mar Grande, depois de recolher outras vítimas dos bandos de piratas, alguns dos quais haviam apresado uma das embarcações perdidas do rei atlante.

GAUDES

Na manhã seguinte ao dia em que as renas e os búfalos travaram a batalha campal que conhecemos, Milcha levantou-se de madrugada pensando no rude trabalho que devia cumprir: dois búfalos mortos já esperavam mãos fortes e ágeis que lhes tirassem a gordura e a pele.

Ela sabia que, em seu país, com a gordura dos búfalos eram preparadas formosas e gigantescas velas, altas como um homem, as quais, colocadas num grosso pedestal de madeira ou de pedra, davam luz durante trinta ou quarenta noites. E a sua amada princesinha desejava tanto uma luz para suas longas noites solitárias na caverna!

Procurando não fazer ruído ela saiu, e atrás dela as renas. Madina aproximou-se para lamber-lhe as mãos.

— Daqui a pouco te ordenho — disse Milcha, julgando que tal era a indicação que lhe queria fazer, mas a rena tomou-a com sua boca pelas roupas e a atraiu para a caverna. Milcha seguiu-a até um dos montões de palha onde dormiam os animais, e sua surpresa foi grande ao ver que uma das maiores filhas de Madina havia dado à luz e lambia carinhosamente sua reninha recém-nascida.

— Ah!... Querias mostrar-me que ficaste avó? Felicito-te, Madina! Quão formoso é este teu netinho! — disse Milcha entusiasmada, acariciando o formoso animalzinho.

Como viu que Sophia e as crianças estavam profundamente adormecidas, guardou a novidade para quando despertassem e saiu da caverna armada de um faca para iniciar sua tarefa.

O espanto apoderou-se dela quando viu que dois homens, um ancião e um jovem, estavam tranqüilamente retirando a pele de um dos búfalos.

Ia gritar, mas se conteve. Algo lá dentro lhe disse que não devia temer. Viu que as renas cheiravam os homens e tranqüilamente se punham a comer. Saiu Madina e ao ver o ancião começou a dar saltos de alegria, a lamber-lhe as mãos e a apertar-se contra ele como se quisesse abraçá-lo.

Milcha começou a tremer e pensou que esses homens talvez fossem os donos daquela caverna e que elas teriam que fugir dali. Ignorava se devia esconder-se ou manifestar-se para aqueles homens que pareciam não haver percebido sua presença. Falavam entre si e às vezes com a rena, que parecia compreendê-los e não se afastava nem por um momento.

Quando as duas peles estavam retiradas, eles as estenderam com o pêlo sobre o musgo e as cravaram na terra por meio de estacas de madeira a fim do que a tensão as secasse mais depressa.

Depois o ancião, dirigindo-se com grande naturalidade a Milcha, como se a conhecesse há muito tempo, perguntou:

— Queres trazer uma cesta para colocar a gordura?

Sem sair do seu assombro, Milcha buscou uma das grandes cestas de junco que haviam achado na caverna e lha apresentou.

— A carne de búfalo vos agrada? — voltou o ancião a perguntar.

— Jamais a comi, mas ouvi os caçadores do meu país dizerem que é boa.

— Nós vamos prepará-la como se usa nesta terra e já vereis quão saborosa é.

Juntos, os dois cortaram folhas de palmeiras e as estenderam no solo. Depois fizeram delgadas lâminas de carne que foram colocando em cima das folhas.

— Dá-me sal — pediu novamente. Milcha o trouxe. — Assim salgada, deixai-a que tome o sol todos os dias, preservando-a do orvalho e da chuva, e tereis boa carne durante todo o inverno.

O assombro de Milcha foi aumentando, pois não compreendia o que estava vendo. Quem eram estes homens e por que faziam isto com elas? — perguntava a si mesma.

— Sabeis preparar a gordura para os candeeiros e para as velas gigantes? — perguntou novamente.

— Sim, mas não temos tacho.

— Como não tendes? É possível existir uma casa sem tacho? O ancião aproximou-se e removeu um pouco o tronco de árvore que durante tantos anos havia servido de banco e tampa para uma cavidade natural do penhasco junto à porta da caverna.

Milcha olhou com assombro e viu que aquilo era um depósito cheio de cestas de junco, bolsas de couro, cabaças de diferentes tamanhos, utensílios de lavoura e dois tachos de cobre que brilharam ao receber os raios do sol.

— Eu ignorava tudo isto! — exclamou Milcha atônita.

— Qual é a ama de casa que ignora o que guarda em seu depósito? — perguntou bondosamente o ancião, enquanto o mais jovem, de joelhos, entrava parcialmente na cavidade e tirava os tachos e uma pedra cinzenta e brilhante possuindo uma cavidade de regular profundidade na qual encontrava-se uma mão de pilão da mesma pedra.

— Aqui se esfarela o trigo e o milho para fazer o pão. Sabes manejá-lo?

— Ah, sim! — exclamou Milcha alegremente, porque se lembrou que já estava no fim a farinha encontrada na caverna.

— Nestas cestas deveis recolher as frutas do horto que já estão a ponto de secar. As renas sabem fazer bem a colheita dos legumes e dos cereais — continuou o velho com a maior tranqüilidade, enquanto o mais jovem armava o molde de cobre onde eram feitas as velas gigantes.

— Mas esse horto... onde está? — perguntou a escrava para aquele homem que lhe parecia maravilhoso.

— Quando chegaste à fonte, não viste esse bosquezinho de bambu que há atrás dela?

— Sim, eu vi esse bambual.

— Pois esses bambus formam a cerca que esconde de todos os olhares o horto pertencente à vossa casa.

Milcha não sabia o que responder

Ouviu-se a alegre voz de Adamu. O ancião disse:

— Teu menino te chama. Atende-o.

Milcha entrou para comunicar a Sophia as grandes novidades, e quando saiu novamente para que aqueles homens entrassem para ver sua ama, não encontrou ninguém mais a não ser as renas que, pastando, iam se afastando pouco a pouco da caverna. Viu Madina parada no lugar onde estava o ancião, farejando e procurando-o por todos os lados com os olhos inquietos. Milcha olhou para dentro da cavidade-depósito julgando encontrá-los ali, mas não havia pessoa alguma em todos aqueles arredores.

O assombro deixou-a paralisada, mas logo recordou a visita feita por Aldis. Lembrou-se de que, quando ele foi embora, ela saiu a procurá-lo e não o viu em parte alguma.

— Verdadeiramente é esta uma terra encantada, como aquelas das lendas contadas pela minha avó nas noites de inverno! — murmurou a escrava entrando novamente na caverna, para desafogar com sua ama as grandes impressões daquele inesquecível amanhecer.

— Madina é avó!... As peles de búfalo estão estendidas ao sol; a gordura na cesta; os tachos de cobre e o molde pronto para as velas gigantes, a pedra de moer o trigo, o horto com as frutas maduras!...

Todo este turbilhão de notícias caiu nos ouvidos de Sophia que estava sentando-se em seu leito de peles.

— Que dizes, mulher?

Milcha repetiu as notícias sem conseguir fazer-se acreditar.

— Dizes que os homens desapareceram como Aldis?

— Claro que sim!

— Um velho pastor do meu pai costumava dizer que uma alma errante que guardava aquelas terras havia pressagiado a chegada de um ser extraordinário enviado do Altíssimo, e cuja proximidade seria anunciada por estranhos e prodigiosos acontecimentos, jamais sonhados pelos homens.

"Será que é chegado esse tempo e fomos trazidas a estas terras pela bondade de Deus para testemunhar os grandes acontecimentos que abalarão a Terra?"

— Assim o creio, visto que estamos vivendo uma vida quase maravilhosa.

Sophia já estava vestida e saía da alcova quando novos gritos de Adamu atraíram sua atenção.

As duas mulheres viram que o menino havia engatinhado até o montão de palha onde estava a reninha recém-nascida, à qual tratava de afastar da mãe. Quando o conseguiu, mediante um grande esforço, colocou-se naquele lugar e Milcha adivinhou que queria mamar na rena, a qual, a uma palmadinha carinhosa da escrava, levantou-se em seu leito de palha para que o pequeno Adamu pudesse tomar seu desjejum com toda a comodidade.

O leitor terá compreendido a exteriorização das poderosas forças astrais realizada por Gaudes para auxiliar os quatro abandonados pelos homens, mas amplamente protegidos por Deus.

Estavam ali os que seriam genitores de seu Verbo Encarnado, os que deviam dar-lhe sua carne e seu sangue. Quem, pois, devia cuidar de suas vidas humanas, senão a Alma Eterna, o Pensamento Divino, a Inteligência Suprema, o Amor Incriado, causa, origem e fim de tudo quanto é e será no vasto Universo?

O extraordinário cultivo que Gaudes fizera de suas faculdades espirituais colocava-o em condições de utilizar as potentes energias e forças plásmicas do éter que

55

envolve o plano físico. Servia-lhe de eficiente colaborador o duplo etéreo dos búfalos, consistente e fortíssimo em sua matéria constitutiva, que à sua chegada à caverna estava começando a desprender-se dos cadáveres.

No imenso laboratório da Natureza visível e do mundo invisível são infinitos em variedade e forma os elementos, as energias, as forças e as correntes eficazes para produzir grandiosos acontecimentos em benefício da humanidade.

O que falta é o cultivo das grandes faculdades mentais inerentes ao homem para poder produzi-los, mediante a exteriorização dessas energias e dessas forças tão generosamente brindadas pelo Criador a todas as suas criaturas. Gaudes, o homem das obras ocultas e silenciosas, julgava um bem maior consolar os débeis e desamparados pelos homens, que transformar as pedras em ouro, ou fazer chover diamantes sobre as multidões ambiciosas das grandes cidades sibaritas e aviltadas.

LENDO O PASSADO

Uma noite, Johevan e Aldis trocavam impressões naquele mesmo terraço do qual viram a consagração dos dez postulantes ao serviço de Numu.

Chegavam já ao término dos dez dias que deviam transcorrer até serem novamente chamados à Mansão da Sombra.

Graças à ajuda de Zhain, que lhes ensinava durante o dia, e de Bohindra, que com eles se reunia algumas noites, os dois jovens tinham aumentado o cabedal de seus conhecimentos suprafísicos de um modo notável.

Em vinte anos de existência entre a massa vulgar dos homens, não haviam aprendido o que aprenderam naquele recinto, entre os trabalhadores do pensamento, buscadores do tesouro incorruptível da Sabedoria e do Amor.

Tinham visitado o *Arquivo das Idades* com seus milhares e milhares de rolos de papiro, escritos em todas as línguas e em todas as formas de expressão humana, onde os kobdas de maior desenvolvimento e percepção mental e espiritual escreveram as lendas que no infinito do espaço e do tempo foram surgindo desde que o Planeta começou a ser habitado por seres humanos.

A tradição que estivera em voga na época neolítica, do ovo caído sobre o mar vindo de uma estrela luminosa, e quebrado ao se chocar com as águas, dentro de cuja casca, flutuando sobre as ondas, apareceram o primeiro homem e a primeira mulher para servir de sementes de uma nova humanidade, já não era para eles senão uma figura simbólica; os rolos de papiro do Arquivo das Idades haviam-lhes dito com dados e provas que a origem da humanidade sobre a Terra era muito mais antiga, fruto de uma longa evolução através de todas as formas de vida, como pode ser observado na magnífica e fecunda natureza.

Haviam comprovado que 30.000 anos atrás, grande parte dos continentes asiático e europeu eram cobertos por uma imensa massa de águas congeladas nas planícies e nos vales, e que só uma vasta cordilheira de montanhas, desde os Pirineus até o Himalaia, foi habitada pelos homens do gelo, em imensas cavernas lavradas por eles nas partes mais altas e escarpadas dos patamares rochosos.

Lá estavam os pedaços de pedras gravadas com figuras e símbolos, tiradas das mesmas manifestações da natureza, quando o homem era ainda incapaz de criar uma linguagem adequada para fazer-se compreender pela posteridade.

Johevan e Aldis tinham visto uma gravação em pedra avermelhada que encerrava toda a história de um grande chefe da época neolítica:

Uma mulher estendida sobre folhas de erva tirando ela mesma do útero materno seu pequenino recém-nascido, e ao lado, umas frutas então desconhecidas. Isto queria dizer que aquele chefe nasceu quando essa fruta estava na estação.

A história continuava:

Um homem gigante arrastando com cordéis uma galharda multidão de homenzinhos como formigas. Isto significava que aquele homem tinha dominado muitos povos. Depois, o gigante sempre erguido, mas com sua cabeça cortada, sustentada por sua própria mão direita, à frente da multidão estendida em terra, em sinal de aflição. Isto indicava a morte do grande chefe, adorado como um deus por seus povos fanatizados.

Os séculos mudos que passaram falavam, pois, na linguagem de pedra de suas gravações arcaicas adquiridas pelos filhos de Numu em suas viagens de investigação ou compradas aos piratas que tinham seus agentes ao longo daquela vasta cordilheira, de cujas imensas cavernas podia ser desenterrada toda a história da humanidade.

Com as manifestações plásmicas e relatos ditados pelas almas errantes, os kobdas durante séculos haviam reconstruído, passo a passo, toda a história da humanidade desde muito antes do longo período paleolítico, quando as grandes Inteligências tutelares da Terra realizavam ensaios de evolução ascendente para formar o tipo desta humanidade, o que deu lugar ao aparecimento do homem-peixe (as sereias), do homem-leão (os centauros), do homem-ave (os corujões). Os séculos entregavam, forçados e aos pedaços, seus tremendos segredos guardados no coração das montanhas, pensando, sem dúvida, que as geleiras eram eternas e que jamais os entregariam ao homem do futuro.

Mas os kobdas eram os exploradores do passado e do porvir; e daquele lugar afastado e silencioso bifurcava-se novamente o caminho da humanidade que havia passado e da humanidade que chegava com novas orientações e novos ideais.

Johevan e Aldis souberam que nas montanhas pirenaicas e alpinas existiam antiqüíssimas civilizações de homens-gigantes, artífices do cobre e da pedra, nos quais deixaram os vestígios indestrutíveis de sua passagem pela Terra.

Souberam também que cada civilização, cada coletividade, cada raça, cada dinastia, cada indivíduo, vem para a vida terrestre com um programa a cumprir, e que do seu bom ou mau cumprimento dependerá como conseqüência a evolução, o progresso, o triunfo, a grandeza coletiva e individual. Souberam, também, que o não-cumprimento da missão acarreta a ruína, a degeneração, o extermínio, o aniquilamento, o desaparecimento de civilizações, dinastias, raças e doutrinas sustentadas por elas.

Através dos imensos segredos arrancados dos séculos pelos filhos de Numu, missionários da Sabedoria e do Amor, Johevan e Aldis viram-se como duas avezinhas de um imenso bando que tinha descido à Terra para abrir todos juntos um novo caminho de progresso e paz para a humanidade.

Do cume do altruísmo pessoal, ao qual foram levados por inesperados acontecimentos, viram como demasiado pequenos seus desejos e dores de homens; viram-se demasiado injustos em querer precipitar-se para reconquistar a esmola da felicidade momentânea e efêmera que haviam perdido.

Viram suas esposas e seus filhos também como avezinhas que, juntamente com eles, tinham empreendido um vôo para esta Terra com o fim de trazer no bico talvez nada mais do que um grão de trigo que, semeado no lugar e no meio ambiente apropriado, fosse no futuro um formoso viveiro de trigais dourados.

Tais eram as conversações mantidas entre Johevan e Aldis à luz das estrelas, sobre o terraço do pátio das palmeiras, comentando os novos conhecimentos que abriam também novos horizontes às suas esperanças e aspirações.

— A lua já se ocultou e é hora de seguirdes para a Morada da Sombra — disse a voz de Zhain do patamar da escadaria pela qual deviam subir.

— Vamos — disseram os dois jovens, levantando-se para segui-lo.

Então puderam dar-se conta mais claramente de que aquele enorme edifício tinha forma quadrangular em sua planta baixa e circular no piso alto, com terraços salientes e escalonados nas distintas partes do edifício; aparecia visto de fora como uma torre demasiado baixa em relação às vastas dimensões de sua base que seria, posta em nossas medidas, de uns quarenta mil metros quadrados. Era esta imensa construção de pedra, pois, como uma cidadela amuralhada, e estava completamente rodeada de bosques de plátanos, acácias, palmeiras, freixos e ameixeiras. A hera cobria quase completamente suas grossas muralhas. Quando terminava o bosque, via-se um largo canal de água do Nilo rodeando todo o terreno, ao qual não se podia chegar a não ser por mar ou por uma ponte que estendia sua imensa estrutura de pedra para a pradaria, como um enorme monstro marinho que se houvesse atravessado no largo e profundo canal. Esta ponte estava fechada para o exterior pelo mesmo muro de pedra que se alçava na margem externa do canal. Como se vê, era um refúgio seguro para os perseguidos dos ódios dos homens.

No piso térreo estavam os aposentos destinados aos hóspedes relacionados com os mesmos trabalhos que os kobdas realizavam; aos animais que tinham para o serviço da casa, e ao depósito de provisões.

No primeiro piso, estavam os aposentos ou abóbadas dos postulantes e kobdas, por ordem de antigüidade, e o Jardim de Repouso.

No segundo, o grande Arquivo das Idades, a Sala dos Conselhos ou deliberações e, ao centro, a Morada da Sombra, de forma circular e rodeada de colunas para facilitar o acesso de qualquer dependência; sobressaía, mais alto ainda, o pequeno gabinete de observação dos astros.

Quando nossos jovens chegaram ao recinto sagrado, este ainda estava parcialmente iluminado com seus imensos círios de cera aromatizada que, ao se queimar, desprendiam um suavíssimo perfume adormecedor de todas as inquietações da mente.

Não se viam as paredes da imensa rotunda, pois estavam atapetadas de cima a baixo com uma fazenda violácea, caindo em cima dos bancos que, em forma de imensos círculos escalonados, rodeavam o recinto em todas as direções, menos em um espaço que estava ocupado por uma enorme bacia de pedra branca, cheia de água até as bordas, e por detrás da qual se levantava até o teto uma formosa pintura mural representando Numu, o Homem-Deus dos antigos kobdas; um homem em idade viril, formosíssimo, vestido de cor cinza-azulada, aparecendo sobre uma pradaria com um cordeirinho entre os braços.

A bacia era sustentada por três kobdas de pedra, sentados à oriental sobre o pavimento. Da mesma forma, os pedestais que apoiavam os círios eram kobdas de pedra esculpidos na parede, sustentando com suas mãos as grandes velas que consumiam-se lentamente para dar luz ao vasto recinto.

Aquelas estátuas eram imagens dos primeiros kobdas fundadores daquela instituição. Ostentavam coroas de lótus, símbolo da vida superior de elevada espiritualidade que tinham realizado. Segundo seu credo e sua tradição, Numu viera numa era distante de uma estrela mais distante ainda, à qual chamavam Siriah, e trouxera aqueles dez kobdas como base e fundamento da vasta obra espiritual esboçada pelos grandes Guias da Evolução.

Contudo, aquela construção era relativamente moderna para eles, pois somente contava dez centúrias. Antes haviam vivido nas cavernas das grandes montanhas.

Diante da bacia, em semicírculo duplo, dispunham-se dois estrados de pedra branca talhada, com encostos que podiam conter duzentos homens sentados e que estavam destinados aos kobdas de faculdades psíquicas mais desenvolvidas. Ali passavam também em horas de turno, na concentração acumuladora de energias e forças astrais, os quarenta kobdas que, sem interrupção, estavam no sagrado recinto.

No centro estava o estrado de pedra do Pharaome. Tal era a Morada da Sombra, chamada assim porque sempre estava submergida na penumbra, pois os grandes cortinados que a cobriam interceptavam a luz que, durante o dia, entrava pela única porta e pelas ogivas abertas no alto do teto abobadado.

Zhain os havia levado antes da hora em que começaria o trabalho espiritual para que tivessem oportunidade de conhecer o recinto sagrado da Casa de Numu, onde, se eram fortes as muralhas que o fechavam da vista dos profanos, mais ainda o eram as densas abóbadas astrais, superpostas e compactas como filigranas de pedras preciosas que impediam a entrada até do mais leve pensamento em desacordo com a pureza divina do Altíssimo.

Em cima da porta de entrada uma gravação em sete idiomas dizia:

"Se estás agitado pelo ódio ou pelos baixos desejos, não penetres neste recinto, porque trazes a morte!"

Rezava a tradição que tinham morrido repentinamente alguns grandes sensitivos, devido à entrada imprevista de indivíduos ignorantes ou descrentes que, sem as intenções corretas, haviam-se refugiado ali para se libertar de uma morte horrorosa, merecida por delitos próprios, ou à espera de acontecimentos materiais que modificassem sua situação. Por isso, ninguém entrava ali a não ser depois dos quarenta dias chamados de Purificação, durante os quais o indivíduo houvesse dado provas de suas retas intenções.

Johevan e Aldis foram colocados no lugar destinado aos postulantes, e em silêncio esperaram.

Os quarenta kobdas do turno estavam no estrado dianteiro e pareciam de pedra como as estátuas que sustentavam a pilastra e os círios. O resto da vasta Morada estava deserto. Um suave e profundo toque de clarim repetido três vezes era o sinal da chegada ao recinto dos demais kobdas.

O Pharaome chegou em primeiro lugar, e atrás dele os dez kobdas de mais idade que o haviam acompanhado naquele dia da consagração; foram sentar-se no círculo que ficava imediatamente atrás dele.

Os kobdas começaram a entrar em fileiras de dez pela arcada larga e baixa que era a única entrada do vasto recinto.

Os últimos dez levavam turíbulos a exalar a fumaça perfumada da mesma essência que se misturava nos círios, e os depositaram em cima da borda da bacia com água.

Depois cerraram a porta, e sete ficaram de pé junto aos círios.

O Pharaome dirigiu-se para a bacia, tocou a água com suas mãos e disse:

— Clara como esta água que reflete a imagem de Numu seja a nossa mente.

"Como esta fumaça perfumada, suba até Numu o nosso pensamento.

"Como a luz destes círios, sejam apagados perto de Numu os nossos humanos desejos."

Os sete kobdas, de pé junto aos círios, apagaram sua luz amarelenta e tudo ficou às escuras. Em seguida o recinto foi invadido por uma sensação de completa solidão, por causa do profundo silêncio, até que começou a ouvir-se suavíssima, extraterrestre, quase divina, uma lira, cuja melodia se assemelhava a uma prece primeiramente soluçante, serena depois, e por último arrebatadora e extática, como se a alma da lira fosse também uma alma humana em contato com a Divindade.

Nessa noite seriam Johevan e Aldis os favorecidos pelos tesouros de Numu, atraídos com o esforço mental de todos aqueles kobdas consagrados à Sabedoria e ao Amor.

Zhain conduziu-os até o estrado do Pharaome, que possuía uma espécie de almofada onde fê-los sentar, de tal forma que os suportes do estrado lhes serviam de encosto.

A divina lira terminou sua prece de harmonia e o Pharaome, colocando suas mãos sobre as cabeças dos dois jovens, disse em voz alta:

— Que Numu faça a luz em vosso caminho!

Em poucos momentos uma luz azulada suavíssima começou a esboçar resplendores, aliviando a penumbra no lugar onde estava a bacia de água, os incensários e a formosa decoração mural com a imagem de Numu, caminhando por uma verde pradaria florescida, abraçado com o cordeiro, símbolo da humanidade.

Entretanto, já não se via nem a bacia, nem a decoração, nem os turíbulos. Só aparecia a luz azulada a estender nuvens opacas a princípio, depois vívidas e resplandecentes, até que claras imagens começaram a se esboçar vivas e transparentes. Os que não haviam caído em transe contemplaram a esplendorosa visão plasmada pelas forças astrais.

Num vale iluminado pelo sol nascente se encontraram subitamente seis seres humanos jovens, formosos e felizes. Eram amigos e se amavam desde há muito tempo. Misterioso encontro unia-os novamente, nesse instante, quando iam despedir-se para descer à Terra em cumprimento da parte que lhes cabia na grande missão redentora da humanidade terrestre. Johevan e Aldis reconheceram-se a si mesmos em dois daqueles seres, e, nos outros quatro, viram com nítida clareza Sophia, Milcha, Adamu e Évana, todos em estado espiritual e nos planos astrais.

Depois, e já no plano físico, viram de forma que não deixava lugar para dúvidas o lugar onde cada um nasceu, depois o desposório secreto de Aldis e Milcha, as núpcias de Johevan e Sophia na ilha depois da fuga, o nascimento dos dois pequenos como um beijo do Altíssimo sobre as almas que se amavam. Novamente estavam unidos aqueles seis seres, como naquele dia do encontro misterioso no vale astral, iluminado por um sol nascente!

Johevan e Aldis derramavam lágrimas mudas e sem soluços, dominados por uma emoção profunda e indescritível!

Então se ouviu a voz suave e serena do Pharaome, dizendo:

— Aqui termina o domínio do passado e começam a se plasmar os propósitos que fizestes e que, se fordes fiéis a eles, realizareis no tempo que vos resta de vida terrestre!

A luz que esboçava resplendores apagou-se, ficando a vasta sala novamente submergida em trevas. De novo a lira desenvolveu a filigrana harmoniosa de sua prece, como um canto de amor heróico e sublime até a imolação. Quando a lira silenciou, a luz azulada começou novamente a esboçar imagens, lugares e cenas cheias de vida emotiva, com sofrimentos e alegrias, com virtudes heróicas e lamentáveis erros, como é a vida humana na Terra.

Viu-se Milcha e Sophia com as crianças na caverna, protegidas invisivelmente por Gaudes e sua legião de espíritos afins e, no plano material, por Madina e toda a família de renas domesticadas e criadas por ele. Viram libertar-se de sua matéria o espírito de Sophia e logo o de Milcha; e que as crianças já adolescentes se uniam para formar uma nova família. Mais tarde, o advento de Kaíno e de Abel, junto a eles; a carreira de apóstolo de um e o caminho de ambição e egoísmo do outro. Viram a imensa Luz que se fazia em torno do Apóstolo, Luz que se derramava como um rio caudaloso por toda a humanidade, arrastando imensas multidões a purificar-se nessa corrente de águas emanando claridade, paz, felicidade e amor!

Viu-se em seguida a abóbada de Johevan e ele adormecido em seu leito; viu-se a rotunda de Bohindra e ele adormecido sobre um banco com sua lira sobre os joelhos. De repente, um estremecimento suave sacudiu o corpo envelhecido do kobda-poeta e seu espírito, já livre de sua pesada vestimenta de carne, saiu da rotunda e entrou na abóbada de seu filho, cujo duplo etéreo se levantou do mesmo lugar onde jazia seu corpo e, feliz como num arrebatamento de êxtase, abraçou-se com o corpo astral de Bohindra, dizendo:

— Graças ao Altíssimo, chegou sem obstáculos a hora da minha liberdade.

— Bendito seja Deus que me permite continuar a minha tarefa na tua matéria jovem, vigorosa e forte — respondeu o ancião.

Aliado eternamente para as causas do bem e da justiça, um no mundo espiritual e o outro no plano físico, continuariam sem interrupção aquela jornada para cujo fim faltava ainda muito caminho por percorrer.

A luz astral continuou esboçando imagens com seus pincéis de magia... e viu-se que, depois de uma terna despedida, o espírito de Bohindra caiu em suave perturbação ou letargia e, com o auxílio do duplo etéreo de Johevan e de outros seres animados de correntes simpáticas, realizou o delicado trabalho da posse permanente do corpo abandonado do jovem.

Quando Johevan viu que o corpo mental daquele que havia sido seu pai estava já em pleno contato com aquele cérebro que ele havia animado, cortou o laço fluídico que ainda o unia com sua matéria e se afastou para aquele vale do encontro misterioso, iluminado com os resplendores de um sol nascente!

Ali o esperavam Sophia e Milcha.

Entreolharam-se, reconheceram-se e foram vistos confundidos num estreito abraço.

— E eu, e eu? — gritou Aldis, sem poder conter-se nesse instante, vendo que sua imagem faltava naquele divino quadro de amor e felicidade.

Este clamor súbito de Aldis, que o Pharaome não teve tempo de evitar, cortou a visão e a sala ficou novamente às escuras.

Os duzentos kobdas dos estrados dianteiros e Aldis foram tirados em padiolas pelos demais kobdas, pois tinham sofrido forte perturbação em seu sistema nervoso por força do grito inesperado do inexperiente jovem e era necessário um repouso absoluto para que voltassem a seu estado normal.

Foram conduzidos à rotunda ou Jardim de Repouso de Bohindra, que era ao mesmo tempo a enfermaria da Casa de Numu, e recostados nos grandes bancos de pedra, cobertos de peles, ficaram a sós com o Pharaome, Bohindra e mais seis kobdas, cujas faculdades magnéticas e mentais os tornavam aptos para tais casos.

Unidos os seis pelas mãos, mas com os rostos voltados para fora, permaneceram quietos como estátuas de pedra, de pé, erguidos, tão próximos como lhes foi possível daqueles a quem queriam aliviar.

Bohindra tomou sua lira e começou a executar uma suavíssima melodia, apenas perceptível. O Pharaome passeava seu olhar investigador por aqueles homens semi-mortos que, estendidos entre as mantas de peles, não davam nenhum sinal de vida, enquanto os seis que formavam a corrente desapareciam dentro de uma fogueira de raios luminosos que, partindo de seus corpos, se estendiam como flechas para o cérebro e o plexo solar de cada um dos enfermos.

Como o menos afetado era Aldis, foi o primeiro a dar sinais de vida. Depois de uns instantes abriu os olhos e sentou-se. O Pharaome aproximou-se dele. Aldis ia falar para pedir desculpas pelo imenso mal que causara, mas o Pharaome pôs um dedo em sua boca recomendando silêncio e, acariciando-lhe a cabeça, tratou de devolver-lhe a confiança e a tranqüilidade.

Entretanto, os raios luminosos foram invadindo todo o recinto e as plantas começaram a emitir também correntes como ondas de luz rosada e morna. A água da fonte encrespou-se em pequenas bolhas e ondulações, como se absorvesse e tragasse sedenta aqueles raios de luz e aquelas ondas, que já formavam como um grande incêndio sem ruído e sem labaredas, porque se assemelhava a uma imensa nuvem luminosa e cálida envolvendo tudo, absolutamente tudo.

A melodia da lira diluiu-se como num suspiro, e um silêncio profundo reinou naquele recinto. A nuvem luminosa foi diluindo-se, dissolvendo-se até desaparecer completamente, e viu-se que o Pharaome e Bohindra faziam sentar os seis kobdas da corrente na borda da fonte e que eles, alçando água no oco de suas próprias mãos, bebiam grande quantidade dela. Logo em seguida fizeram beber dessa mesma água os enfermos que já se haviam sentado.

Pouco a pouco todos foram reanimando-se, e apenas dois deles não voltaram mais para a vida física.

— Eu os assassinei! — disse Aldis desesperado, quando ficou comprovado estarem mortos.

— Não te desesperes, meu filho — disse o Pharaome —, porque os dois já tinham terminado a sua missão terrestre. Chegaram ao máximo de desenvolvimento das suas faculdades psíquicas. Dentro desta atmosfera terrestre não se podia ir mais adiante e Numu lhes havia anunciado que deviam desencarnar dentro de pouco tempo para preparar os caminhos do Verbo Eterno que estava por chegar. De tal modo esses dois espíritos tinham dominado a matéria, que o corpo físico já não representava para eles a não ser uma sombra. Vão embora depois de haver terminado um vasto trabalho. Um tinha 62 anos e o outro 68. Chegaram aqui quase adolescentes, ou seja, ambos com menos de 16 anos. Sua partida para o mundo da Luz era esperada entre nós de um momento para outro, pois o grau da sua lucidez e sensibilidade era tal que sentiam a longas distâncias a dor humana, principalmente se essa dor ou angústia era sofrida por seres pertencentes à Aliança de Numu.

"Quando fostes capturados pelos piratas, os dois ouviram o vosso clamor, e ordenamos então concentração de forças mentais para que fôsseis trazidos para Negadá e salvos das suas garras. Nosso kobda Zhain vos esperou na costa, como podereis recordar, e vos comprou por nossa ordem ao pirata que vos havia preso."

Aldis não saíra ainda de seu estupor, e não podia esquecer que seu grito inoportuno causara a morte daqueles dois kobdas que jaziam rígidos sobre os bancos de pedra do recinto.

Os demais foram erguendo-se e todos, um a um, foram deixando um beijo reverente e silencioso nas testas, mornas ainda, dos kobdas livres, como eles chamavam aos mortos. Depois afastaram-se sem pronunciar palavra alguma. O Pharaome também se afastou e Bohindra conduziu Aldis à sua abóbada particular, onde encontraram Johevan como se estivesse sob a impressão de um grande susto.

— Morreram dois — disse apenas os viu entrar.

— Morrer é palavra que não se diz jamais na Casa de Numu — disse Bohindra quase com severidade. — Dois homens se libertaram, queres dizer, meu filho.

— Mas por que razão gritaste, Aldis? Como foi isso?

— Eu mesmo não o sei, Johevan! Não sei! Impressionou-me tanto! E tu, como soubeste que esses dois kobdas se haviam... libertado? — perguntou, lembrando-se do que Bohindra tinha dito.

— De maneira muito simples! Eu os vi entrar no meu aposento com a porta fechada, e me disseram: "Acabamos de libertar-nos graças ao grito do teu companheiro. Esperamos que te libertes para encarnarmos os três ao mesmo tempo em humildes famílias do país de Irânia, entre o Tigre e o Pison", e foram embora.

— Queres dizer que tens um encontro importante para depois dos teus dias terrestres! — observou Bohindra, enquanto os dois jovens ainda não conseguiam dominar a impressão e o estupor produzidos por todos esses acontecimentos.

A estóica serenidade com que naquela casa se observava a morte parecia-lhes algo muito fora do normal.

Compreendendo isto, Bohindra olhou fixamente para aqueles formosos rostos juvenis, onde com tanta nitidez estavam gravados todos os seus pensamentos. E disse:

— Estais assombrados de ver-nos terminar a vida com tanta tranqüilidade, não é mesmo?

— Verdadeiramente — respondeu Aldis.

— Não teria lugar esse assombro se pensásseis a fundo no que é a vida terrestre, no que ela significa para o ser, e no que é e significa a desencarnação ou estado livre do espírito. Amamos a vida enquanto ela nos serve para o cultivo e desenvolvimento do nosso verdadeiro ser, de tal forma que, ao deixar a matéria, estejamos muito mais adiantados do que estávamos ao encarnar. Na Casa de Numu não temos outra finalidade além do cultivo das grandes faculdades sensitivas, mentais e espirituais do ser, para empregá-las em benefício das grandes causas, de cujo triunfo dependerá um grau maior de progresso para esta humanidade da qual fazemos parte. Sabeis qual a força que representa dentro da humanidade os dez santuários kobdas atualmente existentes nela?

— Todos são tão grandes quanto este? — perguntou Johevan a seu pai.

— Dos que existem hoje, este é o mais antigo e o mais numeroso. Os kobdas fundadores foram também os criadores do idioma falado aqui, e que está estendido por todo o vale do Nilo e pela costa sudeste do Mar Grande, não obstante às vezes desfigurado por vozes introduzidas das línguas aglutinantes que vão sendo formadas com as contínuas misturas de raças e de tribos.

"Desde Negadá até o Cáucaso, e desde o Mar Grande até o distante Birman, estão espalhadas as moradas dos kobdas, porque Numu enviou aqueles dez primeiros para preparar os campos nos quais semeará em sua vinda. Pertenceram a um núcleo emigrado da Atlântida açoitada pelas águas e se refugiaram nas cavernas das montanhas do noroeste africano, onde os gigantescos picos do Revenzora lhes deram refúgio por três séculos. Aqueles dez inspirados de Numu lutaram até levantar este edifício, onde poderiam proteger gente de todas as raças e condições sociais."

— Mas esses dez primeiros kobdas viveram assim tantos séculos? — perguntou Johevan, assombrado de tal longevidade.

— Sempre com a mesma matéria, não, mas a Lei Eterna permite aos seres cujas missões não podem ser terminadas no curto período que resiste um corpo físico, tomar outra matéria jovem e vigorosa sem passar pela perturbação da desencarnação e novo nascimento, e isto foi realizado naqueles que sobreviveram até que esta instituição tivesse vida sólida e estável.

— E esses kobdas depois não voltaram à Terra? — perguntou Johevan.

— Apenas a intervalos estão na atmosfera deste planeta, porque são originários de outras esferas de maior progresso, e a elas retornam quando terminam a obra da qual se encarregaram. Quase todos vieram da formosa Siriah, e alguns de Vênus e Vega. De tempos em tempos recebemos mensagens suas que nos alentam e nos obrigam a conservar e ampliar a obra tão pura e elevada que eles fundaram.

— Com a grandeza que entesourais neste recinto, chegará um dia em que dominareis o mundo — observou Aldis.

Bohindra moveu negativamente a cabeça e respondeu:

— Não é nossa missão, e no dia em que nos misturássemos com as multidões ambiciosas de poder e domínio perderíamos toda esta força suprafísica que nos rodeia. Os poderes espirituais elevados são contrários à grandeza material que acaricia os sentidos e alimenta as baixas paixões do ser. O kobda, para ser digno de seu nome, que significa Coroa, ou seja, o ponto mais alto a que pode chegar o ser humano na Terra, deve começar por dominar completamente as suas paixões e desejos de homem. O quanto realizar, há de realizá-lo assim, porque a razão e a justiça o reclamam desta forma e, em nenhum caso, pelo único prazer da satisfação de um desejo.

"Aqui conceituamos a vida espiritual como a verdadeira vida do ser e é para ela que dedicamos os maiores esforços. A vida física, em seus aspectos social e coletivo, somente nos interessa enquanto serve para as grandes causas da evolução humana.

"Suponde o caso de um kobda de real estirpe. Seus pais eram reis, mas ele era o terceiro filho. Existiam dois herdeiros antes dele; contudo, estes dois herdeiros morreram numa epidemia que assolou o país. Este kobda já estava aqui havia quatorze anos. Seu povo reclamava-o com desespero, porque, não comparecendo ele para ocupar o trono, seria o mesmo ocupado por um irmão da viúva do herdeiro, e tal pessoa pertencia a uma dinastia muito mais atrasada em sua religião e em suas leis, pois mantinham em seu culto os sacrifícios humanos, o que de mais criminoso existe na transgressão da Lei Divina.

"O Alto Conselho da Casa de Numu não somente o aconselhou, como o ordenou a atender ao chamado de seu povo e tomar ali uma esposa pura para dar herdeiros à dinastia de seus ancestrais. Quando seu filho primogênito foi capaz, segundo a lei, de ocupar o trono, esse kobda regressou para o nosso meio, e ainda vive. O mais ancião dos dez que formam o Alto Conselho do Pharaome é este kobda-rei do qual vos falo. Seu povo realizou um grande avanço na sua evolução espiritual, e sob o seu reinado no país de Zoar, fundou-se outra Casa de Numu na costa oriental do

65

Mar Eritreu do Norte, que realiza os mesmos fins da nossa. Dez kobdas desta Casa fundaram aquela e, na atualidade, ainda a governam e dirigem."

— Segundo isto, penso que seria também justo e razoável que nós dois saíssemos para proteger nossas esposas e nossos filhos! — observou Johevan, julgando ter encontrado uma palhinha onde se agarrar.

— Raciocinando humanamente, sim, meu filho, contudo o vosso caso não é o caso do kobda-rei. E vou explicar: Vós encarnastes por duas razões. "Primeira: havendo estado perto do Verbo de Deus em sua anterior vinda à Terra, agistes erradamente ao seu lado e mais equivocadamente agistes depois em novas encarnações, cooperando inconscientemente para que se desvirtuasse a sua lei e se adulterasse a sua doutrina. Os amores humanos e a ambição de grandeza torceu muitas vezes o vosso rumo. Precisais eliminar o que criastes com os vossos erros, e aí tendes a primeira razão desta existência atual: a vossa purificação interior.

"Segunda razão da vossa vida terrestre: aproximando-se novamente a vinda do Verbo, quisestes ser os primeiros no sacrifício para reconstruir aquilo que destruístes com a vossa inconsciência. Realizastes uma aliança e aceitastes servir de semente para a nova humanidade, que deve levantar-se pura como uma desposada para receber o seu Amado que chega. Vossas duas esposas foram vossas aliadas para dar vida aos dois seres que serão a raiz desta nova civilização. Essa missão está cumprida; quer dizer que o vosso dever, em relação à humanidade, está consumado, e se procurásseis vos unir novamente às vossas esposas seria apenas para ter o prazer egoísta do amor humano satisfeito. Além do mais, as vossas esposas têm mais desenvolvimento espiritual que vós, e, como suas matérias já não estão aptas para futuras procriações e devem ambas desencarnar breve, vos veríeis novamente envolvidos na grosseira vida dos sentidos e continuaríeis nos mesmos erros e desvios que vos fizeram fracassar em encarnações anteriores. Entretanto, se permanecerdes afastados da vida grosseira e carnal, vos colocareis em condições de ser auxiliares eficazes do Verbo Eterno em sua próxima vinda à Terra."

— No entanto, tudo isso não passa de uma suposição tua, segundo creio — disse Johevan a seu pai.

— Suposição muito razoável se quiseres, mas que não encerra uma plena segurança para nós — acrescentou Aldis, ajudando seu amigo.

— Se todas as manifestações plásmicas que presenciastes não vos dão uma segurança, deve ser porque estais no número dos cegos que não querem ver. Contudo, afastando-nos das coisas puramente espirituais, dizei-me com toda a lealdade e franqueza:

"Tendes a força de vontade suficiente para que, de volta à vida entre as multidões inconscientes e corrompidas, sendo já desencarnadas as vossas esposas, vivais na continência e na pureza sem contaminar-vos com o vício e a degradação reinantes? Sois capazes de ser um reflexo da Lei Eterna entre a formidável marulhada da iniqüidade que impera sobre a Terra? Estais seguros de não causar o desvio desses dois filhos que trouxestes para a vida, para ser a raiz pura de uma nova civilização?" — Bohindra esperou a resposta em silêncio.

Ambos inclinaram o rosto ante a luz serena e meiga emanada dos olhos do kobda-poeta, e Johevan, mais sensitivo que seu companheiro, não pôde impedir que duas grossas lágrimas rolassem de seus olhos semicerrados.

Sentia-se vencido pelo raciocínio de seu pai, e Aldis sentiu-se igualmente vencido.

— De minha parte confesso que voltaria a ser o mesmo que era antes de conhecer Milcha — declarou Aldis quando lhe foi possível falar.

— E eu — disse Johevan —, perdendo Sophia que me elevou até a pureza de um amor excelso, tornaria a buscar o prazer dos sentidos, porque ali afogaria a dor de havê-la perdido.

— Quereis partir deste lugar?

— Não — responderam os dois ao mesmo tempo.

— Mas permite-me uma pergunta — acrescentou Johevan. — Sabes tu onde elas se encontram?

— O ponto exato, não; só sabemos que estão na região onde deve encarnar o Verbo de Deus, nas terras regadas pelo Eufrates e pelo Hildekel, e sabemos que estão protegidas e vigiadas pelas almas errantes unidas à Grande Aliança de Numu para esta época, e que não estariam mais seguras com a vossa proteção material do que sob a tutela invisível dos nossos irmãos que passaram para o Reino da Luz.

"Sabeis disto tanto quanto eu, pois elas mesmas vos manifestaram a sua atual situação; e as grandes forças astrais de que dispomos vos revelaram de forma inequívoca que tudo isto é uma realidade. Meditai, pois ainda tendes muito tempo para escolher com inteira liberdade o vosso caminho."

Com sua habitual delicadeza, Bohindra acariciou as cabeças inclinadas de ambos os jovens e se afastou.

Os Auxiliares de Gaudes

Entretanto, voltemos à caverna do país de Ethea para encontrar Sophia, Milcha e as crianças que, guiadas por Madina, caminhavam para a fonte com a intenção de penetrar no horto desconhecido, onde deviam recolher o fruto do trabalho infatigável de Gaudes.

A rena, conhecedora daquele lugar, foi quem primeiro abriu passagem através do pequeno bosque de bambu, e as duas mulheres ficaram maravilhadas com o que viram. Era um pequeno vale encaixado entre um labirinto de montanhas, que somente tinha saída pelo lugar onde Gaudes plantara o espesso bosque de bambu para fechá-lo. Aquilo era, pois, um paraíso encantado, o jardim fechado, diríamos nós, usando a frase simbólica do Livro dos Cantares. Imensas oliveiras e tamareiras, cuja idade era muito respeitável a julgar pela sua corpulência, foram o que o mago atlante encontrou naquele vale de maravilhosa fertilidade, que ele com seu trabalho pessoal converteu no que fazia, nesses momentos, o assombro e a alegria das duas abandonadas.

As videiras trepavam alegremente pelos flancos das montanhas, luzindo ao sol seus rubros cachos de uvas. As tamareiras e amendoeiras, as figueiras e os castanheiros deixavam cair sobre o musgo seus frutos maduros.

— A planta dos cântaros! — gritou repentinamente Sophia, vendo a enorme trepadeira subindo pela montanha e que, já com a folharada seca, oferecia a descoberto suas *cabeças de gigante,* como eram chamadas naquele tempo e naquele país. Deixaram as crianças sentadas sobre o musgo verde para explorar mais livremente o vale. Madina deitou-se no pasto, junto a eles, compreendendo sem dúvida ser esse o seu dever.

— Tudo isto foi semeado para nós? — perguntou Milcha maravilhada.

— E se agora, que é tempo de colheita, o semeador viesse recolher os frutos? — perguntou Sophia por sua vez.

— Não, não, não pode ser, porque o ancião que nos visitou no dia dos búfalos disse que este horto nos pertencia e me recomendou fazer a colheita. Por esta razão, correrei para buscar cestas, pois tendo guardado tudo no depósito não há temor de perdê-la.

Milcha começou a correr para a cabana. Sophia continuou seu passeio por entre os sulcos das hortaliças, até chegar aos trigais dourados e ao milharal rumoroso e musical, quando o vento agitava seus longos talos coalhados de espigas, já maduras pelo sol do outono.

Milcha voltou seguida da jovem rena que dera à luz ultimamente, a qual, passo a passo para que seu filhote pudesse segui-la, vinha também ao horto, atraída sem dúvida pela formosa perspectiva da colheita. As avelãs e as cerejas, as tâmaras e os figos, foi o que as duas mulheres colheram primeiramente, ajudadas por Madina e sua filha que, com golpes de cabeça, sacudiam os ramos.

Adamu e Évana, com louca alegria, arrastavam-se pelo musgo para comer as frutas que caíam junto deles. Aquelas deliciosas carinhas rosadas de crianças saudáveis e fortes foram desaparecendo pouco a pouco sob os resíduos da casca dos figos que aderiam a seus corpos.

Adamu abraçou-se ao pescoço do filhote de rena e começou a andar ao seu lado para onde estava a sua mãe. Évana gritou ao ver que a deixavam sozinha e fazia esforços para caminhar. Ao ver isto, Madina aproximou-se da pequeninha, tomou um pedaço de bambu com os dentes e apresentou-lhe a outra ponta. A menina segurou-se nele e a rena começou a caminhar para trás, obrigando a criaturinha a dar passinhos em sua direção.

— Olha a Madina, Milcha! — gritou Sophia, maravilhada da inteligência do animal que deste modo ensinava Évana a andar.

Enquanto ambas observavam a incomparável Madina transformada em ama-seca, Adamu realizava um bom percurso abraçado ao pescoço do filhote de rena, que seguia sua mãe ocupada em sacudir os ramos das árvores.

— E Adamu? — gritou Milcha assustada não o vendo em lugar algum, oculto ele com seu condutor entre as folhagens de hortaliças que se estendiam sob as árvores frutíferas. Finalmente o encontraram com o filhote de rena. Ambos se haviam fatigado, sem dúvida, e estavam estendidos ao sol no meio de um canteiro de lentilhas. Adamu divertia-se metendo amêndoas na boca do filhote de rena que as lançava fora com desgosto, causando a alegria do futuro pai de uma nova civilização.

Sophia e Milcha esqueceram então a tristeza de sua situação e, entre a saúde e a alegria das crianças e a solicitude inteligente e maternal de Madina, viram-se obrigadas uma vez mais a bendizer a Deus, que tão visivelmente as envolvia em sua amorosa providência.

De repente viram que Madina, deixando Évana sentadinha no solo, saiu do pequeno vale, e em seguida ouviram seus balidos de chamada. O terror paralisou-as, porque julgaram que algum perigo as ameaçava como naquele dia da chegada dos búfalos; e elas se encontravam a uns duzentos passos da caverna. Milcha correu para onde estava a rena, à qual acariciou perguntando:

— Que há, Madina, que há?

O nobre animal compreendeu o susto de Milcha e lambeu suas mãos como costumava fazer para tranqüilizá-la. Continuou chamando até que se ouviu o balido de trovão distante da rena maior, o macho. Então Madina tomou Milcha pelas roupas e fê-la voltar ao vale. Poucos momentos depois ouviu-se a carreira veloz das renas que acudiam ao chamado. Madina foi até a fonte para indicar-lhes onde estavam e toda a família de renas entrou no horto. Com a naturalidade que decorre do hábito, cada uma tomou com os dentes um cesto pela alça e seguiu para a caverna, voltando pouco depois com as cestas vazias.

As duas mulheres estavam maravilhadas. Encheram novamente as cestas e as renas realizaram a mesma operação, e assim ocorreu até terminar a colheita.

Madina durante todo esse tempo não esteve ociosa, porque se dedicou a cortar com os dentes a haste das "cabeças de gigante" que rodavam pela pendente até o vale. Sobrando ainda tempo, dada a rapidez com que fazia isto, tomou uma cesta pela alça, começou a cortar os rubros cachos de uva da videira e a depositá-los cuidadosamente nela. Quando a viu cheia, desceu com ela e a apresentou a Sophia que, já cansada, se sentara junto a Évana.

— Ai, Madina! — disse acariciando-a. — Que boa companheira és! Quando eu não estiver mais aqui, serás tu a aia da minha Évana. Não é verdade, Madina?

Como se o animal tivesse compreendido, começou a lamber a cabecinha de Évana adormecida sobre o tapete de relva.

Duas lágrimas rolaram dos formosos olhos da princesinha, profundamente comovida pelas demonstrações de amor daquele formoso animal.

— Às vezes os animais são melhores que os homens — exclamou. — Se meu pai houvesse tido um coração como o teu, Madina, eu não estaria neste lugar, longe de Johevan e com minha Évana adormecida na relva!

Milcha chegou para sentar-se também ali, fatigada da tarefa.

— Por que chorais? — perguntou entristecida, ao ver as lágrimas de Sophia.

— Foi Madina que me fez chorar com suas demonstrações de amor. Não vês a cesta cheia de cachos de uvas?

— Sim, estou vendo. Nem uma dúzia de criados nos serviriam melhor do que Madina e sua família. Observai! — Milcha indicou com sua mão a família de renas saindo uma após as outras levando as últimas cestas de frutas recolhidas.

Viram todos voltar sem as cestas.

— Ah! — disse Milcha. — Isto quer dizer que os trabalhadores já terminaram o serviço e reclamam seu pagamento.

As renas seguiram para o horto acompanhadas por Madina, que parecia a chefe, repartindo o trabalho. Ela começou a abrir covas com seu pé dianteiro na direção onde surgia uma pequena mata de ramos secos sobressaindo pela borda dos sulcos. Pouco depois começaram a surgir os bulbos rosados, amarelos e brancos das albuminosas. Todas as renas a imitaram e, em breve tempo, estava toda a terra removida e os bulbos no exterior.

Fizeram outro tanto com as espigas maduras e com as hortaliças de vagens que segavam com os dentes e depositavam num mesmo lugar, formando grandes montões, de onde foi fácil para as duas mulheres extrair os grãos para guardá-los nos grandes sacos de fibra, que a paciência do laborioso ermitão havia tecido em longas noites de inverno.

O mais rude trabalho da colheita estava feito, faltando somente a limpeza final e a preparação adequada para cada espécie ou produto, faina essa à qual Milcha estava habituada e conhecia com perfeição.

— Quantos dias vamos demorar para levar tudo isto para o nosso depósito! — exclamou Sophia contemplando a abundante colheita.

— Esperai, esperai, que os auxiliares de Gaudes estão bem ensinados a trabalhar como perfeitos criados domésticos — respondeu Milcha.

Ela tinha visto Madina sair do horto e, como já a entendia muito bem, adivinhava que o inteligente animal lhes preparava novas surpresas e assim informou a Sophia.

— Eu asseguraria que Madina foi à caverna para trazer algum daqueles enormes sacos, nos quais Gaudes costumava guardar os grãos.

Apenas havia terminado de dizer isto quando apareceu a rena, não com um saco, mas com vários deles, seguros pelo cordel de fibra que lhes fechava a boca; e arrastava-os tranqüilamente para junto dos montões já preparados. Logo aproximou-se de Milcha para lamber-lhe as mãos.

— Estou compreendendo, Madina, queres dizer-me para guardar os grãos nos sacos que trouxeste — disse a escrava. Levantou-se seguida por Sophia e juntas o ensacaram, enquanto a rena, incansável em seu trabalho, levou sua família para continuar a sega dos trigais dourados, que era o que mais abundava nas culturas de Gaudes e em cuja colheita deveriam levar mais tempo.

A tarde caía lentamente e Madina, como boa chefe-de-grupo, amontoou o trigo segado, cobriu-o de ramos secos e, agarrando com os dentes um dos sacos cheios, encaminhou-se para a caverna. Em seguida, todas as outras renas a imitaram, arrastando cada qual um dos sacos restantes.

Sophia e Milcha ficaram ainda descansando, já fora do horto, nas pedras que rodeavam a fonte, e lavaram as mãozinhas e os rostos das crianças, que pareciam dois pequenos mascarados com as cascas dos figos que haviam comido.

— Pobrezinhos! — disse Sophia. — Não sei o que parecem, vestidos com os pedaços da túnica de Gaudes.

— Ficarão muito melhor quando os vestirmos com as fazendas de pêlo de camelo que encontramos. São suaves e quentes. Não sentirão frio com elas.

Falavam assim quando chegou novamente Madina para buscá-las.

— Estamos cansadas, Madina, e estas crianças pesam tanto para levá-las nos braços!

— Ouve, Milcha — perguntou Sophia. — Madina aborrecer-se-ia se as montássemos em cima de seu lombo?

— Como vai aborrecer-se! Tivestes uma grande idéia. Vamos ver! — Assim dizendo, Milcha montou primeiramente Évana, quase sobre o pescoço da rena. Depois montou Adamu e fez com que este abraçasse Évana, e esta ao pescoço de Madina, que demonstrava seu agrado, lambendo as mãos de Sophia.

As duas mulheres se puseram uma de cada lado para o caso de as crianças perderem o equilíbrio; e Madina, com um passo cerimonial solene, caminhou serenamente para a caverna.

Quando chegaram, Madina com grande delicadeza ajoelhou-se e depois deitou, e as crianças entre alegres risos deixaram-se cair sobre as peles existentes no piso da caverna.

Foi um verdadeiro dia de festa para os quatro abandonados. A caverna estava convertida num mercado de frutas, hortaliças e cereais.

Como a noite se aproximava, Madina acendeu o fogo da lareira, fechou a porta como de costume e foi deitar-se em sua cama de palha juntamente com toda a sua família.

Não é necessário dizer que havia uma testemunha contente e feliz contemplando sua obra, muito mais agradável na verdade que os formosos frutos maduros que a terra cultivada por ele brindava aos proscritos da sociedade humana. A alma de Gaudes expandia-se como num hino divino e extático, dizendo para si mesmo ou para os espaços infinitos que o escutavam:

— É demasiada felicidade para um coração de homem!

FUNERAIS KOBDAS

Numa espécie de padiola, de tecido violeta adornado de folhas de samambaias e lótus brancos, desceram da enfermaria ou jardim de repouso os corpos sem vida daqueles dois kobdas que haviam partido na noite anterior para o mundo da Luz.

Um hino triunfal, semelhante àquele cantado pelos kobdas no dia da consagração dos jovens postulantes, ressoava pelo imenso edifício enquanto passo a passo desciam as escadas centenas de kobdas, todos vestidos de túnicas brancas como a roupagem e as flores que cobriam os cadáveres.

Desta vez a cerimônia foi realizada no Pátio das Oliveiras, ou seja, naquele que ficava para o lado oposto do Pátio das Palmeiras, onde eram efetuadas as consagrações dos kobdas.

Como se vê, tudo era simbólico e guardava certa oculta relação na Casa de Numu.

As palmeiras onde os kobdas eram consagrados ao serviço de Deus eram símbolo do triunfo do espírito sobre a matéria. As oliveiras, debaixo das quais se despediam dos que partiam, eram símbolo da paz serena e suave na qual tinham entrado.

Nenhuma lei obrigava Johevan e Aldis a assistir à fúnebre cerimônia, mas eles pediram a Bohindra a permissão de comparecer e ela lhes foi concedida.

Quando chegaram sob as oliveiras centenárias, as duas padiolas foram colocadas sobre uma mesa de pedra de enormes dimensões destinada a esse objetivo. Cessou o canto e os instrumentos musicais e ouviu-se a voz do Pharaome dizendo:

— Almas irmãs das nossas, que deixastes o cativeiro para desfrutar da liberdade outorgada aos fiéis servidores do Altíssimo! Não esqueçais vossos irmãos que pela Divina Vontade ainda ficam aprisionados, buscando tornar-se dignos da Sabedoria e do Amor aos quais chegastes!

"Que vosso pensamento flutue em torno deste recinto e seja nosso estímulo e fortaleza até chegarmos ao cume onde subistes!

"Que vossos corpos sejam conduzidos ao recinto da quietude perdurável como instrumentos concedidos pela Divina Lei para realizar uma jornada em vossa evolução eterna!

"Paz e Amor sobre todas as almas!"

O coro solene, grandioso e triunfal continuou novamente, enquanto os kobdas em concentração desfolhavam as flores radiantes de seus pensamentos como oferenda de amor aos que haviam partido. Terminado o hino, abriram uma campa levantando uma lousa do piso no centro do imenso pátio. Valendo-se de fortes cordéis, desceram lentamente as padiolas para a cavidade profunda de um subterrâneo todo emparedado de pedra branca cheia de inscrições. Em cada pedra estava esculpido o nome e três datas: a do nascimento, a da desencarnação e a da consagração de cada kobda.

Ali ficariam os cadáveres sobre mesas de pedra durante trinta dias, tempo necessário para efetuar os trabalhos de desinfecção e esterilização de elementos corrosivos, mediante extratos ou essências fabricados pelos kobdas para obter a dissecação sem destruição dos tecidos.

Baixados os corpos para a cripta, terminava a cerimônia fúnebre em seu caráter coletivo ou público, pois o inumar os restos em cavidades abertas naquele subterrâneo imenso era feito privadamente por alguns kobdas ao finalizar os trinta dias fixados para a esterilização.

Depois os kobdas se disseminaram em grupos pelos jardins, pois havia plena liberdade de falar como num dia de festa solene, celebrando a liberdade dos dois companheiros queridos.

Nossos dois jovens, que haviam atraído a simpatia dos kobdas, viram-se rodeados deles, desejando compartilhar suas impressões.

As manifestações radiantes e plásmicas, que para eles haviam sido obtidas publicamente na Morada da Sombra, atraíam o carinho e a solicitude de todos. Saber que Johevan era o filho de Bohindra, pelo qual tanto seu pai tinha chorado antes de alcançar a serena quietude das almas grandes, foi outro motivo de simpatia.

Todos falavam com entusiasmo dos que se haviam libertado e finalmente um kobda perguntou:

— Quem substituirá os que partiram no estrado dos duzentos?

— Estes dois que acabam de chegar — disse o Pharaome, pondo suas mãos nos ombros de Johevan e Aldis.

— Ainda não, Pharaome — respondeu Bohindra. — Ainda falta tempo antes que se acalme a tempestade!

— A tempestade que rugiu em todos nós aqui dentro! — exclamou o Pharaome, ao mesmo tempo que seu semblante adquiria uma gravidade suave e triste.

As vestimentas brancas que os cobriam naquela tarde davam um aspecto alegre de festa aos parques cobertos de frutas e flores.

— Observai — disse repentinamente o Pharaome — o prodígio desses dois kobdas conversando sentados juntos naquele banco. Foram recolhidos à Casa de Numu há vinte e nove anos, meio mortos junto aos jardins da morada do Chalit de Zoan. Ambos saíram a campo para se matar, porque cobiçavam a mão da mesma princesa herdeira. Os dois caíram ao mesmo tempo feridos, julgando cada um ter matado o seu rival.

"Essa sim, foi a tempestade que rugiu no mais íntimo de seus corações! Ainda vivia o Pharaome anterior e eu era o encarregado da guarda dos recém-chegados. Quando cada um soube que seu inimigo vivia na câmara ao lado, ocorreu algo assim como a erupção de um vulcão.

"Mas o Chalit, inteirado do escândalo levantado em torno de sua filha por esta causa, condenou à morte o que sobrevivesse, ou aos dois se ambos vivessem.

"Nosso Pharaome conseguiu o perdão dessa pena com a condição de que fossem amarrados por uma corrente no fundo de uma caverna usada para os delinqüentes da pior espécie.

"Lá um carcereiro levar-lhes-ia comida e lá deviam esperar o fim de seus dias.

"Nosso Pharaome pediu vinte Luas de prazo para restabelecer a saúde dos dois feridos e o soberano lhas concedeu. Eles nada sabiam da condenação à morte nem da cadeia perpétua que os ameaçava.

"Começamos todos a trabalhar espiritualmente pelo triunfo dessas almas rebeldes e dominadas até o âmago pelas mais violentas paixões.

"Quando terminaram as vinte Luas, ambos disseram querer consagrar-se ao serviço do Altíssimo na Casa de Numu, e, como sabeis, foi feita a consagração. Depois pedimos ao soberano que nos fizesse uma visita, e no Pátio das Palmeiras desfilaram ante ele todos os kobdas.

" 'Majestade!', disse nosso Pharaome. 'Entre estes filhos de Numu estão os dois homens que condenastes à cadeia perpétua. Levai-os, se é do vosso agrado.' "

" 'Que se aproximem de mim', gritou o soberano.

"Todos os Kobdas, em massa, se aproximaram dele.

" 'Os réus não são mais de dois', voltou o monarca a dizer, 'e aqui se apresentam centenas.'

" 'Majestade!', disse então nosso Pharaome. 'Antes de condenar dois dos nossos irmãos que apenas começam o trabalho de sua regeneração, escolhei dois dos que já avançaram por esse caminho, que para eles nada significarão as cadeias.'

"O monarca sentiu-se comovido e perdoou os culpados. Aí os tendes, são agora tão bons amigos como inimigos formidáveis o eram antes. Sentem uma compaixão profunda por aqueles que guardam no coração uma ferida causada pelo amor humano, que é sempre a mais terrível e dolorosa ferida. Uma vez por ano percorrem as cavernas das montanhas, onde às vezes encontram prisioneiros em lamentável estado de bestialidade. Preocupam-se em conseguir-lhes o indulto e orientá-los na vida para o futuro.

"Sempre temos dez kobdas destinados a procurar o progresso e a libertação das almas submergidas na miséria da vida humana. Eles pertencem ao grupo desses dez kobdas que fazem vida ativa no exterior."

— Mas aquele que se consagra aqui não volta jamais ao mundo? — perguntou Johevan.

— Sim, se tal é a sua vontade, porque não pode ter a alma quieta e serena quem permanece à força neste recinto.

"Por exemplo, vós, quando chegar o prazo das vinte Luas regulamentares, se pedirdes que seja aberta a porta para sair, em seguida vos fazemos conduzir para onde quiserdes. Mas passadas as vintes Luas, quase ninguém deseja ir embora, e são raríssimos tais casos. A vida espiritual, tal como é seguida na Casa de Numu, encerra uma felicidade tão desconhecida dos homens, que somente os espíritos muito retardados não se sentem atraídos por ela."

As sombras do entardecer foram-se fazendo cada vez mais pesadas e os grupos de kobdas, como brancas visões, foram-se perdendo na penumbra dos jardins rumorosos e perfumados.

Johevan e Aldis subiram para os seus aposentos, com a mente carregada de pensamentos profundos e graves porque se aproximavam suas vinte Luas e sentiam levantar-se do fundo de si mesmos esta pergunta:

Se Sophia e Milcha deviam desencarnar em breve, que fariam eles arrojados novamente no mar revolto da corrupção reinante?

Desaparecidas elas, seria acaso possível encontrar seus filhinhos e recolhê-los nas Casas de Numu para afastá-los também das correntes da iniqüidade?

Adivinhando tais perguntas, Bohindra, que os acompanhou até suas abóbadas particulares, falou ao se retirar:

— Todas as vossas perguntas internas serão respondidas antes das vinte Luas. Não estejais pesarosos por isto, mas abri as vossas almas à Vontade Soberana do Altíssimo, que vos será manifestada por Numu quando menos pensardes.

"Somos pequeninas aves voando na imensidão em busca da Luz. O Altíssimo nos obsequia essa Luz quando verdadeiramente a desejamos e a pedimos. Esperai, pois, e não vos pesará a resolução que tomardes no sereno raciocínio do vosso íntimo ser."

A Confidência na Caverna

Milcha passara o dia atarefada e sentia-se verdadeiramente fatigada. Sophia, mais extenuada a cada dia, apenas podia ajudá-la no cuidado das crianças que, graças ao filhote de rena que lhes servia de andador e às inteligentes diligências de Madina, já caminhavam, embora caindo muitas vezes.

O inverno chegava com as nevascas e os ventos frios do norte, e a escrava preparava, ajudada pelas renas, tudo quando poderiam precisar durante o período do frio intenso.

Havia moído o trigo para o pão. As grandes velas de gordura de búfalo estavam já colocadas em seus pedestais de troncos.

Tinha atapetado o pavimento da caverna com aquelas formosas peles tiradas por Gaudes e secas ao sol. O depósito estava bem provido de frutas e hortaliças secas cuidadosamente, o que lhes alimentariam durante o inverno.

O fogo estava na pata dianteira de Madina e na pedra da lareira, e junto à porta da caverna, um imenso monte de ramos e troncos secos assegurava que não faltaria o calor da fogueira nas noites geladas.

Os animais domesticados por Gaudes retornavam à caverna apenas o Sol iniciava sua queda e formavam um grande círculo ao redor da lareira, proporcionando, com seus sedosos e brancos lombos, cômodos assentos para Évana e Adamu que se divertiam montados sobre eles, enquanto Sophia e Milcha, à luz da vela gigante, enovelavam as fibras ou fios preparados por Gaudes para costurar roupas dos tecidos de lã de ovelha ou pêlo de camelo que haviam encontrado, ou transformar em vestimentas apropriadas para elas as túnicas e mantos do mago atlante.

— Parece que Gaudes sabia que precisaríamos de todas estas coisas — disse Milcha, encantada com as roupagens que confeccionavam com grande habilidade e espírito criativo.

— Muitas vezes ouvi dizer, pelos velhos sacerdotes de Otlana, que deste lado do Mar Grande existiam cidades inteiras em cavernas, preparadas e ornamentadas como grandes salas — disse Sophia, recordando distantes conversações, talvez escutadas sem prestar maior atenção, bem alheia por certo ao fato de que sua vida terminaria no fundo de uma caverna.

— Talvez o vosso pai esteja também numa caverna como nós. Quem poderá saber o que aconteceu com ele?

— Saberei quando morrer, e virei contar-te. Que tal, Milcha?

— Mas por que tendes tanto empenho em morrer? Teríeis coragem de abandonar esse formoso botão de ouro? — disse, apontando para a preciosa criaturinha ruiva que se divertia em colocar montinhos de musgo verde na boca de Madina, enquanto Adamu galopava num mesmo lugar sobre o lombo de uma rena jovem.

— Vê, Milcha, assim como tu e eu sabemos que está chegando o inverno e o vemos chegar, senão com prazer, mas pelo menos com tranqüilidade, da mesma forma ocorre comigo em relação à morte, a qual vejo aproximar-se inapelavelmente como o inverno.

"Todas as noites sonho que me encontro com Johevan e ele me diz que deveremos ambos deixar em breve os nossos corpos para tomar uma nova vida em outro país. Que então nos amaremos novamente com um amor mais intenso ainda, que nada nem ninguém poderá interromper. Em sonhos diz que me apresse em gravar em lâminas de madeira o dia em que nasceram Évana e Adamu, os nomes de seus pais, ou seja, nós quatro, e tudo o que possa servir às crianças para desenvolver sua vida quando estiverem maiores."

Milcha balançava tristemente a cabeça.

— Esse contínuo pensar em morrer está vos enfraquecendo cada dia mais. Por que não pensais em viver longo tempo, para que, sendo já maiorzinhas as crianças, possamos empreender uma viagem em busca de lugares habitados? Talvez não esteja longe daqui alguma cidade, porque esses tachos, esses moldes de cobre, estes tecidos que estamos costurando, todas as roupas de Gaudes que encontramos, nos informam ter vindo ele de um país habitado. Não vos parece melhor pensar em tudo isto e não em morrer, deixando tão pequenos os nossos filhinhos?

— Tens razão, Milcha, mas podes, talvez, impedir a chegada do inverno, simplesmente não pensando nele? Da mesma forma eu não posso impedir a chegada da morte, se é chegada a hora do meu descanso. Além do mais, não recordas ter meu pai encarcerado uma vez uma velha maga de Otlana porque lhe disse na minha presença: "*Vossa filha é uma espiga dourada que o Altíssimo recolherá quase antes de amadurecer*"?

— Sim, eu recordo, mas nem vós nem eu fizemos caso daquele prognóstico da maga, que, por outro lado, deve ter ficado curada para toda a vida de sua mania de fazer profecias impertinentes como essa.

— Por aí vês o que são as coisas; agora está me ocorrendo fazer caso daquela estranha profecia.

— Julgais ser impossível voltar a encontrar novamente Johevan? Não é isto mesmo, princesa?

— É isto mesmo, Milcha! Se eu te contar tudo quanto ele me diz em sonhos, dirás que estou louca!

— Pois não o direi. Contai-me!

— Ouve: sonhei que Johevan me disse haver encontrado o seu verdadeiro pai, e que se não fosse pela nossa separação sentir-se-ia perfeitamente feliz no lugar onde se encontra. Disse-me que deixará o seu corpo antes que eu, e que esse corpo que ele deixa continuará vivendo animado pela alma do seu pai, cuja matéria está esgotada, não mais lhe servindo.

— Pelo visto vosso formoso Johevan terá uma alma de velho? Tudo isto me parece muito mal!

— Não me compreendeste, Milcha — disse Sophia rindo do gesto feito pela sua favorita. — É que o espírito do ancião entrará no corpo jovem deixado por Johevan.

— Johevan não deve deixá-lo para que outro o aproveite a seu bel-prazer. Não pensais assim?

— Não, minha querida — respondeu Sophia. — Existem leis que assim o permitem e o dispõem. Eu conhecia alguma coisa disto por ter escutado as conversas de meu pai com os áugures e com os sacerdotes do nosso país. Não é por um capricho que qualquer um pode realizar este tipo de transformação, mas por causas grandes e justas. Tem paciência e continua ouvindo as conversas que tive em sonhos com Johevan. Disse ele que o Chalit do país onde estão (Chalit queria dizer, na língua dos kobdas, Grande Rei, Grande Monarca) morrerá logo sem herdeiros; que chefes militares desviados já se preparam para apoderar-se dos seus domínios, desterrar os filhos de Numu e usurpar o seu castelo para fortaleza real, porque querem implantar cultos idólatras e perversos nesse país que foi povoado, cultivado e educado na lei de Antúlio, o grande profeta da nossa formosa Atlântida.

"Johevan disse-me mais ainda, que o *Audumbla* desse país (Audumbla: Sol deslumbrador, Sol no zênite) anunciou àquele rei sem herdeiros todos estes grandes males para o seu povo, e recomendou gravar em pedra a sua derradeira vontade, 'de que um kobda nascido em outro continente, que toca a lira e faz canções, que sabe o segredo de todas as plantas e de todas as enfermidades, ocupe sua Poltrona do Juízo, porque é ele que está destinado pelo Altíssimo para impedir que todos esses povos esqueçam a Lei do Grande Profeta e mergulhem na ignomínia'. Esse kobda é o pai de Johevan. Mas como seu corpo já está envelhecido, a Lei Eterna lhe permite tomar o corpo jovem do seu filho para poder cumprir aquela grande missão."

— De maneira que, na grande Poltrona do Juízo, será o corpo do vosso Johevan que estará sentado? — perguntou Milcha.

— Justamente!

— Isso quer dizer que nós poderemos sentar-nos novamente nos degraus de um trono, se formos para esse país. Não é assim?

— Não sejas vaidosa, Milcha — disse Sophia, dando-lhe uma palmadinha na face. — Tu e eu não poderemos mais ter tronos nesta vida, além deste troncos de carvalho nos quais estamos sentadas.

— Mas tudo isto que dizem os vossos sonhos, poderá talvez ser realidade?

— Eu não posso obrigar-te a acreditar, mas dentro de mim estou convicta de que assim sucederá. Minhas entrevistas com Johevan não são ilusórias, não!

— Verdadeiramente! Desde o dia em que Aldis me visitou e pôs o colar no menino, e logo desapareceu sem abrir a porta, sinto-me como que forçada a acreditar em tudo quanto me parecia antes um conto de fadas.

— Por que pensas ter-me invadido algo como uma imensa onda de paz e tranqüilidade nestes últimos tempos? Simplesmente porque em sonhos vejo tantas maravilhas, e compreendo tantas e tantas coisas, que considero como um simples acidente fugaz e passageiro na vida tudo quanto nos ocorreu desde que saímos do nosso país. Sei, além disto, que Johevan pensa como eu, e que espera com ânsia o dia da sua libertação para nos unirmos mais intimamente nesse outro mundo onde nos reunimos durante a quietude física do sono. Não sonhas que Aldis te fala?

— Às vezes, sim; contudo, ao despertar só posso dizer que sonhei com ele e que o vi entre um grande número de homens vestidos como os sacerdote de Otlana, não em cor púrpura, mas da cor do céu quando está nublado. Também me sinto inundada de calma e serenidade. O ancião misterioso que tirou as peles dos búfalos faz-se presente quase diariamente nos meus sonhos. Devo também pensar que esses sonhos são realidade? Sendo assim...

— Vamos ver, conta-os e serei a sibila que os decifrará.

— Uma noite sonhei que me dizia, como se me contasse um conto:

" 'Chamavas-te Delmos e eras meu filho. Entrávamos com nossa caravana de asnos por uma das portas da cidade dourada de Manha-Ethel (a que produz estrelas) e, tropeçando numa pedra, caíste, e da tua testa saltou um jorro de sangue. Eras um formoso varãozinho de 12 anos, toda a minha esperança, e te levantei quase morto. Atrás de nós entrava um profeta jovem e formoso, seguido de quatro discípulos, e ao ver-te banhado de sangue nos meus braços, tomou-te nos seus, vendou a tua ferida com um pedaço do seu manto e, sentado sobre uma pedra, te aconchegou no seu peito até que voltaste à vida.

" 'Pede-me o que queiras — disse ao profeta — porque nada mais tenho além deste filho e tu o devolveste a mim, pois o julgava perdido. — E ele me respondeu:

" 'Para mim nada peço, mas tão-somente para o próprio menino. Quando ele te pedir para seguir-me, promete-me que não o impedirás. — Então, para não me separar de ti, abri ao profeta e aos seus as portas da minha tenda de mercador, e desde então caminhamos juntos pelos caminhos do maior profeta da humanidade.'

"Que vos parece o meu sonho? Esse é um, e tenho sonhado tantos! É possível que eu tenha sido antes, em outra vida, um moço montado sobre um burro? — Milcha riu, pensando na figura que faria em tal caso."

— Ouve, Milcha — disse Sophia. — Eu não posso dizer-te muitas coisas porque me sinto incapaz de expressá-las, mas desde que saí do palácio de meu pai, um horizonte novo se abriu diante de mim. Antes me absorvia a alma todo esse esplendor da vida na corte e sabes perfeitamente o que foi a vida para mim até que amei Johevan: um contínuo desfile de agradáveis impressões, desejos satisfeitos, vaidades completamente realizadas. Parecia que meu viver não tinha outro fim a não ser dar-me inteiramente à felicidade de me ver totalmente agradada. Ocupei-me muito pouco, bem o sabes, em averiguar o que havia além dos sentidos físicos. Contudo, os mestres designados por meu pai falavam algo de coisas graves e ocultas, mas como eles viam que tudo aquilo me cansava até dar-me sono, dobravam a folha e me deixavam mergulhar novamente nas minhas frivolidades de menina mimada. Agora, mudando tão bruscamente o cenário da minha vida, volto o pensamento para aquelas severas lições dos meus mestres, e, com os fatos que têm acontecido aqui, descerrou-se um véu e vejo as coisas de maneira bem distinta.

— Isso quer dizer que encontrais alguma verdade ou possível realidade no meu sonho? — perguntou Milcha.

— Certamente! Talvez jamais ouviste contar pela minha ama-de-leite o que um mago disse a meu pai quando estava recém-casado com minha mãe.

— Nunca a ouvi.

— Pois ouve. Bem sabes que o meu pai não era o herdeiro e que subiu ao trono em virtude de o seu irmão primogênito ter-se empenhado em amar a filha de um rei inimigo. Meu avô o deserdou, ficando então Nohepastro como filho primeiro. Quando foi declarado príncipe herdeiro, um mago lhe disse: "Há muitos séculos que sobes em tronos destinados a outro. Numa vez anterior um Rei Santo desceu para que tu subisses e nesta vez serás rei sobre as ondas de um mar desconhecido, e o Sol do teu ocaso brilhará sobre a nevada." Dizem que meu pai pediu a interpretação desse prognóstico e os livros sibilinos lhes responderam que em tempos remotíssimos houve um rei exemplar, adorado por seu povo, o qual se chamava Anfião; que meu pai foi um seu irmão que se casou com uma princesa de grandes ambições, a qual o impeliu a sublevar uma parte dos exércitos e do povo, valendo-se de intrigas e calúnias. Diante disto, o rei abdicou da sua coroa e dos seus estados em favor de meu pai, para evitar a luta entre as duas facções que se haviam formado. Anunciaram-lhe que veria morrer a sua dinastia, e, bem o vês, parece que a profecia se cumpriu!

— Ainda não, pois ainda viveis e vive Évana.

— Ah!... que belos ramos para fazer reviver a árvore — respondeu Sophia acariciando sua pequenina, que nesse momento se aproximava choramingando porque Adamu não queria deixar que ela galopasse com ele sobre o lombo da rena jovem que havia escolhido para cavalo.

Acalmado por Milcha o pequeno distúrbio entre o futuro casal, as duas mulheres continuaram sua conversa.

— O que eu queria dizer-te era que nada tem de inverossímil esse teu sonho, porque sendo uma verdade que viemos muitas vezes para a vida, por que não poderias ter sido um moço montado sobre um burro? Como poderias imaginar tudo isso, que entravam por aquela cidade, que te chamavas Delmos e que o profeta curava a tua ferida?...

— Verdadeiramente. É assombrosa a clareza com que em sonhos vejo uma infinidade de coisas que não sei se ocorreram ou se vão suceder. Outra noite sonhei que o mesmo ancião me dizia:

" 'Não procureis encontrar seres humanos nem povoações habitadas, porque os homens modificarão os vossos caminhos. Eu preparei esta vivenda para vós porque uma voz dos ares me disse: — Deixaste tua terra e tua família para preparar um lar para filhos que ainda não nasceram.' "

— Esse ancião deve ser o próprio Gaudes, o mago atlante, sabes, Milcha?

— E não havíamos pensado antes nisso! Quão tontas temos sido!

— Se nada me tivesses falado dos teus sonhos, eu não poderia imaginar isto.

— Então o homem que habitou esta caverna está morto?

— Assim o parece!

— Logo, nós estamos vestidas com os despojos de um defunto? Céus! Agora tenho explicação de por que pensais tanto na morte!... — Milcha fez um gesto de espanto e terror.

— Mas mulher, não seja tola, não vês que quando Gaudes vestia estas roupas estava vivo, e não morto? Bendito seja ele que deixou todas as suas coisas nesta caverna, pois, se não fosse assim, que horrível inverno nos aguardaria!

OS PIRATAS

Uma pedrinha desprendida do teto da caverna, caindo sobre a rústica mesa, produziu um ruído seco que assustou as crianças.

Sophia e Milcha também prestaram atenção. As renas se ergueram como se todas houvessem ouvido uma mesma misteriosa chamada. Madina foi a primeira a se levantar e pareceu estar à escuta.

— Que há, Madina? — perguntou Milcha acariciando-a.

A rena voltou apressadamente para o centro da caverna e, escavando com a pata dianteira, cobriu com cinzas o fogo da lareira. Com um pedacinho de madeira apagou a chama da vela gigante e deixou a caverna completamente às escuras.

— Ai, Madina! Por que fizeste isto? — perguntou Sophia, procurando às apalpadelas encontrar Évana que chorava, enquanto Adamu se prendia às roupas de sua mãe.

Na escuridão, a inteligente rena aproximou-se do grupo aterrado para lamber as mãos de Milcha e as cabecinhas das crianças. Depois se afastou, e as mulheres viram que havia sido aberta a porta. A noite era escura, mas à opaca claridade das estrelas viram que Madina e as renas saíam. Como a caverna ficava muito próxima do mar, puderam ouvir vozes de homens e ruídos de remos.

— Serão Johevan e Aldis que vêm buscar-nos?

Qual resplendores fugazes, lampejos de esperança cruzaram a mente das duas mulheres; contudo, não conseguiram expressá-los com palavras, pois logo se mudaram em terror e medo.

Não eram as vozes de Johevan e Aldis, mas palavras rudes e maldizentes, vozes ásperas e alteradas a se aproximar momentaneamente. Então viram Madina entrar novamente na caverna e fechar a porta, sobre a qual apoiou seu próprio corpo. Milcha aproximou-se mais dela e ouviu que as renas arrastavam o montão de ramos secos que havia no exterior, prontos para queimar, e compreendeu que cobriam com eles a entrada da caverna.

Para silenciar as crianças, Sophia levou-as para a alcova e recostou-se com elas no grande leito de peles. Milcha, ao lado de Madina, junto da porta, continha a respiração para ouvir o que diziam aquelas rudes vozes aproximando-se cada vez mais.

— Por este endiabrado labirinto de penhascos — disse um. — Foi onde Athmântidos o encontrou há três anos.

— Parece mentira que um javali como esse se deixasse vencer pelo sacripanta do Gaudes e não lhe arrancasse o mapa. A esta hora já seríamos donos do tesouro de Hissarlik (depois Tróia).

— Pois eu te digo que, desta vez, ou o velho solta o segredo e o mapa ou ficam as suas entranhas estendidas sobre as rochas.

— Que disse esse Athmântidos, que veio antes com esta missão?

— Como iria dizer, se não voltou! Um companheiro disse que encontrou o seu cadáver cheio de chifradas, como se tivesse sido morto por búfalos ou touros selvagens.

— Para mim foi esse bruxo endiabrado que o matou. Estamos chegando à caverna dele, segundo os sinais que me foram dados.

Até aqui a pobre Milcha tinha escutado aterrada, quando se ouviu um espantoso tropel, o choque de chifres e ferozes patadas, gritos e maldições, que pareciam fazer desmoronar as montanhas vizinhas como que sacudidas por um terremoto. Adivinhava-se uma luta tremenda, que contudo durou apenas poucos minutos. Depois continuou ouvindo queixumes, estertores surdos que, pouco a pouco, foram desvanecendo-se.

Abraçada a Madina, Milcha tremia de frio e medo.

Depois de um tempo de silêncio profundo, ouviu a respiração das renas arrastando novamente os ramos secos da entrada. Madina retirou-se e, empurrando a porta, deixou livre a entrada. As renas entraram umas após as outras e foram deitar-se tranqüilamente em seus léitos de palha. Madina cerrou novamente a porta e, escavando a lareira apagada, deixou a descoberto as brasas ardentes, arrojou novos ramos nela e uma formosa labareda iluminou outra vez a caverna. Milcha acendeu a vela gigante e correu para a alcova, onde Sophia embalava as crianças, com um cantar a meia voz, para evitar que chorassem.

— Parece-me que as renas mataram esses homens — disse cheia de terror.

— Ai, Milcha! Passamos momentos terríveis! Enquanto se ouvia esse espantoso tropel, vi uma luz formosíssima na direção do teto, donde caiu aquela pedrinha que nos assustou. Então tive a segurança de que não nos aconteceria nada, porque *alguém* velava!...

— Aquela pedrinha foi um aviso das almas errantes que nos protegem — disse Milcha, recolhendo seus tecidos e trabalhos e guardando-os numa cesta. — E essa luz seria Gaudes, não é verdade?... Mas agora temos que pensar que ainda não comemos.

Assim dizendo, a diligente e ativa Milcha começou a preparar a ceia que ficara atrasada nessa noite com o embate entre as renas e os assaltantes da caverna.

Depois da frugal refeição e de haver adormecido as crianças, as duas mulheres foram examinar de perto as renas. Tinham os chifres e as patas ensangüentadas.

— Desta vez nossas renas viram-se obrigadas a assassinar homens — observou Milcha para a princesinha aterrada, vendo o sangue.

— É que se não tivessem agido assim... Temo pensar no que esses brutos selvagens teriam feito conosco e com nossos filhos! — exclamou Sophia.

— Que será desse mapa e do tesouro que queriam arrancar de Gaudes? — perguntou Milcha, depois de haver explicado a Sophia a conversa ouvida dos aventureiros enquanto procuravam a entrada da caverna.

— Há uma antiga lenda de que em Hissarlik se acha oculto nas galerias de minas abandonadas um imenso tesouro pertencente a uma dinastia antiqüíssima de sardos que foi destronada. Eles o ocultaram na esperança de recuperar seus direitos ao domínio da região.

"Meu pai quis mandar uma expedição em busca do tesouro, sob o comando do avô materno de Johevan, e foi então que eu o conheci. Enquanto meu pai e seus marujos projetavam a expedição e examinavam cartas geográficas, Johevan e eu nos fazíamos muito amigos. Queres saber de uma travessura minha? Pois eu disse ao sacerdote mais idoso que eu sonhara ao amanhecer que a expedição perecia numa tempestade e seus barcos se afundavam antes de encontrar o famoso tesouro. A tradição e os livros sagrados do meu país dizem que o sonho de uma virgem ao amanhecer deve ser interpretado como um aviso do céu, e os sacerdotes aconselharam meu pai a desistir do projeto. O certo era que Johevan e eu nos amávamos, e como ele faria parte da expedição, eu temia por sua vida, que valia para mim muito mais que qualquer tesouro. Com tal mentirinha, inocente, prejudiquei a empresa."

— Mas por que estes bandidos procuravam Gaudes?

— Achavam que ele estava a par do segredo, quem sabe! Ou talvez houvessem suposto que guardava nesta caverna o mapa desses subterrâneos, sem o que lhes seria impossível encontrar a entrada das galerias.

— Seja como for, o certo é que nem um batalhão de homens nos defenderia melhor que as renas de Gaudes!

— Como recompensa, vamos dar-lhes uma ração de bolotas de carvalho e leguminosas.

E as duas foram colocando diante de cada um dos nobres e formosos animais uma cestinha cheia.

— Para Madina umas amêndoas descascadas — disse Sophia pondo-as na palma da sua mão, donde Madina, com grande delicadeza, as recolhia.

— Agora vamos dormir, Milcha, pois certamente no castelo encantado do sonho estarão nossos amados ausentes esperando-nos.

— Que encontraremos amanhã na porta da caverna? Tremo só em pensar nisto.

— Ah, certamente!... Já não me lembrava que estamos cercadas pelas coisas terríveis da vida. Bem, de qualquer modo, sonhemos com a beleza desse outro mundo de amor e luz, enquanto o Altíssimo nos concede a felicidade do sono sem remorsos, sem temores; e, amanhã... veremos!

As duas jovens eremitas, abandonadas pelos homens, arrojaram-se tranqüilas nos mares do intangível, para buscar no infinito seio de Deus a esperança e o amor que ninguém lhes oferecia na Terra.

Sophia e Milcha, Adamu e Évana, pombas mensageiras lançadas na vida terrestre desde a incomensurável eternidade, para preparar o ninho ao divino rouxinol do Amor Eterno!...

Procedeis bem em descansar sossegadas e tranqüilas, abandonadas na serena quietude aos arrebatamentos do sonho, quando as paixões não oferecem à mente suas penosas e turvas imagens!

Acaso não é o Amor Eterno quem vela com amorosa solicitude ao vosso redor?...

O VELEIRO

Quando Milcha despertou, Madina e as renas maiores já não estavam na caverna, cuja porta estava aberta.

Grandemente alarmada, Milcha saiu para fora e, cheia de horror, viu que as renas arrastavam para a margem do mar os corpos de quatro homens, aparentemente mortos, com as roupas rasgadas e manchadas de sangue.

Ao lado de Madina ela se sentia forte, e foi assim que, abraçando-se ao pescoço da rena, foi caminhando impulsionada pela curiosidade até chegar ao lugar onde as outras renas, agarrando as roupas com os dentes, iam arrastando lentamente os cadáveres para o mar. Um deles tinha as vísceras tiradas para fora, outros horrivelmente partida a garganta e sobre o ventre horrorosos rasgões sanguinolentos e arroxeados.

— Meu Deus!... — exclamou Milcha aterrada. — Que morte espantosa!

Ocultou seu rosto no pescoço de Madina. Como se esta compreendesse todo o terror encerrado na atitude de Milcha, tomou sua roupa com os dentes e começou a arrastá-la suavemente para a caverna.

— Que o Altíssimo se apiede de vossas almas! — murmurou ela, seguindo Madina. Entretanto, ao chegar ao sítio onde teve lugar a luta entre os homens e as renas, viu vários punhais com incrustações de prata no cabo. Encontrou duas achas duplas, espécie de arma sagrada e simbólica dos cretenses, e quatro elmos de cobre e couro, cujo principal adorno era o grande dente curvo do javali.

— São cretenses! — disse Milcha, olhando com olhos espantados para aquelas armas destinadas a matar homens. — Ah, os piratas da Cretásia, famosos em todo o mundo por suas perversidades no mar e em terra!

Imediatamente voltou-se para o mar e viu que as renas tinham terminado sua tarefa de entregar os cadáveres às ondas, brandamente agitadas pelo vento fresco do amanhecer. Então, já passado o terror que a acometera à vista dos corpos destroçados, fixou sua atenção no pequeno veleiro que estava ancorado à margem.

— Madina, Madina! Esse cisne vogando aí nos denuncia, e isto não pode ser! Que faremos, Madina? A barca que nos arrojou em tua costa e em tua casa, eu a empurrei a flutuar mar adentro, e com esta é necessário fazer o mesmo, do contrário teremos logo aqui novos visitantes.

Procurando entre a escarpada costa um lugar apropriado, desceu até a margem do mar e, tirando suas sandálias de pele de búfalo, entrou valentemente na água que subia até o joelho. Madina e as renas entraram com ela e todos juntos puxaram pela amarra com violência, de modo que o veleiro aproximou-se bastante da costa. Milcha não pôde resistir à curiosidade e de um salto sentou-se em cima de Madina para observar o interior do veleiro. Havia vários arcos com a aljava cheia de flechas e grande quantidade de achas duplas e punhais de diversas formas e tamanhos.

— Aqui se vê nitidamente a profissão à qual esses anjinhos se dedicavam! — murmurou Milcha, vendo todo aquele aparato de extermínio e morte. Alguma coisa movia-se no fundo do barco, e então ela viu o airoso topete de plumas de um grou real, observando-a com olhos assustados.

— Ah... Viajavam com sua divindade, para que lhes desse êxito na expedição!... — exclamou. — Mas tu, pobrezinha, não podias ajudar esses piratas cretenses a esquartejarem duas pobres mulheres e duas crianças. Se me ajudares, Madina, de um salto estarei dentro e salvo o grou, que é inocente dos crimes de seus devotos e não deve morrer abandonado. — Assim falou e assim procedeu.

O grou estava guardado numa espécie de gaiola feita de varinhas de cobre, com ornamentação de flores de prata.

Milcha viu no veleiro várias caixas de couro, espécie de arcas antigas, cobertas inteiramente por um forte tecido de fibra vegetal de vistosas cores que chamou grandemente a sua atenção.

— É uma pena que tudo isto se perca!... Estaria tão bem para confortar a nossa desnuda caverna, para que a minha pobre princesinha sofra menos pelo frio e pelo desamparo!

Olhou para todos os lados e não viu senão a azulada superfície do mar começando a refletir a cor rosada do amanhecer. O Sol ainda não aparecia, oculto por trás da cadeia de montanhas que interceptava o horizonte na pradaria distante.

— Gaudes, mago atlante, que tanto nos tem protegido, ajuda-me novamente, eu te rogo, para que eu possa oferecer a Sophia e às crianças algum bem-estar e comodidade!

Como se Gaudes a houvesse escutado, Madina aproximou-se do veleiro e atrás dela as outras renas. Milcha recordou o transporte da colheita para a caverna, e pensou então que elas poderiam fazer o mesmo. Fez um fardo daquele tecido de fibra vegetal de vistosas cores que tanto lhe agradava e o colocou sobre o lombo de

Madina, a qual seguiu até a margem e o largou. Não precisava de mais nada. As demais renas imitariam o que ela havia feito.

Então, com grandes esforços, Milcha colocou cada uma daquelas caixas de couro em cima das renas, prendendo-as por uma das asas nos chifres, e umas depois das outras elas foram deixando o seu carregamento junto à porta da caverna. Finalmente chegou a vez da caixa-gaiola que guardava o grou, e esta foi habilmente pendurada nos chifres da rena maior que, com passo de cerimonial sagrado, levou-a até onde estavam os demais volumes.

Antes de descer, Milcha cortou com a acha as cordas que sustentavam as velas e fê-las cair sobre as rochas da margem. Depois foi jogando em cima todas aquelas armas, paus e enxadões semelhantes aos usados para arrancar pedras ou revolver a terra.

— Tudo isto nos será necessário para a semeadura, quando chegar o tempo; não é verdade, Madina?

Quando o veleiro ficou vazio, Milcha atraiu Madina o quanto pôde e, montada sobre ela, pôs-se na margem sem molhar os pés.

Já em terra firme, desatou a amarra e, ajudada pelas renas, empurrou o veleiro mar adentro.

— Que bom vento te leve para longe — disse — para que tua presença não denuncie o nosso refúgio.

As rajadas de ar frio das cordilheiras do Tauro impulsionaram o barco abandonado para o sul. Milcha ficou observando-o enquanto murmurava em voz baixa:

— Em que margem te deterás?

Se aquele barco já desnudo do seu velame e do carregamento fosse capaz de falar, teria respondido: "Daqui a seis dias, se me for favorável a corrente, estarei nas desembocaduras do Nilo, talvez perto dos muros da Casa de Numu, que guarda aquele que amas."

Mas o veleiro era surdo e mudo, e em silêncio perdeu-se ao longe entre as brumas rosadas do amanhecer.

Difícil é descrever a surpresa de Sophia ao despertar e ver diante de si a dourada urna do grou, o fardo de esteiras de vistosas cores, a mesa cheia de achas duplas, formosas adagas, arcos e flechas, uma pilha de caixas de couro, e toda aquela barafunda de coisas que jamais tinha visto na caverna. Para completar, chegou Milcha nesse instante com um formoso jarro de prata cheio do leite espumante de Madina.

Milcha, que não cabia em si de felicidade, aproximou-se com todo o ar de uma donzela de honra servindo à sua soberana, e oferecendo a Sophia o jarro de leite, disse, inclinando-se:

— Alteza! Novamente estais em vosso palácio! — E riu com desusada alegria.

— Na verdade, Milcha, eu te digo que estamos vivendo aqui de magia. Que significa tudo isto?

— Pois não. Aqueles anjinhos vinham matar Gaudes. Eram em número de quatro, e as renas os despacharam para o outro mundo. Como morreram sem herdeiros, nós ocupamos esse lugar. Afinal de contas, é justo, somos tão pobres!

— Sim, tens razão. Mas como fizeste para trazer tudo isto aqui?

85

— Esqueceis, Alteza, os fiéis empregados que tendes ao vosso serviço? — E apontou para as renas que ainda não se haviam afastado.

— És incomparável, Milcha! E por que não me chamaste para te ajudar?

— É que, se viesses, desapareceria toda a minha importância de chefe suprema deste grupo de criados. Apresento-vos o grou real, símbolo do vosso poder humano e divino. Sois rainha e sacerdotisa.

— Sim? Em boa hora — respondeu Sophia. — E a embarcação?

— Já voga de vento em popa para o sul, e quanto mais longe melhor, porque assim ninguém descobrirá o nosso esconderijo.

— E essas caixas, pode-se saber o que contêm?

— Isso será sem dúvida uma grande surpresa para vós e para mim, porque ainda não foram abertas. Mas, com a ajuda desta adaga, logo cortarei as correias.

Assim o fez. Uma caixa continha formosos tapetes de lã com estranhos desenhos, semelhantes aos que eram usados para cobrir as paredes de suntuosas habitações, e todos representando divindades e símbolos sagrados.

Outra caixa continha vestimentas de púrpura, com estampados de ouro e peles de grande valor.

— Vestimentas sacerdotais! — exclamaram as duas mulheres ao mesmo tempo.

Outra caixa guardava mantos brancos de linho finíssimo, e outra grandes rolos de papiro encerrados em tubos de cobre e prata; os vasos de alabastro e ouro das libações sacerdotais, os turíbulos de queimar perfumes, os recipientes de prata das oferendas e umas tantas cartas geográficas encerradas também em tubos de metal.

— Não há dúvida — disse Sophia, examinando um por um todos aqueles objetos. — Isto é o fruto de um assalto a algum santuário ou templo de quem sabe que cidade perto daqui!

— Estes papiros dirão alguma coisa — observou Milcha.

— Assim seria, entretanto para nós é como se não dissessem, porque eu não entendo nenhuma destas figuras. Como cada rolo contém apenas poucas linhas e o resto está em branco, escreverei no meu idioma todas as nossas vicissitudes, conforme Johevan me pede nos sonhos.

— Não escrevereis também as mensagens de Gaudes?

— Claro que sim, e tudo quanto te ocorreu na visita misteriosa de Aldis. Mas que faremos com estas dádivas de Deus?

— Aproveitá-las-emos do melhor modo possível. O Altíssimo lembrou-se de que vem chegando o inverno, e que teríamos frio, muito frio! Acaso não estaremos bem com estes mantos de púrpura acolchoados de lã branca? Estes tapetes não esquentarão as geladas pedras da caverna onde vivemos?

— Mas essas achas e essas adagas, Milcha, causam-me mal-estar!... Quantos seres terão perdido a vida golpeados por esses instrumentos de morte!

— Nisso estou de acordo. Eu ocultarei todas na cavidade mais profunda da caverna, para o caso de necessitarmos alguma vez nos defender.

Pouco depois a caverna parecia transformada numa tenda de campanha de algum chefe militar em viagem de expedição ou de caça, pois viam-se pendurados nas paredes os arcos e as flechas nas aljavas.

— Meu Adamu aprenderá a disparar as flechas para defender-se das feras quando for homenzinho — disse Milcha, acariciando seu filho que acabava de despertar.

— E este formoso grou, será nosso prisioneiro?

— Se quiserdes, podemos soltá-lo! — Milcha experimentou abrir a portinha da gaiola. A ave, adorada por alguns povos como uma divindade, não se sentiu rebaixada de sua realeza divina na pobre caverna de Gaudes, e com passos lentos aproximou-se para comer pedaços de frutas, migalhas de pão e grãos que havia junto ao lugar das renas.

— Os grous em nosso país servem de sentinela — observou Milcha — e avisam quando alguém se aproxima.

— Então que a divina avezinha se acrescente ao número dos nossos empregados. Talvez não esteja de acordo em descer de deusa ao posto de sentinela em nosso palácio!

— Pior estaria com os piratas que, se a recolheram, foi apenas pelo que vale a gaiola que a guardava.

Deixemos a caverna transformada em tenda de campanha e inundada com a irradiação suavíssima do amor dos encarnados e dos invisíveis, com o perfume de paz e bem-estar de resignação serena e grande daquelas duas mulheres abandonadas à Providência de Deus.

A TRANSMIGRAÇÃO DE BOHINDRA

Voltemos ao país de Ahuar (nome dado então ao Delta do Nilo), ao qual pertencia Negadá, a cidade dos kobdas, como era chamada, porque era formada quase exclusivamente por pastores e lavradores pertencentes ao grande santuário. O chalit Armhesu sentia-se próximo à morte, e com ele a dinastia nobre e boa dos *Reis-Pastores*, assim chamada em conta de sua esmerada dedicação ao pastoreio do gado, para o qual cultivavam grandes extensões de campos, e também por sua forma de governo, singela, simplíssima em todas as suas manifestações; algo semelhante a uma autoridade paterna sobre uma numerosa prole, que até a quarta ou quinta geração se considerava obrigada a uma obediência submissa, porém sem violências.

Seu Audumbla lhe dissera: "Só há um homem no teu país capaz de manter unidas as distintas raças, tendências e aspirações entre os milhares de seres que formam os teus domínios, e esse homem é um kobda que domina o segredo das plantas, das enfermidades e de toda espécie de harmonia. Manda buscá-lo agora mesmo, porque antes de quarenta auroras *viajarás na meia-lua.*"

Viajar na meia-lua significava a viagem para a eternidade que, segundo o rito deles, era feita numa barquinha luminosa, com a forma do astro noturno em fase crescente.

Quando ele se dispunha a escolher homens de confiança para ir na qualidade de embaixadores ao Grande Santuário Kopto, ao qual seu país dedicava tanta veneração, na Morada da Sombra apareceu Numu em radiante visão aos quarenta kobdas de plantão, entre os quais se achava Bohindra; e todos compreenderam quando disse:

— Aquele de vós que com a poderosa irradiação da harmonia desperta a energia vital de todo o ser vivente e aniquila o ódio e a maldade há de responder nesta hora ao chamado do Altíssimo Senhor de todos os mundos.

— Bohindra! — murmuraram os 39 kobdas a meia voz, pondo-se de pé em atitude de respeitosa atenção para com o Verbo de Deus que lhes falava com essa voz sem ruído, plena de luz e suavidade, conhecida de todos aqueles que chegaram a penetrar no secreto santuário da manifestações divinas.

Mudo pela emoção extática que se apodera das almas em tão sublimes momentos, Bohindra inclinou-se profundamente como se lhe faltasse o valor para observar com seus olhos de carne a deslumbrante personalidade intangível e etérea que flutuava, com resplendor de milhares de sóis, na penumbra violeta daquele sagrado recinto.

— Não vaciles nem temas, Bohindra — continuou a voz de melodia celeste —, porque chegou a hora de te entregares novamente ao cativeiro de outra vida terrestre. A Lei Eterna preparou tua nova vestimenta carnal, e que este teu grande holocausto seja semente fecunda para a humanidade que vem.

A luminosa visão diluiu-se na penumbra violeta do santuário, que parecia como que saturado de um suave vapor de lágrimas silenciosas e suaves, lágrimas que rolavam pelas faces dos kobdas extáticos ante a Suprema Bondade Divina, que enviava a Voz de seu Verbo como um resplendor de seu Eterno Amor para com os homens.

Todos compreenderam que era chegado o momento da imolação de Bohindra, o músico e poeta, e que se iria efetuar a transmigração anunciada.

Um momento depois ele se levantou forte, sereno, e aproximando-se de cada um dos seus companheiros apresentou-lhes sua testa, que eles beijaram com profunda emoção; e com passo lento e pausado saiu do recinto. O mais velho dos que ficavam deu os toques de atenção para todo o santuário, e viu-se que de todos os compartimentos do edifício saíam kobdas dirigindo-se à Morada da Sombra. O Pharaome disse a todos antes de entrarem no recinto:

— Que a força poderosa do nosso pensamento de amor seja instrumento da Lei Eterna para que ela se cumpra em nosso irmão escolhido para o holocausto. — Todos de pé em seus respectivos lugares ofereceram a Bohindra a formidável força que lhes era pedida.

Enquanto isto ocorria no recinto sagrado, Johevan havia-se despedido de Aldis no terraço de seus aposentos, porque um imenso cansaço paralisava seus movimentos e um torpor fatigoso obrigava-o a procurar apoio para sua cabeça.

— Parece que viajei tanto em meu sonho desta noite — disse a seu amigo — que necessito de um longo repouso.

— Tuas mãos ardem — observou Aldis, quando apertou as mãos de Johevan, que se despedia com mil desculpas por deixá-lo só sem terminar o serão. — Estás febril — continuou. — Enquanto deitas em teu leito, eu avisarei Zhain, porque Bohindra nos disse que estaria de plantão nesta hora.

— Até logo — articulou debilmente Johevan, que se sentia desfalecer. E se recostou entre as peles de seu banco de pedra.

Aldis subiu para os aposentos dos kobdas mais idosos e não encontrou Zhain. Quando se dispunha a descer novamente ouviu os toques de chamada, e então descobriu aquele que procurava.

— Johevan está enfermo — disse-lhe. O Pharaome, que chegava nesse instante, compreendeu o que ocorria e o aconselhou a permanecer tranqüilo e silencioso em seu aposento, sem molestar seu amigo até que fosse avisado.

— Não temas — disse. — Esta crise tinha de vir, mas passada ela, todos bendiremos a Deus. Vai tranqüilo, meu filho!

Enquanto os kobdas entravam no recinto, Aldis voltou para o seu aposento. Da porta olhou para Johevan que dormia profundamente.

Bohindra, por sua vez, estava sentado sobre um banco com sua lira, perto da fonte no jardim de inverno onde tantas vezes havia cantado a Beleza e o Amor.

— Canta, minha lira, canta a Bohindra, novamente encadeado na vida terrestre por mais outro meio século!

A lira do kobda-poeta, como um suspiro na noite, parecia gemer entre as ondulantes folhas dos lótus que acariciavam sua branca cabeleira:

> *"Vida humana que escravizas!...*
> *Vida humana...*
> *És Sol da manhã*
> *Ou poeirentas cinzas*
> *Arrastadas pelo sopro do vento?*
> *És dor de um momento*
> *Ou lenta e longa agonia?*
>
> *Vida minha,*
> *que te diluis*
> *como a esteira de espuma*
> *deixada pelo barco nas ondas!...*
> *Bendita sejas se semeaste*
> *As flores da ternura,*
> *e amargura*
> *colheste!!...*
>
> *Vida minha que novamente*
> *Começas como uma renovação*
> *Brotando no mesmo ramo!...*
> *Viva chama*

De imenso amor eu quisera
Que tu fosses,
vida minha!

Vida minha que novamente
Abres ao Sol tua corola,
Sobre a agitada onda
Que te envolve em suas espumas!...

Vida minha que te diluis,
Como o beijo
que deixa em sua bem amada
o amante que se afasta
preso entre as madeixas
de seu rosto!

Vida minha,
A que acaba e a que começa!
Fortaleza,
que cativas e encadeias
O rouxinol que canta e chora!...
Alma de meu ser!
Já é a hora
De começar teu novo dia!...

Bohindra deixou cair sobre os joelhos a lira a vibrar de amor entre suas mãos, e exalando um profundo suspiro deixou-se adormecer pelo rumor da fonte, cujas águas caíam melodiosas sobre a folhagem que cobria as bordas.

Seu espírito, habituado a se desprender da matéria para submergir-se na luz radiante do infinito, abandonou-se tranqüilo no seio da Divindade, e o Eterno Amor o levou como uma centelha de sua própria Luz para o corpo de seu filho, submergido já em profunda letargia.

Os vigias invisíveis das vidas humanas que começam e das vidas humanas que acabam submergiram Bohindra na bruma de uma suave inconsciência, da qual despertou somente três dias depois.

O espírito de Johevan cortou a cadeia fluídica que o unia a essa matéria jovem e vigorosa, já possuída pela alma daquele que foi seu pai, e levantando-se feliz de se ver livre, como uma ave que sacode suas asas para empreender o vôo, disse a si mesmo:

— Arrancado violentamente deste último amor humano, bebi algo, ó Íris ingrata, vaidosa e infiel, da amarga taça que por ti bebeu Antúlio, o Justo, o Santo, o Divino Profeta!... Ele que te disse um dia: "Eu te perdôo!", ainda antes que houvesses clamado por perdão, perdão!!...

Observando com piedade o corpo que deixava, estendeu seu vôo para o país de

Ethea, onde o aguardava sua alma gêmea, a terna e meiga Sophia, que o amava mais que a todas as coisas da Terra!

JOHEVAN LIVRE

Uma hora mais ou menos durou a concentração de pensamentos conjuntos realizada pelos kobdas para ajudar a transmigração daquele espírito que aceitara o sacrifício de uma nova existência terrestre sem passar pelo descanso que medeia entre a desencarnação e um novo nascimento.

Então saiu o Pharaome seguido dos nove kobdas do Alto Conselho e se dirigiu para o aposento de Johevan, a quem observaram cuidadosamente. Sua letargia era profunda.

Aldis acudiu para saber o que ocorria com a saúde do amigo, o qual julgava devorado pela febre, se bem que tinha compreendido algo da transformação anteriormente anunciada.

O Pharaome tomou-lhe a pulsação, escutou as batidas de seu coração e ato contínuo, trazendo uma padiola, fê-lo transladar para rotunda na qual ainda jazia sobre o banco o corpo abandonado por Bohindra. Ainda estava morno, mas a circulação do sangue se havia paralisado e o frio começava a se tornar intenso nas extremidades, já rígidas. Não havia lugar para dúvidas: a transmigração estava realizada, e esperava-se que com bom êxito.

Quatro kobdas retiraram o corpo morto para colocar no mesmo lugar o corpo adormecido do Bohindra jovem, vigoroso e belo. Desnecessário dizer que tudo foi realizado no maior silêncio e com as mais extremadas precauções.

Os demais kobdas começaram a chegar e, um a um, começando pelo Pharaome, foram se aproximando para beijar suave e delicadamente a testa pálida do jovem adormecido.

Tanto amor, tanta ternura irradiou cada qual naquele beijo intenso e puro, que logo se formou como uma névoa luminosa em torno do adormecido.

Depois de todos os kobdas, aproximou-se por sua vez Aldis, que, já convencido do que havia se realizado, não podia conter as lágrimas. Elas caíram em silêncio sobre aquele rosto formoso que pouco antes havia sido animado pela alma de seu companheiro. Quando voltava para o seu lugar na rotunda, para esconder seu desconsolo na penumbra do mais afastado canto entre um pequeno bosque de begônias, viu diante de si Johevan radiante e feliz, estendendo-lhe os braços.

— Por que choras? Acaso causa-te pesar a minha liberdade?

Aldis abraçou-se com aquela branca sombra querida, e murmurou em meia voz soluçante:

— Deixaste-me tão só!...

— Não estou aqui novamente? Vi Sophia, Milcha e nossos filhos, mas não pude fazer-me presente para elas, porque senti que aqui me chamavam e acudi pensando ser necessário a minha presença para ajudar Bohindra a tomar posse da casa que lhe obsequiei.

— Mas então isto é verdade?

— Bem o vês. Ama-o muito, Aldis, por ti e por mim. Somente daqui se pode apreciar a coragem que necessita ter um espírito como ele, para aceitar a continuação da vida terrestre por tanto tempo quanto aquele que já viveu. Agora precisam de mim ali — disse, indicando o lugar onde dormia Bohindra. — Logo voltarei. — A sombra branca e flutuante deslizou até o banco onde jazia o adormecido rodeado pelos kobdas, que pareciam observar todos os seus movimentos.

Aplicavam-lhe compressas de água da fonte sobre a cabeça, e um kobda mantinha impostas constantemente suas mãos, uma na parte superior da cabeça e a outra no epigastro ou plexo solar.

A branca sombra flutuante de Johevan começou a adensar-se cada vez mais, até tornar-se visível e palpável para todos, à medida que a névoa luminosa se estendia diáfana e radiante por todo aquele recinto saturado de tão intensas vibrações de amor.

Aproximou-se do adormecido, ajoelhou-se diante dele e o acariciou ternamente. Um sorriso quase imperceptível esboçou-se no rosto adormecido e a mão direita intentou levantar-se, como para acariciar aquela cabeça inclinada diante dele. Os kobdas observavam atentamente e se entreolhavam satisfeitos.

— Já começa a lucidez — disse o Pharaome — mas ainda não domina bem a matéria. Ficarei com dez dentre vós por uma hora. Logo virão outros para substituir-nos, porque não convém que nos fatiguemos todos ao mesmo tempo.

Aldis quis ficar, mas um kobda de idade madura lhe disse:

— Não, meu filho, és muito novo nesta classe de atividades e ainda não tens ordenado o teu pensamento. Talvez sem querer, poderias causar dano. — E, tomando-o suavemente por um braço, foi levando-o para a escadaria, por onde podiam descer para aquela ponte de pedra que parecia como um imenso monstro marinho estendido sobre o canal a rodear em semicírculo a enorme e sólida construção. E continuou:

— A insistência do teu pensamento ainda sem cultivo poderia entorpecer a ação dos operadores invisíveis nesse corpo em letargia. Tanto mais ajuda prestarás quanto mais te afastares agora daquele lugar.

"As emanações do campo, da pradaria silenciosa e das águas musicais regularizarão teu sistema nervoso, talvez posto em demasiada tensão."

— Assim é verdadeiramente — respondeu Aldis, que começou a sentir a suave influência da piedade e ternura emanada pelo bondoso kobda que o acompanhava.

— Contudo, acredita-me — continuou —, estou assombrado aqui de muitas coisas, mas principalmente de uma, e é do amor que demonstrais uns aos outros e do amor que prodigais a todo aquele que chega.

— Justamente, essa é a base fundamental da nossa instituição — respondeu o kobda cujo nome era Tubal. — E não julgues que é coisa fácil manter sempre viva essa chama azul-rosada, que tão suavemente nos ilumina. Não deves esquecer que somos humanos e que é necessário um esforço contínuo e o completo esquecimento de si mesmo para não romper a cadeia de amor que é a base e o fundamento de todo o edifício espiritual que se levantou através dos séculos.

— Mas em verdade sentis esse amor que demonstrais? E perdoa a minha indiscrição em fazer estas perguntas nascidas do assombro que me causa o vosso modo de viver.

— Essas mesmas perguntas eu fiz há vinte e oito anos, quando cheguei a esta casa e, como tu, senti-me envolvido nesta suave onda de amor. O amor aparente ou fictício nunca, em hipótese alguma, se faz *sentir* nos demais, e é incapaz de criar tudo quanto aqui encontraste e viste. Aqui não podemos enganar-nos com afetos que não são verdadeiros. Se aqui não exigíssemos tanto nesse sentido, não nos contaríamos por centenas, mas por milhares.

"O amor verdadeiro e real de uns para com os outros põe em harmonia nossa atmosfera terrestre com o ambiente sutil e suavíssimo dos elevados planos espirituais, onde vivem continuamente os espíritos de grande evolução que cooperam com Numu no adiantamento da humanidade. É graças a isso que facilitamos as manifestações extraterrestres que viste.

"É por isso que das centenas que chegam a cada ano, muito poucos chegam às vinte Luas de prova; e ainda destes, alguns saem depois, e sempre porque deixaram morrer dentro de si o pássaro azul do amor que precisa de água clara para viver."

— Então, entre vós não há ódios, nem antipatias naturais, nem altercações que distanciam ordinariamente os seres, nem opiniões diversas, nem distintos modos de ver... enfim, como é lógico e natural que ocorra entre seres que raciocinam e pensam — observou Aldis, que, na verdade, queria compreender a extraordinária vida daqueles homens.

— Aquele que não é capaz de dominar todas essas mesquinharias que mencionaste não pode permanecer nesta casa. Aqui cuidamos pouco das fórmulas mecânicas e sistemáticas, entretanto muito do interior. Principalmente, e acima de tudo, cultivamos o esquecimento de nós mesmos, de tal forma que cada um pensa no que agrada aos demais, antes que em seu próprio contentamento e agrado.

"Se uma necessidade imperiosa o obriga a contrariar o outro, o amor ajuda-o a realizá-lo de tal forma que não cause dor nem pesar algum, porque encheu de amor todo aquele lugar que houvera ocupado o desagrado e o descontentamento.

"A Casa de Numu conseguiu ter dentro dos seus muros um esboço do que será a humanidade no futuro: uma eflorescência do amor e da paz. Para isto deve tender todo o esforço dos kobdas da toga azulada."

— Quando algum dentre vós, num mau momento, que como homem pode ter, ofende ou desgosta a outros, esse fato não produz o natural distanciamento entre os litigantes?

— Precisamente por isso e para isso se prova, se educa e se aquilata a força espiritual de cada um, e nossas leis cuidaram bem de que todos tenham em seu

93

recinto particular ampla liberdade de agir como lhes agradar, para que a tensão do espírito não seja contínua e permanente.

"Além do mais, os elevados gostos e inclinações na ordem intelectual e artística gozam de plena liberdade aqui; da mesma forma como nos trabalhos científicos ou manuais.

"Temos entre nós homens aficcionados à agricultura, e são eles os que cultivam toda esta pradaria que vês e que alimenta os moradores do santuário e todos os que povoam estes campos.

"Para aquele que gosta dos animais e se diverte em cuidar deles e atender às suas necessidades, temos nosso parquinho zoológico que já visitaste, e que satisfaz aos kobdas que sentem essa necessidade.

"Há oficinas para trabalhos manuais, e sabes perfeitamente que as pinturas, as esculturas e as obras de metalurgia são levadas a cabo pelos kobdas que têm gosto por elas.

"Nas necessidades físicas, como alimentação, vestuário, forma íntima de viver, há, como vês, ampla liberdade. As túnicas exteriores devem ser iguais em cor, mas não necessariamente em qualidade, pela simples razão de que há quem sente mais frio e precisa de um tecido mais consistente, e quem sente mais calor e a deseja mais leve.

"No que diz respeito aos alimentos, cada qual os toma na medida de sua necessidade e em seu próprio aposento, da mesma forma como foi feito convosco, com exceção dos dias extraordinários, nos quais em virtude da celebração de alguma data de grande significação nos reunimos para juntos comer no pátio das palmeiras, que é onde celebramos os grandes acontecimentos."

— Não vos incomoda às vezes ter de obedecer a um homem, o Pharaome, que não é vosso pai nem vosso rei? — perguntou Aldis novamente.

— Absolutamente não. Em primeiro lugar, o Pharaome é escolhido por nós mesmos, como também os dez do Alto Conselho, cuja missão é cumprir e fazer cumprir a lei e cuidar com solicitude do bem-estar de todos os moradores da Casa de Numu.

"Se um dentre nós cai numa falta que desagrada aos demais e prejudica a ordem da Casa, é colocado em seu próprio aposento e recebe uma advertência breve e cheia de bondade. Se não é obedecida, depois de duas vezes ele é convidado a se retirar da Casa, sendo-lhe devolvido o que houver contribuído ao entrar; e, se nada tem, dão-se-lhe os meios necessários para desenvolver a sua vida fora daqui.

"Além do mais, nosso Pharaome não tem necessidade de nos dar ordens, porque nosso caminho está demarcado desde há séculos, e aquele que cumpre com a lei pode estar certo de que ninguém lhe dará ordens novas.

"Ocupado cada qual no que escolheu para seu próprio trabalho e recreio, acredita-me, não temos tempo para pensar em pequenas suscetibilidades. Como todos temos a segurança de que nenhuma cadeia perpétua nos ata, estamos aqui plenamente convictos de que isto é o melhor que podemos fazer, na situação de cada qual. Se as rebeldias nascem no ser humano das injustiças ou dos despropósitos aos quais se lhe quer submeter, aqui isto não tem lugar, porque durante vinte Luas estudamos a lei da Casa de Numu, ao pé da qual está escrito, como sabes perfeitamente: '*Se não te sentes capaz de amoldar tua vida a esta lei, sê sincero contigo mesmo e com os demais e afasta-te para que não sejas um perturbador da Paz e do Amor.*' "

— Mas as invejas, os egoísmos, as ambições, tão próprias dos homens, como é que aqui não produzem nem causam antagonismos entre uns e outros? Os que possuem maiores méritos e qualidades não causam humilhação e dor aos que carecem delas? — voltou Aldis a perguntar ao complacente kobda que o acompanhava naquele passeio ao entardecer pela pradaria perfumada de frutos maduros e espigas em maturação.

— Existe uma onda tão formidável de amor na Casa de Numu que esses sentimentos se desvanecem sem se exteriorizar. Além do mais, todos sabem, pelo conhecimento das nossas existências anteriores, que o bem que hoje temos, outros o tiveram ontem e o terão amanhã, e neste caso não cabe a vaidade nuns nem a humilhação nos outros. Cada um sabe que a vida atual não é senão uma forma passageira de manifestação adotada por nosso verdadeiro Eu para dar um passo no longo caminho.

"Se tu, por exemplo, caminhas com uma luz maior e mais viva que a minha, por que terei eu que aborrecer-me se a tua luz não escurece a minha, mas, muito pelo contrário, ilumina melhor o meu próprio caminho? Se cuidas de um jardim e eu cuido de outro, por que devo padecer se tuas flores e frutos são melhores que os meus? O que cabe é perguntar a mim mesmo se eu dedico ao meu jardim todo o esforço e o sacrifício que fazes pelo teu.

"Se tu, por exemplo, te vês rodeado do afeto e da consideração da qual eu careço, que cabe pensar ou cismar em tal caso?

"É que fazes maiores esforços que eu para merecer todo esse afeto e toda essa consideração, pois tratando-se de afetos que não são de ordem passional, estão sempre baseados no mérito pessoal que cada qual conquista com as suas virtudes e os seus esforços.

"Se eu não acendo a minha lâmpada, tenho direito de queixar-me de estar às escuras?

"Se sou egoísta e somente busco a mim mesmo em todas as coisas, tenho direito de esperar o amor dos demais?

"Se jamais me preocupo em agradar aos demais, tenho o direito de esperar que os demais se agradem de mim?"

— Tudo isso está muito bem, e tens toda a razão, mas os humanos, de ordinário, não raciocinam assim — observou Aldis.

— Ah, meu filho!... Aquele que não aprende a raciocinar desta maneira não está apto para a Casa de Numu, em cuja entrada está escrito:

> " '*Se em ti não floresceu o amor nem há campo para semeá-lo, não entres aqui porque causarás a morte...*'

"Como o egoísmo é o grande destruidor do amor, por isso está escrito em nossa lei:

" 'A felicidade que se encerra no amor, só a sentirás
quando tiveres matado o egoísmo...'

"O amor impõe muitos sacrifícios ocultos, ignorados e silenciosos, e aquele que não é capaz de fazê-lo não deve julgar-se no direito de senti-lo e de recebê-lo. Não pensas assim?"

— Assim é, e estou pensando que se fosse possível fazer com que todos os homens raciocinassem dessa maneira a humanidade estaria inundada de paz e tranqüilidade.

— Daqui a dez ou doze milênios, a maioria da humanidade raciocinará desta forma, segundo as profecias que aqui são recebidas. Por enquanto somos um a cada mil ou talvez menos ainda, os que chegam a compreender que o Amor é o que existe de maior em todos os mundos, e que todo o bem nos vem pelo Amor e todo o mal nos vem pela falta de Amor.

"Aproxima-se a hora de tomares o alimento e o nosso irmão Zhain com toda a certeza já terá pensado em ti."

Ambos voltaram pelo mesmo caminho que haviam percorrido até chegar ao santuário e o ancião Tubal acompanhou Aldis até o terraço de seu aposento. Saiu para recebê-los um jovem kobda de meigo e agradável aspecto, que tomou Aldis pela mão ao mesmo tempo que lhe dizia:

— Sou vosso vizinho de aposento, se não vos desagrada a minha companhia.

Aldis exalou um profundo suspiro, pensando naquele a quem o jovem kobda vinha substituir, e respondeu:

— Eu vos agradeço de coração por me haverdes evitado a dor de ver este aposento vazio.

— Se fizerdes florescer entre vós o amor, todos os vazios se preencherão — disse Tubal, retirando-se.

ABÉLIO DE CRETÁSIA

Abélio, como se chamava o jovem kobda, entrou com Aldis em seu aposento e, como se fosse um antigo amigo seu, começou a preparar a mesa para comer. Em vez de uma cesta havia duas, e disse:

— Para iniciar nossa amizade, convidei-me a comer convosco, se não vos desagrada.

— Perfeitamente! Não podíeis ter feito um melhor convite.

Abélio era quem servia, como se quisesse amenizar, de todos os modos, a amargura que adivinhava em Aldis pela ausência de seu amigo. Iniciou-se a conversa.

— Faz muito tempo que habitais nesta Casa?

— Somente três anos.

— Pareceis muito jovem para ter já o elevado conceito de todas as coisas que é próprio deste lugar.

— Já completei meus vinte e seis anos, mas quando cheguei aqui havia saboreado a dor sob todas as formas; e assim como o Amor que aqui se pratica é a fonte de paz e da felicidade, a dor é o melhor e o mais sábio de todos os mestres.

— Vós vos sentis feliz assim, afastado de tudo quanto amastes na vossa primeira juventude?

— A vida foi tão cruel comigo que eu não trouxe para esta Casa a não ser recordações amargas e terríveis...

"Nasci numa caverna de pirata em Cretásia, para onde foi conduzida pela força minha pobre mãe, que me levava em seu seio. Meu pai tinha sido assassinado por eles e minha mãe morreu depois na viagem que fizemos em um barco mercante, em cujos porões entramos secretamente fugindo dos piratas. Um lavrador que cultivava os campos concedidos em arrendamento pelos kobdas tomou-me como lavrador-aprendiz até que, conhecendo os kobdas encarregados dos cultivos, pedi para me receberem aqui, e aqui estou."

— Não tivestes nunca um amor?

O jovem kobda comoveu-se vivamente.

— Perdoai — disse Aldis — se sou indiscreto. Não devo servir para kobda.

— Quando acabamos de chegar somos todos indiscretos, mas tenho muito prazer em responder às vossas amáveis indiscrições — disse Abélio sorrindo. — E de minha parte pergunto, quem já não amou alguma vez com esse amor passional profundo que é o mais intenso de todos os amores humanos?

"Tive, pois, um amor que pode ser narrado em bem poucas palavras. Amei profunda e constantemente durante quatro anos uma mulher estrangeira trazida para Galaad como prisioneira de guerra, e quando havia feito os maiores sacrifícios para tirá-la do seu triste estado e ela se viu livre e cortejada por causa da sua beleza, declarou-me não desejar escravizar-se ao amor de um homem sem fortuna e sem glória. Em minha presença, travou amizades ofensivas à minha dignidade e à sua honra.

"Foi uma dor aguda, mas uma dor que me ajudou a renunciar aos amores humanos, no que eles têm de absorventes e dominadores das faculdades da alma. Sem essa grande dor eu não estaria aqui, e nesta época de tanta perversão humana, de tão espantosas desavenças espirituais e morais, quem sabe que rumos haveria eu tomado se não fosse Bohindra, que, com suas canções e as harmonias da sua lira, me salvou do desequilíbrio mental que se apoderara de mim."

— E agora, vos sentis feliz? — perguntou Aldis novamente.

— Completamente, mas mudei meus conceitos da vida e dos acontecimentos da existência, à qual observo na atualidade sob outro ponto de vista. Agora estou convencido de que, por dolorosos que sejam esses acontecimentos, não têm eles outra finalidade a não ser, em primeiro lugar, o cumprimento de uma grande lei de justiça;

e depois, de uma lei de eterna evolução. Se, já bem mais avançados, aceitamos missões de progresso para os demais, então nos saem em perseguição *os irmãos das trevas*, ou seja, os espíritos do mal encarnados ou desencarnados em defesa do que julgam ser os seus direitos e os seus domínios. Perdoai, mas estou indo além do que me diz respeito, pois ainda não estou em condições de ensinar a ninguém.

— Outra pergunta, e me darei por satisfeito. Que faríeis em meu lugar, se vos ocorresse o que tem acontecido a mim, tal e qual é a minha situação? Vós a conheceis?

— Um pouco, através das manifestações obtidas para vós na Morada da Sombra.

— Que faríeis vós em tal caso?

— Isso... é algo mais difícil de responder do que realmente parece, porque eu teria de estar dentro de vós mesmo. Eu não sei se podeis aquietar vosso espírito longe da vossa esposa e do vosso filhinho. Eu não sei se vos sentis capaz de aceitar esta vida, que só vos oferece intensas satisfações espirituais. Eu não sei se vos acostumaríeis a uma vida obscura e sem glória. Além do mais, sabeis exatamente onde se acha a vossa companheira?

— Não, mas Johevan que agora está livre me diria.

— Se na Lei está que ela deva desencarnar longe de vós, Johevan não vos poderá revelar o que desejais.

— Então, será necessário que perca também a fé na amizade leal e verdadeira que Johevan me dedicou até ontem?... — perguntou Aldis deixando transparecer sua amarga decepção, não obstante sua habitual serenidade.

— Não penseis assim, por favor, do vosso nobre amigo, que, como seu estado livre o coloca em condições de ver mais claramente a rota que juntos talvez escolhestes, pelo amor sincero e grande que vos dedica, ajudará a que se cumpra em vós essa rota e esse caminho.

— Quando ele estava ao meu lado, era eu quem acalmava as suas ansiedades e preocupações. Agora que não o tenho comigo, dir-se-ia que as suas torturas passaram todas juntas para o meu coração.

— Se não incomodo... — disse Zhain da porta.

— Entrai — responderam os dois jovens.

— Acabo de receber isto, destinado a ti — disse a Aldis, entregando-lhe uma pequena placa de cera na qual se achavam escritas estas palavras: "Acalma-te, que Milcha e Adamu virão visitar-te nesta noite. Não percas a fé na amizade de Johevan."

Era o que faltava para que o coração de Aldis se transbordasse como um vaso que está demasiado cheio, e dobrando sua cabeça sobre a mesa começou ele a chorar em grandes soluços.

Zhain fez sinal a Abélio, o qual saiu, voltando um momento depois com o Pharaome e dois monges anciãos.

Todos ficaram quietos de pé em torno de Aldis, que continuava soluçando com a cabeça oculta entre seus braços apoiados na mesa. O Pharaome colocou suas mãos sobre aquela cabeça dolorida e soluçante. Uma suave irradiação de paz, amor e consolo foi-se estendendo ao seu redor, penetrando-o, absorvendo seu espírito e sua matéria numa espécie de suave sonolência. Aldis ficou profundamente adormecido. Os kobdas se afastaram, menos Zhain, que permaneceu a seu lado para velá-lo.

BOHINDRA JOVEM

Tudo quanto há de grande e de belo no espírito humano — atividades mentais e emotivas, invisíveis criações do pensamento plasmado pela energia —, tudo foi posto em jogo em torno de Bohindra, ainda inconsciente na penumbra violeta do jardim de inverno.

Passaram-se dois dias e meio, e os kobdas em observação notaram que a respiração e as pulsações do coração eram cada vez mais tranqüilas e normais. Haviam-no feito beber água da fonte e suco de uvas espremidas, em pequenas doses.

Gaudes e Johevan, como dois mensageiros do Amor Eterno, nesses dias de expectativa à espera do despertar de uma vida nova, fizeram-se visíveis junto ao adormecido, até conseguir a conjunção e o equilíbrio perfeito entre o corpo mental e o cérebro.

Quando a observação fez compreender aos experientes kobdas que se aproximava o momento de Bohindra despertar novamente para a vida física, eles retiraram as vestimentas de Johevan e substituíram-nas pelas roupagens do kobda-poeta, deixaram a lira ao alcance de suas mãos, fizeram mais claridade na penumbra e esperaram sentados a distância. Depois de uma hora de profunda quietude e silêncio, aqueles formosos olhos castanhos se abriram, como os daquele que desperta de um longo sono. Ele pôs em ordem seus cabelos de cachos bronzeados e sentou-se. A primeira coisa que viu foi a lira e, abraçando-a como a uma amada companheira de muitos anos, murmurou em voz baixa:

— Contigo adormeci e contigo despertei!... Minha lira, canta para Bohindra, novamente encadeado à vida terrestre por outro meio século...

Novamente a lira de Bohindra, como um suspiro da noite, parecia gemer entre as ondulantes folhas dos lótus que acariciavam sua bronzeada cabeleira. Cantou mais uma vez aqueles versos, porém com uma voz de timbre suave e dulcíssimo, do Bohindra de vinte e cinco anos. Dois dos kobdas presentes, já muito anciãos, que o haviam conhecido quando chegou ao santuário, tiveram nesse instante a exata visão do dia em que vestiu a túnica azulada e cantou, acompanhado da lira, uma formosa balada ao amor.

Quando terminou a canção, aproximaram-se dele os que estavam presentes e, havendo ressoado os toques de chamada, foi o recinto ficando cheio com os kobdas que compareciam para receber novamente o Bohindra jovem, vigoroso e belo.

Nas crônicas da antiga instituição contavam-se vinte e seis casos iguais a este, de um êxito completo, e somente três nos quais a transmigração de espíritos resultara incompleta, ficando as faculdades do espírito empobrecidas e debilitadas pela falta de conjunção perfeita entre o cérebro e o corpo mental.

Era, pois, um grande acontecimento para aqueles infatigáveis obreiros nos campos do pensamento e da vontade.

— É ele... o mesmo que chegou há vinte e cinco anos, só que agora não tem aquela sombra de dor intensa e desesperada que lhe cobria a fronte! — exclamou um kobda velhinho que trabalhosamente abria passagem entre todos para chegar junto a Bohindra, ao qual abraçou com uma ternura verdadeiramente paternal.

Zhain, que tinha sido seu vizinho de aposento, pois haviam chegado quase juntos, estava encantado de vê-lo com a exata semelhança de vinte e cinco anos atrás; e, aproximando-se, disse:

— Nosso Aldis dorme sob a ação dos fluidos emitidos sobre ele para acalmá-lo, porque estava desesperado. Quando ficardes livre, se vos agradar, ide ao seu aposento e ele se consolará, vendo-vos novamente!

Bohindra prometeu ir e Zhain voltou para o seu lugar ao lado de Aldis.

Bohindra estava, pois, de audiência. Todos queriam falar-lhe e também comprovar que os reconhecia. Era uma verdadeira inundação de amor ao seu redor. Os kobdas anciãos que haviam acalmado suas tempestades de jovem enlouquecido pela dor sentiam renovada sua amorosa paternidade espiritual para com Bohindra, novamente jovem e belo como há vinte e cinco anos. Os kobdas jovens que o conheceram homem de idade madura, já quase ancião, sentiam a suave ternura dos irmãos mais idosos para com o jovem kobda, poeta e músico que se levantava novamente entre eles, como um rouxinol saído do ninho para disseminar ao vento a divina explosão de sua harmonia.

Logo começou o silêncio a estender suas ondas suaves de calma e serenidade, e uma onda de amor mais intensa invadiu todos os espíritos. Por cima da imensa multidão de kobdas, começaram a se formar, como espirais de luz mortiça no princípio, e mais intensa depois, milhares de seres intangíveis flutuantes e vívidos, parecendo desfilar, aproximar-se e confundir-se com os que, revestidos de matéria, se entregavam às meigas expansões do amor fraternal. Quase todas aquelas sombras luminosas apareciam com as azuladas túnicas dos kobdas, e alguns deles foram reconhecidos pelos presentes, pois não fazia muitos anos que tinham desaparecido do plano terrestre.

Os dois kobdas que por último se haviam libertado da matéria apareceram depois, contudo não vestidos com as túnicas azuladas, mas com a majestosa indumentária dos antigos reis de Orozuma, pais de Anfião, o príncipe santo.

A cena transformou-se de solene em terníssima quando Sadia, a meiga mulher amada por Bohindra, flutuou junto a ele de tal forma que, de sua figura plásmica, brotou clara e distinta sua voz para dizer-lhe:

— Bohindra, meu amado! Como uma flor no outono se desvaneceram todas as tuas dores e sacrifícios passados, para só ficar ao teu redor a divina eflorescência do amor que derramaste.

Atrás dela veio Johevan, que, abraçando o corpo animado por seu pai, encontrou-se pela primeira vez entre o abraço dos dois seres que lhe haviam dado sua última vida física.

Impossível seria descrever a intensa emoção daqueles momentos para os que presenciavam esta cena extraterrestre entre almas que se amam e seguem em eterna união através de séculos e séculos. Sadia, a meiga e ruiva Walkíria, mãe de Antúlio, aparecia igualmente com suas madeixas bronzeadas, para as quais Bohindra tanto cantara em sua lira mágica de pastor nos distantes dias daquela outra juventude:

100

"Têm música tuas madeixas
Quando as ondula o vento...
Teus cabelos
Têm luz e áureo reflexo
Como se fossem
Madeixas de bronze velho!..."

A névoa luminosa foi desaparecendo juntamente com as formas tangíveis que dela mesma pareciam haver-se formado e o silêncio continuava inundando o recinto dessa harmonia interior sem voz e sem som, tão conhecida pelas almas habituadas à concentração do pensamento.

Quando os kobdas se retiraram do recinto, Bohindra dirigiu-se para o aposento de Aldis acompanhado do Pharaome e de Tubal, porque seu corpo, um tanto debilitado, não podia ainda andar com desembaraço e agilidade.

Sentou-se sobre o leito do adormecido e esperaram em silêncio o despertar, que se produziu alguns momentos depois. Foi ele, pois, a primeira pessoa que Aldis viu ao abrir seus olhos, e sentando-se rapidamente abraçou-se ao amigo numa espontânea manifestação de carinho:

— Johevan!... Sonhei que havias morrido!... Que pesadelo, meu Deus!... Tens a túnica azulada!... Quanto tempo passou?

Os kobdas entreolharam-se com inteligência, como que se pondo de acordo em que continuasse a ilusão até que, mais fortalecido e sereno em seu espírito, ele fosse capaz de assimilar a magnífica e formosa verdade, tal como era.

— Passou o tempo necessário!... — respondeu Bohindra com naturalidade. — Entretanto, tiveste febre e delírio, mas é necessário que te levantes para que juntos demos um longo passeio que te reanime.

Enquanto eles falavam, Zhain tomou da mesa a plaquinha na qual Johevan havia dado sua mensagem, e opinaram ocultá-la para evitar um novo tormento àquele pobre coração que, com a partida de Johevan, se havia sentido tão só e deprimido, até produzir a crise que poderia ter sido funesta para a sua saúde.

O ÁGAPE

Duas diversas correntes de emoção passaram nesse dia pelas almas dos kobdas.

Pela manhã tinham baixado à cripta imensa do pátio das oliveiras o corpo ancião de Bohindra sem vida, ungido nas essências que impediriam a decomposição, e haviam-no depositado na urna correspondente, com esta inscrição na pedra que a cobria:

"Aqui jaz a envoltura carnal de Bohindra, que a animou durante 59 anos e que a deixou há três dias desta data para continuar outra vida terrestre no corpo físico de seu filho Johevan, libertado no mesmo dia."

Pela tarde, tiveram lugar as intensas manifestações de amor fraterno que conhecemos, pela ressurreição de Bohindra no corpo de seu próprio filho.

Chegou a noite e o pátio das palmeiras, iluminado com os azulados reflexos das tochas e globos luminosos, apresentava o aspecto dos grandes acontecimentos.

Diante dos bancos de pedra estavam as mesas dispostas em amplo círculo, e elas ocupavam a atenção dos kobdas jovens e dos postulantes que aguardavam as vinte Luas de prova. Grandes esteiras de fibra vegetal estendidas ao pé dos bancos e formosas cestas cheias de flores e frutas constituíam a ornamentação daquele refeitório ao ar livre.

A alimentação dos kobdas, até nos dias de grande solenidade, era sempre mais ou menos a mesma: os ovos de avestruz, tão abundantes no país, proporcionavam a matéria-prima para os pratos fortes; o queijo, a manteiga, os legumes em geral, as grutas e hortaliças secas cuidadosamente e o suco de uvas com cerejas, em forma de xarope preparado pelos próprios kobdas encarregados do cultivo em suas pradarias, compunham sua alimentação.

A diferença estava não nos alimentos, mas em que nos dias ordinários comia cada qual em seu aposento, e nos dias de solenidade o faziam todos reunidos no pátio das palmeiras.

Como Bohindra fazia parte do Alto Conselho, tinha sido colocado ao lado do Pharaome, ficando, portanto, muito distante do lugar ocupado por Aldis, que estava ao lado de Zhain. Os kobdas jovens e postulantes, entre eles Abélio, já haviam comido e eram os que serviam as mesas.

Aldis começava a submergir-se num mar de confusões, até que, não podendo mais resistir, perguntou a Zhain:

— Podeis dizer-me por que Johevan está sentado ao lado do Pharaome, devendo estar aqui comigo como antes?

Zhain ficou um tanto coibido diante de tal pergunta, mas, reagindo rapidamente, respondeu:

— O Pharaome teve essa idéia, celebrando o acontecimento.

— Ah, sim! Por ter vestido a túnica azulada dos kobdas — completou Aldis.

— Justamente.

O Pharaome e Bohindra, em sua fina sensibilidade, sentiram a inquietação de Aldis e ambos ao mesmo tempo fizeram sinal para que ele se aproximasse. O Pharaome lhe disse:

— Como é a primeira vez que te separas do teu amigo, não quero que esta refeição de alegria seja amarga para ti com esse pensamento. Senta-te, pois, aqui entre ele e eu, e, se te decidires finalmente a vestir a túnica azulada, faremos nesse dia outra celebração como esta. — E o obrigou a sentar-se.

Entretanto Aldis, como se do fundo de si mesmo se levantasse um reflexo da verdade, continuou meditabundo e reflexivo, até que Bohindra, adivinhando o que se passava, tratou de desviar seu pensamento.

— Não te preocupes pela insinuação que acaba de fazer-te nosso Pharaome, pois embora eu esteja com esta túnica, não estás obrigado a vesti-la se não for da tua vontade.

Aldis voltou à sua tranqüilidade normal.

Quando terminava a refeição, alguém disse em voz alta:

— Aqui falta somente a lira de Bohindra para completar o quadro.

O assombro e o despertar de Aldis se completaram quando viu que seu amigo, com admirável desenvoltura, arrancava da lira de ouro as mesmas divinas melodias que o ancião tocara no Jardim do Repouso naquela tarde de intensas emoções junto à borda da fonte.

Sentia-se ele como que submergido num mundo azul de sonho e ilusão. Apertou a cabeça com ambas as mãos e o Pharaome ouviu-o perguntar:

— É Bohindra ou é Johevan? Ou são os dois ao mesmo tempo?

— Tranqüiliza-te. É o teu amigo com o gênio da harmonia de Bohindra.

— Mas onde está Bohindra? — voltou Aldis a perguntar, procurando o irmão kobda de ondulados cabelos brancos, sem encontrá-lo.

— Deixou sua matéria há três dias, e, quando for do teu agrado, desceremos à cripta onde poderás ver a lousa gravada cobrindo o corpo sem vida.

— Isto é maravilhoso! Como fizestes para reter esse gênio da harmonia e encerrá-lo em Johevan? — perguntou Aldis, enquanto a lira continuava exalando ao vento da noite a divina cascata de sons, que pareciam enredar-se nas folhas curvas das palmeiras e entre as flores de lótus que adornavam as mesas.

— Não ouviste dizer que "o amor é o Mago vencedor da morte?" Era necessária a continuação desse sopro do Amor Eterno e da Eterna Harmonia entre nós e o Altíssimo permitiu-nos realizá-la. Compreendes agora por que Johevan veio para a Casa de Numu?

— Estou vivendo num país de encanto! — exclamou Aldis maravilhado.

— Não, meu filho, estás vivendo numa formosa realidade: a energia eterna do espírito cultivando as suas poderosas faculdades e dominando com elas as grandes forças existentes no universo.

NEVE E GEADAS

A caverna do país de Ethea encontrava-se entre as geadas e a neve. Nessa região que, muitos séculos depois, se chamou Fenícia, sentia-se ainda na época um clima quase polar no inverno, e as geleiras só foram se retirando pouco a pouco, dando lugar através dos séculos a que se fosse estabelecendo um clima temperado primeiro e quente depois.

A geada branca provinha das grandes chuvas do fim do outono, que, surpreendidas pelo frio intenso, estancadas nos vales das montanhas, haviam-se convertido em escarcha, dando lugar a que se realizasse mais uma vez o que dizia o velho cântico dos pastores da região:

"Cantava nos vales
a Linfa serena
E o Mago de mãos geladas
Transformou-a em pedra."

A Linfa, pois, e o Mago, ou seja, a água e o inverno, tinham-se tornado personagens de lenda, e os habitantes daquelas regiões posteriores à época glacial chegaram a crer que uma donzela, uma pastora talvez, fora convertida em pedra pela palavra todo-poderosa de um mago. Algo semelhante ao que ocorreu séculos depois, quando outra lenda contaria que um momento de curiosidade converteu em estátua de sal a mulher de Lot.

As figuras atrevidas e simbólicas da literatura e da poesia dos tempos arcaicos tornavam-se, por obra e graça dos séculos, em figuras com um coração e uma alma que sentiam e choravam.

Bendita seja a caverna de Gaudes que, graças ao fogo da lareira aceso por Madina e ao calor que emanava das renas, não deixou converterem-se em estátuas de gelo os quatro seres humanos refugiados nela.

Sophia definhava como uma luz que lentamente se apaga. Milcha observava isto, e um profundo e silencioso sofrer apoderava-se dela a tal ponto que, embora esforçando-se muito, não conseguia dissimulá-lo completamente. Ambas tinham visto em sonhos Johevan, que dissera às duas as mesmas palavras:

— Separei-me do meu corpo sem sofrimento e agora estou livre como um pássaro escapado da gaiola. Estarei sempre convosco, até que venhais para junto de mim.

Uma imensa paz serena e suave envolveu Sophia desde então, e ela, reunindo as poucas forças que lhe restavam, preparava roupas de diversos tamanhos, medidas e qualidades, dentre o montão de vestimentas sacerdotais que os piratas cretenses haviam deixado.

— Por que fazeis túnicas tão grandes, se as crianças não chegam nem à metade desse tamanho? — perguntou Milcha.

— Para quando elas crescerem, Milcha, e nós não estivermos aqui — respondeu Sophia com grande tranqüilidade.

É uma característica quase geral nos espíritos originários de Vênus e de outros mundos nos quais habitam, como lá, humanidades já chegadas à compreensão da lei do Amor, o desejo intenso de terminar a vida física quando se acham encarnados em mundos onde ainda não se compreendeu o amor como lei suprema da vida universal.

Sophia sentia-se como que desterrada, fora de seu ambiente, e a isso devemos atribuir o modo de vida que levava na casa de seu pai, continuamente entregue às criações de sua fantasia e divertindo-se em passeios pelas selvas e pradarias, banquetes e danças em balsas imensas de madeira como pequenas praças flutuantes sobre o caudaloso Avendana, o grande rio de seu país natal.

O aviso dado no sonho por Johevan alimentou mais nela a chama daquele íntimo desejo de abandonar a vida física, sem que o pensar em Évana, que contava apenas vinte e sete meses, fosse capaz de infundir-lhe novamente o desejo de viver.

A MULHER FORTE

Milcha, espírito forte originário de Aquamundis (Netuno), um tanto semelhante ao globo terrestre no que diz respeito ao grau evolutivo da humanidade que o habita, e cujas correntes astrais e etéreas permitem desenvolver maiores energias e atividades físicas e mentais, parecia adaptar-se muito mais à rudeza da vida terrestre, no meio da qual se encontrava.

O inverno, com suas geadas e suas neves, impedia-as de sair para beber ar e luz, sol e alegria nos pequenos vales que se abriam entre as montanhas e colinas, o que podia distrair Sophia do que ela chamava *tristeza de viver*. Seu organismo, minado por uma febre lenta que a atacava ao entardecer extenuando-a cada vez mais, adormeceu depois do meio-dia, forçada, segundo disse a Milcha, por uma grande fadiga da qual esperava reanimar-se com o sono; e ela não despertou mais.

Ao entardecer, Milcha aproximou-se de seu leito para despertá-la com a taça de leite morno de Madina, mas ela não respondeu.

Seu corpo morno ainda fez crer à escrava que Sophia estava submergida num desmaio. Milcha começou a friccioná-la fortemente, vertendo ao mesmo tempo água clara sobre seu rosto.

Milcha começou a sentir uma força cheia de calma e serenidade. Quase havia placidez e bem-estar nessa serena calma que a inundava. Repentinamente viu uma espécie de claridade entre a penumbra da caverna já semi-obscurecida pela queda da tarde. Voltou a cabeça e viu Sophia risonha, mais jovem e formosa, cheia de vigor e alegria, que lhe disse:

— Não me procures mais nesse corpo gasto que deves entregar à terra, porque agora sou livre como as aves do céu. — E abraçou-a com imensa ternura.

Instintivamente, Milcha caiu de joelhos entre chorosa e sorridente, e abraçou-se ao mesmo tempo com aquela sombra amada que se diluiu entre seus braços.

Observou o corpo imóvel sobre o leito, já invadido pelo frio da morte, e correndo para as crianças que brincavam com o pequeno filhote de rena, convertido em companheiro de travessuras, abraçou-se com elas e começou a chorar amargamente!

Madina, como se adivinhasse que algo extraordinário ocorria, aproximou-se do leito de Sophia e começou a lamber suas mãos geladas. Depois foi até onde Milcha chorava, sentada junto às crianças, e deitou-se a seus pés, apertando-se o quanto pôde a ela, como se quisesse fazer compreender que seria sua força e seu apoio daí em diante.

Quando a noite já se achava mais avançada, as crianças adormeceram e toda a família de renas se reuniu na caverna. Então Gaudes, o das belas obras silenciosas e ocultas às multidões inconscientes, pondo em atividade suas grandes forças mentais, pediu o concurso de seus companheiros de aliança e trabalho, os kobdas de Negadá, onde por três vezes, em distintos séculos, havia habitado; e com a força mental dos quarenta de plantão, pôde realizar na caverna uma manifestação plásmica que reanimasse o espírito de Milcha para continuar a penosa jornada.

Ela viu Aldis vestido com a túnica azulada dos kobdas, dizendo:

— Milcha, minha amada, compreendi que nossa vida terrestre não teve outro fim senão o de dar vida física a esse pequeno ser que dorme em teu próprio leito, e que será a raiz de uma geração nova, onde possa tomar matéria carnal o Verbo de Deus quando chegar o momento. Sejamos generosos ao finalizar o nosso holocausto e não te desesperes com a partida de Sophia, que continua tendo por ti a ternura de uma mãe. Olha!

Como se a caverna se houvesse aberto sobre a pradaria, Milcha assombrada viu as portas de uma cidade resplandecente como o ouro aos raios do Sol; um homem de idade madura entrava levando um menino de doze anos com a cabeça vendada e sentado sobre um asno carregado de mercadorias.

Um homem jovem e formoso, de aspecto grave, bondoso e nobre, seguia-o acompanhado de outros homens, jovens também. Entravam numa tenda semelhante a uma casa de venda de tecidos, pedras preciosas e objetos de metalurgia.

Achava-se ali uma mulher jovem e bela, que começou a chorar sobre os joelhos do menino ferido, montado sobre o asno, enquanto o formoso jovem de aspecto nobre a consolava e o homem de idade madura recostava o pequeno ferido sobre um leito de peles. Aquela mulher que chorava tinha o mesmo semblante de Sophia, só que não era ruiva como ela, enquanto o homem de idade viril, seu marido, era exatamente aquele ancião que Milcha viu à porta da caverna retirando a pele dos búfalos.

A extraordinária força mental dos operadores invisíveis descerrou o véu do enigma, e Milcha compreendeu clara e nitidamente aquela visão, quando no lugar do menino ferido viu-se a si mesma entre seus pais daquela distante vida perdida já na penumbra dos séculos: Sophia e Gaudes, que a observavam ternamente, enquanto o homem jovem e formoso de olhar profundo e meigo retirava a venda do rosto e lhe dizia: "O amor cura as feridas do corpo e da alma. Entre o sangue e as lágrimas, semearemos juntos o amor sobre a Terra durante muitos séculos." E o mesmo jovem dizia à mãe do menino ferido: "Istar, este menino será a tua fortaleza num dia muito distante, que chegará quando tiveres escolhido uma pedra muito dura para a tua semente; mas eu serei o vosso constante amigo que vos seguirá de perto, até o dia em que uma estrela radiante marque para Gaudes o lugar do meu nascimento, e para Istar lhe diga a minha voz: 'Antes que floresçam três vezes as amendoeiras do teu horto, estarás comigo nas moradas da Luz.' "

Desvaneceu-se a visão, ficando apenas a presença astral de Aldis de pé junto ao leito de Milcha a soluçar numa profunda consternação.

Aquela Istar, mãe de Delmos, seria muitos séculos depois a mãe do apóstolo hindu, o grande Buda Amida Bodhisatva, que foi uma encarnação do Verbo de Deus, e outros milênios depois aquele terno lírio branco que se abriu aos pés de Jesus de Nazareth, e que conhecemos com o nome da pequena Maria de Betânia; enquanto Gaudes, convertido no sábio astrólogo Melchor de Horeb, derramava nas montanhas da Arábia a luz daquela estrela radiante que o havia guiado até o berço do Verbo Eterno feito carne.

— Formidáveis realidades de nossa vida eterna! — disse Aldis, compreendendo o abismo de assombro no qual estava Milcha submergida, ainda sob o efeito das manifestações plásmicas que contemplara. — Tu e eu terminamos nossa missão como esposos, e só nos resta agora cumpri-la como auxiliares do grande Messias da humanidade, cujo ensinamento escreverei um dia, ditado por ti, e cujo rosto pintarei na branca touca de uma mulher.

Aludia à sua futura encarnação de Lucanus, conhecido como Lucas, o Evangelista, que pintou a óleo o rosto de Jesus no véu branco com o qual Verônica secou o rosto ensangüentado do Mártir.

Milcha entrou na suave serenidade do sono e, quando despertou de manhã, percebeu que tinha novamente em seu pescoço aquele colar de ametistas que não podia ser tirado sem inutilizá-lo.

— Ah! — exclamou consolada em seu imenso pesar. — Com isto Aldis quer provar que em verdade esteve ao meu lado, e que toda aquela visão não foi sonho mas realidade.

Cheia de estranho valor e energia, e antes de as crianças despertarem, envolveu o corpo de Sophia num daqueles mantos de linho e saiu com a carga para fora da caverna. Madina seguiu-a até um grande carvalho que ficava quase detrás da caverna, onde Milcha pensou depositá-la, por haver sido o lugar preferido por Sophia quando se sentavam para tomar Sol.

Seu assombro foi grande quando encontrou removido o tronco seco no qual costumavam sentar-se e que era como a tampa de uma grande cova aberta na terra.

— Esta será a sua sepultura — disse colocando o querido corpo no fosso. Quando se dispunha a ir buscar um daqueles instrumentos de arrancar pedras para cobrir o cadáver, viu Madina escavar a terra, os musgos e as ervas, que fez cair sobre a tumba até desaparecer o branco envoltório que tinha coberto o corpo de Sophia. Depois empurrou violentamente o tronco, que rodou até cair novamente no oco, onde por tantos anos havia estado.

ALDIS E SEUS NOVE COMPANHEIROS

Antes de Aldis vestir a túnica dos kobdas, teve uma secreta confidência com o Alto Conselho, segundo o costume da Casa de Numu, para dar lugar a que o postulante expusesse todos os seus pontos de vista sobre a norma de vida que ia adotar.

Embora na Lei da Instituição lia-se ao iniciar:

"O Amor deve ser a única cadeia que prende o kobda aos muros da Casa de Numu..."

Aldis quis assegurar-se mais:

— Exigireis de mim algum juramento que me impeça de reunir-me à minha esposa e ao meu filho, se o Altíssimo colocá-los novamente em meu caminho? — perguntou ao Conselho na Audiência que lhe foi dada.

— Absolutamente nenhum. A túnica que vais vestir não tem outra finalidade senão a de fazer desaparecer as desigualdades sociais, de tal forma que aqui não se distinga o rei do vassalo, nem o príncipe do escravo, e fazer com que a harmonia do colorido se ponha em sintonia com a interna harmonia do pensamento e da vontade.

— Permitir-me-eis realizar uma viagem pelas costas do Mar Grande para buscá-los?

— Podes fazer parte dos kobdas peregrinos, que todos os anos saem a percorrer diversas regiões em busca dos cativos nas cavernas, dos leprosos e dos possessos. Queres expor algo mais? — perguntou o Pharaome.

— Nada mais! Estou completamente às vossas ordens.

Bohindra foi o escolhido para que vestisse em Aldis a túnica no ato da consagração. Juntamente com ele, outros nove jovens haviam cumprido também as vinte Luas de prova.

Um destes jovens fugira de seu país na costa do Mar Eritreu do Norte (Mar Cáspio) porque a rainha guerreira Shamurance havia dado morte à sua esposa e o havia feito prisioneiro, enamorada dele por causa de sua extrema beleza. Era ele um perfeito tipo de raça ária, dos poucos que restavam de puro sangue. Os gomerianos da rainha Shamurance eram morenos e rechonchudos, enquanto este era de "esbelto talhe, com os cabelos de bronze, cútis de pétala de lótus e olhos cor de mel". O jovem havia escapado com sua mãe, sendo ambos salvos por um dos kobdas-peregrinos, que os trouxe para a Casa de Numu.

O jovem vestia a túnica azulada ao mesmo tempo que sua mãe também tomava uma no mosteiro destinado às mulheres, no outro extremo da cidade de Negadá.

Este jovem chamava-se Erech, e sua mãe, Nolis. Fazemos menção deles porque foi nesta ocasião que pela primeira vez se filiaram à Grande Aliança do Instrutor da humanidade terrestre, na qual foram vistos seguir daí em diante até Sua última vinda ao planeta, na qual estiveram representados por Marta de Betânia e Felipe de Lacônia, o Diácono dos Apóstolos galileus.

Das Casas de Numu, estabelecidas naquelas regiões até o Cáucaso e as faldas do Altai (a Índia atual), deviam surgir os discípulos do Grande Missionário para difundir sua doutrina, não somente na encarnação do Verbo que chegava, mas em suas futuras encarnações de séculos distantes.

Cópias das Casas de Numu foram, não obstante as grandes variantes e as transformações lamentáveis, os cenóbios da Tebaida, os grandes mosteiros budistas do Himalaia e as Bhramosamaj (casas de oração dos lamas tibetanos).

Era costume designar um kobda antigo para instruir mais imediatamente os recém-consagrados, e assim foi Tubal o instrutor de Aldis e de seus nove companheiros. Tubal, o mesmo Haran-Araset, pai de Antúlio, o filósofo santo, o divino profeta que chorou à vista da bela Atlântida desaparecida sob as águas, como vários séculos depois choraria, vendo nos planos etéreos das coisas que serão, a ruína de Jerusalém sob as hostes romanas. Tubal, o mesmo espírito que no século do Cristo acompanhou o Enviado em sua adolescência ao santuário sagrado da Cabala para iniciar-se na Ciência de Deus e dos espíritos, aquele José de Arimatéia que desceria do patíbulo os despojos sangrentos do Mártir.

Na mesma noite da consagração dos postulantes, na concentração noturna, apareceram esboçados pela Luz eterna os traços proeminentes do passado e do futuro dos recém-consagrados, de forma que seus espíritos despertassem para a magnífica realidade da Justiça Divina e do Amor Eterno, em relação com todas as criaturas desde a mais perfeita até a mais primitiva e embrionária.

No dia da sua consagração, sabia, pois, o kobda, o porquê de todas as suas dores e a rota que ele mesmo havia aceito para realizar através dela sua evolução séculos e séculos futuros, se sua própria debilidade e miséria não torcessem o seu rumo.

Por isso, pôde dizer Aldis a Milcha, em sua aparição na caverna, algumas passagens de sua vida passada e de sua vida futura.

Por isso também Erech, Ibrin, Suri e Acadsu, companheiros de Aldis no vestir a túnica azulada, viram a si mesmos seguindo o Verbo de Deus encarnado em suas múltiplas vindas futuras à Terra. Ibrin e Suri tiveram a visão do caminho de Emaús, nas campinas de Galaad saindo de Gerar,* onde o homem jovem, formoso e grave, de olhar profundo e voz musical, partia o pão e lhos dava como sinal de amor e paz, e eles caíam de joelhos ante ele para dizer: "Mestre, Mestre!"

O pobre Acadsu teve a imensa amargura de ver o homem justo de olhos profundos orando num horto de oliveiras seculares, enquanto ele, à frente de um grupo de homens armados, atava às costas suas mãos indefesas, que tantas chagas haviam curado e secado tantas e tantas lágrimas.

Quem via estas visões futuras não podia precisar em que tempo se realizariam nem como nem por quê. Flutuando no Pensamento Eterno, como os fios misteriosos de uma rede estendida sobre cada esfera pela Energia Criadora de sóis e mundos, aquelas distantes cenas eram como uma onda capturada no espaço infinito pelo pensamento investigador e ansioso dos Filhos de Numu, incansáveis buscadores da Sabedoria e da Verdade.

---

* Galaad foi posteriormente a Judéia, como Gerar foi Jerusalém.

Junto às formosas aparições de cenas de amor e glória, desfilavam os maiores erros passados, causa das dores do presente e do porvir.

O jovem kobda encerrava dentro de si mesmo, pois, em poucas horas, a plena e profunda convicção de que cada vida carnal não é senão um passo de sua vida eterna, e suas rebeliões internas, em face das injustiças humanas, desapareciam como que por encanto. Profunda serenidade ante a dor e a morte invadia-o em todos os recônditos seios de seu espírito, pois seu êxito final ele via assegurado se, com firme e decidida vontade, saltasse por cima de todas as barreiras que as contingências humanas pusessem à sua passagem.

Os kobdas da consagração anterior, entre os quais se contava Abélio, e os da última, em que estava Aldis, compareciam quase diariamente a uma grande sala do piso térreo, onde dedicavam algumas horas a trabalhos manuais de sua predileção.

As gravações em pedra para as lousas funerárias e para as legendas que eram colocadas nos aposentos, nos corredores e nos terraços, eram feitas ali, assim como a preparação do papiro trazido em grandes fardos pelos lavradores de todo o Vale do Nilo, fardos que, conduzidos ao Santuário, eram comprados por bom preço.

Notáveis obras de metalurgia, verdadeiras filigranas de cobre e prata, que era o que mais abundava, e que adornaram séculos depois as tumbas dos Faraós, foram fabricadas naquela sala-oficina dos kobdas de Negadá.

Havia alguns, nos quais já se revelava o gênio do pincel, que tomavam como motivos para a fabricação de telas ou pinturas murais as próprias manifestações plásmicas da Morada da Sombra, como se quisessem reter em cromáticas pinceladas, em claro-escuros sutis diluídos em deliciosas penumbras, toda aquela exuberância de vida humana vivida no passado ou de vida humana que se viveria talvez na vinda de outra Lua, ou no rodar de outros séculos.

Abélio quis desenhar cenas de seu futuro e esboçou sob o pórtico que dava para uma campina a terna manifestação plásmica que para ele captara o pensamento formidável dos kobdas unidos em profunda concentração.

O homem justo e bom, dos olhos meigos e profundos, levantava do solo onde se achava caído, como um farrapo de humanidade, um jovem leproso; injetava-lhe força e energia com suas mãos acariciantes e seus olhos de olhar profundo e penetrante lhe dizia: "Quando o Sol se puser amanhã, estarás livre do mal que te aflige."

Viu-se em idades futuras copiando do éter impalpável, do insondável *infinito*, a *indizível* angústia de um Mártir imolado pelo amor à humanidade, enquanto essa mesma humanidade, representada por um povo fanatizado e por algozes brutais, gritava enfurecida: "Se és Filho de Deus, desce da Cruz e acreditaremos em ti."

O velho bondoso e jovial, não obstante sua idade, aquele que abraçou Bohindra rejuvenescido, entrou na sala-oficina enquanto Abélio fazia estes esboços como que submergido numa aura de luz e de gênio que movia febrilmente sua mão sobre a tela, e disse:

— Tu serás no futuro um copiador da última tragédia messiânica sobre a Terra, já plasmada pelo pensador divino muitos séculos antes de haver sido vivida na carne.

Abélio foi um dia Rubens, um dos pintores que deram mais vivos matizes à tragédia intensa do Gólgota.

— Ao passo que eu, pobrezinho de mim — acrescentou o ancião como que lendo num claro livro, que seu espírito quase desprendido da matéria folheava com facilidade —, não serei senão um infeliz cego para a luz material, que gritará com todas as suas forças ao passar o Justo seguido da multidão:

"Senhor, Senhor, faze com que eu veja!"

O profeta kobda sorria e chorava ao mesmo tempo, e essas lágrimas deslizaram pelas longas rugas de sua face até perder-se na branca madeixa de sua barba encanecida. Foi ele, um dia, o grande sábio, astrólogo e ocultista conhecido pela humanidade moderna como Alberto, o Grande.

O KOBDA REI

Enquanto isto ocorria em Negadá, a embaixada do Chalit Armhesu chegou de Zoan, cidade na qual estava estabelecida a sede principal de seu reino. Acompanhava-os o Audumbla que dera o conselho de buscar um kobda para sucedê-lo no governo de seus povos.

A embaixada vinha investida de amplos poderes para investir o herdeiro de todos os direitos e prerrogativas inerentes a essa designação, caso viesse a aceitá-la, e ainda para levá-lo com eles a Zoan, se ainda fosse possível alcançar vivo o velho Chalit.

O Alto Conselho da Casa de Numu recebeu os embaixadores com toda a delicadeza costumeira e começaram a tratar do assunto.

— Nosso Chalit, a quem Numu seja propício, está para empreender a viagem da meia-lua, e tivemos aviso do Alto de que deve ser procurado aqui aquele que há de sucedê-lo no governo do povo.

— Entre nós há vários que, por sua vez, tiveram aviso de que seus destinos comportavam o decreto de ser mandatários de povos — respondeu o Pharaome. — Mas não sei, no caso presente, a qual deles pertence esta dignidade.

— Numu assinalou este — disse o adivinho, colocando sobre o peito de Bohindra o sagrado alfinete de prata, cuja cabeça era um cordeiro deitado sobre um rolo de papiro semidesenrolado.

Bohindra nada respondeu, mas seu rosto tornou-se intensamente pálido.

— Sabe este kobda o segredo magnético das plantas e domina com a música as enfermidades dos homens? — perguntou o Audumbla, de pé ainda junto ao seu escolhido.

— Exato — respondeu o Pharaome. — Ele recebeu do Altíssimo esses grandes dons.

— Podeis tratar com ele o vosso negócio — disse o Audumbla aos embaixadores do Chalit, retirando-se para um lado, porque julgava ter terminado o seu encargo. Este Audumbla havia sido duas vezes kobda em vidas anteriores, e, tendo um considerável desenvolvimento de suas faculdades psíquicas, fora com nove kobdas mais, o fundador da Casa de Numu existente num vale do Trovejante, no Altai (alusão ao rio Indo da Índia), três séculos antes. Esse ser, destinado às duras provas dos grandes missionários do Amor Eterno, em séculos futuros devia sofrer toda a dor de que é capaz o ser humano numa única vida sob o nome de Job, no país da Iduméia.

— Quero e peço que estejam presentes o Pharaome e estes outros kobdas, meus irmãos — respondeu Bohindra, quando viu que os sete enviados do Chalit o rodearam.

Estabeleceram-se, pois, as bases sobre as quais contraía Bohindra os solenes compromissos de governar os povos do País de Ahuar, sem abandonar a Casa de Numu, onde teria sua sede principal, não obstante continuar existindo em Zoan um Conselho autorizado por ele para atender às necessidades do momento, e para onde se comprometia a transladar-se a cada duas Luas.

A distância era relativamente curta, pois Zoan estava separada de Negadá somente pelo Delta do Nilo, e a viagem podia ser feita facilmente navegando-se pelos canais do caudaloso rio ou pela costa do Mar Grande, já que ambas as cidades eram portos bastante importantes para a navegação daquela época.

A embaixada quis saber se, no caso da morte de Bohindra, ele se comprometia a dar ao país um herdeiro.

— Espero a voz do Altíssimo, que me fará compreender se devo tomar uma esposa para deixar ao país um filho meu, ou se farei o que este Chalit fez e procurarei um sucessor entre meus irmãos kobdas — respondeu serenamente o futuro Chalit do país de Ahuar.

Os embaixadores estavam encantados, e colocaram sobre a mesa central da sala a lâmina de pedra na qual o velho Chalit Armhesu tinha gravado sua última vontade e onde Bohindra estampou seu nome com um estilete de cobre e prata que lhe emprestaram para isto:

"Bohindra de Otlana"

A convenção estava terminada e o novo Chalit devia sair no dia seguinte para fazer-se conhecer pelo povo, antes da divulgação da notícia da morte do velho rei.

Os kobdas do Alto Conselho e o Pharaome abraçaram ternamente a Bohindra pelo grande amor que havia demonstrado à Casa de Numu, da qual não queria separar-se nem sequer para ocupar o trono, ao qual os acontecimentos o obrigavam a subir.

Quis levar consigo a Zhain e aos jovens kobdas da última consagração, entre os quais se contava Aldis, para não dar a este a nova tortura de uma separação, tendo ele apenas conseguido resignar-se às grandes dores passadas.

— Convém igualmente que estes jovens — disseram os do Alto Conselho — vejam pela última vez a vida no exterior, antes de iniciar a tarefa de disciplinar o pensamento em busca da quietude espiritual. Além do mais, dada a época que atravessamos, começo de uma nova era, sabemos que se aproxima o momento em que todos os kobdas serão renovadores da terra onde o Verbo de Deus semeará a sua semente.

O kobda Zhain era o grande ajudante de Bohindra e tocava o alaúde com grande sentimento, pois seu espírito era igualmente sensível à harmonia, e ainda tinha a faculdade de emitir com extraordinária abundância o fluido necessário para as manifestações plásmicas a longas distâncias.

O kobda Zhain seria, séculos depois, aquele rei hebreu que, tocando a lira, cantaria seus Salmos divinos como queixas de seu arrependimento profundo: o dolente Davi do povo judeu e o Otoniel dos jardins de Magdala, quando o Cristo caminhava pela Terra.

Quando chegaram a Zoan, o velho Chalit ainda vivia e teve a imensa felicidade de estreitar sobre seu coração a bronzeada cabeça do jovem que ia sucedê-lo. Zhain e os jovens kobdas que o acompanhavam formaram um compacto círculo em torno do leito do ancião, ao pé do qual fizeram colocar uma grande bacia de água rodeada de plantas aquáticas e sensitivas. Bohindra, sentado sobre o mesmo leito no centro do círculo, pulsou sua lira como costumava fazê-lo quando se tratava de reanimar um organismo humano, próximo já da desintegração.

Claro que os efeitos não foram tão maravilhosos como naquele jardim de repouso, onde se acumulavam forças vitais benéficas desde tantos anos, mas foram o bastante para acalmar as dores de que o enfermo padecia e para encher seu espírito da paz e da serenidade necessárias para empreender a viagem conscientemente e despertar com lucidez no plano espiritual. O ancião viveu seis dias mais, que empregou em dar a seu sucessor as instruções necessárias para o acerto em seu governo.

Antes que seu espírito se libertasse, e rodeado por Bohindra e seus companheiros, teve a visão de seu futuro distante, e viu-se jovem junto ao homem justo dos olhos meigos de olhar profundo, que lhe dizia: "Arjuna, não cometas jamais o delito da separatividade, porque tudo é uno no grande seio de Atman."

Em seguida viu-se sobre um branco e fogoso corcel à frente de um numeroso povo, a dar voltas e mais voltas em torno de uma cidade de torreadas muralhas, as quais caíram esmigalhadas como areia desmoronada pelo vento. Era Josué desmoronando os muros de Jericó, com a irresistível força da onda simpática formada pelo andar compassado do povo e o compassado soar de trombetas e clarins.

Ainda se viu num futuro brumoso e distante, carregado de anos e envolto em paupérrima indumentária, quase como um farrapo, dominando um pequeno dragão de longa cauda sob a qual eram esmagados milhares de homens, de quem sabe que região da Terra.

Quando Bohindra viu que se aproximava o momento do trespasse, aproximou-se dele e, beijando-o na testa, disse:

— Parti tranqüilo, meu pai, certo de que o filho que deixais em vosso lugar não torcerá o rumo que destinastes para o vosso povo. Que o Altíssimo vos agasalhe em seu seio.

Um sorriso beatífico esboçou-se no moribundo semblante e ele adormeceu na vida física com a suavíssima calma emanada do amor fraterno, altruísta e puro que o rodeava.

O embalsamamento dos cadáveres só era conhecido naquela época por uns poucos e escolhidos cultores da Ciência Oculta, e só se generalizou em época posteriores. O mais comum era pôr o cadáver numa caixa de pedra, encolhido como um feto no seio materno.

"Para baixar à mãe terra", dizia o velho costume, "o homem sem vida deve adotar posição igual à que tinha no seio de sua mãe carnal."

O cadáver do Chalit foi colocado em sua caixa mortuária com todos os objetos de seu uso particular, como vasos, pratos e utensílios de prata, cobre e ouro, que usara durante seus últimos anos; e, passadas as exéquias, o kobda-Chalit recebeu das mãos do Audumbla, entre a multidão que o aclamava, o dourado capacete, espécie de tiara, cujo ápice era a cabeça de um grou com seu topete de plumas levantado em leque, finamente cinzelado em cobre e prata.

A primeira ação executada pelo novo Chalit foi descer aos calabouços e pôr em liberdade os detidos, pois Armhesu ao morrer lhe havia dito que, durante sua enfermidade, seus guerreiros e homens de governo tinham exercido vinganças, do que estava inteirado por uma anciã de sua criadagem. Bohindra formou um novo Conselho de Estado que o substituiria satisfatoriamente durante suas ausências, e pôs à frente o próprio Audumbla que o trouxera de Negadá.

— Quero que seja o amor quem governe todos estes povos — disse ao nomear o novo Conselho — e serei inflexível para com toda iniqüidade cometida pelos fortes contra os débeis.

Ao se afastar o barco da margem cheia de numeroso povo, tomou ele sua lira de ouro. Então sua alma, fada branca de amor e de esperança, transbordou numa imensa marulhada de harmonia que parecia encher de luz as ondas do mar e as almas dos que, apinhados na costa, o escutavam.

Aquele homem havia conquistado em poucos dias o imenso amor de seu povo. Adormecido pouco depois na popa do barco que o levava de volta a Negadá, passaram por seu espírito sonhos divinos e grandiosos. As tragédias de homens e deuses que na Eneida cantaria séculos mais tarde Públio Virgílio Marrão e a Divina Comédia do proscrito de Florença dos tempos modernos desfilaram pelo campo luminoso daquela mente, habituada às criações sublimes de epopéias de amor, somente realizadas em seu mundo de origem, a rosada Vênus, o planeta por excelência da Harmonia e do Amor.

MILCHA, A HERÓICA

— Como dar luz a esta caverna — perguntou Milcha na solidão — se *ela*, que era o Sol que a iluminava, já não está aqui?

— Mamãe, mamãe! — gritou Évana, removendo as peles do grande leito da alcova e acabando de açoitar com uma varinha a cabeça da pele de urso, dizendo em sua meia-língua encantadora:

— "Tu comeste a minha mamãe!" — E continuava dando-lhe pauladas, até seu bracinho não poder mais.

Então interveio Milcha para lhe dizer, contendo suas próprias lágrimas.

— Não, queridinha, o urso não a comeu, mas um gênio muito formoso, que se chama *papai*, a levou para a Lua, para trazer-te de lá muitos presentes preciosos.

Adamu por sua parte protestava porque lhe haviam tirado seu colar, e dizia que esse gênio que levou a mamãe de Évana, tinha levado também seu colar de ametistas.

Como ocorre ordinariamente com as crianças a quem se fala muito desde bem pequenina, estes dois compreenderam e falaram a linguagem materna desde que foram capazes de articular palavras, mal pronunciadas, decerto, mas suficientemente claras para ser entendidas pelas mães.

A menina tomou grande afeição pelo grou, como Adamu pelo pequeno filhote de rena. A ave sagrada gostava de pegar grãos na rosada mãozinha de Évana, e, quando Milcha a deitava no leito de sua mãe, o grou subia também e se deitava junto à cabecinha da menina.

Como a rena, mãe do pequeno companheiro de Adamu, saía já pela pradaria, isto foi motivo para que, seguindo-a, o menino desse também pequenos passeios pelo tranqüilo valezinho que se abria para um dos lados da caverna. Quando não podia segui-la mais em razão de cansaço, atirava-se ao solo e começava a chorar em grandes gritos, o que obrigava a rena e o filho a voltar até ele, que se calava imediatamente. Como se vê, pois, Adamu começava a ser também educador de animais. Madina, por sua vez, desde que as duas mulheres passaram a habitar a caverna, tomou o hábito de não sair dali a não ser por alguns momentos, para pastar na relva que verdejava nos contornos. Quando Milcha ficou só, procurou mais ainda a companhia da rena, que parecia compreendê-la quase como um ser humano. Com as grossas mantas de lã encontradas no veleiro dos piratas, fabricou vestimentas para Madina e suas filhas, que eram as provedoras de leite para a caverna, e também as mais mansas e inteligentes.

Colocava os mantos sobre as renas e montava juntamente com as crianças, amarrando-as com tiras de fazenda para que não caíssem. Saía assim com elas a passeio nas horas de Sol, porque na caverna parecia asfixiar-se desde a partida de Sophia.

Um dia, quando se haviam afastado bastante para leste, encontraram um formoso e pequeno arroio de águas douradas, graças aó tipo de areia que formava o seu leito. Suas margens estavam cobertas de flores silvestres e abundavam os ninhos de codornizes entre a relva e pequenas matas de palhas douradas. Aqueles ovos escuros, brilhantes e formosos foram a delícia de Adamu. Encontrando o primeiro ninho, e julgando ser o ovo uma ameixa preta, levou-o à boca e o mordeu, ocorrendo o que é fácil de se supor, pois o ovo, ao se romper, deixou ver o filhotinho vivo que estava prestes a sair.

Então Milcha se deu conta de que era a época da cria e que logo poderiam recolher em grande quantidade filhotes de codorniz, pois existiam ninhos em abundância.

Os passeios foram se prolongando cada vez mais pela pradaria. Como ela recebia em cheio os raios solares, o ar lá era mais temperado e não perduravam a geada e a neve como na montanha.

O arroio que encontraram era um dos afluentes do rio Eufrates, que deslizava entre a relva miúda como uma faixa dourada estendida sobre um manto de esmeralda.

Às vezes saíam pela manhã com uma grande cesta de provisões e voltavam ao cair da tarde.

Um dia tiveram a idéia de passar para o outro lado do arroio, montadas as crianças nas renas e Milcha saltando pelas pedras que emergiam entre as ondas opalinas do pequeno regato; e se encontraram no magnífico vale do Eufrates, cuja caudalosa corrente ouviam ao longe sem conseguir vê-lo, perdido como estava entre a selva de bambuais a circundar suas margens.

Encontraram ali pedaços de paredes como de uma fortaleza ou castelo derrubado e quase completamente coberto por plantas trepadeiras.

Uma parte, que estivera destinada a estábulo, mantinha-se ainda em pé, pois embora apresentando todos os sinais de uma respeitável antigüidade, achava-se relativamente bem conservada. Viam-se as manjedouras de pedra e sobre elas, ou esparramados por todos os lados, sacos de couro, cestas vazias e alguns instrumentos de lavoura; tudo dando sinais de ter sido abandonado há muito tempo. Uma imensa lareira de pedra estava situada num dos lados do estábulo, com grandes troncos de árvore que se haviam apagado sem terminar de queimar.

— Que ser infeliz e solitário como eu terá vivido anos atrás neste estábulo? — perguntou a pobre Milcha a si mesma, vendo uma correia de couro pendurada numa espécie de tosca cantoneira, dessas que costumam existir nas cozinhas de campo para guardar pequenos utensílios.

— Eis aqui outra casa que a Providência nos apresenta, no caso de a caverna nos oferecer algum perigo pela proximidade do mar, não é verdade, Madina? — disse, vendo que a rena se aproximava amistosamente.

A vegetação ficava muito mais exuberante à medida que caminhavam para o lado onde nascia o Sol.

Milcha viu existirem no pátio do estábulo vinhas enredadas com oliveiras, figueiras e cerejeiras, além de muitas outras árvores imensas, parecendo tão velhas como as ruínas às quais davam sombra e verdor. Os pássaros formavam uma admirável orquestra, de tão múltiplos e variados sons, que aquilo era um transbordamento de vida no meio de tão imensa solidão.

Como os ramos eram extremamente espessos e enredados uns com os outros,

116

os frutos tinham sido protegidos, embora muitos estivessem caídos entre a relva e já secos, sem condições para ser guardados.

Laboriosa por natureza e pelo hábito, Milcha trouxe as crianças para junto de si e se entregou à tarefa de recolher frutas secas nas cestas que encontrou no estábulo.

— Como Gaudes colheu para nós, eu colherei para quem vier habitar nestas ruínas — disse para si mesma.

Os pequenos, com seu instinto de imitação, procederam como ela, è boa quantidade de azeitonas e frutas secas ficaram recolhidas no estábulo.

Adamu pretendia arrastar consigo todas aquelas cestas que enchera e Évana parecia ser dessa mesma idéia, a julgar pelo esforço que os dois faziam, puxando pela alça de uma delas, que já iam tirando para fora.

— Não, meus filhinhos — disse Milcha rindo. — Deixai isto aqui, que nós temos demasiado em casa. Isto é dado pelo bom Deus para algum solitário que poderá vir aqui, e nós não devemos tirar dele.

Empreenderam a volta para a caverna. Quando chegaram ao arroio, encontraram toda a família de renas, que parecia esperá-los. Era o lugar onde elas costumavam beber.

Milcha colocou as duas crianças juntas sobre o brando lombo de Madina e ela montou na outra rena, pois a tarde declinava nas primeiras penumbras do anoitecer e o cansaço não lhe permitiria caminhar depressa.

Entre os trabalhos domésticos, o cuidado das crianças e as saídas pelo campo para recolher ovos de patos silvestres e codornizes, passavam os dias e as Luas daquela valorosa mulher, nascida para a vida física em humilde condição e que tão importante papel desempenhava nos começos da civilização adâmica.

Às vezes vinha-lhe o pensamento de empreender viagem com suas crianças e as renas em busca de algum lugar habitado por seres humanos, que certamente devia existir para algum lado. Mas logo lhe assaltava a recordação do que ocorreu quando seus esposos haviam desembarcado em busca de conforto na sociedade dos homens.

— Milcha — disse para si mesma, depois de longas reflexões —, não troques o certo pelo duvidoso. Na solidão da minha caverna, não falta nada às minhas crianças, e saberei acaso se, encontrando seres humanos, estaria tão protegida e tão segura como estou aqui?

"Acaso não me roubariam minha querida família de renas?

"Não me tirariam estes dois formosos luzeiros que me iluminam?

"Meu Deus, ainda sou rica, soberanamente rica, pois conservo os dois sãos e robustos!" — exclamou, terminando suas meditações com uma explosão de carícias nas duas crianças que, entre a pequena rena e o grou, encerravam todo um mundo de distrações e alegrias infantis.

A Humanidade Decadente

Aquelas crianças eram perfeitamente felizes. Enquanto a humanidade nos diversos países habitados da Terra se agitava como um vulcão em plena atividade, ou como um imenso mar em ebulição, elas cresciam sãs de espírito e de corpo, longe da emanação doentia e pútrida das grandes capitais, onde a degeneração e o vício davam à humanidade vidas enfermiças e contaminadas desde o nascimento.

A lepra nos países quentes e as febres malignas; a tuberculose pulmonar e a escrófula infecciosa nos países temperados e frios, bem como um número incontável de outras enfermidades ocasionadas pelo espantoso transbordamento do vício pareciam dizimar a humanidade, de tal forma que era difícil encontrar uma povoação que não estivesse açoitada por alguma enfermidade infecciosa.

As guerras contínuas, o êxodo constante dos povos fugindo dos movimentos sísmicos ou das perseguições das raças guerreiras e conquistadoras, campos cobertos de cadáveres insepultos, rios com as águas envenenadas por centenas de cadáveres de homens e animais afogados nelas, tudo, enfim, contribuía para que as regiões habitadas oferecessem um desolado aspecto de dor levada ao paroxismo.

O voraz incêndio das minas de betume nas margens do Mar Salgado (depois Mar Morto) havia submergido, sob uma imensa inundação de ondas negras e pesadas, cinco populosas cidades da planície do Shidin, inutilizando as águas medicinais daquele mar e as imensas salinas que o rodeavam; o transbordamento dos mares do norte, do Ponto e do Eritreu, tinha assolado as pradarias da Acádia e as campinas sumerianas e zoaritas.

O mundo todo parecia desmoronar, e a humanidade, marchar para uma ruína iminente.

Era o momento em que o Verbo Divino, recolhendo em si a Luz piedosa do Amor Eterno, baixaria novamente à Terra na mesma natureza do homem, para chamá-lo novamente às alturas de onde havia caído.

Entretanto, era acaso possível que aquele excelso e puro espírito de Luz pudesse formar matéria adequada para Si nas depravadas raças que povoavam a Terra?

Eis aí por que Adamu e Évana, nascidos e criados na solidão das montanhas e nas selvas dos vales do Eufrates, com suas almas virgens e seus corpos isentos de contaminação, deviam ser os genitores do Filho de Deus, que descia novamente à Terra para imolar-se pela humanidade.

A inundação de petróleo ardente sobre aquelas cinco cidades — Belha, Adma, Sodoma, Zeboin e Gomorra — fez com que muitas famílias salvas da catástrofe buscassem refúgio nos países vizinhos, do que resultou uma invasão dos restos dessas raças viciosas e degeneradas nos férteis vales do Shior (o Nilo), depois de terem atravessado o Deserto de Paran com a parte de seu gado que puderam salvar.

Não querendo submeter-se à lei do país de Ahuar, onde Bohindra, o kobda, era Chalit, foram obrigados a retirar suas tendas para a planície de Shur, sendo uma constante ameaça para os povos pastores e lavradores do Nilo.

Chegava, pois, o tempo em que os Filhos de Numu não podiam permanecer completamente entregues a seus grandes trabalhos mentais.

E o Pharaome disse a Bohindra:

— Procura entre nossos kobdas todos aqueles que sintam o impulso da vida ativa do exterior, para que, dedicando-se à pregação da boa lei, sejam salvaguarda dos costumes e da moral dos povos que o Altíssimo te confiou, porque essas hordas de perdição vindas das cidades nefastas que o fogo tragou logo infectarão tudo, a alma e o corpo dos teus súditos.

O Alto Conselho foi do mesmo parecer e Bohindra lhes perguntou:

— Estais todos comigo para me ajudar no cumprimento do meu dever?

— Estamos contigo! — responderam todos a uma voz.

— Então, que os assuntos do governo dos povos sejam comuns ao Pharaome e ao Alto Conselho da Casa de Numu, porque é demasiado peso para mim somente. Que sejam dez Chalits em vez de um só para governar este país.

Assim foi combinado e desde aquela época começaram os Pharaomes a ser os soberanos dos povos do Nilo. Quando o investigador chega aos domínios da história, percebe que a elevada moral e a saudável doutrina dos kobdas se perdeu com o tempo, ficando relegada ao interior dos santuários. O relaxamento começou no século VII depois de Abel, quando os Pharaomes se afastaram da vida em comum nos santuários, julgando inconveniente a mistura da vida civil com a espiritual; lentamente chegou o Pharaome a ser um faustoso rei, entregue completamente ao mundo exterior. A degeneração das doutrinas, ao contrário da dos seres, não se realiza em um ano nem em dois, mas através dos séculos; e, na metade do segundo milênio depois de Abel, só existiam vestígios, entre a maioria dos povos, da obra redentora dos kobdas, que se adiantaram à sua época, sendo os precursores da fraternidade humana no distante neolítico.

Ao dar abrigo no grande santuário à sede do governo dos povos, tiveram os kobdas algumas perturbações, precisaram realizar grandes esforços para que não decaísse a vida espiritual nem a força psíquica acumulada no silêncio da concentração retirada e solitária durante tantos séculos.

Mais da metade dos kobdas de Negadá se filiaram à vida ativa, tomando cada qual uma região ou povo para pregar a boa lei e impedir que se difundissem no país os costumes viciosos e corrompidos dos estrangeiros que haviam chegado.

Tubal, que era também do Alto Conselho, tinha sido de opinião que os kobdas jovens não saíssem para o exterior, mas somente os de mais idade, em face do perigo que encerrava para os primeiros o contato contínuo com seres de tão distintos costumes e tão tortuosos caminhos.

Mas como vários dentre eles tinham solicitado sair para ensinar ao povo, foi resolvido que saíssem sempre de dois em dois, ou seja, um kobda de idade com um dos mais jovens.

Assim passaram os Filhos de Numu da vida de silêncio, estudo e meditação para a vida ativa de apóstolos e mestres de povos.

Ao anoitecer todos os que haviam saído deviam encontrar-se na grande sala térrea, onde eram tratados os assuntos do exterior e em cuja parede principal se lia:

"Filho de Numu, deixa aqui toda inquietação e penetra no santuário com o espírito livre de todo pensamento exterior."

Esta frase fora gravada em pedra por um kobda que havia sido príncipe de um povo no país de Manhp (Armênia) e que sabia, por experiência, como o espírito absorve as coisas exteriores. Chamava-se Heberi. Depois de vários milênios, este mesmo ser fundaria no Ocidente uma instituição de solitários, dedicados ao estudo, à meditação e à agricultura, e na porta de seus santuários gravaria esta frase:

"Tu que entras, deixa atrás de ti os maus pensamentos."

Seria Benedito de Núrsia, o monge que fez da oração e do trabalho o caminho de elevação espiritual para seus discípulos, estampando nos claustros de suas abadias a centenária inscrição:

"Ora et Labora."

Foi necessário abrir asilos para os anciãos, os enfermos, as crianças desamparadas, os mutilados e os cegos, que iam ficando como farrapos de humanidade depois das guerras sangrentas, passados os terremotos, as submersões e as desolações de toda espécie.

Os kobdas saíam da Casa de Numu com a alma cheia de energia e o corpo vigoroso e forte e voltavam carregados da dor que haviam bebido na sociedade dos homens. Suas almas murchavam ao contato do fogo abrasador das paixões humanas e às vezes seus corpos se contaminavam com as enfermidades mais horríveis, ao lidar com os corpos enfermos e desfeitos.

— Começou o inverno para os filhos de Numu — disse Sênio, um velho kobda forte e jovial, a irradiar vitalidade e alegria, e que muito amava a Bohindra — e parece-me que nem todos chegarão a ver florescer novamente as cerejeiras deste horto.

Aldis empreendeu suas viagens pela costa do Mar Grande, examinando cavernas e ruínas abandonadas, nos intervalos que lhe deixavam livre suas tarefas missionárias, com a esperança de encontrar nos povoados costeiros sua esposa e as crianças, pois sabia por aviso espiritual da desencarnação de Sophia. Acompanhado de outro kobda antigo, durante vários meses caminhou para o norte pela costa do mar. Uma espécie de delírio se apoderou dele, que ao se encontrar longe da aura protetora da onda luminosa e serena da Casa de Numu, se encheu da mesma desesperança que sentiu quando ele e Johevan foram arrancados do lado de suas esposas pelos piratas, vários anos atrás. Um enxame de negros pensamentos apoderou-se novamente de seu espírito e desapareceu completamente a plácida serenidade que o tornara forte e resignado até pouco antes. Era a sua uma dor de abandono, solidão e agonia lenta e febril.

O kobda que o acompanhava compreendeu isto e lhe disse:

— Amanhã regressaremos a Negadá. És um passarinho demasiado jovem para sair do ninho.

Concentrando fortemente seu pensamento, ajudou-o a entrar no sono. Viu Johevan e Sophia que o acariciaram e lhe disseram:

— Saíste da tua lei e por isso padeces assim, sem esperança e sem consolo. Sabes que não deves encontrar já na terra a Milcha e às crianças, que não necessitam de ti para cumprir sua missão. Por que te empenhas em estatelar-te contra o que não deve ser? Regressa a Negadá, que o meigo calor daquele ninho de paz e de amor te devolverá a resignação e a calma que perdeste.

O que ocorreu a Aldis, de forma parecida, se não igual, sofreu Erech, em cujo espírito apaixonado e turbulento se levantou também a borrasca que fazia reviver o suave amor da esposa assassinada pela rainha guerreira Shamurance.

Suri, que com tanto entusiasmo se dispôs às lides heróicas do apostolado e seguira para os povos guerreiros que dominavam parte do Irã, ansioso de anunciar a boa nova, como vários séculos depois a anunciaria impulsionado pelas visões radiantes dos campos pastoris de Belém, encontrou-se logo com as hostes guerreiras de seu próprio irmão mais velho, do qual havia fugido para não fazer parte de suas legiões destruidoras de honras, propriedades e vidas. Seu desespero não teve limites quando se encontrou novamente naquele ambiente de destruição e crime, e viu-se obrigado a matar os guardas para escapar de suas garras.

Abélio viu-se consumido por uma febre maligna contraída no contato com os atacados da peste e pôde voltar finalmente a Negadá, submergido periodicamente numa espécie de *delirium tremens*.

Inútil é dizer que a rotunda de Bohindra se viu invadida por todas estas vítimas da mesma dor que saíram para remediar, o que fez o reflexivo Tubal dizer:

— Havia-me parecido que estas avezinhas novas não resistiriam ao ar empestado da humanidade atual.

"Ó humanidade que esperas o Messias, leprosa e enferma até a medula dos ossos! Quem te levantará? Quem?"

— O amor! — disse uma voz atrás dele, respondendo à pergunta daquele emocionado solilóquio.

Era Bohindra que vinha buscá-lo para que o ajudasse a submergir na piscina de águas vitalizadas a Abélio e Suri, que sofriam nesse momento uma intensa crise.

O Alto Conselho do Santuário de Negadá viu-se envolvido num problema de dificílima solução.

Cerca da metade dos kobdas havia saído para o exterior com o fim de ensinar aos homens a doutrina da paz e da concórdia, da tolerância e do amor; para difundir a idéia de uma Causa Suprema, fonte de energia e vida de tudo quanto existe; a idéia da fraternidade universal da qual surgiria a felicidade e a paz sobre a Terra.

Mas eis que os missionários voltavam enfermos na alma pelos horrores que apareciam diante deles, e às vezes enfermos no corpo por causa da peste, dos maus-tratos, das longas viagens às vezes sem pão e sem água.

Os únicos seres dispostos a escutá-los eram os enfermos próximos a morrer, os inválidos, os cegos, os abandonados como inúteis para a guerra e para o trabalho material. Os kobdas viram-se obrigados a carregá-los até os abrigos, onde as mulheres kobdas se encarregavam de vesti-los e cuidar deles até que a morte terminasse com aqueles farrapos de humanidade, já inutilizados para o vício e o crime, e que tardiamente reconheciam a verdade: "Creio e espero num Deus justo e misericordioso!"

As mulheres kobdas eram em número muito menor que os homens. No Santuário de Negadá não chegavam a quatro centenas as mulheres de túnica azul. Quase todas as religiões daquela época permitiam aos chefes de família, tribo, nação ou país, ter

121

para si tantas mulheres quantas pudessem manter. O temor de que as contínuas guerras, terremotos, submersões e pestes acabassem com a espécie humana fazia-os desejar com louca febre o aumento da prole, e cada qual se julgava maior e mais digno do apreço das multidões quanto mais filhos dava à humanidade. Disto resultou que todo ser, homem ou mulher, cuja natureza física não fosse apta para a procriação, fosse considerado como um ser amaldiçoado pela Divindade e que era até indigno de viver. Em muitos países foi decretada a pena capital para esses pobres seres que, às vezes, sem culpa nenhuma, pagavam com a vida sua infecundidade, e isto depois de submetidos a experiências torpes e sobremaneira degradantes para a dignidade humana.

Os santuários kobdas foram também um refúgio para esses infelizes seres, rechaçados da sociedade, e muitos dos kobdas de ambos os sexos estavam compreendidos neste caso, principalmente as mulheres que se viram obrigadas a fugir de seus maridos por temor das severas penas estabelecidas para as mulheres estéreis.

Alguns kobdas foram tomados prisioneiros com o único fim de exigir pelo seu resgate imensas somas do santuário que, embora podendo fazer-se respeitar, sendo como era um kobda o Chalit dos povos do Nilo, não estava autorizado por sua própria lei a mandar os súditos a uma guerra para salvaguardar seus bens materiais. Vinte e quatro Luas passaram até que o Alto Conselho viu todas as suas andorinhas voltarem ao telhado. Mas, em que estado voltavam ao lar paterno!

Alguns sofreram horríveis mutilações em virtude de terem se negado a unir-se com mulheres cujos maridos haviam morrido na guerra. Os que por temor às torturas se haviam submetido à vontade dos animalescos chefes militares voltavam com a dor imensa de ter deixado um filho para que fosse também carne de vício e de crime, como todos os demais.

Alguns kobdas jovens, mais afortunados, humanamente falando, e tendo alguns desses dotes que no mundo se aprecia muito, viram-se lisonjeados em sua vaidade e em seu amor-próprio, sendo elevados ao posto de chefes de tribos ou povos que tinham ficado sem seus reis. Vários deles solicitaram que lhes fossem devolvidos os bens materiais que haviam acrescentado ao tesouro comum, porque iam deixar a túnica azulada para ser proclamados Ases, ou seja, chefes ou príncipes de povos distantes.

— Na Casa de Numu não deve existir outra cadeia além do amor — dissera o Pharaome. — Ide, meus filhos, e que o Altíssimo tenha piedade de vós. Se novamente voltardes vencidos pela dor da vida, lembrai-vos do cordeiro que Numu tem entre seus braços e buscai albergue em alguma das nossas Casas, onde vos identificareis por este sinal. — E punha no interior de suas vestimentas uma plaquinha de cobre, na qual estava cinzelada a efígie de Numu abraçando seu cordeiro.

Os velhos kobdas, que os haviam recebido quando jovens, viam-nos partir com bastante dor, mas eles, em cujas almas o vampiro do orgulho e da vaidade fora novamente despertado para matar o pássaro azul do amor, partiam sem amargura, cheios de ilusão, sonhando com a vida de grandeza, popularidade e glória que os esperava.

122

Quando finalmente a espantosa tempestade se acalmou na Casa de Numu, o Alto Conselho reuniu-se para deliberar sobre a linha de conduta a seguir daí em diante.

Quase todos foram do mesmo parecer de Tubal: que nenhum kobda que não houvesse cumprido dez anos de consagração e que não tivesse quarenta anos de idade pudesse sair para missões mais além da própria cidade de Negadá, limitando-se aos abrigos e casas de refúgio que ali haviam sido abertos para os órfãos e desamparados. Que, ao regresso ao Santuário, passassem quarenta dias sem tomar parte nos trabalhos mentais, porque qualquer pensamento alheio a eles significava um grande obstáculo. Ao cortar as vibrações superiores em atividade, eles punham em gravíssimo perigo os duzentos sensitivos da cadeia magnética, que eram os acumuladores da energia necessária.

Que os kobdas de mais idade que se vissem impelidos a empreender missões distantes fossem acompanhados de um corpo de arqueiros que, por terra ou por mar, servissem de defesa nos casos de perigo nos quais tinham sido envolvidos os da primeira missão.

— Fazemos maior bem para a humanidade procurando a purificação e libertação de nossas almas do que nos perdendo sem conseguir salvar os demais — opinaram alguns.

Outros pensavam não poder permanecer impassíveis ante o desmoronamento da humanidade.

Achavam-se, pois, atormentados os Filhos de Numu com estas preocupações, quando numa noite na Morada da Sombra apareceram, em manifestação plásmica radiante, os dez kobdas fundadores, e o mais elevado deles falou suavemente e de forma muito meiga para lhes dizer:

— *Que se submerja o mundo, mas que não se destrua o Amor e a Paz entre vós, porque esse amor e essa paz são a urdidura na qual o Filho de Deus tece seu ninho para descer à Terra. Nenhum kobda que não tenha morto em si mesmo todas as suas paixões, misérias e debilidades está apto para ajudar os demais a matar as suas. Aprenda o kobda primeiro a dominar todos os baixos movimentos de seu íntimo ser e então vá pelo mundo ensinar aos demais. Maior bem fazeis à humanidade sustentando com vosso pensamento o augusto santuário imaterial que permite ao Verbo de Deus descer à Terra, que destruindo este santuário com vossas mentes agitadas pela marulhada exterior, sem conseguir edificar lá fora nada que seja sólido e duradouro. Agir de outra forma é retardar o momento de Sua vinda ou inutilizar Seu sacrifício, vendo-se Ele forçado a transmigrar do planeta sem conseguir realizar Sua obra para a redenção humana. Paz e Amor!*

A visão desapareceu entre o silencioso pranto dos sensitivos e dos kobdas anciãos, que eram os mais doloridos e atormentados pela grande borrasca que acabavam de suportar.

O caminho estava, pois, novamente esboçado por aqueles mesmos que tinham criado a instituição à custa de grandes abnegações e sacrifícios.

A Aliança do Eufrates com o Nilo

Para prover à defesa dos países que haviam sido confiados a Bohindra pelo Chalit Armhesu, foram escolhidos os melhores arqueiros de todos os seus domínios e estabeleceram-se destacamentos deles de distância em distância em todas as fronteiras, que quase sempre eram as montanhas, os mares ou os rios que dividiam uns povos dos outros. Eram os vigias postos no exterior para impedir o avanço das hordas embrutecidas que, desde Gomer e Zoar, se preparavam para invadir os pacíficos territórios do Vale do Nilo. Os agricultores das pradarias do Eufrates e de seus rios tributários se apresentaram a Zoan para solicitar ajuda aos súditos de Bohindra, pois se viam ameaçados pelos gomerianos desde que seu velho chefe Halhinay tinha falecido, e seus mais bravos guerreiros estavam dispersos e desunidos, faltando-lhes o laço de harmonia existente em Zoan.

Bohindra, com seis kobdas do Alto Conselho, transferiu-se para Zoan com o fim de tratar do assunto com os mensageiros daquelas tribos de pastores do imenso e fértil vale regado pelo Eufrates e pelo Hildekel ou Tigre.

Quando aqueles o viram tão jovem, tão galhardo, adorado pelo seu povo e respeitado pelo Audumbla e pelos anciãos, disseram:

— Aceita, ó Filho de Numu, governar nossos povos desorientados e dispersos por falta de um chefe capaz de unir-nos a todos com essa virtude humanitária a emanar de ti como um rio caudaloso!

— Aceita, Chalit — disse o Audumbla ao seu ouvido —, que será obra grata ao Altíssimo.

— Que dizeis vós? — interrogou Bohindra aos seis kobdas que o acompanhavam como representantes do Alto Conselho da Casa de Numu.

— Que aceiteis, se eles são povos pacíficos, porque com povos guerreiros não podemos estabelecer alianças — aconselhou Tubal.

— Que tributo devemos pagar de nosso gado e de nossas colheitas? — perguntaram os solicitantes.

— A mim, nenhum — respondeu Bohindra —, mas fareis um tesouro comum para atender à manutenção dos vossos enfermos, dos anciãos e das crianças, para levantar uma Casa de Ensinamento, Casas de Refúgio, casas de paz e sossego, aonde possam comparecer para se curar do corpo e da alma os enfermos e os sofredores.

— Quais são atualmente as vossas terras? — perguntaram os do Conselho de Zoan.

— As terras de Cedmonéa (Moab) até a margem do Hildekel para o oriente, até Acadsu para o norte e, para o ocidente, até as Salinas e o Mar da Morte. (Assim começou a se chamar a região desolada e morta convertida em imensos pântanos de betume, onde haviam sido edificadas as cinco cidades destruídas pelo explosão.)

— E vós, que exigireis de mim? — perguntou Bohindra por sua vez.

— Que ponhais de acordo nossos oitenta chefes guerreiros, como o fez o glorioso e justo Halhinay, durante cujo governo houve trigo, azeite e vinho em abundância e nosso gado enchia o vale do Eufrates e suas verdes pradarias.

— Que garantia tenho de que esses oitenta chefes guerreiros aceitam um mandatário estrangeiro?

— A de que nenhum deles se atreve a ser o defensor de todos; sendo já conhecida em nosso país a justiça com que Armhesu governou seus povos, pensamos que seu herdeiro seria o único capaz de proteger os nossos. Que vossos destacamentos de arqueiros estendam sua linha de vigilância, encerrando nela as nossas terras; que deixeis cada chefe guerreiro encarregado do governo interno dos seus servos e do seu gado, e que sejais vós o laço de união entre os oitenta chefes que solicitam vossa ajuda.

Os convênios foram gravados em lâminas de pedra depois de longas deliberações entre todos, e, finalmente, o Audumbla ofereceu a Bohindra o estilete de cobre e prata para que referendasse com sua assinatura aquele estranho documento de páginas de pedra:

Bohindra, Filho de Numu.

Tubal, pelo Alto Conselho, e o Audumbla, pelo Conselho de Zoan, gravaram também suas assinaturas ao pé dos convênios.

Eis que os acontecimentos punham sob a tutela dos Filhos de Numu a região na qual devia descer Abel na vida terrestre, para que sua obra de Semeador da Verdade Eterna não fosse entorpecida e aniquilada ao nascer.

Um exército de quarenta mil arqueiros foi destacado para guardar as fronteiras das terras dos vales do Nilo e do Eufrates, para impedir que as hordas gomerianas e zoaritas avassalassem os pacíficos povos lavradores e pastores que representavam quase a única porção da humanidade que se mantinha livre da depravação reinante.

Os oitenta chefes guerreiros urbausinos (derivado de Ur-Bau, nome da divindade da região), homens pacíficos, mas incapazes de sacrifício algum pelos demais, ficaram satisfeitos ao ver-se protegidos pelo Chalit do Nilo, ao qual, desde então, deram o sobrenome de Thidalá, que em seu idioma significava "Rei de Nações".

Quando todos se retiraram e Bohindra viu-se a sós com seus seis irmãos kobdas, abraçou-se com Tubal, a quem amava no íntimo do coração, e chorou em silêncio durante longo tempo. Zhain e os outros kobdas, que tanto o compreendiam, rodearam-no com imenso amor, adivinhando o que ocorria naquela alma sensitiva.

— Por muito que os homens queiram levantar-me, prometei-me vós que não me deixareis escapar da suave cadeia que formais com vossos braços — disse quando pôde serenar-se e falar. — Tenho medo de grandeza, tenho medo do poder, tenho horror do desejo!... Protegei-me de mim mesmo, por piedade!... — exclamou como um menino que se visse encurralado por feras famintas.

— Nosso amor será teu escudo e tua fortaleza — respondeu Tubal, interpretando o pensamento de todos.

Permaneceram em Zoan dez dias mais, até que houvessem chegado os oitenta chefes urbausinos que voluntariamente se punham sob a tutela do Chalit do Nilo, o qual lhes ofereceu uma refeição de aliança na velha residência de Armhesu. Compôs para eles e cantou o hino da paz que haviam de adotar como canção popular para todas as suas festas. Obsequiou-lhes o Anel da Aliança forjado em cobre e prata e os despediu depois de lhes fazer prometer que nunca tomariam as armas uns contra os outros, sem antes dar-lhe aviso para evitar a contenda.

AS GLÓRIAS DO DEVER CUMPRIDO

Milcha tinha recebido um aviso em sonho, ou pelo menos ela o tomava como um aviso.

Viu-se entre Sophia, Johevan e Gaudes, que amparavam a ela e a Aldis como se fossem dois enfermos convalescentes que não podiam caminhar por si sós. Recomendavam-lhe encerrar dentro de um saco de couro perfeitamente fechado os tubos de cobre com os papiros nos quais Sophia escrevera a história de suas desventuras e soltá-lo ao mar, num dia em que o vento norte soprasse com força. Aconselhavam-na a preparar as crianças para viver sozinhas daí em diante, porque se aproximava a hora em que ela devia libertar-se de sua matéria. Mais ainda: recomendavam-lhe que separasse um do outro; que levasse Adamu às ruínas que encontrara e deixasse Évana na caverna, para evitar que, julgando-se irmãos, tendessem depois a se separar, procurando Adamu outra esposa e entregando Évana a outro companheiro.

— Adormece-os com suco de videira — disse Gaudes — quando chegar o momento, para que, ao despertar, se encontrem um sem o outro; não temas, pois, quando chegar a hora, eu os farei encontrar-se.

Milcha compreendeu por este sonho o grande desígnio existente sobre as crianças. Envolvida desde há vários anos sob uma proteção que pelo visível e grandioso parecia às vezes maravilhosa, não achou nada disto estranho e começou a praticar em ensaios o que em sonhos lhe haviam aconselhado.

Adamu contava já cinco anos e Évana chegaria à mesma marca dali a poucos meses. Ambos tinham crescido robustos e fortes, sem haver padecido jamais uma enfermidade, e Milcha começou a acostumá-los a se servir dos alimentos, a buscar suas roupas, a vestir-se e a ordenhar as renas.

Cessaram os passeios cotidianos e a caverna transformou-se numa pequena escola de conhecimentos domésticos.

Com fios dos tecidos de linho, Milcha fazia com que Évana aprendesse a costurar. As varinhas metálicas da gaiola do grou deram material para que Milcha fabricasse algumas agulhas de tecer, muito grossas na verdade, mas em condições de preencher a necessidade.

Fez finos estiletes de madeira e preparou penas de aves, e, com tinta formada com fuligem e suco de videira ou de outras frutas, fez com que escrevessem seus próprios nomes e as palavras mais usuais no vocabulário doméstico.

Um dia se aventurou a um ensaio maior. Fez Évana dormir ao meio-dia, deixou a alcova fechada e saiu com Adamu, Madina e outra rena em direção às ruínas. Ensinou o menino a montar sozinho, para o que a rena se deitava no solo. Quando chegaram, comprovou que ninguém passara por aquelas ruínas, pois encontrou tudo como tinha deixado nos passeios anteriores. Limpando o lugar da lareira, encontrou finalmente no centro a pedra do fogo, como a chamavam, e pendurado num gancho o ferro de acender a fogueira. Amontoou feno e ramos secos e o fogo começou a se acender numa alegre labareda, como se sentisse a felicidade de tornar a viver.

Limpou e preparou as grandes manjedouras de pedra, encheu de feno seco uma delas, estendeu ali as peles e mantas que havia levado e deixou preparada uma formosa cama.

— Quem dormirá ali, mamãe? — perguntou Adamu.

— Nós, quando deixarmos a caverna que vai desmoronar.

— Por que Évana não veio conosco?

— Porque tinha sono e quis dormir.

Satisfeito com suas perguntas, Adamu entreteve-se a brincar com sua pequena rena, a cujo pescoço atou uma cesta vazia, que logo encheu de frutas secas.

Milcha examinou todos os lugares daquela imensa ruína, por cujos caminhos foi internando-se pouco a pouco, e assegurou-se de que os escombros se sustentavam com tal força que quase haviam formado um só corpo de blocos de pedra e grossas vigas de madeira. Ajudada por Madina, arrastou ramos secos para ocultar mais a porta do estábulo e, enrolando plantas trepadeiras entre os ramos, formou uma espécie de muro circular diante da entrada, de tal forma que de fora não se via senão uma formosa saliência verdolenga, coberta além do mais pelas copas das árvores gigantescas que lá havia. Quando se convenceu de que as ruínas eram uma morada segura, preparou na imensa pedra da lareira um lugar que serviria de mesa e comeu com o seu filho, o qual repartiu a sua ração com o filhote de rena.

Em sua cota de provisões Milcha tinha levado o suco de videira, do qual deu tanta quantidade ao menino que ele ficou adormecido.

Era já o cair da tarde. Recostou-o na manjedoura transformada em cama. Fez um leito de palha para a filha de Madina e seu filhote, junto de Adamu, e, observando durante um momento o robusto e formoso menino adormecido, exclamou com toda a intensidade de sua alma de mãe:

— Gaudes, Sophia e Johevan! Sede os anjos guardiães do meu filho, nesta primeira noite que me separo dele.

Uma imensa tranqüilidade a invadiu e uma paz dulcíssima se estendeu pelo estábulo. Ia caminhar em direção à porta para sair, quando viu o mesmo ancião que tirou a pele dos búfalos, o qual, acariciando a sua cabeça, disse:

— Vai tranqüila, minha filha, que eu velo o seu sono.

Viu-o entrar no estábulo e fechar a grossa porta de carvalho quando ela se afastava. Milcha montou sobre Madina e foi-se, pensando no mistério encerrado na vida das duas crianças, que desta forma eram vigiadas pelas almas errantes de Deus.

Quando chegou à caverna, Évana ainda dormia. O grou, deitado sobre o leito junto à cabecinha da menina, parecia entretido em alisar os cachos ruivos com seu longo bico.

Madina acendeu o fogo da lareira. Milcha deu lume à grande vela e correu para despertar Évana para dar-lhe a ceia.

— Milcha! — disse ela, apenas a viu. — Mamãe veio com outra mamãe e me deram tantos e tantos beijos.

— Sim? E que te disseram?

— Já não sei. Esqueci quando me despertaste.

— Agora vamos cear. Levanta-te e busca todo o necessário, porque eu estou muito cansada. Trabalhei muito.

— E Adamu? — perguntou a menina.

— Seu pai levou-o para um lugar formoso — respondeu Milcha.

— E não voltará mais?

— Sim, filhinha, sim; voltará amanhã.

Évana, como pôde, pôs sobre a mesa pão, queijo, frutas e um prato com codornizes preparado nessa manhã por Milcha; e, com toda a tranqüilidade, sentou-se ao seu lado para comer.

— És toda uma mulherzinha — disse Milcha, abraçando-a ternamente, pois propositadamente a havia mandado preparar a mesa para acostumá-la a que ela mesma se servisse.

Outra mulher em tais condições estaria desesperada ao pensar que, ao chegar a morte, deixaria aquelas duas crianças abandonadas. Contudo, Milcha tinha dentro de si a plena convicção da assistência espiritual, na íntima união que percebia e via nas almas errantes, que, do plano etéreo onde se achavam, compartilhavam com ela das contingências da vida humana e eram poderosas auxiliares em todo o decurso dos acontecimentos que se iam sucedendo.

— Se o rei Nohepastro, levantando seu pensamento acima da terra que pisava, houvesse pensado em que todos nos achamos submergidos no pensamento de Deus, e que os desencarnados e os encarnados caminham unidos, obedecendo a um plano divino que desconhecemos, de forma muito diferente teria agido em relação a Johevan e à sua própria filha — meditava Milcha enquanto Évana comia com grande apetite.

"Que tenho eu que temer de algo ou de alguém? Não vejo acaso a proteção divina e uma lei forte e poderosa que nos vai conduzindo passo a passo para um determinado caminho, sem que ninguém possa impedir? A morte!... A morte tão temida pelos humanos! Acaso é verdadeira a morte? Não vejo eu e sinto os que chamamos mortos, viver, sentir, amar e compartilhar comigo da dor ou da alegria da vida? Quando chegar a minha hora de partir, não continuarei da mesma maneira ao lado das crianças, para vigiar e cuidar delas?

"Quanta grandeza, meu Deus, vim conhecer nesta caverna, abandonada por todos, quando mais submergida me julgava num abismo sem fundo!

"Gaudes, Sophia, Johevan!... Quando me encontrar entre vós, seremos quatro forças, quatro energias unidas, para velar sobre Aldis e as crianças, até que eles, por sua vez, se desprendam da vida para continuar no mundo das almas os caminhos de Deus!..."

Submergida nestas meditações, Milcha não viu Évana convertida numa verdadeira dona de casa. Depois de comer, ela deu de comer ao grou e à Madina. As renas começaram a chegar e ela foi enchendo suas cestinhas com bolotas de carvalho e aproximando-as de cada uma.

Feito tudo isto, divertiu-se em arrojar punhados de palha e pequenos ramos secos ao fogo, que levantava qual coluna de ouro suas labaredas vivas a cada porção de combustível que ela arrojava. Depois tomou um pequeno ramo que começava a queimar e, sobre a madeira branca da mesa, escreveu com caracteres mal traçados, sem dúvida, estas palavras: Milcha — Évana — Madina — Adamu. Depois, deu grandes gritos de alegria que fizeram Milcha sair de todas as suas reflexões.

— Agora ajudar-me-ás a fazer o pão, porque não temos para amanhã — disse Milcha à menina, sentando-a sobre seus joelhos e alisando seus dourados cabelos.

— Sim, sim, eu te ajudarei, porque o teu pão me agrada muito — respondeu Évana.

— Pois daqui em diante terás que dizer "meu pão", porque tu o farás. Serás capaz de fazê-lo, minha querida?

Como resposta, a pequenina saltou dos joelhos de Milcha e foi buscar o saco de farinha. Fazendo grandes esforços para trazê-lo aos rastos, disse toda fatigada:

— Agora verás como faço o pão!

Com inaudita paciência Milcha explicou tudo e depois, como se tratasse de brincar com ela, deixou que preparasse a massa em forma de tortas e as enterrasse sob as brasas da lareira.

Novos gritos de alegria diante da primeira torta que ela tirou do braseiro, mediante um espeto de cobre feito especialmente para tal operação!

— Agora retira a cinza com este pano, vês? — explicou Milcha para a menina que observava com grande atenção.

— E agora se come assim, vês? — disse Évana, tomando a dourada torta das mão de Milcha e aplicando-lhe rapidamente seus dentes.

— Sim, sim, vejo perfeitamente que isto aprendeste sozinha — respondeu Milcha rindo.

Quando a tarefa estava terminada e sendo já bem adiantada a noite, Évana começou a dormir e Milcha levou-a para sua alcova e a deitou.

Sentou-se novamente junto à mesa, defronte à lareira, e seu pensamento voou para o estábulo das ruínas, onde dormia Adamu.

— Pobrezinho! — exclamou. — Ele terá a mesma vida dolorosa e amarga dos que lhe deram o ser.

Uma onda de imensa tristeza começava a oprimir-lhe o coração como uma garra de ferro.

Repentinamente sentiu-se envolvida num brando torpor e perdeu a consciência da vida física.

Seu duplo etéreo seguiu Gaudes com vertiginosa rapidez para o estábulo, no qual não entraram, mas viram, ao passar, um jovem formoso de grande estatura que, com uma espada aparentemente feita de fogo, estava de pé, imóvel, na porta do estábulo.

— Vês? — disse Gaudes. — Esse é um dos milhões de espíritos chamados *Guardiães*, que o Amor Eterno colocou como vigia junto de todo ser encarnado que se enquadra dentro da Lei Divina e se arroja ao seio de Deus, sem outra aspiração a não ser a de cumprir em todo momento a Sua soberana Vontade. Se tivesses neste momento vinte filhos, próximos ou afastados de ti pela Vontade Divina, da mesma forma que este menino, vinte guardiães haveria para protegê-los e defendê-los. Aprende, pois, minha filha, a compreender a Deus que nunca, em hipótese alguma, nega a Sua generosidade às Suas criaturas, e se estas sacrificam por ele uma afeição, ou uma vida, recebem em troca um infinito mundo de amor, paz e felicidade.

Milcha sentia-se invadida por uma energia formidável e por um febril anseio de realizar grandes sacrifícios para merecer toda essa felicidade, cujo prelúdio parecia sentir a longa distância.

— Agora visitarás teu esposo — disse Gaudes. E apenas tinha terminado a frase quando se encontraram no jardim de inverno da Casa de Numu, onde Aldis estava estendido num daqueles grandes bancos cobertos de peles. A seu lado estava Bohindra, que para Milcha pareceu ser Johevan. Era a meia-noite, e aquele recinto estava submerso numa suave penumbra, pois não havia outra luz além da de um grande círio. Mesmo essa fraca claridade era amortecida por uma espécie de imenso quebra-luz em forma de abóbada, feito de um tecido vegetal de cor violeta.

Milcha aproximou-se de Aldis e o beijou na testa. Ajoelhou-se junto a ele e, dobrando a cabeça sobre aquele peito que fora sua fortaleza, chorou silenciosamente.

— Pobre Milcha! — exclamou repentinamente Aldis, sentindo o eflúvio dela embora não a vendo.

— Mas não é disso que falávamos — disse Bohindra.

— Sim, é verdade, mas veio a mim tão fortemente o pensamento dela que a exclamação saiu sozinha dos meus lábios.

O duplo etéreo de Gaudes aproximou-se de Milcha e, pondo sua mão sobre a cabeça dela, fez-lhe compreender que tivesse calma e esperasse.

— Perdoai-me — continuou Aldis — se às vezes não vos trato com toda a respeitosa deferência que devo. Vossa aparência e vossa voz me fazem pensar em Johevan, que tinha menos idade que eu, e não em Bohindra, que pode ser meu mestre e também meu pai.

— Não vos inquieteis por isto, pois eu o compreendo perfeitamente. Dizíeis-me que estais resolvido a não efetuar mais giros no exterior, porque cada vez que saís, voltais enfermo do corpo e da alma.

— Assim é, mas não entendo a causa — observou Aldis.

— Vede os anos que tenho consagrado puramente à vida do espírito. Pude observar que, em todo agrupamento de seres, o amor de uns para com os outros e a mútua confiança criam e formam ao redor deles uma aura tão poderosa e benéfica que preserva as almas e os corpos dos males que lhes são inerentes. Sois muito sensitivo, e uma vez fora deste ambiente, vos sentis açoitado por todas as terríveis influências que levam em geral os homens a se abandonar às lamacentas correntes da vida vulgar e grosseira. A fera da sensualidade levanta-se furibunda e faminta, e vós mesmo dizeis que vos sentis impelido por ela, apenas vos afastais da Casa de Numu. Isso quer dizer que, no meio do mundo atual, sois um homem perdido, e que se estivesses afastado daqui, seríeis um vicioso como todos.

— Realmente é assim, e até me envergonho de pensar nisto quando estou aqui dentro, sentindo a elevada atmosfera de pureza e santidade que aqui se respira. Acreditaríeis que houve até momentos em que o pensamento de Milcha e Adamu nem vossa recordação foram capazes de apagar as ardentes e sedutoras imagens que me dominavam e me atraíam com uma irresistível sugestão?

— Acredito, acredito — disse Bohindra — porque tomastes uma matéria tão grosseira e pesada que necessitais de uma intensa irradiação de amor espiritual para que ela não se converta numa cadeia para o vosso espírito.

— Se Milcha pudesse ver o resultado das minhas viagens no meio dos humanos, abençoaria a Deus pelo fato de eu me encontrar tão suavemente protegido entre estas paredes, antes de suportar o amargo desengano de me ver arrastado pelo vício, esquecendo-me dela e até do meu filho.

— Eu bendigo ao Altíssimo por haverdes chegado finalmente a vos convencer de que absolutamente tudo quanto vos ocorreu é um dos efeitos do Amor Eterno, aplicado ao maior bem de todos vós. Bendigo também ao Altíssimo que vos deu forças para regressar a este ninho de paz e segurança, porque se não fosse assim, teríeis perdido lastimosamente esta encarnação; teríeis saído da aura protetora estabelecida para vós e não vos reuniríeis com os vossos companheiros de aliança, a não ser depois de muitos séculos de encarnações terríveis e quedas desastrosas.

O duplo etéreo de Milcha afastou-se de Aldis quase com horror e se refugiou na aura paternal e protetora de Gaudes, que lhe infundia serenidade e coragem.

— Vede por que — continuou Bohindra — a Casa de Numu aconselha cada qual a estudar muito de si mesmo, e por que o Alto Conselho deve ser formado por homens de grande experiência nos caminhos espirituais. Nós devemos observar as forças do nosso espírito e também analisar as condições da matéria que nos acompanha. Foram um zelo e um entusiasmo indiscretos que levaram muitos kobdas ao abismo. Nossas crônicas estão repletas de exemplos tristes de irmãos nossos que, julgando-se fortes, se aventuraram em lançar-se no mundo; uns para ser mandatários de povos, outros para servir de audumblas ou áugures junto dos chefes ou reis que no-los solicitaram. Não lhes foi suficiente escudo de defesa o bom desejo que os animava ao sair para tais destinos. No fundo deles mesmos, vivia ainda, como larva em letargia e não morta, a vaidade, o egoísmo, o amor-próprio que, dentro desta sutil e puríssima atmosfera de esquecimento de nós mesmos e de amor recíproco, não se reavivam, não crescem nem tomam corpo, e no fim acabam por morrer, do mesmo modo que, num organismo puro e limpo, não fazem morada os bacilos de nenhuma gangrena. Mas essas larvas imundas, postas em contato com uma atmosfera enfermiça e viciada, erguem-se em seguida ameaçadoras e famintas e esgotam a vida da alma como os bacilos a vida do corpo.

O duplo etéreo de Milcha aproximou-se novamente de Aldis. Impulsionada por Gaudes, disse com a voz sem ruído de seu pensamento:

— Perdoe a minha mesquinhez, pois num momento tive asco de ti!... Talvez em outra vida tenha sido eu tão débil como tu!...

— Que Milcha e meu filho perdoem a minha miséria e a minha debilidade!... — exclamou Aldis. — Porque estou convencido de que fui eu a causa da dor e do tormento que eles sobreviveram no meio da sociedade humana da atualidade.

"Que sábio é Deus!... Que sábio é Deus!..." — exclamou, oprimindo a cabeça com ambas as mãos.

Bohindra fez-lhe beber uma taça de água do chafariz da fonte e lhe disse, ao se retirar, que fizesse o mesmo com os outros enfermos que descansavam no lado oposto do recinto.

— Não vos atormenteis mais com o passado; agora é necessário pensar no porvir.

Gaudes e Milcha afastaram-se e esta despertou na caverna, onde o fogo parecia apagado e apenas a luz da grande vela iluminava debilmente o recinto.

Estremecendo de frio, Milcha reavivou as brasas cobertas pela cinza e arrojou nelas palha e ramos secos, até que a formosa labareda iluminou novamente a caverna.

Olhou para Évana que dormia e, a seu lado, o grou. Madina aproximou-se para lamber suas mãos e Milcha lhe disse:

— Dormiremos umas horas e logo me acompanharás para buscar Adamu, ouves, Madina? — A rena obedeceu e foi deitar-se junto à sua numerosa família.

— Pobre Aldis! — exclamou Milcha, falando consigo mesma. — Sonhei que estava cheio de remorsos. Guarda-o, meu Deus, em Tua Lei, ainda que deva estar separado de mim para toda a sua vida!

Dormiu até o amanhecer. Com a primeira luz da alvorada, saiu da caverna seguida por Madina e pelas demais renas e dirigiu-se para o pequeno arroio, perto do qual estavam as ruínas. A porta do estábulo estava aberta e dentro não havia ninguém.

Saiu novamente e começou a chamar o menino.

— Adamu! Adamu!...

Ninguém lhe respondeu. Saiu fora do bosque de velhas árvores que sombreavam as ruínas e então viu a rena seguindo pela margem do arroio em direção ao sul, caminhando lentamente com Adamu montado sobre ela, e seguida pelo seu filhote.

— Graças a Deus! Que susto me deu! — exclamou Milcha, começando a andar em direção a eles. Mas Madina empreendeu uma veloz carreira e foi colocar-se diante de sua filha para fazê-la deter-se. Milcha chegou junto do filho que ria felicíssimo, mostrando-lhe dois filhotes de codornizes que levava no bolsinho de sua vestimenta.

Milcha abraçou-o ternamente ao mesmo tempo que lhe dizia:

— Voltemos à caverna antes que Évana desperte.

Montando em Madina, empreenderam a volta. Fizeram um longo rodeio por trás do imenso arvoredo para que o menino não aprendesse a voltar sozinho, pois dissera ele ao vê-la chegar:

— Agrada-me mais esta casa que a outra, sabes, mamãe? Porque vieram muitas como tu e como a mamãe de Évana e me deram muitas coisas boas.

132

— Verdade, meu filho?

— Claro que sim. Tu podes ficar lá com Évana e eu venho para cá.

— Ah, ingrato!... Já não me queres mais?... — observou Milcha entre risonha e triste.

— Então viremos todos.

— Depois, depois — disse Milcha, cortando essa conversa.

Chegaram à caverna onde a menina dormia, sempre acompanhada pelo grou que parecia velar o seu sono.

AS MULHERES KOBDAS

Uma mão oculta, porém potente em sumo grau, parecia ir preparando a unidade de todos os países do Vale do Eufrates. A horrorosa catástrofe das cinco cidades destruídas pela explosão dos poços de petróleo havia anulado o foco mais peçonhento do mal existente nessa região.

A Phara-femme da casa de Numu para mulheres era irmã do chefe de uma das tribos que habitavam o ocidente de Urcaldia, chamado Thares.

Era uma espécie de pastor-monarca, levando o título de Patriarca. Sua forma de governo era hereditária e quase completamente familiar, pois o Patriarca era o pai que administrava os assuntos da casa da forma mais conveniente e tranqüilizadora para todos.

Thares apresentou-se, pois, um dia, na Casa de Numu, para falar com sua irmã Vadha, que era a Matriarca ou Phara-femme, que com seu Alto Conselho resolvia os assuntos internos; todos os assuntos externos deviam ser deixados a cargo de seus irmãos, os kobdas.

Desde a abertura dos asilos e casas de refúgio, as kobdas tinham uma tarefa extremada com os inválidos, os enfermos e os *possessos* que chegavam quase diariamente.

Também tinha aumentado o número das kobdas, porque as mulheres que se curavam do corpo nos asilos e da alma no refúgio pediam para passar à Casa de Numu para formar fileira junto daquelas mulheres abnegadas até o heroísmo, a quem a natureza havia negado a maternidade, mas que o amor tinha transformado em mães de todos os despojos de humanidade que iam para aqueles recintos de paz e sossego, buscando a cura física e a cura espiritual.

As kobdas vestiam a mesma túnica azulada dos homens, mas em vez do gorrinho

133

violeta levavam uma espécie de véu ou manto dessa cor, que, cingido à testa, cobria a cabeleira penteada em tranças e caía sobre as costas em largas pregas até o solo.

Para proteger-se da vingança dos que tinham sido seus opressores, não era permitida a entrada de ninguém que não fosse da absoluta confiança do Alto Conselho e, feita esta exceção, os demais somente podiam lhes falar através de uma parede de pedra, na qual havia pequenas ogivas cuja portinha era de sílex esculpido em forma de uma estrela de cinco pontas, antiqüíssimo símbolo da Luz Divina, para a qual nada fica oculto.

Pelos imensos bosques e jardins que circundavam em todas as direções o vasto recinto, passavam para o asilo e para o refúgio as encarregadas de atender aos albergados. Tais encarregadas eram sempre as mais jovens, acompanhadas por algumas das mais antigas.

Não saíam as kobdas para o exterior, a não ser em casos muito graves e urgentes.

Thares manifestou, pois, à sua irmã Vadha, que na região ocidental do Descensor e do Mar da Morte tinha-se desenvolvido uma espantosa epidemia, e que seu filho Abrano, que era o Patriarca ou chefe-pastor da região, estava desesperado, vendo seus súditos morrer sem auxílio, pois, em razão do medo da peste, os enfermos eram abandonados por seus próprio parentes. Em vista disso, Abramo solicitava a abertura de um asilo e pedia que as mulheres kobdas fossem atendê-lo. Ele prepararia a casa e mandaria seus elefantes e camelos para conduzir as kobdas enfermeiras.

O caso era demasiado grave para ser devidamente resolvido somente por elas, e foi necessária uma consulta com seus irmãos, os kobdas.

A proposta foi aceita, mas elas deviam ir acompanhadas por quatro kobdas anciãos, além dos homens de confiança que, como condutores da caravana, seriam mandados pelo Patriarca de Galaad.

Sênio, o velhinho kobda, apesar de seus anos, havia-se empenhado em ir, dizendo que antes de partir queria prestar um último serviço à humanidade, dentro da qual julgava não existir perigo para ele, porque já não podia ser considerado como um homem, mas como um feixe de raízes de carvalho, "apto somente para servir de cajado aos pastores".

Assim disse Sênio, o velhinho, ao montar tranqüilamente sobre o camelo, que seguia na frente da caravana de mulheres kobdas ao país de Galaad.

As kobdas iam de seis em seis, sentadas em cômodas poltronas cobertas sobre o lombo dos elefantes, que eram sete, para conduzir quarenta e duas kobdas. Os homens iam em camelos e o carregamento era conduzido por uma tropa de asnos.

A kobda que ia como chefe da nova casa era uma mulher de cinqüenta e sete anos, que aos vinte e quatro de idade tinha fugido de seu lar, no país de Van, porque seu marido, poderoso guerreiro, cujas tribos ocupavam uma vasta região de oriente a ocidente até a costa do Mar Grande, era extremamente ciumento e mandara gravar na pedra de seu testamento que, chegada a sua morte, sua mulher fosse sepultada juntamente com ele. Ela era muito formosa, e ele não queria que outro a possuísse depois dele. Tinha ela sido mãe de dois filhos dos quais nada voltara a saber. Esta viagem a aproximava de seu país de origem, e o amor daqueles filhos que procurara esquecer, sem consegui-lo, levantava-se novamente em seu coração como uma chama

134

de fogo que repentinamente se reaviva, removendo as brasas cobertas pela cinza. Chamava-se Elhisa.

O velhinho Sênio, como superior daquele comboio, e seus três companheiros, não tão velhos como ele, iam investidos de todos os poderes necessários para resolver qualquer assunto, pois a longa distância não permitia consultas de espécie alguma.

Quando, depois de vários dias de viagem, chegaram finalmente ao seu destino, que era mais ou menos onde séculos mais tarde se alçaria a cidade de Damasco, o velhinho Sênio fez levantar uma tenda de campanha perto da Casa-Asilo e ali se instalou com seus três companheiros.

Abrano, o chefe-pastor, quis levá-los para sua própria residência, na qual encontrariam as maiores comodidades daquela época, mas Sênio negou-se completamente, dizendo:

— Eu sou o cãozinho guardador dos cordeiros de Numu, e devo estar à porta do redil até que a cerca esteja bem consolidada.

Não houve forma de arrancá-lo de sua tenda, que para ele e para seus companheiros foi Morada da Sombra, oficina, dormitório e refeitório.

Estes acontecimentos foram o princípio de uma nova aliança entre o país de Galaad, o Chalit do Nilo e logo o país de Ethea e o distante país de Gotzan (Nairi), que pelo oriente chegava ao Mar Doce ou Lago Van, como foi chamado mais tarde. Os filhos de Elhisa, pela morte de seu pai, dividiram entre si o vasto domínio, e um tomou para si a zona oriental denominada Gotzan e o outro, a região ocidental que dava sobre a costa do mar, chamado país de Ethea, região que em épocas posteriores foi conhecida por Fenícia. Suas cidades importantes na época neolítica eram Daphes e Gutim. Das atividades desenvolvidas por Sênio e seus companheiros e da influência de Elhisa sobre seus dois filhos, resultou que Gotzan, Ethea e Galaad (parte da Palestina atual), três férteis e formosas regiões regadas pelo Eufrates ou seus afluentes, solicitassem que os arqueiros do Thidalá do Nilo protegessem também seus territórios, pondo à disposição deles tudo quanto podiam em troca da defesa que lhes prestavam contra o guerreiro país de Gorma ou Gomer, que, reforçado por numerosos emigrantes de países distantes destruídos pelo fogo ou pelas águas, constituía o terror e o medo dos pacíficos lavradores e pastores dessas regiões.

Sendo a povoação menos densa que nas regiões do Nilo, havia imensos campos vazios, o que facilitava enormemente as invasões inadvertidas daquelas raças turbulentas e conquistadoras, raízes fecundas de onde saíram séculos depois os assírios e os hicsos, que invadiram tudo, até o próprio vale do Nilo.

O círculo defendido pelos arqueiros de Bohindra ampliava-se, pois, enormemente, e foi reforçado com quarenta mil arqueiros mais, escolhidos dentre os guerreiros dos mesmos países que iam fazendo parte daquela grandiosa aliança de defesa mútua, da qual vinham a ser os principais chefes os kobdas de Negadá.

Entretanto, o Thidalá — Rei de Nações — estava absorvido por seus enfermos do Jardim de Repouso, por suas plantas medicinais, por sua lira, cujas melodias levavam o consolo e a alegria aos sofredores e atormentados.

Quando era chamado à sala térrea dos assuntos externos, exclamava como saindo de um sonho:

135

— Ah, é verdade! No reino da harmonia formado por minhas plantas e minha lira, esqueço o reinado da desarmonia e do tumulto que se move como um mar agitado, lá fora entre os homens que ainda não conseguem compreender-se...

O Ensinamento de Tubal

Tubal, que seria o instrutor dos kobdas durante quarenta Luas depois da sua consagração, levou um dia seus jovens discípulos à campina, fora dos muros da Casa de Numu.

Havia recebido aviso espiritual de que, entre esta centena de jovens, se encontravam os que seriam testemunhas oculares do apostolado messiânico, próximo a chegar.

Não tinham sido assinalados os elementos, mas o aviso era suficiente para que o Alto Conselho e todos os kobdas maiores pusessem grande empenho em que este grupo superasse a todos os anteriores no tocante à parte intelectual, à moral e ao desenvolvimento das faculdades espirituais.

Alguns, demasiado entusiastas, pediram a Tubal que os levasse entre as multidões para falar aos homens da próxima vinda do Verbo de Deus e arrancá-los de seu embotamento no meio dos negócios materiais.

Tubal escutou-os pacientemente.

Erech, Suri e Aldis, que ainda estavam convalescentes das enfermidades espirituais e físicas que lhes haviam prostrado no giro apostólico realizado, guardavam discreto silêncio, porque a experiência lhes havia feito compreender que eles não estavam, no momento, aptos para saídas de espécie alguma. Extenuados fisicamente e esmorecidos em seu espírito pela recordação de fatos desastrosos para si mesmos que não tinham podido evitar, procuravam fortalecer-se na meditação e no estudo de si mesmos e de todas aquelas grandes almas que lhes serviam de exemplo e ensinamento.

— *"Aprenda o kobda primeiramente a dominar todos os baixos movimentos do seu íntimo ser e então vá pelo mundo para ensinar aos demais."* Foi isto que nos disseram os nossos pais, na última vez em que nos falaram — disse finalmente Tubal para iniciar seu ensinamento espiritual, sentado sob as árvores seculares da pradaria, ouvindo o cantar das ondas tumultuosas do Nilo fazendo coro com o cantar dos lavradores cultivando os campos.

— Sabeis perfeitamente que, de todos os que entraram (eram 129), a terça parte foi posta à prova. Dessa parte apenas oito permanecem na Casa de Numu. Desses oito, cinco estão aqui presentes: Aldis, Suri, Erech, Javan e Donduri. Os outros três ainda não podem compreender nada porque o seu desequilíbrio mental é tão profundo que não permite a Bohindra deixá-los sair do Jardim de Repouso.

"Que vos digam estes irmãos que aqui vedes, apenas semicurados, se é possível a jovens como vós, que vos sentis aqui como plantas de estufa, sair repentinamente para a tumultuosa corrente sem serem arrastados pelo fluxo violento e irresistível.

"Descrever com detalhes o que lhes ocorreu seria romper a onda tranqüila, elevada e serena deste ambiente que nos rodeia e abrir a porta a correntes funestas e doentias para os vossos espíritos e corpos, assim como ocorreria se désseis entrada na habitação a um cadáver em decomposição: corromperíeis o ar e aspiraríeis germes putrefatos que seriam inoculados nos vossos pulmões através das vias respiratórias. O ser dado ao cultivo do seu espírito sob nenhum pretexto deve promover nem intervir em crônicas ou relatos de misérias morais alheias, porque contamina com as ondas etéreas, e as vibrações emanadas delas, a sua própria aura, onde são plasmadas imagens e idéias que logo o perseguem como pequenas feras famintas em seus momentos de concentração espiritual. Tudo o que mancha o espírito é necessário esquecer, se se quer matar todos os baixos movimentos do ser.

"Tendo em conta esses princípios fundamentais, instruí a estes vossos irmãos que não vos contem nada do quanto lhes ocorreu. Que vos baste saber que eles têm em si as experiências de que não vos podeis arriscar entre as multidões sem fortalecer antes o vosso espírito, de forma que sejam como pedra inabalável frente às ondas que se estatelarem contra vós.

"Credes acaso que pelo fato de terdes passado aqui dois ou três anos, aniquilastes já as larvas dos vossos vícios e defeitos?

"Observai aquele kobda já ancião, distribuindo a semente aos lavradores. Faz pelo menos vinte anos que realiza essa mesma ocupação e, com uma solicitude infatigável, ensina os lavradores a semear, cultivar, recolher e depois preparar os grãos e os frutos. Leva uma vida, como vedes, obscura, retirada e silenciosa. Não deixa morrer uma única árvore nem uma planta sem que dê o seu fruto, a sua nova semente, que no ano seguinte possa retornar à terra para frutificar outra vez. Alimentam-se todos do trabalho realizado por ele: homens e gado dependentes da Casa de Numu; e até da palha de certos cereais ele se encarrega para que as mulheres dos lavradores tirem a fibra que, em suas distintas escalas, serve para as esteiras dos nossos pavimentos, para as cortinas dos nossos santuários, para cobrir-nos os corpos durante a vida e envolver os nossos despojos quando a alma partiu para a imensidão infinita.

"Podemos calcular acaso o amor que ele dá de si a todos os milhares de sementes que faz semear? Se o vísseis, como eu o vi, cuidar, limpar e preservar de sóis ardentes e gelos destruidores essas sementes, para que não morram uma vez recolhidas, julgaríeis que esse homem vê um ser vivo que sente e ama em cada semente. Quando alguém lhe diz ser demasiado o seu sacrifício por umas sementes, responde tranqüilamente: 'A evolução destes seres está em nascer, crescer, dar frutos e esgotar-se, deixando um prolongamento de si mesmos para renascer a seu tempo. Se eu, na medida das minhas forças, coopero para essa evolução, cumpro com a Lei Divina de ajuda mútua e amor a todos os seres. Depois, todos estes milhares de seres emanam uma irradiação benéfica para os seus cultivadores e cooperam para que haja saúde, paz e harmonia entre nós e entre os lavradores que cultivam os nossos campos.'

"Que importa a ele se no mundo exterior sejam conhecidos ou não o seu nome e a sua obra, que parece perder-se entre os celeiros e os campos arados?

"Acaso por ser desconhecida e ignorada, sua obra é menos real e meritória?

"Na infinita escala das obras de Deus não podemos precisar nem definir se faz obra maior e melhor aquele que guia multidões ou quem guia a evolução das espécies inferiores, porque a grandeza da obra não está na própria obra, mas no pensar e no sentir daquele que a realiza.

"Entre aquele que guia multidões com o pensamento de levantar para si mesmo um pedestal de glória, e o que sem nenhum mesquinho pensamento cultiva as plantas dos seus campos só por amor a elas, é indubitável que este último realiza uma obra meritória para si mesmo, e ao mesmo tempo benéfica para aquelas espécies que receberam sua solicitude. As espécies inferiores não adulam nem lisonjeiam nem servem de tentação e, embora seja verdade que o Altíssimo manda às vezes para seus filhos as difíceis provas da grandeza e do poder de ocupar lugares proeminentes, que não põem o ser como que na cúspide de uma torre de marfim à vista de todos, também é verdade que ele dá os meios para que o ser humano saia triunfante dessas provas, quando, sem buscá-las, nós as recebemos como encargos divinos.

"É este o caso, por exemplo, do nosso amado irmão Bohindra, tão consagrado aos seus cantos, à sua lira, às suas plantas, em vitalizar com vibrações de harmonia a água e o ar para os enfermos e os tristes, sem querer jamais sair para buscar o aplauso dos homens. Que fez ele para que tantos e tantos povos pedissem o direito de proclamá-lo seu soberano?

"Ele procurou o esquecimento, a obscuridade, a negação de todos os prazeres da vida carnal, mas o Altíssimo, que o colocou em cima de uma torre à vista de todos, está obrigado por justiça a salvá-lo sem que nenhuma tempestade o afunde e nenhum vendaval o derrube.

"Assim é tudo na vida do espírito, ao qual nunca falta a força e a ajuda necessária para manter-se firme no cumprimento da Lei. Nossas grandes quedas e nossos grandes erros ocorrem porque muitas vezes, seguindo o impulso das larvas internas que aparentemente estão mortas, mas que vivem dentro de nós, saímos dos caminhos que já nos foram demarcados ao encarnar e nos perdemos em encruzilhadas sem saída. Quando finalmente o amor de algum ser misericordioso nos faz voltar ao caminho, quantas dilacerações na vestimenta e quantas chagas no coração!

"Fazei a cada dia estas perguntas e respondei-as com toda a sinceridade de que sois capazes, sabendo de antemão que somente Deus e vós mesmos conhecereis as respostas:

"— Por que vim à Casa de Numu?

"— Para que vim?

"— Por que quero sair da sociedade dos humanos?

"— Que busco deles?

"— Que lhes darei eu?

"— Repugna-me a vida obscura e desconhecida?

"— Penso com muita freqüência nos sacrifícios ou dores que assumo pelos demais?

"— Recuso-me a pensar nas dores ou sacrifícios que os demais assumem por mim?

"— Sou capaz de reconhecer os meus erros?

"— Sou capaz de reconhecer a virtude alheia?

"— Sou capaz de agir no bem ainda sem esperança de nenhuma recompensa?

"— Sou capaz de semear uma semente, cultivá-la e regá-la ainda que saiba que não desfrutarei do meu esforço e sacrifício?

"No dia em que puderdes responder satisfatoriamente a todas estas perguntas, sem que em vossa própria consciência se levante uma voz sequer para vos desmentir, então terá chegado o momento em que podereis ir sem perigo ao meio das multidões, onde encontrareis inúmeros laços habilmente estendidos onde os débeis e os incautos caem aos milhares."

— E se chegar a hora de partir deste mundo e alguma dessas perguntas ainda não tiver sido respondida satisfatoriamente? — perguntou um jovem que havia prestado grande atenção a todas as perguntas que Tubal fazia ao mais íntimo de suas almas.

— Meu filho!... Se só nesta vida puderes responder a todas as perguntas menos *uma*, podes estar certo de que deste um passo gigante no aperfeiçoamento do teu espírito, ainda que não hajas saído a pregar a Verdade.

— E se chegasse a hora de partir e não houvesse respondido a nenhuma? — voltou a perguntar.

— Então seria sinal de que se houvesses saído desta aura de proteção, menos ainda te seria possível responder, porque então não terias sido capaz nem sequer de fazer a ti mesmo essas perguntas.

Este pequeno kobda, o mais jovem de todos eles, chamava-se Agnis, e num distante futuro viria a cumprir a dura missão de ser fustigador do vício e da iniqüidade nas vésperas da última vinda do Verbo de Deus na Terra, missão heroicamente levada a cabo com este colorido sangrento no final: a cabeça do missionário apresentada num banquete, sobre uma bandeja de ouro. Seria o precursor do Cristo, João, o Batista.

— Como saber se as respostas são em verdade a cópia fiel do que há em nossa consciência? — perguntou outro dos jovens postulantes.

— Muito facilmente: se é o amor à Verdade Eterna ou o amor à humanidade o que vos impele nas vossas obras, não vos sentireis oprimidos e doloridos pelo pessimismo se não conseguirdes o êxito. Mas se nas vossas obras apostólicas buscais o vosso engrandecimento e a vossa glória, causar-vos-á tristeza e pesar profundo a negativa e o fracasso. Compreendestes como deve o espírito esquadrinhar os seus próprios cantos ocultos para matar as larvas da gangrena espiritual, adormecidas às vezes sob um musgo suave e verdejante?

"É sutilíssimo o amor-próprio, a revestir as nossas ações de belos e diáfanos matizes de tal forma que nos encantemos delas, parecendo-nos que são o melhor do

139

melhor. Mas se essas mesmas ações são vistas nos outros, nos parecem desbotadas e opacas. Por quê?

"Porque umas são nossas e as outras são do nosso irmão.

"O kobda que verdadeiramente quer subir a escala da perfeição humana para a qual foi chamado não se há de distrair em obras de ruído exterior, mas deve dedicar-se a acumular harmonias interiores mediante a harmonia completa entre o *pensar, o sentir, o agir* e a Eterna Lei do Amor e da Justiça."

— Que devemos entender por obras de ruído exterior? — perguntou Donduri, que se sentia apaixonado pelas multidões e pelas obras de glória e fama.

— Quero dizer obras vazias, sem medula, como essas árvores muito frondosas, porém sem fruto; obras sem o amor que lhes dá força, energia, vida, irradiação benéfica para si mesmo e para os demais.

"Os humanos estão habituados a observar o exterior de todas as coisas, e por isso se enganam e enganam aos demais.

"Dois homens ensinam a mesma doutrina; um a ensina por amor à própria ciência e por amor aos discípulos que a escutam. O outro a ensina pela glória que atrai para si e talvez para conquistar maior número de ouvintes. Fará eloqüentes demonstrações e suas dissertações serão mais brilhantes.

"Os homens escutarão as palavras mas não penetrarão no interior, e, como é lógico, não verão a formidável irradiação de amor do primeiro nem a nulidade da irradiação do segundo.

"Dois homens curam a mesma enfermidade. Um aplica remédio atrás de remédio. O outro apenas faz beber alguma infusão de ervas ou uma taça de água cristalina. Qual vos parece que curará com maior rapidez o maior número de enfermos?

"Aquele, como é lógico, que pôs mais amor em suas obras, por pequenas, modestas e insignificantes que elas pareçam aos olhos humanos.

"É vã toda obra que deixa vazio e sem valor quem a realiza, porque foi feita unicamente com a intenção do aplauso e da vaidade satisfeita.

"Por isso, antes de realizar um ato de relativa importância, perguntai a vós mesmos: O que me induz a realizar esta obra?

"As palavras 'meu gosto, meu desejo, meu bel-prazer' devem ser apagadas do vocabulário do kobda, se quiser matar as larvas venenosas que todos levamos dentro de nós mesmos e que mais tarde ou mais cedo crescerão, entorpecendo o nosso progresso espiritual.

"Sinto que estais pensando: 'Temos, pois, de viver sem desejos, sem anelos, sem aspirações?'

"E eu vos respondo: Na Casa de Numu ninguém obriga, ninguém força, ninguém arrasta com cadeias. Unicamente pergunta-se: 'Buscais a paz da alma? Buscais aniquilar radicalmente os vossos defeitos? Buscais subir com maior rapidez a escada que vos levará à Felicidade, à Sabedoria e ao Amor?'

"Este é o caminho. Aquele que o seguir com maior decisão e valor chegará mais rapidamente. Se vos falta às vezes a paz, ficai seguros de que é porque desejais o que não podeis ter. Onde há desejos não há paz, e todo o desejo que perturbar a vossa paz é um excesso de desejo.

"Todos os que têm um pouco lúcida a consciência em relação aos caminhos de Deus e das almas dizem que querem ver a humanidade livre do seu atraso moral e espiritual.

"Como saber se esse desejo é justo e moderado?

"Começando por sair de nós mesmos, que somos parte da humanidade, desse atraso e dessa mediocridade.

"Termino com isto minha confidência espiritual convosco e vos deixo, para que continueis vossos trabalhos ou os vossos recreios costumeiros."

Tubal voltou sozinho para o santuário, pensando em que mais da metade dos seus discípulos se sentia covarde ao pensamento da negação de si mesmo.

— Pobrezinhos! — murmurou. — Na idade deles eu também dizia: "Quão duro é o ensinamento da Casa de Numu! Quantas torturas e quantas ansiedades antes de conseguir matar os meus desejos e ambições!" Oxalá fosse o meu amor bastante grande para encher todos os espaços vazios que há nessas almas torturadas ainda pelos desejos humanos!

A MAGIA DO AMOR

Neste meio tempo, Bohindra, acompanhado pelos kobdas de maior desenvolvimento psíquico, fazia esforços inauditos para arrancar da inconsciência os três desequilibrados mentais que tinha em tratamento.

As horríveis torturas a que viram ser submetidos os infelizes prisioneiros para forçar o pagamento de vultosos resgates por eles era o que sem dúvida havia levado estes jovens kobdas ao estado lastimável em que se encontravam.

Tinham passado dos estados de fúria incontrolável a uma passividade serena e fria, contudo inconsciente e calada.

Nada os comovia; nada chamava a sua atenção, nenhuma palavra, nenhum gesto, nenhum movimento. Quietos, jaziam em seus bancos de repouso, olhando o vazio com olhos que pareciam não ver.

As melodias da lira de Bohindra acalmaram o estado de fúria raivosa; as imersões na fonte fizeram desaparecer a febre e aquietaram os nervos. Mas como trazer de volta a perfeita união da mente com o cérebro?

Enquanto vibrava sua lira, ele meditava, sofria e chorava por se ver incapaz de levantar da prostração aqueles espíritos encadeados assim tão dolorosamente. Repentinamente, três kobdas que estavam a seu lado defronte aos três enfermos caíram em transe, ou, o que é a mesma coisa, deixaram seus corpos por um desprendimento voluntário do espírito.

Os três enfermos dormiram também. A lira intensificou suas vibrações. As energias espirituais começaram a plasmar no éter suas criações formidáveis, e Bohindra, em plena consciência, assistiu a um espetáculo que ainda não havia visto em todos os seus anos de kobda.

Uma inteligência superior e de grande força fluídica apareceu por detrás dos enfermos que se agitavam em convulsos movimentos e, ajudada pelos duplos etéreos dos três kobdas em transe, realizou a operação de desalojar da aura dos jovens enfermos centenas de animaizinhos fluídicos, como pequenos dragões, que se foram desagregando e desfazendo à medida que o Guia espiritual intensificava sua irradiação sobre eles, ao mesmo tempo que formava densas correntes de eflúvios harmônicos, suaves e meigos, extraídos da água, das plantas, dos corpos adormecidos dos kobdas e das ondas sutis do amor de Bohindra, cantando e acompanhado de sua lira uma intensa evocação ao Espírito Mãe dos seres e das coisas. A Alma Divina vibrou em uníssono com o amor de todos aqueles seres que A buscavam na dor, e nesse amor se dissolveram, se desvaneceram como negra fumaça ao sopro do vento, os horríveis dragõezinhos criados pela luxúria, pelo ódio, pelos desejos de vingança e pelo terror das vítimas frente aos verdugos, em torno dos três jovens enfermos que, por afinidade devida a ocultos defeitos, foram apresados por eles no contato com o ambiente ruim, grosseiro e bestial onde se haviam submergido.

As energias espirituais foram sendo recolhidas em seus próprios centros de irradiação. O guia espiritual desapareceu como que diluído no éter resplandecente com a luz da tarde, e tudo ficou em profunda quietude.

Os três kobdas despertaram novamente na vida física e Bohindra deixou desvanecer-se num suave gemido a última nota de sua lira mágica.

Os enfermos continuaram submersos num sono quieto e tranqüilo.

Uma hora depois os viram despertar ao mesmo tempo e os três se abraçaram chorando e olhando com estupor para todos os lados.

— Graças as Deus saímos desse horroroso lugar!... Estamos aqui! Vedes? Estamos aqui! Oh, parece mentira que estamos aqui!... — disseram os três ao mesmo tempo.

Então Bohindra e seus companheiros viram que até esse momento, os pobres enfermos julgavam-se ainda capturados pelos brutais guerreiros que os havia mantido prisioneiros.

Os toques de chamada geral ressoaram, anunciando a todos os habitantes da Casa de Numu que um acontecimento feliz os devia reunir como as notas de um grandioso hino de confraternização.

O terraço circular que rodeava o Jardim de Repouso viu-se inundado de kobdas, em cujos olhos surgia a grande pergunta:

— Que há?

— Vede — disse Bohindra, apontando os três jovens curados que choravam e riam na profunda emoção da dor passada e do imenso amor que os reunia.

Um dos enfermos era irmão mais velho de Ibrin, que se encontrava com os outros kobdas, os quais, ao ouvir a chamada, compareceram à Casa, ansiosos de ver o acontecimento.

Quando cessaram as espontâneas manifestações de entusiasmo e alegria de uns e outros, Ibrin disse, muito baixinho, ao ouvido de seu irmão Alodis:

— Irmão, é melhor sentir-nos pequenos e ficar neste refúgio que pensar em sermos grandes e sair a correr mundo!

— Tens razão, e creio que em toda a minha vida não se apagarão da minha mente as horríveis cenas que presenciei. O que me produziu o desequilíbrio mental deve ter sido o último e mais horroroso ato que vi, sem poder remediar.

Alodis baixou ainda mais a voz perto de seu irmão.

— Estávamos prisioneiros de um chefe guerreiro em guerra com um irmão de Souri e, por vingança, ele esfolou viva uma irmã do nosso companheiro. Souri não sabe. Foi a última coisa que vi, e desde então não soube mais nada, porque perdi até a consciência de que vivia!

— Basta, basta, por favor! — disse Ibrin. — Aqui não se pode falar dessas coisas tão horrorosas!

O Pharaome propôs celebrar o acontecimento com algo duradouro, grande e formoso, que pudessem recordar permanentemente: criar uma Casa de Ensino para os filhos varões dos pastores e agricultores do Nilo, na qual se ensinaria música, propriedades curativas das plantas, da água, das cores, da influência dos astros em todos os seres e a escrita em papiro, que até então só era usada nos santuários. A idéia foi aceita com entusiasmo.

— Eis aí um apostolado menos perigoso para os nossos jovens kobdas — disse Heberi.

— Faça o Altíssimo surgir muitos Bohindras dentre os futuros músicos para que haja menos enfermos e menos atormentados na humanidade — respondeu Tubal.

A Escrava Livre

Adamu e Évana, sob a discreta autoridade de Milcha, faziam grandes progressos em tudo aquilo de que eram capazes suas diminutas pessoas.

A proteção espiritual tornava-se mais visível e acentuada à medida que avançava o tempo, de tal forma que Milcha se sentia invadida por uma profunda calma e serenidade.

Sob a influência de Gaudes, haviam-se desenvolvido nela grandes faculdades espirituais. Ouvia freqüentemente sua voz, e em sonhos via-se acompanhada por

143

Sophia, Johevan e muitos outros seres que em sua vida atual não conhecia, mas que estavam unidos a ela desde distantes tempos.

A voz de Gaudes dizia-lhe sempre:

— Não te preocupes do que poderá ser das crianças ao faltares tu. Não é o Altíssimo Pai e Mãe para eles? Observai-os!

Milcha, ao dirigir sua vista para os pequenos que brincavam alegremente, viu perto de cada um deles um jovem formoso, de elevada estatura, de cujas mãos saíam dois raios de fogo que tinham a forma de espadas, como aquele que vira na porta do estábulo onde Adamu dormiu.

A visão durou apenas um momento, o suficiente para encher a alma de Milcha de uma felicidade compreensível somente ao coração de uma mãe.

Resolveu continuar os ensaios de separação e, principalmente, dividir os utensílios, as roupas e as provisões entre as duas habitações: a caverna e o estábulo.

Quantos sacrifícios, quantas tarefas, quantas precauções as suas, para que nenhuma das crianças percebesse o que ela fazia em segredo!

Se não fosse pela quase contínua presença de seus amigos espirituais, aquela mulher haveria sucumbido de tristeza, aflição e ansiedade.

Entretanto, é tão real e verdadeiro o fato de que o Eterno Amor nos enche a taça de internas alegrias quando aceitamos generosamente a dor e o sacrifício, que Milcha se sentia tranqüila, cheia de esperança e fé no porvir. Pensava no passado; faltou-lhes um dia o lar, logo a proteção dos esposos, logo desapareceu Sophia, e ela continuava vivendo sem que nada lhe faltasse, sentindo-se cheia de amor, proteção, alegria, calma e serenidade.

Também ela devia partir da vida material, mas quem a impediria, em seu amor, de continuar velando pelas crianças como Gaudes fazia por ela? Acaso a morte é o aniquilamento? Acaso a morte é um impedimento ao amor verdadeiro?

— *A morte é impotente para separar o que o amor uniu* — disse repentinamente junto dela a voz dulcíssima de Sophia.

— Quando passares para este lado — continuou a voz — verás maravilhada o vasto plano que em torno dos nossos filhos está tecido, como uma formosa rede de vidas e almas que se enlaçam até o infinito. Desfruta, Milcha, do êxtase divino que Deus brinda às almas que cumpriram generosamente a parte que lhes corresponde na evolução humana!

"Ao aproximar-se da Terra o Verbo de Deus, que tomará matéria carnal dos nossos filhos, aproximam-se aos milhares os espíritos de luz que protegem a sua vinda. Esses milhares de auras radiantes e poderosas sutilizam as correntes etéreas do plano físico, e as manifestações espirituais são facilitadas extraordinariamente, principalmente perto daqueles que estão ligados à missão salvadora do Grande Enviado que chega. Canta, Milcha, canta, porque conquistaste a felicidade e o amor!"

Cessou a voz em torno da eremita, que parecia submergida num mar de luz, serenidade e harmonia!

Assim passaram mais vinte Luas. Com muita freqüência, levava Milcha seu filho ao estábulo e o deixava um dia ou uma noite ali.

Uma manhã, quase de madrugada, saiu com ele e as renas em direção ao pequeno arroio que já conhecemos. Era uma formosa manhã de verão, e os passarinhos cantavam e as flores silvestres perfumavam os campos.

Adamu ia montado sobre a rena mãe e seguido da pequena rena, que já era um jovem galhardo e ligeiro.

Milcha caminhava a pé. Havia deixado Madina na caverna, porque pensava em ficar até a tarde no estábulo, a fim de treinar também Évana a se desenvolver sozinha.

O estábulo, como o haviam deixado, parecia uma dessas grandes cozinhas de campo, cheia de provisões, utensílios e fardos de toda espécie. Milcha acendeu o fogo para cozinhar os legumes e, enquanto Adamu recolhia frutas numa cesta, ela caminhou para um bosque exuberante que se prolongava até ali desde a margem do Rio Grande, como o chamavam, não sabendo que nome lhe dar.

Cortou-lhe a passagem um semicírculo de água formado pelo próprio arroio que havia cruzado para chegar até o estábulo. Então ela se deu conta de que aquilo era um braço do grande rio, que serpenteava pela pradaria até ir desembocar na caudalosa corrente.

Aquela solidão era majestosa, imponente! O arroio se afundava entre duas pequenas colinas, sombreadas por grandes árvores.

Milcha sentiu-se cansada de caminhar e sentou-se na verde colina que caía em acentuado declive até o arroio, cuja rumorosa corrente quase lhe beijava os pés.

Sentia-se inundada de paz e bem-estar.

Desfolhava flores e verdes cachos de botões e, arrojando-os à corrente, observava-os a se afastar, levados pelas ondas que se sucediam uma às outras sem interrupção.

De repente sentiu um desfalecimento, uma tontura, como um entorpecimento em seu corpo, e uma escuridão a envolveu. Sentiu uma picada leve no coração e caiu para um lado na verde relva coberta de flores. Uma síncope cardíaca cortou o fio de sua vida física. Quando o corpo se tornou frio e rígido, pouco depois, o declive natural da colina o obrigou a rolar para o arroio, cuja corrente o arrastou lentamente, como às pétalas de flores e aos cachos de botões que umas horas antes ela arrojara nas ondas rumorosas.

O corpo de Milcha foi sepultar-se na caudalosa corrente do Eufrates, em cujas margens o filho de Adamu encontraria, anos depois, emaranhado entre as plantas aquáticas e os ninhos de aves marinhas, um esqueleto exibindo no pescoço um colar de ametistas incrustados em ouro.

Adamu, entre as cestas de frutas e as carreiras com sua pequena rena, passou grande parte do dia sem sentir falta de sua mãe. Évana havia despertado na caverna e, vendo Madina e seu grou, o leite e o pão sobre a mesa, começou a comer tranqüilamente, dando migalhas à ave sagrada e frutas secas à rena.

Ia sair para fora da caverna, quando junto da porta encontrou Sophia que se inclinou para beijá-la.

— Ai mamãe! Como vieste? É verdade que o urso não te comeu! É verdade o que dizia Milcha, que havias ido com um anjo que se chama papai.

— Sim, querida, é verdade. Olha, ele está aqui! — E Évana viu um ser cheio de amor para com ela que, como sua mãe, também a acariciava. Era Johevan.

145

Gaudes e seus invisíveis auxiliares, autores desta terna cena de amor filial, desfrutavam em silêncio de sua obra ignorada pelos homens, mas recolhida pelos anjos de Deus e pelos raios da Luz Eterna, onde vivem da vida infinita todos os pensamentos e todos os fatos ocorridos nos milhões de mundos que povoam o Universo.

— Não irás mais? — perguntou Évana, encantada com a presença de sua mãe.

— Vem, vamos procurar Milcha que ainda não te viu — continuou a menina.

— Já me viu e foi com Adamu, mas já voltará.

O grou saltou sobre a mesa, e, ao ruído que produziu com as asas, a visão se desvaneceu.

Évana deu-se conta do fato e disse à ave, ameaçando-a com sua mãozinha armada com um pedaço de pão:

— Ah, avezinha má!... Assustaste minha mãe, que foi embora. Má, má! — e jogou o pedaço de pão na cabeça da ave.

Assustado, o grou meteu-se na alcova.

Évana ia sair para buscar sua mãe quando Madina se aproximou e deitou a seus pés, como costumava fazê-lo para que a menina montasse em seu lombo. Ela compreendeu e tranqüilamente subiu, abraçando-se ao seu pescoço. A rena levantou-se suavemente e saiu para fora, em direção à margem do mar, por onde passeou com sua formosa carga durante longo tempo. Depois voltou à caverna e foi deter-se junto ao leito da alcova, onde Évana saltou com grandes gritos de alegria.

Milcha, em suas maternas solicitudes, fizera para ela bonecos de fazenda e fibras vegetais para diverti-la nos dias frios do inverno nos quais era impossível sair da caverna. Ali havia rei e rainha com seus filhos e servidores. Évana buscou seus bonecos e os pôs em fileira, sentados sobre a mesa. Depois saiu, estranhando de se ver tanto tempo só. Começava a se impacientar, porque já era quase o cair da tarde. Deu aos seus bonecos uma severa reprimenda:

— Dizei-me, onde está Milcha? Onde está Adamu? E mamãe, por que foi embora novamente? Ide buscá-los, logo, logo! — E, distribuindo golpes com uma varinha, fê-los saltar rapidamente de cima da mesa.

Um boneco saltou para o lugar onde se achava deitada Madina; outro na cinza da lareira e o terceiro junto à porta da caverna.

Madina recolheu-os um por um com seus dentes e colocou-os novamente sobre a mesa. Depois lambeu as mãozinhas da menina e foi à lareira para golpear com seu pé calçado de ferro a pedra do fogo, onde, nessa mesma manhã, Milcha deixara palha e ramos secos preparados para acender.

— Ah, Madina! Tu queres que eu faça comida! Mas eu não tenho vontade. Comeremos frutas e pão, tu e eu juntinhas, e o grou também, que eu não estou aborrecida com ele.

Assim dizendo, pôs pão e frutas sobre a mesa. Ordenhou Madina, tirou o grou escondido debaixo de sua cama e estes três personagens, únicos seres visíveis na caverna, comeram juntos em completa paz e harmonia.

Adamu, mais acostumado a estar sozinho, graças aos ensaios de Milcha, arrumou-se com menos dificuldades, julgando ver, de um momento para outro, aparecer a sua mãe.

Apesar de Gaudes desde algum tempo vir preparando a desencarnação de Milcha de forma benéfica para ela e para as crianças, o espírito da escrava não voltou à plena lucidez até o amanhecer do dia seguinte, e a primeira coisa que fez foi correr para o estábulo e para a caverna, onde viu as duas crianças rodeadas de imensa força protetora. Gaudes tornou-a visível para Évana quando esta terminava a refeição e começava a escuridão da noite a circundar a caverna.

— Quanto demoraste, Milcha. Tive que comer sozinha com Madina e o grou — disse a menina.

— Fizeste bem, querida. Agora acende a vela gigante e brinca com tuas bonecas, que eu vou dormir, porque estou cansada — e seu duplo astral se dirigiu para a penumbra em que estava seu leito, onde se dissolveu sem que a menina o advertisse.

As correntes de energias espirituais flutuavam em imensas marulhadas em torno do plano físico à medida que se aproximava o tempo em que o Verbo de Deus tomaria a natureza humana para elevá-la e ensinar os homens a matar o egoísmo, enquanto semeava na Terra fecundada com suas lágrimas e seu sangue a divina semente do Amor Universal.

OS PEQUENOS EREMITAS

Devido, por um lado, à freqüência das manifestações espirituais em torno das crianças, e, por outro, à facilidade natural que se tem nessa idade para esquecer aquilo que não causa dor ou transtorno físico, Adamu e Évana acabaram por habituar-se a sua nova forma de vida, na qual entrava como agente principal o fato de que eles não haviam conhecido nada diferente daquilo que os rodeava.

Uma única pergunta ficava para eles, como que submersa na penumbra daquele que espera indefinidamente.

— Onde está Évana? — perguntava o menino ao duplo etéreo de sua mãe, que se fazia visível todos os dias ao anoitecer.

— Veio a sua mamãe e a levou a passeio, mas voltará — respondia Milcha. — Ordenha a rena e faz o teu pão como te ensinei, pois já és um homenzinho.

Às vezes permanecia junto ao menino até que o via adormecido.

— Onde está Adamu? — perguntava Évana à aparição plásmica de sua mãe ou de Milcha, a quem via quase continuamente graças à maior sutileza de sua própria aura e pelas condições de suas faculdades psíquicas, desenvolvidas prematuramente.

— Seu papai levou-o a passeio, mas logo virá — respondiam sempre.

Logo se manifestaram em ambos as tendências próprias de seus sexos.

Adamu fez-se arqueiro e agricultor ao mesmo tempo. Mal ou bem, disparava flechas nas codornizes e aves marinhas; mal ou bem, abria sulcos na terra e enterrava grãos de cereais, legumes e os caroços das frutas que o alimentavam. Pouco depois espiava afanoso quando a pequena planta rompia a terra e apareciam suas diminutas e pequenas folhinhas, procurando o calor e a luz.

Era isto para ele um acontecimento demasiado importante.

Évana, por sua vez, sentiu a necessidade de mudar os vestidos de suas bonecas. Com este fim, cortou um vestido seu em vários pedaços e, quando as havia coberto com eles, disse:

— Agora pareceis três Évanas — e ficou muito satisfeita com a sua obra.

Ademais, ela, como boa dona de casa, tinha a obrigação de dar a ração de bolotas de carvalho às renas quando chegava a noite, e se alguma vez se esquecia, aí estava Madina para lhe recordar, puxando para o centro da caverna o saco onde eram guardados os grãos destinados a elas.

Duas coisas agradavam a Évana: as flores e os peixes.

Saía pela manhã, acompanhada por Madina, para a verde planície que se abria entre as montanhas e o mar. Enchia uma grande cesta de flores silvestres e recolhia num recipiente com água os peixinhos que, ao baixar a maré, ficavam às vezes aprisionados nas cavidades que o fluxo e o refluxo das águas abriam nas areias da costa. Tinha visto Milcha fazer isto muitas vezes, e a ela causava grande satisfação ver sua pequena rede cheia de peixinhos que depois comia assados nas brasas acompanhada pelo grou, que gostava deles tanto quanto Évana.

Divertia-se em pôr coroas de flores e folhagens em Madina e nas demais renas, enquanto estavam deitadas na caverna.

Achava imponente e majestosa a rena maior, arrastando longas grinaldas desde o alto de seus aprumados chifres, até longa distância pelo solo. Como se as renas compreendessem o prazer de sua pequena ama, afastavam-se da caverna pela manhã para pastar, arrastando majestosamente as grinaldas floridas que Évana lhes havia posto na noite anterior.

Às vezes, tanto ela como Adamu ficavam observando durante longo tempo aqueles esplêndidos tapetes que os piratas tinham arrancado, talvez, do Santuário de Gerar (o que séculos depois foi Jerusalém). Esses tapetes representavam cenas de deuses alados e homens com arcos e flechas. Recordavam as explicações que Milcha fizera sobre eles para que não se despertasse neles o desejo de procurar depois a sociedade dos homens.

— Todos esses homens com flechas — havia-lhes dito — matam as mulheres e as crianças.

Esta explicação pôde satisfazê-los nos dias da infância, mas agora que a razão despertava, não parecia satisfazê-los tanto.

Ao repartir os tapetes e peles da caverna, Milcha levou para o estábulo os que achou apropriados para seu filho: o deus lavrador rasgando a terra com seu arado puxado por cavalos alados; o deus pastor guiando com seu cajado um rebanho no qual apareciam familiarmente confundidos as renas, os búfalos, os leões e as ovelhas;

148

o deus do mar, de pé sobre a cabeça de um monstro marinho, envolvendo com suas redes de prata as ondas embravecidas.

Já na caverna deixou os que podiam despertar na menina ternos sentimentos de feminilidade: a deusa Ceres, coroada de espigas de trigo e recolhendo feixes que, ao cair em sua cesta, se convertiam em dourado pão; a deusa Ísis adormecida numa imensa flor de lótus, enquanto Osíris entreabria as pétalas para espiar aquele sono, formoso símbolo da Terra e do Sol fecundando unidos as sementes; a deusa Minerva, iluminando com sua tocha uma multidão de crianças cegas, antiqüíssima representação simbólica da Sabedoria iluminando os homens.

Na contemplação destes tapetes, que mãos ignoradas tinham tecido numa soberba policromia, passavam as crianças horas e horas, meditando onde estariam os originais daqueles magníficos quadros.

Évana sentia-se Ceres e se coroava de espigas de trigo; julgava-se Ísis e formava de lótus brancos, azuis e rosados uma espécie de imensa coroa dentro da verde relva, e se recostava no meio dela; supunha ser Minerva e, acendendo um feixe de folhas secas de palmeira atadas a um bambu, saía ao cair da tarde com sua tocha, cuja labareda o vento agitava como uma cabeleira de fogo. Era uma visão fantástica, a daquela formosa menina de cabelos dourados, vestida com uma túnica de púrpura, agitando ao vento fresco da tarde sua tocha de palmeiras, seguida por uma rena e por um grou que pareciam fazer parte do rito misterioso daquela sacerdotisa da solidão.

A beleza e o vigor que emanam da Mãe Natureza sobre os seres que crescem e vivem em contato com ela, mergulhados em seu amoroso seio, manifestaram-se amplamente naquelas duas crianças, filhos da pradaria.

Numa tarde quente de verão, Adamu caminhava pelas margens do arroio, perto do lugar onde o corpo de Milcha rolou até a corrente.

Sentou-se na margem e começou a submergir seus pés desnudos na água. Depois tirou a túnica de linho que o cobria e com suas duas renas entrou no arroio, cujo manso ondear se agitava suavemente ao seu redor. Pouco depois chegou até ele, trazida pela corrente, uma das grandes grinaldas tecidas por Évana para a rena maior, que, sem dúvida, ao entrar no arroio para beber, a havia deixado cair dos chifres.

Os eflúvios da menina tinham impregnado aquela grinalda de flores silvestres, e, embora não podendo compreender nada disto, Adamu pensou:

— Agradavam tanto a Évana estas flores azuis. Como me agradaria que Évana voltasse logo!

Tirou-o deste pensamento um grande pedaço de madeira que era como um tronco semi-oco em forma de pequeno bote, arrastado suavemente pelo ondear manso e sereno do arroio. Sem vacilação e sem temor, Adamu subiu sobre aquele tronco, que balançou ao peso de seu corpo. Tomou por um dos extremos a grinalda de flores de Évana e deixou-se levar pela corrente, seguido pelas suas renas, durante longo tempo.

— Sou o deus do mar — disse, recordando aquele tapete. — E esta madeira é o monstro marinho, e esta grinalda de folhagem é a rede com que envolvo as ondas.

A grinalda estendida atrás dele deixava um leve sulco na água. O filhote de rena corria atrás, fazendo saltar milhares de gotas cristalinas. A rena-mãe caminhava pela margem, sem perdê-los de vista, como uma aia ajuizada e tranqüila cuidando de suas crianças. Uma imensa árvore semi-arrancada por algum furacão havia caído sobre o arroio e interceptava a passagem e, se não fosse isso, Adamu teria sido levado insensivelmente até longa distância, com a infantil vaidade de sentir-se dominador das ondas.

Seu barco improvisado ficou preso nos ramos da árvore e o menino saltou para a margem para voltar correndo pela pradaria para o lugar onde havia ficado sua túnica branca e suas sandálias de pele de búfalo.

— Que bonito passeio! — exclamou. — Mamãe não me haveria deixado, porque ela tem medo de ir sobre a água, mas eu não, porque sou como o deus do mar, segurando as ondas com os fios da sua rede.

É uma grande lástima que o formoso poema de Adamu e Évana, escrito num rolo de papiro vinte anos depois por Aldis, o Kobda, tenha desaparecido entre as chamas do incêndio com que os hicsos, invasores do país de Ahuar, muitos séculos depois, destruíram aquele antigo santuário kopto que guardava a história da humanidade de trinta mil anos atrás!

Por isso Moisés, o grande vidente, guardou, no deslumbramento de seus êxtases magníficos, o formidável segredo que desmentia a ciência dos áugures e dos sátrapas, para contar às gerações de seu tempo somente aquele primeiro capítulo do Gênese, único que brotou da pena de Moisés e que está impregnado da verdade, sob o simbolismo e o mistério. "No princípio criou Deus os céus e a terra; e a terra era informe e vazia, e as trevas se estendiam sobre o abismo, e o Espírito de Deus flutuava sobre as águas. E disse Deus: Seja feita a luz, e a luz se fez.

"Viu Deus que a luz era formosa, e a separou das trevas. Foi a noite e o dia."

Continua assim, brilhante e magnífico, o canto de Moisés, cujo coração se expande nesse hino de amor e admiração à Causa Suprema, Potência Criadora dos seres e das coisas.

Os homens, incapazes de seguir aquela alma gigante em seus vôos de águia pela imensidão infinita, transformaram com grosseiras pinceladas sem cor, sem realidade e sem harmonia, as atrevidas figuras, as alegorias simbólicas de inimitável beleza emanadas do grande vidente, pleno de luz e de sonho... O sonho divino da verdade, que o Amor Eterno havia presenteado a seu espírito anelante, no divino deslumbramento do êxtase.

Enquanto Adamu e Évana cresciam sob o olhar das almas mensageiras de Deus, em todo o território guardado pelos arqueiros do Thidalá do Nilo levantavam-se pequenas Casas de Numu, como focos de luz a iluminar essa porção de humanidade que haveria de receber em seu seio a semente semeada por Abel.

As grandes cavernas das montanhas de Galaad, Aran e Ethea (Judéia, Galiléia e Fenícia, chamadas assim séculos depois) foram o refúgio dos kobdas de Negadá, que as transformaram em santuários e habitações provisórias a fim de poder semear em todos aqueles países a paz e o amor, nos quais eles se haviam tornado grandes e bons.

Saíam de dez em dez, em imitação de seus Pais, como chamavam aos seus dez fundadores, e se sentiam felizes em imitá-los, naqueles primeiros séculos quando também eles viveram em cavernas.

Nos seis anos transcorridos entre a desencarnação de Milcha e a reunião de Adamu e Évana, ao iniciar a adolescência, foram fundadas dez Casas de Numu: quatro de mulheres e seis de homens.

As primeiras foram chamadas "albergues", pois tinham o caráter de asilos para enfermos, e foram estabelecidas em antigos casarões de pedra dos muitos que ficavam abandonados em face das contínuas emigrações e fugas de tribos e famílias. Já as dos homens foram estabelecidas simplesmente nas cavernas, pois existiam algumas imensas e com inumeráveis abóbadas, ou salas subterrâneas, pois eram escavações de minas abandonadas desde vários séculos.

O kobda que ia como chefe foi designado patriarca, e matriarca a kobda que regia o albergue. Toda caverna habilitada como pequeno santuário foi denominada Éden, que significava, na primitiva linguagem dos primeiros kobdas, "jardim silencioso". Esta foi a origem do Éden bíblico, porque Adamu e Évana, quando se encontraram novamente, se abrigaram num daqueles "Édens", do qual os kobdas se haviam retirado para se estabelecer na antiga Gerar, para onde foram chamados com o fim de reconstruir o antiqüíssimo santuário ali existente, e que tinha sido despojado por uma horda de piratas cretenses.

Que meus leitores perdoem esta digressão, onde em grandes linhas antecipo acontecimentos que devo referir detalhadamente em seu devido tempo; digressão feita para dar a compreender o desenvolvimento natural e lógico dos acontecimentos, dentro de tal cenário.

Nada de milagroso, nada de inverossímil, nada que choque ao bom senso e à razão.

Hoje, em que uma boa parte do mundo espiritualista está mais ou menos versada nas ciências psíquicas, será facilmente compreensível este relato, que há cinqüenta anos atrás teria parecido um conto de fadas tão anticientífico e anti-racional quanto a maior parte do Gênese bíblico falsamente atribuído a Moisés, conforme já foi dito.

Adamu e Évana

Adamu, que, conforme já dissemos, havia-se sentido como um pequeno deus do mar, quis aperfeiçoar um dia aquele rústico bote e, prendendo um pedaço de madeira em um de seus extremos e amarrando-o com uma corda de fibra vegetal, atou-o à sua parelha de renas. Elas o conduziram até as ruínas que lhes serviam de morada. Um pouco mais de esforço e o tronco semi-oco saltou sobre a relva e foi arrastado pelas renas até o pátio do estábulo. Então Adamu se fez artesão e empreendeu uma verdadeira tarefa de gigante para dar a seu bote o aspecto que tinham as barcas da frota fantástica que aparecia no tapete dos deuses do mar.

Este trabalho absorveu-o tão completamente que gastou nele muito tempo, até conseguir que seu barquinho imitasse sequer num milésimo a menor e mais simples das barcas do tapete. Umas tinham por timão uma cabeça de dragão, outras ostentavam cabeças de enormes aves marinhas, cujas asas semi-abertas formavam os costados das barcas. Era o tapete como uma esquadra formada por dragões e aves aquáticas flutuando sobre a água. O futuro pai da civilização sonhava em realizar o prodígio de fazer uma barca como aquela que atraía seus olhares. Era o cair da tarde e Adamu estava de mau humor porque todos os seus ensaios tinham dado errado. Ao voltar da coleta de uma cesta de frutas, encontrou sua mãe no estábulo, conforme o costume.

— Desta vez eu te visito mais cedo, para dar-te uma notícia ou várias notícias que te causarão grande alegria — disse Milcha, acariciando-o.

— Fala e pode ser que elas me devolvam a tranqüilidade. Estou ficando taciturno e sombrio.

— Isto não é bom, porque já és um homenzinho de doze anos, e a esta idade deves saber dominar-te.

— Está bem. E as notícias?

— Que busques entre as ruínas, detrás daquelas grandes colunas caídas umas em cima das outras, e encontrarás o que necessitas para dar à tua barca o aspecto que desejas.

— É mesmo? — perguntou Adamu, levantando-se para ir procurar.

— Agora não, pois já chega a noite. Amanhã cedo o farás. Ouve a outra notícia. Recordas-te ainda de Évana?

— Évana, Évana! — exclamou. — Sim, eu me recordo, e também me recordo da sua mamãe que tinha o cabelo como palha de trigo, e me recordo da pequena tropa de renas. Que aconteceu a tudo isto? Desde que me disseste que a caverna tinha outro dono e que era um gigante muito feio e muito mau, evitei de caminhar para aquele lado, temendo as suas flechas. Embora eu tenha as minhas, ele provavelmente será mais forte do que eu. Não é verdade, mamãe?

— Claro que sim — respondeu o duplo etéreo de Milcha, acariciando os cachos escuros e abundantes dos cabelos de seu formoso adolescente.

— A segunda notícia é que um dia destes te encontrarás com Évana.

Milcha observou que essa notícia deixou seu filho indiferente.

— Não te alegras?

— Ela foi embora e me deixou só. Minhas renas nunca me deixaram, nem tu tampouco. — E Adamu abraçou a sua mãe, como se quisesse dizer-lhe que não necessitava de ninguém mais para ser feliz. Ela não insistiu mais e, quando Adamu se levantou para dar a ração da noite às suas renas, seu corpo astral desapareceu. Era a primeira vez que isto sucedia, pois antes esperava ver adormecido o seu filho para afastar-se. Adamu ficou pensativo observando o lugar onde sua mãe havia estado sentada.

"Quão estranho é tudo isto! Vai embora sem que eu a veja sair. Vem quase todos os dias ao anoitecer. Onde passa o resto do dia? Ah!, o gigante que habita a caverna deve mantê-la prisioneira e ela escapa ao anoitecer para vir ver-me. Évana seguramente deve estar também prisioneira dele e minha mãe deve ter-lhe ensinado como escapar para vir aqui."

Depois de acender o fogo e assar o pão, sentou-se tranqüilamente para comer. Meditava. Levantou-se logo. Buscou entre as aljavas dos piratas a que tinha mais flechas. Aguçou bem todas as pontas, limpou as correias de sustentação e, falando consigo mesmo, disse:

— Eu mesmo me aproximarei pouco a pouco da caverna. Creio que acertarei o caminho. Ocultar-me-ei sob as árvores até que algum dia veja o gigante sair pela pradaria. Mandar-lhe-ei uma destas flechas e de nada valerá que ele seja mais forte que eu. Salvar minha mãe e salvar Évana é coisa justa, e minha mãe me disse tantas vezes: "Se agires sempre com justiça, o Altíssimo Deus estará sempre contigo."

"Não há dúvida que neste caso o Altíssimo estará comigo, e esse gigante não será tão alto nem tão forte como Ele."

Pensando no gigante, em sua mãe, em Évana, adormeceu estendido sobre um leito de palha e peles que ele mesmo havia fabricado, porque a manjedoura havia ficado pequena para sua estatura extraordinariamente desenvolvida.

Começava o verão e Adamu levantou-se com a primeira luz do dia. Foi ao lugar das ruínas indicado por sua mãe e, depois de grande esforço para introduzir-se por entre as aberturas que ficavam entre uma coluna e outra amontoadas em desordem, comprovou que era verdade o que a mãe lhe dissera. Formosos capitéis de madeira representando cabeças de monstros marinhos, renas, elefantes e grous enormes, caídos em desordem e alguns quebrados, arames de cobre, varinhas de bronze, pedaços de pedras coloridas em finas e delgadas lâminas, restos de esculturas, grandes jarros de pedra e cerâmica, enfim, tudo aquilo que teria sido ornato e esplendor de uma suntuosa habitação abandonada e depois destruída.

Adamu teve trabalho até a metade do dia.

— Ah!... agora minha barca se parecerá com a barca do deus do mar — exclamou cheio de satisfação. — Agora falta encontrar o gigante da caverna e disparar-lhe uma flecha. Então serei um deus caçador.

Na metade do dia, depois de comer, saiu com a aljava e as flechas para a margem do arroio que lhe servia de orientação em seus passeios, como para Évana servia a costa do mar.

Chegou finalmente ao lugar onde as renas costumavam beber, e viu a rena maior com as grandes grinaldas de flores que Évana, segundo seu costume, punha em seus chifres, dando-lhes um aspecto imponente e estranho. Os animais não fugiram ao vê-lo.

Ah — disse Adamu para si mesmo. — São daqui as grinaldas tão longas que o arroio leva até as ruínas onde vivo. Minha mãe e Évana devem cansar-se do cativeiro do gigante e se ocupam em coroar de flores as renas. São elas, não há dúvida!

Depois procurou um lugar apropriado de onde pudesse ver sem ser visto e esperou. Ninguém apareceu além das renas que, sem fazer caso dele, pastavam tranqüilamente, arrastando suas grinaldas entretecidas de flores.

153

Durante as manhãs trabalhava em sua barca e ao meio-dia saía para esperar o gigante que mantinha prisioneira a sua mãe, conforme ele supunha; e julgava mais ainda desde há quatro dias, pois sua mãe não tinha voltado a visitá-lo em todo esse tempo.

Adamu começava a sentir-se demasiado só. Que injusto e mau devia ser o gigante da caverna quando sua mãe se via assim impedida de chegar até o pobre estábulo do filho!

Uma amargura sombria começava a encher o coração de Adamu, no qual a solidão ia despertando o hábito da meditação profunda. Seus dias eram um pensamento ininterrupto, ou uma série de pensamentos, reflexões e perguntas que às vezes ficavam em suspenso sem encontrar a resposta.

Évana, por sua parte, contava os dias que havia passado sem ver sua mãe e achava-os demasiado longos e tristes. Como lhe invadia uma grande melancolia, abraçava-se ao pescoço de Madina, deitada junto a ela na borda da fonte enquanto cantava suave e baixinho uma canção aprendida dos lábios de Milcha:

> *Água misteriosa*
> *A da minha fonte*
> *Veste-se de rosas*
> *Todas as manhãs*
> *À tarde veste-se de ouro e carmim*
> *Na noite mais suave e mais bela*
> *Salpica de estrelas*
> *Seu véu de turquesa.*

Num dia fresco e nublado de começo de verão, no qual a caverna estava demasiado escura, teve a idéia de pegar uma cesta de provisões e sair para a pradaria em busca de ovos de codornizes.

Vestiu uma longa roupagem de linho branco que, imitando a túnica de Ceres, tinha confeccionado de um daqueles amplos mantos sacerdotais, abrindo longos orifícios para passar os braços.

Coroou-se de anêmonas azuis, pendurou a cesta de provisões no pescoço de Madina e, seguida também pelo grou, saiu da caverna. Viu as renas, que ainda não haviam se afastado muito, e viu que a grinalda da rena maior estava enrolada nuns arbustos. Recolher a grinalda e começar a correr atrás da rena para colocá-la novamente foi obra de poucos minutos. Fosse porque o animal recusasse uma nova coroação ou porque quisesse brincar, começou também a correr em direção ao pequeno arroio, seguido por Évana. O grou corria atrás desta e Madina atrás do grou. Chegados ao arroio, a rena inclinou-se para beber e Évana, repreendendo-a severamente por ter fugido dela, amarrou-lhe fortemente nos chifres a grinalda de flores. Depois desamarrou do pescoço de Madina a cesta de provisões e sentou-se na margem do arroio para comer tranqüilamente, repartindo, como sempre, seu almoço com o grou e sua rena favorita.

— Agora me acompanhareis para recolher ovos de codornizes — disse aos dois companheiros que a seguiam a passo lento enquanto ela examinava a relva para descobrir os ninhos.

Pouco depois chegou quase sem dar-se conta a um grupo de árvores pequenas e espessas, onde se ouvia o gorjeio de milhares de pássaros.

— Quantos ninhos deve haver ali! — disse, e começou a abrir passagem por entre as plantas trepadeiras que, enredadas nas árvores, tinham formado como um cortinado impenetrável. Era justamente o lugar onde Adamu costumava esconder-se para espiar a saída do gigante e disparar-lhe suas flechas.

Évana oprimiu os lábios com ambas as mãos para silenciar um grito de surpresa quando viu o jovem profundamente adormecido junto à sua parelha de renas, deitadas também debaixo das árvores. Viu a aljava e as flechas iguais às que ainda estavam penduradas na caverna. Viu também a cesta com restos de comida, e aquela cestinha era igual à sua. Queria fugir sem se fazer ouvir e queria ficar. Estava indecisa e temerosa quando Madina decidiu o assunto, aproximando-se de sua filha e deitando-se perto dela, o que produziu o ruído surdo do cair de um corpo pesado num leito de folhas e ramos miúdos. O ruído despertou Adamu, que saltou ligeiro como uma corça e tomou sua aljava. Pensou no gigante antes de despertar completamente. Ambos permaneceram quietos, com os olhos imensamente abertos, observando-se como se suas pupilas quisessem absorver tudo o que dizia respeito àquela inesperada aparição a fim de compreendê-la.

Sem levantar-se, Madina começou a lamber a mão de Adamu, como se quisesse por tal meio despertar sua recordação.

— Madina! — exclamou o jovem, acariciando a cabeça da rena. Esta palavra despertou neles completamente a lembrança.

— És Adamu?...

— És Évana?

As perguntas brotaram ao mesmo tempo de seus lábios, e, sem premeditação e espontaneamente, abraçaram-se eles ternamente como costumavam fazê-lo pequenos quando ambos se haviam afastado irritados e queriam voltar para a paz e a união.

— Todos me deixaram só!

— Tu também a mim!

— E o gigante? — perguntou Adamu.

— Que gigante? Eu nunca o vi — respondeu Évana.

— Mas não há na caverna um gigante que mantém prisioneiras à minha mãe e a ti?

— Não. Na caverna estou com Madina, o grou e as renas.

— Ninguém mais?

— Minha mãe vem às vezes, mas há muitos dias que não a vejo mais. E tu, onde vives?

— No estábulo das ruínas.

— Eu não conheço a tua casa.

— Mas é verdade que não há um gigante na caverna?

— Queres ver se é verdade? Vem comigo e verás.

155

Évana empreendeu o caminho de regresso à caverna seguida de Adamu, que não se fartava de observá-la.

— Não pareces mais a Évana! Como cresceste! Pareces a mãe de Évana.

— Então tu, que cresceste mais que eu, serás o pai de Adamu. Dize-me, como foi que a tua mãe e a minha nos deixaram sozinhos?

— Presta atenção, para dizer a verdade não o sei — respondeu o jovem. — Aqui há um mistério que devemos descobrir.

Ambos manifestaram as impressões que tinham a este respeito enquanto se aproximavam da caverna.

— Tudo está como antes — disse Adamu quando chegaram. — Somente tu estás diferente. Évana — exclamou —, com estas roupas tão longas e com estas flores em teus cabelos, pareces as figuras dos tapetes.

"Como me agrada haver-te encontrado, Évana!" — disse, enrolando seus dedos nas longas madeixas douradas da jovem que se conservava em silêncio. — "Não te alegras de ter-me encontrado, Évana?"

A profunda emoção de Sophia e Milcha, que invisivelmente assistiam a esta cena, foi percebida pela delicada sensibilidade de Évana que, em silêncio, se aproximou e, deixando cair sua cabecinha dourada sobre o robusto peito de Adamu, começou a chorar em grandes soluços.

— Não chores, Évana, não chores! — disse. — Se tens medo do gigante, fugiremos desta caverna para a minha casa, que é muito melhor. Lá também tenho muitas flores como estas que levas e tenho uma barca como a do deus do mar. Queres que te leve comigo, Évana?

A jovem conservava-se num silêncio do qual lhe tirou Madina, golpeando com sua pata dianteira a pedra da lareira para acender o fogo.

— Tua casa deve ser muito longe e logo virá a noite — disse finalmente Évana, sentando-se à mesa.

— Sim, é verdade — respondeu Adamu, deixando sua aljava e as flechas. — Iremos amanhã. Agrada-te que eu fique hoje para te fazer companhia?

— A mim, sim. Queres comer? Eu faço o pão como o fazia Milcha. E tu?

— Também.

— Tenho peixinhos assados que recolhi nesta manhã. Gostas? — E Évana, com encantadora graça, mostrou tudo o que tinha: um prato com peixes, a cestinha de frutas e a jarra de cobre cheia de leite. Depois pôs o caldeirão no fogo para cozinhar os ovos de codorniz que tinha recolhido.

— Como me agrada haver-te encontrado, Évana! — disse Adamu, seguindo-a com a vista em suas idas e vindas pela caverna enquanto preparava a refeição e a mesa como uma mulherzinha acostumada às minuciosas fainas domésticas. Cobriu a rústica mesa com um branco pano de linho, pôs um recipiente cheio de flores e, quando tinha colocado todos os manjares com os quais podia obsequiar o seu visitante, disse com toda a graça sutil de uma delicada dona de casa:

— Eu te servirei, mas no mesmo prato, porque não tenho mais que um.

— Que boa é a tua companhia, Évana — exclamou Adamu. — Ela me agrada muito mais que os peixes, as frutas e o pão, que estão muito bons! Tudo está aqui

156

como antes. Somente tu estás diferente — disse o jovem, olhando para tudo quanto o rodeava. De repente a caverna ficou inundada de luz, e ante eles apareceram Sophia e Milcha, não já com o aspecto de seres encarnados como haviam sido vistas até então, mas com a roupagem etérea, sutil, resplandecente que não se toca nem se apalpa, mas cuja irradiação de amor é percebida a longa distância.

Adamu e Évana encheram-se de estupor, quase de susto. Primeiro falou Sophia:

— Agora que estais unidos por vontade do Altíssimo, é chegado o momento de conhecerdes o que julgais ser um mistério ao vosso redor. Nossos corpos há muito tempo repousam na terra, porque a morte os aniquilou, mas vigiamos a vossa infância do mundo espiritual em que estamos e para onde vamos voltar para seguir os nossos caminhos enquanto continuais o vosso, unidos como estais neste instante.

— Adamu, meu filho — disse Milcha, envolvendo-o com sua aura suave de amor maternal. — O Altíssimo te dá Évana como o mais formoso tesouro que podes receber de seu amor eterno, e tende presente que nenhum mal será maior em ti do que causar-lhe sofrimento e amargura. Promete-me que a amarás mais do que todas as coisas da Terra.

Não podendo abraçar sua mãe, que parecia diluir-se como uma névoa luminosa, Adamu rodeou com seu braço as costas de Évana e respondeu com sua voz trêmula pela emoção:

— Eu o prometo assim como queres, mamãe. Prometo-o a Deus, a ti e à mamãe de Évana, bem como à própria Évana.

A jovem, com seus grandes olhos cor de topázio cheios de lágrimas, olhava absorta as luminosas figuras de sua mãe e de Milcha.

— Diante de ti, Évana — disse Sophia à sua filha — não haverá ninguém na Terra além de Adamu, e ambos ireis um atrás do outro, como a noite e o dia, seguindo-se eternamente, unidos por um amor que será como o raio do Sol que nunca morre e como as estrelas mirando-se eternamente no mar.

As mãos fluídicas das mães pousaram como flores de luz nas cabeças inclinadas dos filhos, enquanto o Eterno Amor os abençoava. Então a visão se diluiu ante eles, fazendo-lhes parecer que a caverna ficava demasiado escura com a luz da vela gigante e a chama do fogo a cintilar na lareira. Adamu e Évana ficaram longo tempo mergulhados em profundo silêncio sem poder mover-se nem articular palavra.

— Não sei por que me parece que não as veremos mais... — exclamou Évana, contendo as lágrimas.

— Entretanto eu estou contigo, e te amarei tanto como elas duas juntas. Não te consolarás com isto, Évana?

A jovem chorava em silêncio como uma pessoa mais idosa, consciente de que devia dominar-se em presença de outro ser que fazia esforços para consolá-la.

— Eu farei tudo o que quiseres e não me aborrecerei contigo jamais em momento algum — continuou Adamu, julgando que em Évana a ausência de sua mãe abria um vazio difícil de preencher. — Se quiseres que vivamos aqui, eu trarei tudo quanto há no estábulo, e se te agradar vir à minha casa, levaremos tudo quanto há aqui. Fala, Évana, que gostarás mais?

— Irei contigo para a tua casa. Não ouviste o que mamãe disse? Como a noite segue o dia, como o raio de Sol que não se apaga, como a luz das estrelas que eternamente se miram no mar. Não a ouviste, Adamu?

Já bem mais tranqüila com a saturação fluídica suavíssima que a aparição deixara em torno deles, Évana voltou à sua alegria habitual e começaram a surgir projetos e perspectivas para o porvir, nos quais ocupavam em lugar proeminente Madina, o grou, as renas, os tapetes, as peles, os utensílios, a barca em construção, os cultivos, os ninhos de codornizes e os peixinhos assados nas brasas.

Adamu e Évana, de mãos dadas, entravam juntos no augusto templo do amor, como juntos tinham chegado ao caminho da vida. As almas errantes de Deus, silenciando todos os sons ao redor da Terra, escutaram embevecidas o hino divino que aquelas almas gêmeas cantavam no meio da solidão.

A Alma-Origem dos seres e das coisas desfolhou suas rosas de amor eterno sobre aquelas frontes virginais e puras, sobre as quais flutuaria seu Verbo, como o sopro divino de seu alento sobre a humanidade terrestre cativa e atormentada.

O mago divino do amor triunfava uma vez mais do egoísmo dos homens, da dor e da morte. O Amor tecia sua rede de ouro e seda em torno dos dois solitários da caverna de Gaudes.

Apenas a luz da aurora se filtrou pelas frestas da rústica porta de casca de árvore, Adamu despertou segundo seu costume e, ao ver-se na caverna e ouvir a respiração das renas, um indizível bem-estar o invadiu, pois teve a prova de que seu reencontro com Évana era realidade e não sonho. Em seguida olhou para a alcova e pensou com infinita felicidade: "Ela está ali!"

Uma idéia feliz deve ter cruzado sua mente, porque, sorrindo na penumbra, ele deslizou sem ruído da cama que foi de sua mãe e saiu da caverna seguido pela parelha de renas. Armou-se de duas grandes cestas e de um machado e, com uma faina e pressa extraordinária, foi recolhendo todas as flores azuis que encontrou na pradaria, ainda submersa nos delicados claro-escuros do amanhecer. As cestas logo se encheram até transbordar e ele as pendurou no pescoço das renas.

Armado com o machado, aplicou-o contra os papiros de longo e esbelto talo cujos frondosos penachos pareciam cantar, agitados pela fresca aragem do Mediterrâneo. Vários deles caíram sob o machado de Adamu, que, unindo seus troncos com uma corda, colocou-os sobre o lombo das renas e voltou para a caverna quando a aurora se levantava no horizonte como uma fada envolta em tênues véus de ametista e ouro.

Procurando fazer o menor ruído possível, foi fazendo entrar pouco a pouco os papiros e as cestas transbordantes de flores. Com uma arte de que ele mesmo nunca se havia julgado capaz, engalanou a caverna com grandes adornos de folhagens e flores azuis que Évana tanto apreciava.

Como viu que a portinha da alcova continuava fechada, saiu novamente com sua aljava e flechas e desta vez duas cordonizes e uma ave aquática renderam tributo aos seus brios incontíveis, pois ele queria reunir na caverna tudo quanto pudesse dar satisfação a Évana. Acaso não lhe havia dito sua mãe que devia amá-la mais que a todas as coisas da Terra? Como demonstraria seu amor a não ser trazendo-lhe tudo aquilo que fosse do seu gosto? A Évana agradavam a verde folhagem dos papiros e as flores azuis, bem como as aves guisadas com lentilhas.

— Também lhe agradam os peixinhos — exclamou repentinamente, e tomando o primeiro pequeno cântaro de cabaça que encontrou e os aparelhos de pescar, saiu a toda carreira para a margem do mar. Até o mar parecia unir-se ao amoroso entusiasmo daquele adolescente, no qual despertava, de tão exuberante maneira, essa nobre energia daquele que se sabe necessário a um ser imensamente amado. Nada há que mais obrigue esses temperamentos veementes e elevados do que a convicção profunda de que seu esforço é a felicidade dos seres que formam o delicado mundo de seus afetos mais profundos.

Até o mar brindava sua oferenda sem que precisasse pedi-la o nascente amor daquele adolescente, cujo nome haveria de preencher todo um ciclo de vida planetária. Ao baixar, a maré havia deixado nos remansos graminosos da margem um formoso peixe dourado de dois côvados de comprimento, a se agitar naquela pequena porção de água. Na pequena rede de Évana, colocada no dia anterior, saltavam os pequenos peixinhos que eram a sua comida favorita.

— O peixe grande não posso levar vivo — disse Adamu arrastando-o para a margem da água — mas os pequenos, sim.

Enchendo de água o pequeno cântaro, lançou ali os pequenos peixes da rede.

Aquele homem em miniatura, preocupado com a manutenção de seu lar, começou a andar em direção à caverna com o quanto havia conquistado naquele dia.

Madina arrastava palha e ramos para a pedra da lareira. As renas foram saindo umas após as outras para pastar na pradaria; e Adamu contemplava a caverna engalanada como que para uma festa, de maneira nunca vista até então.

A deusa Ceres parecia surgir dentre um verde leque de papiros com sua cesta cheia de dourado pão. As formosas crianças cegas que rodeavam a deusa Minerva pareciam andar às tontas entre a verde folhagem e as flores azuis que, em abundantes ramalhetes, havia Adamu pendurado de tapete em tapete, para se unir formando como um arco triunfal ante a portinha da alcova onde Évana dormia. A belíssima Ísis, adormecida num lótus, não flutuava sobre o azul remanso do tapete, mas aparecia como que suspensa entre o brilhante verdor dos papiros recém-cortados. O efeito era maravilhoso.

Adamu percebeu que Évana despertava e correu para se esconder atrás da pilha de caixas de couro que a esforçada Milcha recolhera do barco pirata vários anos atrás.

Um momento depois Évana saiu da alcova e os gritos de alegria e as palmas de suas mãozinhas febris foram para Adamu como um transbordamento de glória, como uma inundação de felicidade que parecia não caber dentro de seu peito. Era ele o autor de toda aquela alegria que a adolescente expressava de tão ruidosa maneira!

— Isto fez Adamu para mim — exclamou ela quando passou a primeira explosão de contentamento.

"Oh, que peixe grande! E quantos peixinhos e codornizes" — disse, observando sobre a mesa os troféus das vitórias matutinas de Adamu. Quando viu tudo, sentou-se num banco pensativa.

— Que pena haja Adamu ido embora sem esperar-me! Eu queria segui-lo a partir de hoje como a noite segue o dia, conforme disse mamãe...

Adamu não pôde suportar mais e de um salto se pôs junto a Évana para lhe dizer cheio de alegria:

— Não fui embora, não fui embora, Évana! Estou aqui esperando-te. Como haveria de separar-me de ti?... E se viesse o gigante?

— Que alegria, Adamu, que alegria me deste com tudo isto! Como fizeste para pendurar toda esta folhagem tão alto sem que eu percebesse?

— Pois bem vês que as pendurei, e aí está. Agrada-te?

— Oh, muito! Quem te ensinou a fazer tão bonitos enfeites? Tens assim em tua casa?

— Não, lá não. Para quem haveria de pô-los lá? Tu não estavas!

E Adamu tomou a atitude de um triunfador coroado pelo êxito.

— Quanto te agradeço, Adamu, por tudo quanto fizeste por mim! Em compensação, eu nada fiz por ti até agora — disse Évana pensativa. Sem dar tempo a que o adolescente respondesse, correu para uma daquelas caixas e tirou uma espécie de tiara sacerdotal bordada de ouro e pedras preciosas com longas fitas de púrpura pendentes até as costas. Em muito menos tempo do que o empregado para descrevê-lo, pô-la sobre a cabeça de Adamu, dizendo com a solenidade de uma grande sacerdotisa que consagra um monarca ante seu povo:

— Tu és o rei desta pradaria!

— E tu és minha rainha para toda a vida!

Adamu, espontâneo e veemente, beijou a rosada boquinha de Évana, que permaneceu tensa, olhando-o com seus grandes olhos arregalados e espantados. Um século antes, Évana tinha sido sacerdotisa do antiqüíssimo culto da pomba solar e havia cingido a coroa de amendoeira em flor num guerreiro vitorioso, o qual, encantado com a sua beleza, deu-lhe o beijo sacrílego que causou a morte de ambos, segundo o severíssimo rito daquele culto, que castigava com a morte o profanador de uma sacerdotisa e a sacerdotisa manchada.

Na época ainda se encontrava o esqueleto do infeliz guerreiro acorrentado numa caverna do Cáucaso com seu crânio afastado do tronco pelo machado inclemente do verdugo, enquanto as cinzas da sacerdotisa, consumida pelo fogo do tempo, haviam sido dissolvidas em água de neve e dada de beber às pombas sagradas.

Despertou-se acaso em Évana aquela terrível recordação nesse instante? Não o sabemos.

— Ficaste aborrecida, Évana? — perguntou Adamu com timidez.

— Não, não é isso; pensava como estás formoso com este adorno em tua cabeça. É o presente que te ofereço. Agrada-te?

— Claro que sim, mas como pesa muito, nós o guardaremos novamente em seu lugar até o dia em que ambos nos sintamos donos de todos estes campos.

— Não o somos, acaso? — perguntou Évana, tirando da cabeça de Adamu a suntuosa armação que lhe pesava como uma montanha, acostumado, como estava, a não levar nada sobre a cabeça a não ser suas formosas madeixas escuras que flutuavam ao vento.

Madina aproximou-se de Évana para que a ordenhasse.

— Com a grande festa preparada por Adamu, esquecia-me de ti, minha Madina — disse Évana, acariciando a rena.

— Agora limpo o peixe e as aves e tu as temperas ao teu gosto — disse Adamu.

— Quando iremos à tua casa? — perguntou Évana enquanto ordenhava Madina.

— Quando tivermos cozido o peixe e as aves, levaremos tudo numa cesta e passaremos o dia lá. Eu te mostrarei a minha barca. Nós a lançaremos no arroio e passearemos os dois ali como os deuses do mar que aparecem nos meus tapetes. "Agrada-te assim, Évana?"

— Oh, muito!... Dize-me, não ficaremos lá?

— Como queiras, mas eu sonhei que um ancião formoso e bom, que sempre vejo em meus sonhos, recomendou que vivamos nesta caverna, porque o estábulo está em ruínas e pode cair.

— Melhor, melhor — disse Évana — porque eu gosto muito da caverna.

— E como falavas em ir para a minha casa?

— Porque mamãe me disse que devia ir contigo como a noite segue o dia. Não ouviste isto, Adamu?

O infantil idílio continuava cantando nas almas, nos campos, no pequeno arroio murmurante, junto ao belo manancial coberto com as rosas da aurora e salpicado de estrelas, no estábulo e na caverna, porque o amor, esse mago divino que povoa de brancas visões o horizonte da vida humana, estendia sobre as frontes de Adamu e Évana o véu da ilusão e da esperança.

Foi esta a magnífica visão dos êxtases de Moisés, séculos depois, quando cantava com a sua voz de iluminado:

"E Deus lhes disse: Reinai sobre todas as coisas, sobre a terra e o mar, sobre as árvores que dão fruto e as ervas que dão semente, sobre todos os animais da pradaria, sobre as aves que voam pelos ares e sobre os peixes que flutuam entre as ondas do mar."

OS PRECURSORES DO VERBO DE DEUS

Os grandes videntes do Santuário de Negadá haviam contemplado já flutuando próxima a aura radiante do Verbo de Deus a se aproximar da Terra. Imensa onda de amor e paz pairava nos planos etéreos próximos da atmosfera terrestre, e esta onda era fortemente percebida por todos aqueles que, envolvidos na Lei Eterna da Justiça, estavam em sintonia com as vibrações emanadas pelas puras Inteligências que, do mundo espiritual, protegiam a chegada do Messias.

Enquanto em Negadá, a cidade santa dos kobdas, afinavam estes, por assim dizer, suas faculdades supra-sensíveis, e se entregavam cada vez mais à elevação de seus espíritos mediante a renúncia completa a tudo aquilo que rebaixava o nível espiritual dos seres, os Filhos de Numu, espalhados pelos vales e montanhas das regiões do Eufrates, faziam grandes esforços para que toda aquela imensa região de pastores e lavradores, pacíficos aliados do Chalit do Nilo, chegasse a compreender a importância decisiva daqueles momentos para o futuro progresso da humanidade.

Os inspirados escreviam em lâminas de cortiça de árvores, e em ardentes versículos, o que em suas horas de concentração recolhiam dos planos astrais referente ao grandioso acontecimento espiritual que se aproximava:

"Homens da geração atual, que viveis inclinados sobre a terra, esperando a germinação da vossa semente;

"Homens que desde a alvorada até o anoitecer caminhais atrás de vossas manadas de antílopes e gazelas, búfalos e ovelhas;

"Homens que, ao som dos golpes de picareta e martelo, curvados estais sobre o cobre e o ouro, a prata e o pórfiro de vossas minas;

"Levantai o olhar por um momento apenas da face da terra e dirigi-o ao fundo de vossas consciências.

"Pedi à luz das esferas distantes que vos iluminem da imensidão onde flutuam e à infinita grandeza que vos rodeia, o segredo da vida e da morte.

"Pedi à solidão o segredo do vosso distante passado e do vosso distante porvir.

"E sabereis que não viveis somente do trigo da terra.

"Que outro *Eu*, como servo em cadeias, se agita dentro de nós mesmos.

"Que esse outro *Eu* não morre nem se desagrega, não perece nem deixa de ser jamais.

"Que esse outro *Eu* interior que todos levamos dentro de nós não vive do trigo da terra nem da carne e do leite do gado.

"Nem se engalana com o ouro e a prata arrancados do seio das montanhas.

"Porque ele se alimenta da flor da justiça, da eqüidade, da pureza de costumes e da santidade de vida.

"Homens desta geração: o Altíssimo visitará a Terra como um reflexo de seu Amor Eterno.

"Seu Verbo se aproxima de nós trazendo-nos a mensagem do Pai e Senhor de tudo quanto existe.

"Vesti a túnica branca dos banquetes de boda.

"Vesti-a no corpo com a honestidade e o pudor.

"Vesti-a no espírito com a reforma de vossos hábitos desordenados e costumes viciosos.

"Que em paz e amor, em justiça e felicidade, nos surpreenda a voz do Filho do Rei que nos diz:

"— Eis que chego de distantes países por amor de vós e vejo que me esperais com a túnica das bodas e vossa tocha acesa!"

162

Assim falavam aos povos de pastores e lavradores os kobdas das cavernas nas regiões do Eufrates.

Assim cantavam em seus instrumentos os músicos quando, em torno das tendas dos povoadores, se sentavam para falar-lhes de seus futuros destinos. — Esta Terra que vedes envolta na miséria e na dor, se converterá um dia no país encantado do amor.

"Então, não serão os laços da carne e do sangue os que falarão ao coração do homem, mas os laços do espírito, desse outro *eu interno, que vive pelos séculos.*

"Então não lutarão os homens por umas cabeças de gado, nem por estádios de terra, nem por pedaços de pedra guarnecidos de prata e ouro, não lutarão pelos trigais em espigas, nem pelas oliveiras mais velhas, nem pelas palmeiras centenárias, nem pelos vinhedos mais fecundos.

"Naqueles dias venturosos todos semearão para que todos recolham. Todos e cada um dirão ao viandante que passa: Vinde beber do vinho de meus odres. Vinde comer o pão da flor de farinha de meus trigais. Vinde compartilhar do leite de minhas renas, da lã de minhas ovelhas e das brancas madeixas de linho que fiei para todos vós. Tomai do azeite de minhas oliveiras, que sobra para vós e para mim. Vinde e abrigai-vos em minha morada, porque a neve começa a branquear os campos e o lume de minha lareira vos aquecerá a todos por igual.

"Isto vos parece uma canção de sonho e julgais que nunca chegará porque ainda não está em vós a semente que dá tão formoso fruto.

"Para semar esta semente mandará o Altíssimo Deus seu Verbo, e feliz daquele que escutar a Sua Voz e a refletir em todas as obras de sua vida."

O apostolado das mulheres kobdas havia tomado também um aspecto moralizador para a mulher daquelas regiões, no sentido de elevar sua personalidade espiritual.

— Não deveis consentir — diziam elas — em que vos tomem como um instrumento de prazer e apenas pela necessidade da procriação. A Lei Eterna vos designou companheiras do homem, almas gêmeas da sua, com a mesma origem e com o mesmo destino.

"De Deus saímos todos e a Ele haveremos de voltar.

"Não vivais unicamente para perfumar vosso corpo e enfeitá-lo de jóias e pedrarias.

"Não vos submetais por servilismo à vontade de um homem, mas por amor. Quando o hajais encontrado em vosso caminho, sede fiéis como a luz do Sol que sempre ilumina, como a frescura da fonte que dá de beber, como o perfume de suas pradarias em flor que lhe brindam suas folhagens e seus frutos.

"Levantai-vos ao amanhecer para vigiar vossos filhos e vossos servos, e que ninguém padeça em vossa tenda a dor e a fadiga, a fome e a desnudez.

"Preferi ser a única esposa de um trabalhador, sem terras e sem gado, a ser uma das mulheres de um chalit poderoso. Talvez o Verbo de Deus caminhando por esta terra chegará um dia à porta da vossa tenda, abençoará vossos filhos e vossos netos e vos dirá: 'Bendita sejas tu, mulher, que no afastado canto de tua tenda fazes a obra do jardineiro que poda e rega seu horto para que floresça numa futura primavera.' "

Elhisa, Tharsis, Nolis e Asag foram as quatro primeiras matriarcas dos refúgios kobdas que foram abertos nas regiões do Eufrates, nas vésperas do nascimento de Abel.

Elhisa e Asag foram mulheres de atividades apostólica e missionária, e desde essa época continuaram, em futuras encarnações, atividades idênticas ou parecidas; assim também Tharsis e Nolis, em seu estilo familiar e silencioso, consagradas a remediar as dores físicas, a dar de comer ao faminto e vestir o desnudo, a recolher os órfãos e anciãos, pobres despojos de humanidade desprezados pelo utilitarismo egoísta dos homens.

Estas quatro mulheres encontramos séculos mais tarde, entrelaçadas também na vida apostólica de Moisés, na de Jesus de Nazareth, e como prolongação desta última vemos esboçados seus perfis junto a Jerônimo, o ermitão betlemita dos primeiros séculos da Era Cristã.

Marcela, Paula, Leta e Eustáquia. Depois se separaram em suas vidas carnais como pombas mensageiras que realizaram distantes peregrinações para se reunir num momento dado quando novamente o Verbo de Deus se aproximava da Terra. Fenômeno este que, esquadrinhando-se o arquivo das idades terrestres, se vê constantemente repetido pela maioria dos espíritos que, unidos em grandioso pacto com as Inteligências Superiores que orientam a evolução dos mundos, realizam a sua própria, procurando ajustar suas vidas planetárias, em maior ou menor grau, à Eterna Lei de Amor e Justiça.

Se não tivéssemos que contar com o importante fator da própria debilidade humana, que modifica na matéria os rumos designados pelo espírito, poderíamos estranhar a lentidão estarrecedora com que este avança pela costa escabrosa da perfeição.

A vida dos kobdas nas cavernas foi de sacrifício, privações e imensas dores no início; mas logo se tornou plena de satisfações espirituais íntimas, quando conseguiram fazer-se amar e compreender por aqueles povos rústicos de pastores e lavradores. Mantinham turnos de vinte em vinte Luas, de tal forma que deviam voltar a Negadá para tomar descanso quando houvessem passado esse prazo na vida missionária. Fácil é compreender que alguns tenham sido vencidos na aridez da vida humana, longe do ambiente propício ao desenvolvimento das faculdades internas do ser.

Os espíritos vindos de outras esferas para ajudar a evolução da humanidade deste planeta padeceram imensos martírios e foram muitas vezes arrastados por esta turva marulhada; e, esgotados pela luta áspera e desigual, caíram muitas vezes e se confundiram com o lodo que cobria as grandes massas de seres primitivos que vinham para levantar.

A vida levada por Gaudes na caverna do país de Ethea e continuada ali mesmo por Sophia, Milcha e as crianças, foi mais ou menos a que se viram obrigados a levar em seus Édens os kobdas de Negadá. Como sua lei lhes ordenava viver de seu próprio esforço durante suas viagens apostólicas, a primeira coisa que fizeram foi abrir a terra em torno da caverna escolhida para vivenda e derramar a semente que logo haveria de lhes proporcionar o sustento necessário.

Cada caverna, cada Éden, tornou-se com o decorrer dos anos um pequeno centro de povoação, porque os pastores e lavradores das redondezas levantaram suas tendas junto à morada dos eremitas, com os quais chegaram quase a compartilhar a vida. O Patriarca do Éden era quem acalmava as disputas e aconselhava em todos os casos difíceis; era quem agia como legislador, árbitro e juiz.

Alguns dos patriarcas bíblicos foram kobdas em sua juventude; depois, deixando a túnica azulada, formaram lar próprio. Tal foi o caso de Lot, Abimelech, Nachor e Pichol, sem que por isto esquecessem completamente a pura e saudável doutrina que tinham bebido na Casa de Numu.

Abimelech foi, com o correr do tempo, rei de Gerar e, ao mesmo tempo, sacerdote daquele antiqüíssimo santuário despojado pelos piratas cretenses, cujos mais belos ornamentos e tapetes se encontravam na caverna de Adamu e Évana. Eis aí a origem da semelhança existente entre muitos pontos doutrinários do Talmude dos Doutores de Israel com o código dos antigos mosteiros kobdas. Este rei-sacerdote levou os kobdas do Éden de Aran para Gerar, com o fim de restaurar o antiqüíssimo santuário mencionado, em cima de cujas ruínas Salomão levantou, muitos séculos depois, seu grandioso e magnífico templo, que conhecemos por dados históricos mais ou menos exatos.

Que perdoe o leitor uma vez mais estas digressões que faço, levado pelo meu insaciável afã de investigação e desejo de esclarecer questões que se tornaram nebulosas por causa da inevitável poeira dos séculos que sobre elas se acumulou, ou porque a diversidade de idiomas nos quais foram escritas deu lugar a muitas interpretações errôneas.

O fato, por exemplo, de serem muito distantes e de diversos países e línguas os narradores bíblicos, dá lugar a que apareçam, às vezes, como acontecimentos ocorridos em distintas épocas os que são do mesmo tempo, e, ao contrário, apareçam como pertencentes à mesma época acontecimentos que às vezes estão separados por vários séculos.

O magnífico hino extático de Moisés encerra em seus versos de fogo desde o surgimento da Terra como uma borbulha separando-se de uma imensa nebulosa, até o aparecimento do tipo humano perfeito sobre o planeta. Impossível é calcular os milhares de séculos que a Terra passaria como uma massa informe e incapaz de alimentar vida alguma; e todos esses milhares de séculos, essas longas e incomensuráveis épocas, aparecem encerradas nuns quantos versos sublimes e ardentes, vazados no papiro pela alma radiante de Moisés. E até se fala em seis dias!

Cabe acaso culpar a Moisés pelo fato de os homens que o seguiram não terem compreendido o sentido figurado e oculto de seu canto?

Não obstante, vemos, em decorrência do canto de Moisés, os nomes de Adamu e Évana surgindo em meio ao torvelinho da primitiva conformação do globo, ao passo que, na época deles, muitas outras civilizações haviam nascido, crescido e desaparecido em continentes que já nem sequer faziam parte das terras habitadas, porque suas passadas grandezas dormiam no fundo dos mares.

Quem recolheu os poucos relatos que ficaram escritos em pedra, em papiro, em pedaços de cortiça e até em cornos de rena tem culpa de que os homens depois os tenham compilado num único livro com o canto de Moisés, que glorificava a Suprema Energia Criadora tirando esta Terra do Princípio Único de Vida do Cosmos, como tinha tirado todas as esferas que povoavam o espaço e tirará todas as que o povoarão no futuro eterno, infinito, incomensurável?

O relato relativo a Lot, um dos kobdas que deixou a túnica azulada para formar sua própria família, está quase completamente adulterado.

Uma mulher dissoluta chamada Shepo, que possuía duas filhas, foi quem arrancou por meio de seduções Lot do Éden, no qual estava à frente dos dez solitários que ensinavam a boa lei no país de Aran. Seguindo o capricho daquela mulher que o havia dominado, estabeleceu-se ele em Sodoma, quando ainda eram muito pequenas as filhas de Shepo. A corrupção reinante naquela cidade atormentou Lot em alto grau e ele chorava em silêncio por seu pecado, mas não tinha a força para se levantar.

Os kobdas, seus companheiros, choravam também pelo extravio de seu irmão, e quando tiveram aviso espiritual de que todas as cidades do vale do Shidin seriam destruídas pela explosão dos poços de petróleo, apresentaram-se a ele e a várias famílias que conheciam para induzi-los a sair dali se não quisessem perecer.

Mas Shepo fez pouco-caso do aviso dos eremitas e se enfeitou para comparecer a um banquete. Lot fugiu com as duas meninas enquanto sua mulher estava no banquete, do qual ela fugiu também, junto com outros, para as salinas, que a sepultaram ao serem violentamente sacudidas pela explosão. Em escavações que logo praticaram, foram encontrados os cadáveres, secos e endurecidos pelo sal no qual se haviam dissecado.

As duas filhas de Shepo tinham a mesma atração sensual da mãe, pois eram espíritos muito primitivos. Lot tornou-se prisioneiro delas, como o fora de Shepo. O relato bíblico denomina-o *Patriarca* porque ele o foi no Éden de Aran, que abandonou dominado pelos baixos instintos daquela mulher causadora de sua ruína moral.

Fácil é compreender que, com o correr dos séculos, destes Patriarcas edênicos, espécie de guardiães ou superiores dos grupos de eremitas missionários, se derivaram os patriarcas bíblicos das tribos nômades que montavam suas tendas onde era conveniente ao seu gado e à sua gente, e que por vários milênios foram os únicos donos de todas aquelas regiões e os únicos governantes, até o tempo em que chegou a se estabelecer o poderoso império assírio conhecido na história.

A Luz Baixa à Terra

Enquanto isso, os progressos de Adamu como artesão e lavrador e os de Évana como dona de casa eram visíveis sob todos os aspectos.

Os ensinamentos de Milcha davam frutos a cem por um. Valendo-se das renas como animais de tiro e carga, haviam os jovens transferido do estábulo para a caverna tudo quanto lhes pudesse ser de utilidade em sua vida. Examinando as ruínas onde Adamu vivera vários anos, encontraram algumas rodas talhadas em pedra com rebites e aplicações de cobre unidas entre si, como espécie de plataforma de um rodante pequeno ao qual faltasse a parte superior. Com varas de freixo, tão flexíveis e fortes como nosso vime, e as esteiras de fibra vegetal de vistosas cores que tanto agradaram a Milcha na barca dos piratas, Adamu deixou preparada uma pequena carroça que nada tinha a invejar àquelas que os mercadores colocavam sobre o lombo de seus elefantes para agasalhar suas mulheres ou levar as mercadorias. A rena maior e um de seus filhos puxavam-na como teriam podido fazer com um trenó sobre os campos de neve.

Talvez aquela pradaria não houvesse visto nada mais formoso que o belo casal de adolescentes percorrendo-a em sua pequena carroça de varas de freixo, revestida de uma esteira de vistosas cores por fora e de peles por dentro. Podia acaso pedir-se algo mais a um menino de treze anos de idade? Sua família de renas aumentava de ano em ano, formando já um pequeno rebanho que quase enchia a caverna quando, durante as noites, se recolhiam para dormir. Foi necessário que Adamu fizesse para elas uma paliçada numa espécie de pracinha que se abria entre as montanhas diante da própria porta da caverna. O teto, formado de pequenos troncos, ramos e palha, deu àquela estranha edificação o aspecto de uma choça das usadas em todos os tempos pelos pastores para abrigar seu gado no inverno.

A caça e a pesca, a coleta de hortaliças, frutas e legumes ocupavam o tempo de ambos, de forma que seus dias passavam rapidamente.

As preocupações de Évana para recordar como Milcha fazia o queijo do leite de suas renas levaram vários dias; da mesma forma o queijo de amêndoas e figos e a pasta de farinha com ovos de codornizes e frutas de palmeira. Tudo isto significava demasiadas complicações para uma mulherzinha que apenas contava algo mais de doze anos de idade. Pode-se compreender, portanto, que o tempo lhes era escasso para suas múltiplas ocupações.

Mas, um dia, Adamu quis levar Évana de passeio em direção ao rio grande para visitar sua barca amarrada na margem do arroio. Ataram suas renas na original carroça que eles chamavam "korha" segundo sua língua atlante, cujo significado em nossos idiomas atuais seria "*para viajar*".

Madina, que estava então com um filhinho de poucos meses, seguia-os, e seu rebento ia comodamente deitado no interior da korha. Saíram ao amanhecer levando provisões para todo o dia e foi esta a vez que mais se afastaram da caverna desde que habitavam aquelas paragens.

É aqui oportuno fazer notar que há dez mil anos as costas do Mar Mediterrâneo não eram as mesmas de agora, pois suas águas cobriam grande parte da região que depois foi a Fenícia, e que muitas das pequenas montanhas costeiras então apareciam como pequenas ilhas, exatamente como as ilhas que formam os demais arquipélagos. Isto explica que alguns braços do Eufrates e o próprio Eufrates não ficassem tão distantes, como na atualidade, da costa mediterrânea.

Quando haviam passado pouco mais ao oriente das ruínas de Adamu, compreenderam que Madina ouvia algo que a alarmava. Levantava sua cabeça ao ar e dava golpes com sua pata dianteira na terra. Por intuição compreenderam que algo se aproximava e, dando a volta em sua junta de renas, numa breve carreira se encontraram refugiados no estábulo das ruínas. Pouco depois de terem chegado, viram um grupo de vinte arqueiros montados nos pequenos e velozes cavalos procedentes da Arábia, correndo atrás de uma pequena tropa de búfalos, procurando pôr-se ao alcance para disparar-lhes suas flechas. Vários dos animais caíram mortos ou feridos e Adamu, do alto de uma árvore, observou que os arqueiros tiravam suas peles e parte da carne e se afastavam por onde haviam vindo.

— São os escravos do Deus Caçador — explicou Adamu a Évana, maravilhada de ver aqueles homens com indumentária tão diferente da sua.

— Como saber? — perguntou ela, assombrada de que Adamu soubesse tudo.

— Ora, pelos tapetes. Não viste o Deus Caçador, de pé sobre um feixe de flechas sustentadas pelos ombros dos seus escravos? Pois são eles, não há dúvida.

Na realidade eram os arqueiros guardiães das terras habitadas pelas tribos aliadas do Chalit do Nilo, que aproveitavam as peles e a carne dos poucos animais selvagens que ainda ficavam nas pradarias e nos bosques; pois as tribos nômades os haviam exterminado quase completamente, tanto para a segurança de suas tendas e rebanhos, como para prover-se de peles, mais apreciadas ainda que a carne e a gordura.

Isto foi para os adolescentes um grande acontecimento e por muito tempo lhes serviu de ponto de referência para recordar certas ocorrências e datas. Eram os primeiros seres humanos de carne e osso que se lembravam de ter visto, com exceção de Sophia e Milcha. Assim diziam sempre ao mencionar algum acontecimento ocorrido entre ambos: "Há três ou seis ou vinte dias dos escravos do Deus Caçador."

Quando a pradaria ficou tranqüila, saíram do esconderijo e Évana propôs ir ver de perto o teatro da vitória daqueles seres extraordinários. Quando chegaram onde estavam os quatro búfalos mortos e já sem as peles, observaram que os caçadores só tinham levado pequenos pedaços de carne.

— Eis que o bom Deus nos manda gordura para fazer velas gigantes — disse Adamu, observando os animais esfolados. — Tu, que já não querias acender senão por um momento a vela gigante porque era a última que restava, agora poderás ter luz em abundância.

Atando folhas de palmeira, foi arrojando em cima delas os pedaços de gordura que, com grande destreza, cortava com o cutelo. Esta tarefa tomou-lhes boa parte do dia, pois tiveram que levar a gordura aos rastros, sobre o leito de palmeiras que Adamu fizera, até o estábulo, donde poderiam depois conduzi-la pouco a pouco até a caverna.

— Não podemos ir-nos sem visitar nossa barca — disse Adamu. — Ainda temos tempo antes que se vá o sol.

Como não ficava tão distante dali, caminharam a pé até a margem do arroio naquela verde colina onde Milcha adormeceu na vida física para despertar livre e feliz no plano espiritual. Ali aguardava-os outra surpresa maior, se for possível, que a dos escravos do Deus Caçador. A barquinha havia sido desatada de sua amarra e a corrente a havia levado até uma curva do arroio no qual ficou encalhada. Nela estava uma mulher morta e um menino vivo, gemendo tristemente. Adamu montou em Madina e puxou a barca pela amarra até tirá-la da margem. O cadáver estava rígido e frio. Adamu explicou:

— Esta mulher foi deixada por sua alma como tua mamãe e a minha deixaram os seus corpos. Deve ter morrido de fome, porque aqui está sua bolsa vazia.

— Mas o menino vive — disse Évana, ouvindo seus gemidos.

Adamu recolheu-o da barca e o entregou a Évana, e, rapidamente, tirou o corpo da mulher e o arrojou na água. Évana embalava o menino como havia feito antes com os seus bonecos.

— Que faremos com ele? — perguntou a Adamu.

— Dar-lhe leite, pão e aquecê-lo — disse Adamu, tomando o pequenino das mãos de Évana e dirigindo-se para a korha, onde estavam suas provisões.

— Como o chamaremos? Que lindo e que gordinho! — exclamou Évana encantada.

Adamu pensou uns instantes e depois disse como um homem seguro do que faz:

— Chamá-lo-emos Kaíno. Acaso não caiu não se sabe de onde?

— Ah, Kaíno, Kaíno! Quanto vamos querer-te! — disse Évana.

O menino parecia ter cerca de dois anos e, quando se viu alimentado e acariciado, parou de gemer e começou a andar de gatinhas, ou seja, arrastando-se pelo solo. Dizia algumas palavras confusas que Adamu e Évana não entendiam.

Era bastante comum naqueles tempos que uma mulher se visse arrojada de sua casa pela família, por diversos motivos. Umas vezes por ciúmes de outra esposa do mesmo marido; outras vezes fugiam elas mesmas, se eram escravas, em face dos maus-tratos ou para evitar que seus filhos fossem tirados para preencher o vazio em algum lar onde não os havia.

O relato bíblico da Agar, escrava de Abraão que fugiu com seu filho através do deserto, é uma prova do que dizemos em relação ao caso de Kaíno.

O certo é que Adamu e Évana voltaram ao anoitecer à sua caverna com a família aumentada, com o pequeno órfão que começou a caminhar por si só pouco tempo depois de ter sido encontrado. Em sua infância fez o mesmo caminho de Adamu, e o pequeno filho de Madina foi o seu primeiro brinquedo e o seu mais constante companheiro.

Era de caráter impetuoso e vivaz e dava gritos de ira quando caía ou se via contrariado em seus desejos. Ambos o quiseram muito, tornando-o objeto de todo o seu carinho, até que, quinze Luas depois, nasceu Abel, como um lótus branco, na morna claridade de uma noite de Lua, em plena primavera.

Aquele primeiro rebento da árvore frondosa de um amor de adolescentes foi o sagrado tabernáculo onde se encerrou o Verbo de Deus feito carne, a palavra da Verdade Eterna falada por Deus à humanidade; o reflexo divino do Eterno Amor derramando-se nesta Terra, como a cauda luminosa de um astro que flutuasse sobre as trevas da humanidade.

Évana, que ainda não vivera quatorze anos completos, sentia-se ainda menina. Brincando às vezes com os dois pequenos, vendava os olhos deles, acendia uma tocha de folhas secas de palmeira e dizia com inimitável graça:

— Sou a deusa Minerva ensinando a Divina Sabedoria aos meninos cegos.

O nascimento de Abel tornou Adamu mais grave e sério, fazendo-o desenvolver-se notavelmente. Aparentava uns dezoito anos, quando só tinha quatorze.

O caráter ciumento de Kaíno foi notado desde os primeiros dias da vida terrestre de Abel. Aborrecia-lhe ver o pequenino no regaço de Évana, e, por muito que ela lutasse para anular no menino essa nascente paixão, não o conseguiu, muito pelo contrário, o ciúme pareceu crescer com os anos. Entretanto, não antecipemos os acontecimentos.

Nenhum acontecimento extraordinário se deixou ver no mundo físico ao nascimento daquele menino, que descia à Terra com a Mensagem Divina do Pai; mas, entre os kobdas de Negadá, os do Cáspio e os que estavam disseminados nas cavernas, na concentração espiritual dessa noite, os videntes contemplaram, cheios de intensa emoção, a descida radiante do Espírito de Luz numa caverna às margens do Mar Grande, habitada pelo casal de adolescentes.

Um imenso cortejo de almas mensageiras de Deus acompanhou o excelso Mártir em sua nova imolação terrestre, e por muitos dias continuaram flutuando dentro da atmosfera do plano físico, até que o espírito missionário estabeleceu a perfeita conjunção com o corpinho infantil.

Nas radiantes visões da Morada da Sombra ressoaram as mesmas harmonias, as mesmas vozes sem ruído para o resto dos homens, que se escutam em todos os mundos quando do aparecimento do Messias no plano físico:

"Glória a Deus nos espaços infinitos, Paz aos seres de boa vontade!"

— O Verbo de Deus nasceu na Terra! — exclamaram os kobdas na suprema felicidade do êxtase. Para o caso de aqueles que se achavam disseminados nas cavernas não terem tomado conhecimento do fato, dado não disporem ali das energias astrais e etéreas acumuladas desde séculos no santuário, o Alto Conselho dispôs a saída de mensageiros para todos os Édens e Refúgios dos Filhos de Numu, anunciando o grandioso acontecimento e ordenando ao mesmo tempo que percorressem as cavernas da costa do Mar Grande a fim de encontrar o novo ser e prover às suas necessidades físicas.

Alguns kobdas dotados de grandes faculdades psíquicas haviam observado, nas manifestações plásmicas da noite do nascimento do Verbo, que seu radiante cortejo espiritual havia descido sobre o pronunciado golfo formado pelo Mediterrâneo na parte noroeste, e essa indicação foi dada aos mensageiros. O Pharaome, chamando Aldis, lhe disse:

— Agora sim, chegou a hora de saíres para te reunires com teu filho Adamu, a quem visitou a Luz de Deus, e cujo caminho já ninguém poderá modificar.

Aldis não lhe fez repetir a ordem e, embarcando em Negadá com todo o grupo de mensageiros que deviam ir ficando nos lugares onde residiam os kobdas missionários, fizeram-se à vela no dia seguinte do aviso espiritual. Apenas tinham transcorrido uns vinte dias do nascimento de Abel quando a embarcação de Negadá ancorou na margem do mar a uns duzentos metros do lugar que ficava defronte à caverna. Era o entardecer, e eles viram a pequena manada de renas que voltava da direção oposta, ou seja, do arroio, e caminhava a passo lento para a montanha. Várias

170

das renas ostentavam ainda restos das coroas de flores com que Évana as adornava, e as fêmeas tinham uma fita vermelha no pescoço, o que demonstrava serem animais domésticos retornando ao estábulo. Eles os seguiram a distância e viram-nos perder-se entre as anfractuosidades das montanhas próximas. Aldis, acompanhado de três kobdas anciãos, dirigiu-se para aquele lugar, pois, se não era ali a caverna que procuravam, pelo menos poderiam obter alguma notícia a respeito do acontecimento que ali os conduzia.

Adamu, que abria nesse instante a porta feita de troncos do estábulo de suas renas, foi o primeiro que os viu aproximando-se. Eles também o viram e agitaram no ar um pano branco em sinal de paz; entretanto, Adamu nada entendeu do dito sinal. Apesar disso, não sentiu preocupação alguma perante os visitantes e esperou tranqüilo por suas renas, que chegaram pouco antes dos kobdas.

Na formosa fisionomia juvenil de Adamu estavam impressas as feições de Milcha, principalmente seus olhos escuros cujo olhar nobre e franco Aldis não podia esquecer; e, sem poder conter-se, correu para ele e, mudo pela emoção, o estreitou entre seus braços e o cobriu de beijos e lágrimas. Os kobdas anciãos, igualmente emocionados, faziam esforços para ocultar as lágrimas silenciosas que deslizavam por seus rugosos semblantes, e o pobre Adamu perguntava sem que lhe prestassem atenção:

— Quem sois? Eu não vos conheço.

— Adamu, meu filho! — exclamou Aldis. — Filho de Milcha, a heróica, a amada Milcha! Eu sou Aldis, teu pai. Acaso nunca tua mãe falou de mim?

— Vinde — disse Adamu, também emocionado. — Entrai em minha cabana e falaremos.

— E Évana, e o teu filhinho? — continuou perguntando Aldis, o que fez Adamu compreender que aquele homem dizia a verdade, pois sabia o nome da sua mãe, o de Évana e também do nascimento de seu filho.

Évana, toda assustada, havia-se ocultado com os dois meninos na alcova. Adamu foi buscá-la e, cheio de regozijo, explicou-lhe o estranho acontecimento. Em Évana, encontrou Aldis uma acentuada semelhança com Sophia e Johevan ao mesmo tempo, e se alguma dúvida poderia ficar, Adamu mostrou-lhe algumas lâminas de cortiça na qual Sophia ou talvez Milcha tinham escrito em seu idioma atlante: "Adamu, filho de Aldis, guarda do palácio de Nohepastro rei, e de Milcha, escrava favorita da Princesa Sophia de Otlana." A outra dizia: "Évana, filha de Johevan, do primeiro corpo de guerreiros de Nohepastro rei, e de Sophia de Otlana."

Aldis, o solitário e o desterrado, o proscrito de sua pátria e de seu lar, sentiu-se inundado de uma dupla felicidade: tinha entre seus braços seu único filho e seu primeiro netinho. Era pai e avô! O pequeno Abel dormia quando Évana o colocou entre os braços de Aldis. Este, que sabia o segredo que se ocultava naquele menino, pôs-se de pé como que para receber um objeto sagrado.

— Devia recebê-lo de joelhos — disse, estampando um beijo religioso de veneração sobre a branca testa do menino adormecido.

Os kobdas passaram essa noite na caverna, e os comentários, relatos e perguntas

171

de uma parte e de outra são fáceis de adivinhar, dadas as circunstâncias que rodeavam os personagens.

— Como chamastes este menino? — perguntou finalmente Aldis.

— Até agora o chamamos *Piquin*, porque é tão pequeninho — respondeu Évana. — Mas é necessário procurar para ele um nome muito formoso.

— Quereis que vos diga um? — voltou Aldis a perguntar.

— Dizei-o — respondeu Adamu — e será feito como vós quereis.

— Lá no Santuário, onde foi anunciado o seu nascimento, dizem que deve chamar-se Abel, que no idioma dos servos de Deus quer dizer: "Belo como o Sol."

— Pois bem, que se chame Abel, porque em verdade é belo como o Sol — disse Évana, beijando ternamente o seu filho.

A partir deste momento, foram quase ininterruptas as visitas dos kobdas à caverna do país de Ethea, transformada desde então para eles, únicos possuidores do grande segredo, em templo augusto do Verbo de Deus.

A embarcação que conduzira os mensageiros do Alto Conselho devia regressar a Negadá quando tivessem eles cumprido a sua missão. Os anciãos companheiros de Aldis aconselharam-no a ficar protegendo *as crianças,* como eles diziam com grave detrimento para Adamu e Évana, que, embora incluídos nessa infantil denominação, já eram pais de família.

Na última noite que os kobdas passaram na caverna antes de regressar, quiseram fazer uma concentração espiritual em comum. Um deles tocava um instrumento semelhante à harpa na forma de seu encordoamento, porém muito menor, algo como a cítara dos nossos tempos.

Improvisaram, pois, uma *Morada da Sombra* em miniatura, deixando aberta a portinha da alcova onde o pequeno Abel dormia. Kaíno dormia também num ângulo da caverna sobre uma daquelas caixas de couro trazidas pelos piratas, transformada em cama mediante peles e mantas sacerdotais.

O kobda músico, ao qual chamaremos Dhabes, e que viera como chefe da Missão de Mensageiros, ordenou aos circunstantes a forma e o modo de se reunir para constituir uma abóbada psíquica ou templo astral adequado ao que se devia realizar.

O centro da cadeia fluídica era a portinha da alcova onde dormia Abel. De um dos lados sentaram-se, por ordem, Adamu e Aldis; no outro, Évana e Dhabes; e, entre Aldis e Dhabes, os outros três kobdas anciãos.

A harpa de Dhabes, discípulo de Bohindra, começou a vibrar suave e delicadamente no princípio, e suas tonalidades foram adquirindo pouco a pouco a intensidade de uma prece extática. Évana começou a chorar silenciosamente. Adamu, incapaz de se conter, exalava profundos suspiros. Uma imensa onda de amor e de paz inundou a caverna submergida na penumbra, pois até a chama da grande vela havia sido atenuada.

Repentinamente a alcova brilhou com uma tênue claridade azul, como a luz da Lua em crescente. Évana ia levantar-se assustada, mas Aldis a conteve com um sinal de calma e silêncio. A luz da alcova inundou lentamente toda a caverna e então tornaram-se visíveis as imagens fluídicas de Sophia, Milcha e Johevan, em torno da cama onde o pequeno dormia.

172

A luz tornou-se mais intensa em torno do menino adormecido, de tal forma que este desapareceu em meio à deslumbrante claridade, e um momento depois esboçou-se nitidamente o corpo astral do Verbo de Deus, de pé, junto ao imenso leito de Gaudes, o mago atlante, onde jazia em profundo sono o diminuto corpo físico que aprisionava aquele reflexo do Amor Eterno.

As mãos da divina aparição apoiaram-se nas cabeças de Adamu e Évana, que choravam em silêncio, dominados por uma emoção indescritível, enquanto sua voz suave, mais que as notas da cítara que se iam apagando, disse:

"Glória a Deus nos espaços infinitos e paz aos seres de boa vontade...

"Durante nove séculos vossas almas me chamaram. Eis que estou no vosso meio, disposto a iniciar a semeadura nos campos que me preparastes com o sacrifício e a dor, água mágica que faz frutificar a divina semente a cem por um. Sejam benditos para sempre os que abandonaram tudo e sacrificaram tudo para abrir o caminho ao Mensageiro de Deus junto aos homens!

"Adamu e Évana, meus íntimos companheiros de martírio, bebei a fortaleza em vosso recíproco amor, porque dia chegará no qual vos visitará a dor como hoje vos envolve a glória do Amor Eterno!"

A radiante claridade diluiu a formosa visão em matizes de opala e rosa, que se foram atenuando suavemente até ficar novamente a caverna submergida na penumbra.

Évana, incapaz de resistir mais à profunda emoção que a embargava, correu para Adamu ao qual abraçou, chorando em grandes soluços. Aldis e seus companheiros, habituados a estas intensidades, continuaram imóveis, em silêncio, deixando correr lágrimas mudas que ninguém via porque deslizavam sem ruído até perder-se entre as pregas da túnica azulada. Lá em Negadá, os quarenta kobdas de plantão dessa noite na Morada da Sombra tinham assistido a esplendorosa manifestação da grandeza de Deus na pobre caverna do país de Ethea. Como? De que forma? Não há distância para o espírito nem há impossibilidade para o amor verdadeiro.

Cultivado em suas formidáveis energias mentais, o espírito daqueles solitários, desprendido de todas as baixezas da vida carnal, era apto para transportar-se para onde seu amor os levasse, e chegaram eles à concentração profunda com o pensamento fixo no Verbo de Deus que havia baixado à Terra. *O Amor nunca é estéril quando é verdadeiro.*

Eis aí o segredo de todos esses enigmas formidáveis do espírito que os homens encadeados pela vida grosseira dos sentidos se comprazem em chamar pelos nomes extraterrenos de *milagres, mistérios, fatos sobrenaturais,* e, portanto, fora do alcance das capacidades humanas. A tudo isto se acrescenta a quase completa ignorância das multidões, que nada fazem para chegar a um amplo conhecimento das leis sublimes e imutáveis do mundo espiritual.

O que é incompreendido pela grande maioria dos habitantes do planeta Terra, de tão escassa evolução, é fato corrente e de domínio público nas esferas de maior progresso em seus elementos constitutivos, e nas humanidades que as habitam, entradas já na etapa de evolução em que dentro em pouco entrará também a humanidade da Terra.

CLAREANDO SOMBRAS

Enquanto a embarcação se fazia à vela e retornava a Negadá com as felizes notícias que conhecemos, Aldis entregava-se completamente ao amor de seu filho, tão inesperadamente recobrado. Em Adamu amou também a Évana e em ambos amou principalmente a Abel, cuja grandeza e divina figura na história da humanidade já lhe era conhecida pelos vastos e profundos ensinamentos recebidos nos quatorze anos vestindo a túnica azulada.

Adamu e Évana receberam de Aldis muitos dos conhecimentos adquiridos por ele em Negadá, a história do próprio nascimento deles, sua origem atlante e todo o concernente à sua primeira infância até que ele e Johevan foram tomados prisioneiros pelos piratas.

Os adolescentes referiram por sua vez tudo quanto havia de mais ou menos claro na penumbra de suas recordações infantis, e Aldis, acostumado já a observar a proteção soberana do Ser Supremo no encadeamento dos acontecimentos grandes e pequenos ao redor da nova vinda do Verbo de Deus à Terra, abria seu espírito às irradiações divinas do Amor Eterno que lhe permitia observar tão junto de si a grandeza e a glória de Deus manifestada nos homens.

Aqui cabe meditar no *porquê* das lendas tão fantásticas e irreais, quando havia meios para contar aos homens do futuro os fatos tal como ocorreram.

Intervêm, a meu ver, muitos fatores, sendo o principal deles a destruição de Negadá pelos hicsos que invadiram e possuíram durante séculos as férteis regiões do Shior, o Delta do Nilo. Os kobdas, três ou quatro séculos depois de Abel, deixaram introduzir-se certas negligências nos hábitos e costumes herdados de seus primeiros fundadores.

O nome de "Thidalá", Rei de Nações, teve o poder mágico de despertar ambições totalmente opostas ao singelo espírito da lei que havia feito sábios e justos os filhos de Numu.

Assim como nos dias de hoje os sucessores de Pedro, o pescador da Galiléia, chegaram a ser os mais faustosos e dominadores de todos os soberanos conhecidos das antigas e modernas civilizações, da mesma forma o homem-farol do antigo santuário dos kobdas se transformou, através dos séculos, em Filho dos Deuses, numa divindade que tinha sobre a Terra todos os poderes da Divindade, exatamente como os pontífices do catolicismo.

Quem pode reconhecer nos Faraós das dinastias mencionadas pela história o *homem farol* meigo e modesto que regia paternalmente a Casa de Numu na distante época neolítica?

Quem pode reconhecer nos pontífices romanos da Idade Média, dominando cabeças coroadas, a Pedro, o pescador, e aos humildes dirigentes do povo cristão nos primeiros séculos da nossa era?

Grande parte dos kobdas levantaram seu protesto quando começou a transformação, e houve um morticínio no pátio das oliveiras, morticínio no qual pereceram os últimos kobdas que conservavam ainda o espírito de sua antiga Lei. O Pharaome teve conhecimento de que ia ser destituído por seus abusos de poder, por seus costumes mundanos, por sua profanação das constituições mais sagradas, e, secretamente, fez entrar a sangue e a fogo hordas de piratas que o livraram de um só golpe dos kobdas fiéis à sua lei, que se haviam unido para implantar novamente os antigos costumes.

A partir deste acontecimento, as forças do mal caíram como uma tromba devastadora sobre aquela antiga morada da paz e da santidade.

Pouco ou nada podia interessar aos novos moradores do santuário o inestimável tesouro de documentações históricas existentes no Arquivo das Idades, onde podia-se caminhar em terreno firme por entre a humanidade de quarenta mil anos atrás. Não obstante, algumas tradições ficaram flutuando no ambiente cálido das verdes pradarias do Delta; eram, porém, tradições empapadas de fantasmagoria, inaceitáveis pela razão e pela lógica, tradições que confundiam em desastroso amálgama os homens e os deuses, os homens e os lugares habitados por eles, os homens e os montes em cujas cavernas se refugiaram, a ponto de, pela diversidade de línguas, de um mesmo personagem as lendas terem formado três ou quatro, dando-lhe cada idioma um nome diferente, o que equivale a transformá-lo num personagem distinto.

Os descendentes de Seth, o segundo filho de Adamu e Évana, conservaram como coisa sagrada uma tradição na qual aparecia o célebre casal como primeiro elo da espécie humana, porque confundiam lastimosamente a origem da civilização adâmica ou abeliana com a origem do homem sobre a Terra.

Nesta confusão de tradições apareceu o enigmático canto de Moisés, reflexo pálido de suas magníficas visões de iluminado, e no qual se baseou o Gênese Bíblico. Para os compiladores dos escritos mosaicos, já não cabia dúvida: aquele legendário casal, Adamu e Évana, não podia ser outro senão o aludido por Moisés em seu canto sibilino.

Foi a partir de Moisés que a lenda tomou as proporções de extraordinária epopéia de contornos mágicos, aceita durante séculos e séculos como uma verdade incontrovertível, até que as ciências paleontológicas e etnográficas começaram a desenterrar das montanhas cavernosas as habitações dos homens do passado, e do fundo dos sepulcros e das ruínas milenares as provas e evidências de que grande parte dos livros do Antigo Testamento não são o reflexo fiel da verdade científica nem da verdade histórica.

Com esta longa digressão, creio haver respondido à pergunta que pode surgir na mente do leitor: por que o formoso poema de Adamu e Évana como origem da civilização abeliana, singelo e real, não passou a nós tal e qual era em seu natural e lógico desenvolvimento?

O Paraíso de Adamu e Évana

Quinze Luas contava a vida terrestre de Abel quando chegou ao país de Ethea uma imensa caravana de elefantes e camelos vinda de Negadá, atravessando desertos e pradarias. O Chalit do Nilo, o meigo Bohindra, acompanhado de Tubal e dos kobdas jovens, seus discípulos, fez a travessia em caravana para visitar a caverna-refúgio do Verbo de Deus e ao mesmo tempo transladá-lo para a pradaria das margens do Eufrates, onde, nas últimas montanhas a sudeste do Antilíbano, os kobdas que Melquisedek levara ao Santuário de Gerar no país de Galaad tinham desocupado um formoso Éden.

Aquele Éden era formado por uma série de espaçosas salas escavadas na montanha ao nível da pradaria, resquícios das escavações de minas já exploradas e abandonadas. A fertilidade daquela área e o trabalho dos kobdas durante vários anos; o fato de haver-se reunido naquela região a elite dos povoadores do vale do Eufrates; e o fato de ser ali a residência de uma espécie de representação da autoridade do Chalit do Nilo e dos oitenta chefes urbausinos, seus aliados — todos estes fatores faziam com que aquele lugar desse uma maior segurança e proteção ao Divino Missionário e à sua família terrestre.

Com isto, aproximavam-no em mais da metade do caminho a Negadá, cujos fundadores e governantes, os kobdas, eram os únicos possuidores do *"segredo de Deus"*, como eles diziam ao fazer referência ao magno acontecimento de que eram testemunhas.

Quando a caravana chegou à pobre caverna de Gaudes, a surpresa de Adamu foi grande ao notar a admirável semelhança de Évana com Bohindra. Aproximando-se de Aldis, o jovem perguntou:

— Acaso este homem não será o pai de Évana, que foi aprisionado pelos piratas junto contigo?

Aldis encontrou-se em apuros para responder, mas julgando demasiado profunda aquela verdade para ser compreendida pelos adolescentes, respondeu rapidamente:

— Sim, meu filho, é o pai de Évana. — Dizia em parte a verdade, visto que aquela matéria fora a que havia dado vida à jovem companheira de seu filho.

— Filha de meu filho! Reflexo distante de minha Sadia! — exclamou Bohindra, estreitando sobre seu coração a ruiva filha de Sophia e Johevan, que fez reviver uma vez mais para ele os dias distantes de sua juventude; aquela outra juventude passada em Otlana, quando, ao cair da tarde, sentava-se com Sadia sob as árvores de sua terra e cantava em sua lira mágica às tranças douradas que se assemelhavam por seus reflexos a "madeixas de bronze velho".

Évana estava encantada com seu pai e um dia disse com muita graça a Adamu:

— Quase o quero mais que a ti.

Mas, um dia, a jovem teve uma curiosidade inocente e perguntou a seu pai:

— Por que te chamam Bohindra e não Johevan? Por que na lâmina de cortiça que minha mãe escreveu se lê: "Évana, filha de Johevan, do primeiro Corpo de Guerreiros de Nohepastro rei, e de Sophia, princesa de Otlana"?

— Chamam-me Bohindra porque tal era o nome do pai de teu pai, que, ao deixar seu corpo no sepulcro, revive em seu filho, ao qual transmitiu com seu verdadeiro ser o gênio da harmonia que habitava nele.

— Queres dizer que és Johevan e Bohindra ao mesmo tempo?

— Justamente — respondeu, acariciando-a sem dar maiores explicações. — E, para que vejas que é verdade, senta-te e escuta.

Bohindra tomou sua lira e cantou:

> "Conta-me, Amor, tua lenda
> Aquela do século de ouro
> Quando cantavam em coro
> As flores e as estrelas...
> E estas belas
> Melodias
> Sussurravam:
> Um mancebo e uma pastora
> De um beijo de amor nasceram,
> E para a pradaria foram,
> Buscando flores e ninhos,
> E do primeiro olhar
> De amor que entre eles trocaram
> Os artífices copiaram
> Nossos radiantes fulgores.
> E as flores
> Pudorosas
> Repetiam,
> Um mancebo e uma pastora
> De um beijo de amor nasceram
> E para a pradaria foram
> Buscando flores e ninhos
> E da primeira palavra
> De amor que se prodigaram
> Os artífices formaram
> Nossa divina fragrância
> Ressonâncias
> Melodiosas
> Emanavam
> As estrelas e as flores
> Que cantavam os amores
> Do mancebo e da pastora
> Que uma hora
> De inefáveis

177

Enlevos
Do sopro de amor de um beijo
Para esta terra baixaram!!...”

Ainda não havia terminado a última cadência da lira de Bohindra, quando Évana o abraçou ternamente, cobrindo-lhe o rosto de beijos que irradiavam toda a intensidade de sua alma sensível e apaixonada.

— Quão formosa é a tua música e quão formosa é a tua voz! Eu quero uma lira como esta tua e quero cantar como tu.

— Já deste ao mundo a mais formosa e divina canção, minha filha — respondeu Bohindra.

— Qual? — perguntou ela.

— Esse pequeno ser que, sentado sobre a relva, abre covinhas no solo e enterra sementes de amêndoas. Vês?

Évana voltou sua vista para trás e viu o pequenino Abel absorvido na tarefa que Bohindra tinha observado.

— Pode haver acaso melhor harmonia que sua palavra, emanação divina de Deus cantando seu Amor Eterno aos mundos, aos seres e às coisas?

Évana correu para ele e, levantando-o em seus braços, foi sentá-lo sobre os joelhos de Bohindra.

A suave irradiação do Espírito de Luz envolveu-o completamente, e Bohindra, deixando correr suas lágrimas de terna emoção, disse, sem que Évana o compreendesse:

— Não vale isto acaso muito mais que o sacrifício de viver duas vidas terrestres sem interrupção?

“Que fiz eu, meu Deus, que fiz eu para merecer ter sobre meus joelhos e entre meus braços este divino reflexo da tua Glória, da tua Grandeza e do teu Amor?”

O formoso menino de olhos cor de topázio e cabelos ruivos sentia-se tão à vontade no regaço do kobda poeta que tranqüilamente recostou a cabecinha sobre aquele nobre coração e em poucos instantes ficou adormecido.

Aldis e Adamu haviam-se aproximado. Logo chegaram Tubal e seus jovens kobdas, ao ouvir a canção de Bohindra; e, portanto, foram todos testemunhas daquela terna cena ocorrida diante da caverna ao cair de uma tarde outonal, quando todos os ruídos se atenuavam e as rosadas claridades do ocaso iam-se diluindo entre as primeiras penumbras da noite que chegava.

Dormir o menino e levantar-se no meio deles a radiante aparição do excelso espírito de Abel foi uma coisa só.

Os jovens kobdas caíram de joelhos com o rosto prosternado em terra, exclamando:

“Numu entre nós!”

“É Numu que nos visita!”

— É o Verbo de Deus! — exclamou Tubal, inclinando sua fronte coroada de cabelos brancos.

— É o Verbo de Deus — murmurou Bohindra, quase esquecido do corpinho que dormia entre seus braços, absorto contemplando a deslumbrante visão do Espírito de Luz que, estendendo os braços por cima de suas cabeças, disse:

— Glória a Deus na imensidão infinita e paz aos seres de boa vontade! Sois os trabalhadores do Senhor do Mundo. Eis que chegou a vós seu Filho como seu Mensageiro, que vos traz a semente para vossos campos e a água para regá-los e fazê-los frutificar.

"A semente que trouxe está esgotada na Terra, e vós sereis os que a semeareis por todas as cidades e por todos os povos.

"Baixei como um beijo de Deus para a dolorosa humanidade terrestre, trazendo sobre meus ombros o alforje cheio do divino tesouro de amor, cuja semente semeareis vós como estes raios de luz que vedes brotar de minhas mãos.

"Mas, fazei-a florescer primeiro em vós mesmos com maravilhosa fecundidade, para que de vossa própria eflorescência se derrame no futuro sobre todos os homens que vos escutem e vos sigam."

Como luz de Lua que suavemente se dilui atrás dos véus acinzentados de uma tênue nuvenzinha, a visão se dissolveu, deixando em todas as almas a suave e serena irradiação da paz e do amor.

Os kobdas haviam estendido suas tendas nos arredores da caverna, aproveitando para isto os serenos e pequenos vales que se abriam entre as montanhas; e um pouco mais para o mar levantaram as tendas que abrigariam os animais de carga e os homens que cuidavam deles. Depois de quarenta dias de descanso, empreenderiam a marcha de regresso, levando consigo *"as crianças"* para deixá-las em sua nova morada no país de Galaad.

Os kobdas jovens ocuparam-se em fazer a coleta das frutas, hortaliças e legumes, secundados eficazmente pelas renas, de cujos inteligentes serviços domésticos todos estavam maravilhados. Adamu confraternizou-se com eles de tal forma que parecia haverem crescido juntos. Habituado a não ver outro ser humano além de Évana, encontrava-se num ambiente cheio de novidade e atração. Interessava-se em conhecer os nomes de cada um e depois os gravava com seu estilete numa lâmina de cortiça. Conduziu-os a todos os mais formosos lugares conhecidos por ele, às ruínas, onde viveu vários anos; mostrou-lhes sua barca e sua carroça e contou o encontro de Kaíno.

Tubal, Bohindra e Aldis faziam estudos psicológicos dos moradores da caverna. Adamu abandonava-se completamente à felicidade da amizade, às expansões e confidências, à amena conversação dos jovens kobdas, cujo cultivo espiritual esmerado os tornava extremamente atraentes. Évana houvera desejado fazer outro tanto, mas Aldis lhe recomendara a conveniência de permanecer na caverna e não seguir àqueles em todas as suas excursões. Évana, entristecida, perguntou a si mesma:

"Por que Adamu vai livremente com eles e a mim obrigam a ficar em casa?"

Bohindra, com sua fina sensibilidade, percebeu a dor da adolescente e tratou de permanecer juntamente com Tubal e Aldis o maior tempo possível perto dela, ensinando os costumes e hábitos que deve ter uma mulher, esposa e mãe.

Acariciando-a, Bohindra disse:

— Até agora viveste sozinha, longe da sociedade dos homens, e chegaste à maternidade sem malícia e sem que em tua mente se levantassem imagens perturbadoras da serenidade do teu espírito. Mas agora, minha filha, vais conhecer as chagas da humanidade, pois, por muito que queiramos preservar-te do contato maligno dos seres, não faltarão algumas flechas que cheguem a ferir-te.

Explicou-lhe longa e detalhadamente o que significavam aqueles tapetes que tinham formado por tanto tempo todo o seu horizonte. Fez-lhe compreender que todos esses seres que eles chamavam *deuses* eram uma representação material de espíritos de luz como aquele que estava aprisionado no corpinho de seu filho Abel. Que, havendo nesta Terra espíritos originários dos mundos guiados e dirigidos por aqueles deuses, estes se haviam deixado ver em determinadas ocasiões por alguns encarnados de grande desenvolvimento espiritual e daí tinham tomado origem os artífices para plasmá-los em telas, em gravações sobre metais, em pedra ou em tecidos de lã, como aqueles que adornavam a caverna.

Com paternal solicitude e com o bom gosto que o caracterizava, ensinou como havia de usar suas vestimentas, embora Aldis já houvesse feito em tal sentido grandes reformas durante o tempo que passou com eles.

Dos Édens ou Refúgios próximos chegaram alguns kobdas para visitar a caverna onde se albergava o Verbo de Deus, e, entre eles, o velhinho Sênio que, cumprida amplamente sua missão de instalar o refúgio de Elhisa e suas companheiras, pensava em regressar a Negadá e aproveitava a oportunidade.

Antes de empreender o regresso, Bohindra determinou que um grupo de arqueiros guardiães se instalasse na caverna deixada por Adamu e Évana, que tão boas condições reunia para ser habitada, e evitasse assim que fosse tomada como albergue de piratas, como ocorria com quase todas as cavernas da margem do mar.

Quando tudo estava determinado, a caravana empreeendeu o regresso, procurando o caminho da pradaria, ou seja, pela costa do grande rio Eufrates, cujas musicais correntes tantas vezes os adolescentes tinham escutado de longe quando o vento leste levava até eles os rumores e os sons, estando eles passeando em sua barca pelo sereno arroiozinho.

Adamu e Évana, com Aldis e os dois pequenos, iam comodamente instalados sobre o lombo de um elefante, cobertos por um daqueles grandes dosséis usados comumente nestes casos. Bohindra, Sênio e Tubal instalaram-se em outro elefante próximo deles, para vigiá-los de perto.

A pequena tropa de renas, com Madina à frente, ia junto, pois não houve forma de afastá-la do elefante que conduzia as crianças. Kaíno tomara grande amor pelo grou e o levava consigo. Foi necessário que os kobdas jovens dessem conta a Évana do lugar onde tinham colocado Ceres, Ísis e Minerva, o Deus Caçador, o Deus Lavrador e o Deus do Mar, para que ela se decidisse a viajar tranqüila. O pequenino Abel passava de braço em braço e dava gosto ver o respeito e o cuidado com que o tomavam, parecendo às vezes, principalmente aos mais tímidos, que suas mãos não estavam bastante puras para tocá-lo.

Era um menino de temperamento quieto e tranqüilo. Demasiado tímido e esquivo, escondia a cabecinha no peito de sua mãe quando uma pessoa estranha se aproximava dele. Mas pouco depois de se lhe falar, estendia os bracinhos para aquele que o

180

chamava e permanecia à vontade enquanto não ouvisse nenhum grito ou ruído demasiado forte; pois, em tal caso, demonstrava em seguida sua inquietação e procurava fugir para onde estavam seus íntimos.

Manifestava grande alegria quando Bohindra tocava a lira perto dele, e tão vivamente demonstrava seu prazer que aproximava sua boquinha das cordas para beijá-las, compreendendo já que o beijo era uma manifestação de carinho.

Os jovens kobdas, como os anciãos, diziam no íntimo de si mesmos sem se atrever a manifestar em palavras:

— Não voltarei a Negadá sem levar em meu rosto os eflúvios de um beijo do Verbo de Deus.

Todos pensaram o mesmo, mas ninguém disse nada.

A sensibilidade de Bohindra percebeu aquele pensamento, e numa noite, quando descansavam junto a um bosque de cedros ao calor da fogueira, disse a todos em conversação familiar:

— Aproveitemos os dias que ainda nos restam para estreitar relações com o pequeno Abel, de forma que, ao nos despedirmos, ele nos dê um beijo de boa vontade.

Bem se sabe que uma viagem é circunstância muito favorável para estreitar amizade, e foi assim que, ao chegar ao lugar destinado para a habitação de Adamu e Évana, todos aqueles seres que formaram a numerosa caravana julgavam-se membros de uma mesma família.

Adamu via aproximar-se com pesar o dia em que devia separar-se de seus amigos, os jovens kobdas.

Ele já sabia a história de cada um deles, e todos sabiam e comentavam a terna e comovedora narração daquele adolescente cujo estranho destino o fizera viver e crescer na mais completa solidão e chegar a ser esposo e pai quando ainda não tinha saído da adolescência.

Évana achou que a nova casa era demasiado grande e, não conhecendo o que eram os palácios, pensava tratar-se de um deles. Aquela cabana era muito diferente da que deixava e nela havia muito mais trabalho do homem que da própria natureza. Percebia ser ela o resultado de grandes escavações naquele terreno pedregoso que se abria para o sul, bem nos começos da arenosa planície de Cedmonéia, enquanto que ao norte, ao leste e ao oeste se abriam grandes pradarias e bosques frondosos de plátanos e cedros, de amendoeiras e cerejeiras, de palmeiras e terebintos. Os algodoeiros e os canaviais de açúcar cresciam ali maravilhosamente. Eram as últimas ramificações montanhosas do Antilíbano, pequenas serranias cobertas de vegetação; e a caverna que vamos descrever fora preparada mediante a demolição de pedaços de montanha e o amontoamento rústico de enormes blocos de pedra, que a faziam assemelhar-se a uma mistura de caverna natural e choça construída mediante cortes verticais na própria montanha.

Numa espécie de praça formada de rochas, cedros e oliveiras gigantescas, abriam-se várias portas que davam entrada a diversas habitações completamente irregulares e comunicadas umas com as outras. Todas elas estavam recobertas por dentro com grandes pranchas de madeira, fato esse que as tornava mais aconchegantes e limpas, dando-lhes o aspecto de casas propriamente ditas. Grandes estrados de madeira, que podiam ser utilizados como assentos e cama, circundavam todos os cômodos, menos um, o maior que todos, que era destinado a estábulo.

Aldis e Bohindra eram os que desempenhavam os ofícios de instalar convenientemente a pequena família, para a qual todas as coisas haviam mudado. Seus tapetes eram agora olhados como algo muito superior, pois tinham explicado a eles seu significado e a verdade oculta neles. Foram colocados na habitação mais afastada, ou seja, na que os kobdas destinaram para suas concentrações espirituais. Era aquilo uma pequena Morada da Sombra, com Numu pintado na própria madeira, com uma tosca pilastra de água e algumas gigantescas velas de cera. Transmitiram aos adolescentes seu culto sem ritual e sem fórmulas, nada mais que a concentração do espírito buscando a Deus, e aquela habitação seria, pois, seu lugar de oração.

Adamu e Évana sentiam-se como que mergulhados num aturdimento por causa das variadas impressões que vinham recebendo desde há tanto tempo. Felizes de se verem amados, sentiam, não obstante, levantar-se neles uma amarga tristeza de pensar que tudo aquilo terminaria e que voltariam a ficar completamente sós com sua família de renas, como em todos os seus primeiros anos.

Ambos comunicaram-se mutuamente seus pensamentos de incerteza e amargura na primeira noite que passaram na nova habitação.

— Teu pai e o meu irão embora levando todos os meus amigos — disse Adamu com imensa tristeza. — Minha vida será, daqui em diante, pesada e amarga.

— Como? Eu já não te sirvo para nada? Não me disseste uma vez que te agradava muito haver-me encontrado? — observou Évana com amargura.

— Sim, Évana, sim, tu me serves, e és o que mais quero sobre a Terra; entretanto, que queres? Agrada-me também muito a companhia de toda esta gente que passou conosco sete Luas e que agora vão embora, deixando-nos novamente abandonados a nós mesmos.

— Tens razão, e sempre faço a mim mesma esta pergunta: Por que não nos levam para onde vivem? Não te parece, Adamu, que estaríamos muito bem naquela formosa casa que eles têm lá em seu país?

— Sabes de uma coisa, Évana? Do que ouvi de meus amigos, descobri que teu pai é quem manda mais em todos eles, pois é, como dizem, o rei de todos estes imensos campos e de outros países que tu e eu não conhecemos. Uma multidão de gente, como as areias da margem do mar, lhe obedecem.

— Verdade? — perguntou Évana aturdida. — Eu pensava que o rei era aquele de cabelos brancos a que chamam Tubal. Mas como pode meu pai ser o rei, se não o vi mandar em ninguém? Se ele é rei, por que nos deixa aqui sozinhos?

— Tu não entendes certas coisas, Évana, mas eu sim, porque meus amigos me explicaram. Se soubesses que histórias têm teu pai e também os outros! Não vês como todos lhe querem bem?

Évana meditava.

Finalmente disse a Adamu, como uma pessoa que resolve um grave problema:

— Visto que meu pai é quem manda aqui, eu, sendo sua filha, devo ter o direito de pedir-lhe algo. Não te parece?

— Claro que sim.

— Pois bem, vou pedir-lhe que nos leve junto com ele, ou que ele e teu pai fiquem conosco. Acaso os pais não devem estar onde se encontram os filhos? Deixaríamos nós o nosso Abel e Kaíno sozinhos aqui e iríamos para um país distante?

— Certamente que não.

— Está bem; agora mesmo vou aos seus aposentos para dizer-lhe que nós vamos com eles.

— Não, Évana, não — disse Adamu, contendo-a. — Espera até amanhã e então lhe dirás.

— E por que não agora?

— Porque dormem, e tu não podes entrar nos aposentos onde dormem homens.

— E por que não posso entrar? Quão estranho estás ficando, Adamu!

— Presta atenção, Évana. Tu és uma mulher e não deves aproximar-te de onde eles estão. Não compreendes?

— Mas, eu tenho veneno? Acaso vou mordê-los? Ah, Adamu, Adamu, que palavra tão má disseste para mim!

Évana começou a chorar desconsoladamente.

No aposento imediato dormiam Aldis, Bohindra, Tubal e o velhinho Sênio, que padecia de insônia e ouviu os soluços da adolescente. Supondo que algo estivesse ocorrendo ao pequeno Abel, porquanto sua jovem mãe chorava, aproximou-se suavemente da porta e escutou que Adamu tratava de tranqüilizá-la sem consegui-lo. Sua ancianidade parecia abrir-lhe todas as portas, e Sênio, vendo ainda a luz da vela gigante, entrou.

Évana tratou de ocultar a sua dor. Adamu explicou:

— Chora porque queria passar a esse aposento para falar a seu pai, com o fim de dizer que não quer ficar aqui quando todos vós forem embora. Mortificou-se porque eu lhe disse que ela não pode entrar ali.

— Não é que não podes entrar, minha filhinha, mas todos dormem e seria um alarme inútil. Amanhã falarás com teu pai e talvez ele decida alguma coisa que te deixe contente.

Com grande ternura o velhinho tranqüilizou Évana, fazendo-lhe vislumbrar sua grande e formosa missão de mãe do Verbo de Deus e levando-a mediante longas explicações à compreensão de tudo quanto ela ignorava.

Com a promessa de que Bohindra atenderia suas petições, deixou-os tranqüilos até a manhã seguinte.

Era costume entre os kobdas estar já de pé à saída do Sol, não havendo tido trabalhos espirituais na noite, e assim foi que, ao amanhecer, Bohindra saiu fora de seu aposento e, sentado numa enorme pedra, espécie de estrado existente na pracinha formada por carvalhos e oliveiras, começou a tanger sua lira tal como costumava fazer em Negadá, para despertar seus irmãos com o "Hino do Sol", o "Hino do Mar", "A Canção das Águas", "O Poema das Estrelas e da Fonte", "O Cântico das Oliveiras", etc.; uma série de formosos versos às obras de Deus na natureza.

A lei dizia: "Tangei com grande amor vossa lira ao amanhecer para que as criaturas de Deus sintam que O amais desde o momento do vosso despertar." Entre os kobdas havia também turnos para isto.

183

As ondas de harmonia exaladas da lira, em sintonia com as vibrações de amor do executante, formavam desde o despertar uma aura serena, meiga e suave que perdurava durante todo o dia.

Apenas Évana ouviu a música, correu para onde estava Bohindra e, deixando-se cair na relva a seus pés, recostou a cabeça sobre seus joelhos e chorou silenciosamente.

O kobda poeta e músico nada viu, nada ouviu, absortas todas as suas faculdades em emitir vibrações formidáveis, em produzir ondas e mais ondas que pareciam ir preenchendo de harmonia a folhagem dos altos cedros e dos carvalhos corpulentos, os ramos inclinados das oliveiras, as palmeiras rumorosas e as folhas ressoantes do canavial de açúcar.

Quando terminou sua divina melodia, deixou a lira e, acariciando a cabeça de Évana que deixava correr livremente suas lágrimas, disse com infinita ternura:

— Sadia chorava como tu quando eu tocava a lira. Como te pareces com ela, minha filha!

— Quem era Sadia? — perguntou rapidamente Évana, esquecendo um tanto sua tristeza.

— A mãe de Johevan, ou seja, tua avozinha.

— Mas a verdade é que eu choro mais por vós, que me dais essa música, que pela própria música.

— Como por mim?

— Porque ides embora e me deixais abandonada como se eu não representasse nada para vós. Acaso não sou vossa filha?

Bohindra sentiu que seu coração estremecia dolorosamente ante esta queixa da adolescente, reflexo distante daquela que tanto havia amado.

— Presta atenção, minha filha — disse. — Quando uma mulher toma esposo e forma uma família como tu formaste a tua, necessita de certa independência para manter-se mais unida e livre de influências estranhas. No entanto, isto não quer dizer que ela fica abandonada. Muito embora eu não esteja constantemente a teu lado, pensarei sempre em teu bem-estar e felicidade. Por que pensas que vos trouxemos para cá? Simplesmente para vos ter mais próximos de nós e, como é lógico, mais acompanhados e protegidos.

— Mas se vós sois o rei destes países, podeis levar-nos para o vosso palácio para que possamos todos viver juntos ali. Quem vos obriga a afastar-nos de vós?

— Eu não sou um rei, minha filha; eu sou um *kobda,* palavra que em nosso idioma significa: *"extrair do fundo de todas as coisas o que de mais formoso existe nelas".* Aplicou-se esta frase há muitos séculos aos que extraíam os metais preciosos do seio das montanhas e aos que extraíam as pérolas do seio do mar. Nossos antigos pais a aplicaram a nós, a estas agrupações de homens dedicados ao estudo que lhes fez adquirir conhecimentos na ordem das ciências humanas, e dedicadas ao cultivo do espírito, que lhes permite extrair os tesouros de beleza e bondade que se encerram em todas as obras de Deus.

— Mas Adamu disse que vós sois um rei de tantos e tantos povos como as areias das margens do mar.

Bohindra fez Évana compreender a forma e o modo como chegou a arcar com a grave responsabilidade de governar numerosos povos.

— Bem vês que um rei de numerosos povos não pode passar por cima do que é a sua própria lei. Acima de rei sou um kobda, e não posso introduzir uma família dentro da casa que habito, porque a lei dessa casa não é a lei de uma família.

— Adamu pode ser um kobda como vós?

— Agora não, pois deve estar ao teu lado para cuidar de ti e do vosso filho, porque esse é o seu dever no momento.

— E eu não posso ser kobda como vós?

— O teu é o mesmo caso de Adamu.

— E não podeis ficar para viver conosco? — voltou Évana a perguntar, sem perder a esperança de conseguir algo.

— Eu vos visitarei com freqüência, mas o dever me impede de permanecer sempre aqui. Não julgueis, porém, que ficareis abandonados. Aqui ficará Aldis convosco, que também é vosso pai, até que edifiquemos uma Casa de Numu do outro lado do bosque e possam vir talvez todos estes jovens kobdas que são tão amados por Adamu. Não estás contente agora? — perguntou.

— Ainda não — respondeu Évana com toda a franqueza.

— E por quê?

— Porque então não terei ninguém, nem sequer a Adamu. Os amigos para ele e tudo para ele. E eu?

— Ah!... agora compreendo! Minha pobrezinha... Sentes a necessidade de outro carinho terno e suave como o de uma mãe, por exemplo, não é verdade?

— Sim, sim. Adivinhastes! Estive tanto tempo na solidão que me magoa pensar em ficar novamente só.

— E se eu fizer vir para cá duas ou três mães que te amarão muito, estarás contente?

— Se forem boas como vós, eu ficarei muito contente.

— Então conseguimos pôr-nos de acordo. Dou-te minha palavra de que permanecerei aqui contigo até que venham essas mães que tanto vão querer-te.

Sênio, o velhinho, conseguiu ouvir estas últimas palavras, pois chegava nesse momento.

— Eu já te dizia, Évana, eu já te dizia que teu pai te deixaria contente — exclamou o ancião, aproximando-se da formosa cena formada por Bohindra, de tão bela e galharda figura, e Évana sentada a seus pés, e tão semelhante a ele em suas longas madeixas castanhas claras e em seus olhos cor de topázio.

— Aqui vem Adamu, e é necessário contentá-lo também — continuou o velhinho, com seu habitual sorriso de íntima felicidade.

— Adamu é um homenzinho razoável — disse Bohindra — e se colocará na medida do razoável. Não é verdade que estás contente, Adamu?

— Se não fordes embora tão logo me agradaria muito mais.

— Está bem, está bem — disse Sênio. — Alguma petiçãozinha terá de sair à luz.

Adamu sentou-se ao lado de Évana e a interrogou com os olhos.

185

— Vejo que estás contente — disse. — Eles ficarão?

— Alguns sim, mas os teus amigos vão agora para voltar depois.

— Tu não sabes o que dizes; não voltarão, não.

Évana ia protestar que desta forma estava sendo posta em dúvida a sua palavra, mas Bohindra interveio para explicar seus pensamentos.

— Para o próximo outono talvez os tereis aqui. No kabil que há atrás dos bosques já está sendo amontoada a pedra e a madeira para edificar a nova Casa de Numu. Vós mesmos podeis vigiar a construção; quando estiver terminada Adamu nos avisará e, em seguida, estaremos todos aqui.

Vinte dias mais tarde e depois de um serão de terna familiaridade, no qual os jovens kobdas tinham conseguido o beijo de boa vontade, como dizia Bohindra, do pequeno Abel, ao qual deram uma grande tarefa, obrigando-o a aprender todos seus nomes; despertaram Évana e Adamu uma manhã e, em vez da lira do kobda poeta, ressoavam as notas longas e agudas, lamuriantes e trêmulas de uma ocarina imitando gorjeios de pássaros e silvos de codornizes. Partia o som da sala-oratório e Évana correu para lá. Encontrou-se com duas mulheres, uma de idade madura e outra ainda jovem, que era quem tocava na ocarina aquela formosa melodia. A mais idosa, em atitude de orar, e a outra absorta na música, fizeram com que Évana ficasse quieta na porta sem se atrever a entrar.

Olhou para fora e já não viu os elefantes nem os camelos nem as tendas. Bohindra, com seus kobdas, havia iniciado a viagem antes do amanhecer para evitar aos adolescentes a dor da despedida, mas cumprira sua palavra, deixando-lhe duas mães que a amariam muito.

Quando a melodia terminou, a de mais idade disse a Évana, que lhe observava com grande assombro:

— Minha filhinha, Bohindra, vosso pai, nos trouxe aqui para que sejamos vossas mães. Aceitai-nos?

Houve tal amor nestas singelas palavras, que Évana, sem responder, abraçou-se àquela mulher e começou a chorar com grande desconsolo.

— Logo voltará vosso pai, minha filha, logo voltará — repetiu aquela mulher, compreendendo o que significava o pranto de Évana. A mulher jovem abraçou-a também e Évana logo se consolou, sentindo o amor que lhe prodigavam.

Eram duas mulheres kobdas do refúgio mais próximo, pedidas por Bohindra para que instruíssem Évana nos hábitos e costumes próprios de seu sexo a fim de prepará-la para a vida no seio da humanidade. Haviam chegado à meia-noite; e, ao amanhecer, a caravana dos kobdas, com grande silêncio, encetou a viagem de regresso para Negadá.

— É árdua tarefa educar uma mãe que ainda é menina — dissera Bohindra às kobdas escolhidas para companhia e mestras de Évana. — Entretanto, o amor vos ensinará melhor que ninguém o que deveis fazer para despertar nela grandes ideais e principalmente a consciência do seu dever nesta época solene e transcendental de sua vida eterna.

Novamente o velhinho Sênio ficou como guardião daquelas cordeiras de Numu, encarregadas de esboçar formosas imagens na mente da jovem mãe do Verbo encarnado.

A mais idosa delas chamava-se Diba e tinha sobre sua alma uma dolorosa tragédia de amor como esposa e mãe. Era circassiana de origem, de grande beleza física e alma simples e boa. De modesta posição, vivera feliz em seus primeiros anos de matrimônio no qual teve um filho e uma filha. Por sugestões de uma perversa mulher carregada de riquezas, seu esposo a havia repudiado, envolvendo-a em espantosas calúnias, e foi verdadeiro prodígio ter conseguido salvar sua vida. Seu filho morreu nas mãos do próprio pai em defesa da mãe ultrajada. A filha foi vendida como escrava a um príncipe estrangeiro que a levou para outro lado do Mar Eritreu do Norte, e os trabalhos que os kobdas fizeram para resgatá-la não tiveram resultado favorável, porque ela já possuía filhos de seu senhor e, por amor a eles, suportava a escravidão.

Diba havia sido a mãe daquela Íris, causa da morte de Antúlio, o filósofo justo, muitos séculos atrás, e em união com aqueles iníquos sacerdotes atlantes induziu sua filha, por vaidade de mãe, a realizar a enganosa sugestão amorosa que terminou com a taça de veneno. Na última encarnação do Verbo de Deus, na bela Nazareth da Palestina, esteve colocada na mesma posição espiritual de Évana, a pobre menina abandonada e órfã à qual foi enviada como adotante. Foi, pois, muitíssimos séculos depois, Maria de Nazareth, mãe de Jesus, o apóstolo da Galiléia. Diba tinha dezenove anos de kobda e cinqüenta e quatro de idade.

A kobda mais jovem teria uns trinta e cinco anos e encontrava-se há onze anos entre as Filhas de Numu. Chamava-se Núbia e não conhecia a língua atlante falada pelos adolescentes. Esta mulher teve grande celebridade no correr dos séculos e dos milênios, e a encontramos duas vezes desempenhando papéis nos quais manifestou um valor e energia fora do comum em seu sexo. Foi Judite, a mulher que salvou do ultraje e da morte as donzelas e os jovens de seu povo, dando morte àquele Átila da Antigüidade chamado Holofernes. Foi a mesma que se chamou Joana d'Arc e que morreu queimada como feiticeira pelo único delito de ter escutado vozes de seres invisíveis que a impulsionaram a evitar a invasão mortífera dos conquistadores da França. Esta mulher tinha também sua história de dor. Era originária da Armênia e fora dada em matrimônio a um chefe ou chalit do país de Zoar (Pérsia), região habitada então em sua maior parte por raças guerreiras e de baixos instintos. Seu culto era brutal e sanguinário e os chefes ofereciam votos a seus deuses em gratidão pelas vitórias obtidas, sacrificando os seres humanos mais imediatos. O marido de Núbia quis sacrificar a seu deus sua primeira e única filhinha de três anos de idade, em razão de haver voltado de uma viagem de pilhagem no distante Altai, com centenas de elefantes e camelos carregados de ouro e ricas mercadorias, trazendo, além do mais, vários milhares de prisioneiros para trabalhar como escravos em suas valiosas minas de ouro e pedras preciosas. A tão rico despojo de guerra teria de corresponder uma valiosa dádiva, e julgou que sua formosa filhinha era primícia digna do bárbaro deus a quem adorava.

Núbia escapou com sua filhinha nos braços e, depois de mil peripécias e contratempos, tropeçou com Nolis e seu filho Erech que fugiam também, e foram recolhidos todos juntos pela pequena caravana dos kobdas que ano após ano percorria as regiões mais açoitadas pelos distúrbios e as guerras para recolher as vítimas e conduzi-las a lugar seguro.

Sua filha, ainda muito jovenzinha, estava entre as jovens kobdas de Negadá, no período de prova antes de tomar a resolução definitiva.

Tais foram as mães escolhidas por Bohindra para a jovem Évana.

Conhecedor a fundo do coração humano e dos estados psíquicos que os seres criam segundo as condições de vida pelas quais passaram, compreendeu que estas duas mulheres eram as indicadas para que aquela menina-mãe encontrasse o ambiente propício ao seu desenvolvimento intelectual, espiritual e moral.

Diba, Núbia e Évana chegaram a formar três almas numa só, tanto foi o recíproco amor que as uniu. A tranqüila e bondosa serenidade de Diba era como uma constante chuva de paz e suavidade sobre Évana; enquanto que o temperamento vivaz, artístico e de iniciativa de Núbia despertava nela as nobres aspirações e lhe proporcionava constantemente impressões boas e belas.

Diba acreditava ter encontrado em Évana sua filha perdida e concentrou nela grande parte do amor, misturado de amargura, que havia em seu coração para com aquela filha, a qual não acreditava voltar a abraçar jamais.

— Chama-me mãe, para que a ilusão seja completa — pediu. E a mais jovem disse por sua vez:

— Agrada-me que me chames mãe, para confundir-te no mesmo amor de minha filha e que, em vez de uma, sejam duas as que tenho no meu coração.

Évana, com burlesca graça, disse respondendo:

— Então mãe grande e mãe jovem, para distingui-las.

Durante as noites faziam a concentração espiritual em conjunto na sala-oratório à qual compareciam também Sênio e Aldis que, durante o dia, ensinavam e ajudavam a Adamu nos trabalhos próprios dele. O pequeno Kaíno, robusto e forte, demonstrava já sua inclinação para a metalurgia, pois sempre era visto dando golpes de picareta nas pedras e golpes de maça sobre os fragmentos de metal que encontrava na pequena oficina da caverna. Enquanto que o pequeno Abel dormia sempre, e, nas poucas horas que passava desperto, empregava-as em arrancar a relva, em cortar florzinhas e dá-las de comer às pequenas renas, em arrojar água com um pequeno recipiente à maior distância que lhe permitiam seus pequenos braços, causando-lhe grande alegria quando a água chocava-se com algum corpo duro e produzia uma explosão de centelhas de cristal.

O velhinho Sênio aproveitava esta feliz ocorrência, que junto de Abel tornava-o também menino, e às vezes dizia:

— Abramos aqui um rio e façamos navegar nossas canoas.

Com grande paciência formava um diminuto canal que enchia de água, colocando a flutuar nele pequenas lâminas de cortiça com um carregamento de folhas secas ou de pequenas flores silvestres.

Quanta paz, quanta felicidade, quanto amor, quanta alegria envolviam aquelas duas pobres vidas tão solitárias e anteriormente tristes!

O Amor, o Eterno Amor, o mago divino, semeava de flores o caminho de seus escolhidos e mártires, como suave compensação ao sacrifício heroicamente pedido

188

e heroicamente cumprido! Era o tempo da coleta de frutas, legumes e cereais, e foi necessário trazer do outro lado do bosque homens práticos em fazê-lo, pois eram campos demasiado grandes para realizar a colheita unicamente com o auxílio das renas. Os kobdas que haviam habitado essa caverna pensaram não somente neles, mas também nos lavradores e pastores velhos e enfermos da região, e, ajudados pelos agricultores próximos, tinham cultivado uma grande extensão de campo que chegava até a margem do Eufrates.

A forma de ajuda mútua estabelecida pelos kobdas era a seguinte: os pastores repartiam o leite, a manteiga, o queijo e a lã de seu gado com os lavradores, que lhes subministravam parte de suas colheitas de trigo, linho, milho, legumes e frutas em geral. Tinham grandes tornos e pranchas de pedra para moer as azeitonas e extrair o azeite, para moer os cereais que logo se transformavam em pão, e também os utensílios necessários para a fabricação do vinho e das diversas aplicações que davam aos legumes e às frutas secas em geral.

Diba e Núbia formaram uma espécie de oficina de fiação e tecidos para utilizar a fibra vegetal e a lã dos animais, e, ajudadas pelas mulheres dos lavradores e pastores, realizaram formosos trabalhos em tecido para proporcionar-lhes as roupas e abrigos necessários.

Adamu e Évana caminhavam dia a dia entre novas e formosas impressões, em meio daquela vida de trabalho, paz e fraternidade.

Bem colocado e apropriado foi o nome dado pela lenda a esses primeiros tempos: "O Paraíso de Adão e Eva."

Seguindo a Caravana

A viagem de Bohindra e seus companheiros levou várias Luas, pois foi necessário tomar diversas resoluções enquanto iam se encontrando com os kabires de seus aliados, os chefes guerreiros urbausinos de Galaad e Cedmonéia.

— O Verbo de Deus baixou à Terra para salvar a humanidade do seu miserável estado de aviltamento — diziam os kobdas por todas as partes por onde passavam. — Está encarnado nesta parte da Terra, mas é guardado em segredo o lugar do seu nascimento. Respeitai, pois, todas as mulheres e todas as crianças, porque pode ser que aquela mulher que lascivamente desejais seja a mãe do Verbo, e que aquele menino que maltratais ou vendeis como escravo seja o próprio Verbo, cuja aparência exterior em nada se diferencia dos demais.

Foi graças a estes elevados conceitos morais vertidos por eles em sua viagem desde o país de Ethea até o Delta do Nilo que surgiu nesse tempo uma espécie de reverente amor para com as mulheres e as crianças.

A meu ver, pode-se afirmar que foi esta a origem da veneração às pitonisas, pois, a partir desse momento, foram vistas em diversas civilizações pré-históricas mulheres elevadas à categoria de sacerdotisas, de forma tal que sua autoridade ultrapassava a dos reis ou chefes mais poderosos daqueles tempos.

Cada rei ou chalit de uma região queria ter em seus domínios a mãe do Verbo com seu divino rebento, e apenas tinham conhecimento de que uma mulher jovem, bela e honesta tivera um menino, era a mesma recolhida num lugar resguardado e honorífico, porque, segundo eles, havia grandes probabilidades de serem os personagens que tanto interesse despertavam. Surgiram uma infinidade de presumidas mães do Verbo e um sem-número de meninos divinizados pelo fanatismo popular, com seu longo cortejo de lendas e estupendos acontecimentos, cujas grandezas eram relatadas pelas próprias mulheres assim engrandecidas e semi-adoradas como divindades.

Lastimosa e triste condição humana, a de chegar ao erro até pelo mais evidente e luminoso caminho da verdade!

Os kobdas, conhecedores disto através do sábio ensinamento de seus anciãos e das crônicas milenárias que conservavam no Arquivo das Idades, julgaram prudente guardar o maior sigilo acerca do segredo que somente eles possuíam, pois o fanatismo, as ambições e os egoísmos humanos entorpeciam o plano das Inteligências Superiores a respeito da forma de desenvolver no plano físico as atividades do Grande Missionário.

Uns o julgariam um perigo para sua estabilidade como soberanos de determinados países; outros disputariam entre si, pelo egoísmo, o direito de tê-lo em seus domínios; e não faltaria quem quisesse tomá-lo com um mago qualquer, apto para ajudá-lo a subjugar vastos países com encantamentos e sortilégios.

A imaginação oriental tecia lendas e mais lendas, e muitas mulheres, desejosas de serem colocadas num lugar proeminente e rodeadas de considerações, alimentaram a fantasia daqueles povos supersticiosos e simples, inventando acontecimentos extraordinários que não tinham outra base a não ser o curso natural e lógico da natureza.

Um trigal cuja abundância de espigas excedia a do comum, quer porque a semente fosse de melhor qualidade, quer porque a terra fosse mais propícia e melhor cultivada, indicava com toda a certeza que por ali perto estava o Verbo de Deus encarnado, e era necessário reconhecê-lo no primeiro menino formoso cuja mãe jovem e bela dava mostras de ser boa e honesta. Desde esse momento aquela mulher e aquele menino perdiam sua liberdade e tranqüilidade, pois eram vigiados e interrogados em busca do maravilhoso que os povos pensavam e desejavam encontrar.

Surgiram aos caudais os escribas ou gravadores em cortiça, papiro, placas de pedra ou tabuinhas de cera ou argila preparadas especialmente para isto. Averiguavam-se os sonhos daquelas mulheres privilegiadas, e os sonhos eram interpretados ao paladar de quem forjava a lenda.

Assim foi criado o símbolo da serpente que falava à mulher, da maçã causa do *grande pecado,* da mulher tirada da costela do homem, e um sem-número de fábulas e lendas que nada tinham de verdadeiro e nem sequer de racional.

Muitas dessas gravações foram conservadas por longos séculos, e muitas cópias delas circularam entre as tendas daqueles primitivos patriarcas e foram dando origem às crenças errôneas que ainda nos tempos atuais formam a base de alguns cultos que são tidos pelo que de mais elevado e são existe na ideologia religiosa.

Bendigo a Deus que, em minha última vida terrestre, me dotou de certa clareza, a qual me levou a desenterrar dentre as ruínas do passado, dentre o pó das superstições mais grosseiras e dos mais exagerados fanatismos, um reflexo da verdade. O que a matéria e o ambiente onde atuei me impediram de realizar com a lucidez e a perfeição que fora de desejar, busco completar e terminar do plano espiritual em que me encontro desde há quarenta anos, empregados todos eles em ler desde o mais remoto passado nesse livro indelével que não pode ser adulterado nem falseado nem tergiversado pelos homens: o grande livro de páginas vivas gravado pela Luz Eterna num plano do insondável infinito, no qual ficam inapelavelmente impressos os acontecimentos relacionados com cada centelha divina emanada da Alma-Origem do Universo.

Enquanto inumeráveis mulheres e meninos divinizados eram elevados à categoria de semideuses e colocados sob dosséis de púrpura em suntuosas tendas, santuários ou tronos, o verdadeiro Verbo de Deus, sentado na relva à sombra dos carvalhos e das oliveiras de sua caverna, brincava alegremente, colocando a flutuar suas canoas de cortiça carregadas de grãos de lentilha ou de trigo pelas águas imóveis de seu rio artificial, aberto pela amorosa ternura de um ancião kobda entre as pedrinhas musgosas das mais afastadas e férteis colinas do Antilíbano.

Adamu e Évana, os autênticos genitores do Verbo de Deus, passavam seus dias respectivamente na lavoura e nas fainas domésticas, entregando-se ambos, em horas determinadas, ao cultivo de seu próprio espírito, mediante o ensinamento elevado e puro da verdade, sem fórmulas e sem ritos, sem mistérios e sem dogmas, tal e como é em toda a sua esplendorosa beleza à luz da razão e da ciência.

Pobre e cega humanidade, disposta sempre a tomar o caminho tortuoso, quando ante ela se abre largo e simples o caminho verdadeiro!

Estes quarenta anos de estudo no plano suprafísico levaram-me à plena convicção de que só o cultivo espiritual, mediante o domínio das baixas paixões do ser, pode dar ao homem desta Terra a chave do templo de ouro da Sabedoria e da Felicidade, com que ele sonha desde o despertar da sua razão.

Quando a caravana dos kobdas fez a última parada antes de chegar a Zoan, ou seja, em pleno deserto, morreu um dos camelos. Tinham levantado suas tendas para passar a noite na parte onde o deserto se une com o mar.

Os kobdas jovens empenharam-se em abrir um fosso na areia para sepultar aquele nobre animal, que ao ver deles merecia essa honra, uma vez que tinha cooperado para transladar a veneranda e querida família para sua nova morada.

Um montículo de branda e macia areia na própria margem do mar oferecia-lhes as maiores facilidades para seu objetivo. Quando abriram o fosso, porém, encontraram um objeto duro contra o qual chocavam-se os instrumentos de escavação, os mesmos que usavam para fincar na terra os suportes de suas tendas. O objeto era uma forte caixa de couro sepultada na areia, quem sabe desde quanto tempo. Alguns esperavam encontrar nela um tesouro escondido por piratas, outros julgavam descobrir uma múmia ou restos humanos, arrojados ali para ocultar um crime.

Quando a caixa foi aberta, percebeu-se que todos se haviam equivocado em seus pressentimentos. O que havia era uma quantidade de tubos de cobre com incrustações de prata, os quais encerravam rolos de papiro e tela encerada com longas inscrições, alguns em línguas estranhas e outros em língua otlanesa ou atlante.

Tubal e Bohindra começaram a examinar aquelas gravações.

— Este achado significa para nós algo mais que um tesouro ou uma múmia — disse Tubal aos jovens kobdas que, curiosos, indagavam o que aquilo poderia significar.

Bohindra pôde ler o escrito em língua otlanesa, visto ser de origem atlante e do país de Otlana.

— Esta caixa com estes tubos foi arrojada ao mar há oito anos pela mãe de Adamu, Milcha, pois ela escreve aqui: "A voz sem ruído de Gaudes, o dono desta caverna e desta família de renas, me aconselhou a arrojar ao mar estas escrituras num dia em que soprasse um forte vento norte. Entrego, pois, às ondas do mar, a história das duas mulheres atlantes abandonadas pelos homens, mas protegidas e amparadas por Deus. Milcha, escrava favorita da princesa Sophia de Otlana."

— Aqui aparecem — continuou dizendo Bohindra — as memórias da princesa Sophia, através das quais saberemos tudo o que não conseguimos saber pelos adolescentes que quase nada recordam de sua primeira infância.

— Que formosa casualidade! — exclamou um dos jovens kobdas.

— Como casualidade? — perguntou Tubal. — Gaudes é um dos nossos irmãos desencarnados, que foi kobda quatro vezes, e que aconselhou Milcha a arrojar esta caixa ao mar num dia de forte vento norte para que chegasse à costa do país de Ahuar. Tardou oito anos na viagem, mas chegou. Isto é simplesmente o resultado do trabalho de um ser consciente do que faz.

— Então este camelo foi heróico e nobre até para morrer, pois se não houvera sido por este incidente, não se descobriria a caixa — observou o jovem Agnis.

— Nossa Lei — disse Bohindra — tem gravado este conselho:

" 'Para conservar a serenidade de teu espírito, pensa sempre que os acontecimentos mais adversos correspondem ao pensamento divino e operam em benefício dos servos do Altíssimo'.

"Suri — continuou ele, chamando o jovem kobda que comentava o acontecimento juntamente com os outros —, lamentavas há pouco a morte deste camelo que foi teu condutor na travessia. Que te parece agora?"

— Repito a palavra de Agnis, que este camelo foi heróico e nobre até em sua morte. Não obstante causar-me muito pesar havê-lo perdido, porque ele me compreendia e me buscava como um amigo a outro amigo.

— Então é justo que correspondas a esse afeto, tomando como tua a tarefa que realizarás durante muitos séculos, de guiar a evolução desse ser.

O rumo da conversa atraiu vários dos jovens kobdas em torno de Bohindra e Suri sentados na areia.

— Como poderei realizar semelhante trabalho? Onde o buscarei agora? — perguntou o jovem kobda, não sabendo se deveria tomar a sério ou em tom de brincadeira a evolução do camelo.

— Isto nos dá a oportunidade de realizar um formoso trabalho que sirva de lição e ensinamento íntimo para cada um de vós.

Bohindra pediu a Tubal que dispusesse seus jovens kobdas de forma a constituir uma abóbada psíquica, para ajudar um ser inferior a se desprender de sua matéria. Colocaram Suri junto ao cadáver do animal, com o saco de milho e o cântaro de água, tal como costumava fazê-lo quando dava de comer ao camelo. Bohindra e vários jovens que, sob sua direção, tocavam diversos instrumentos, começaram a preludiar como o começo de uma tempestade. Eram os sibilos do vento desgalhando árvores na selva; era o rumor da folharada seca arrastada pelo furacão; era o fragor do trovão e o estalido formidável do raio estremecendo a terra.

Enquanto isto ocorria, os kobdas, silenciosos, trabalhavam com o pensamento para despertar o espírito inferior encadeado ainda em sua matéria. Repentinamente, Tubal e os outros videntes perceberam o duplo etéreo do animal levantar-se do mesmo lugar onde jazia o seu cadáver e, assustado pelo fragor da tempestade simulada, procurou amparo em Suri, que foi o primeiro que o percebeu; e quando Suri, por indicação de Tubal, caminhou afastando-se do corpo morto, o duplo etéreo o seguiu, tratando de submergir seu focinho no cântaro de água. A tempestade fictícia foi acalmando-se lentamente à medida que Suri caminhava seguido sempre do corpo astral do camelo.

A mudança da onda de harmonia pôs finalmente em sintonia os que formavam a cadeia fluídica, e então Suri e todos os demais puderam percebê-lo claramente. Ao sentir-se acariciar pelo seu amo, operou-se no animal o desprendimento completo da matéria, que foi rapidamente sepultada no mesmo buraco de onde haviam extraído a arca com os tubos de cobre.

A música continuou ressoando suave e profunda, como que marcando o passo de uma caravana no deserto, e o corpo astral do animal caminhava junto a Suri, seguindo o mesmo ritmo da melodia de Bohindra.

O Sol se escondia num leito de topázios e rubis, envolvendo em seus últimos e dourados reflexos aquela porção de kobdas silenciosos, sentados em círculos na areia, enquanto os instrumentos musicais, em uníssono com as rumorosas ondas do mar, executavam a imponente "Marcha das Caravanas" composta por Bohindra na primeira noite em que acamparam no deserto, dez Luas antes, ao partir de Zoan para o país de Ethea.

O corpo astral do camelo caminhava ao compasso da marcha, seguindo Suri que dava voltas em torno da cadeia formada pelos kobdas. Quando a música terminou, desapareceu o duplo etéreo do camelo e Bohindra disse a Suri e a seus companheiros, assombrados do que tinham visto:

— O trabalho está feito, e esse ser inferior deverá a nós este adiantamento em sua evolução futura, e principalmente a Suri, se ele tomar como decisão para si a tarefa de ajudá-lo a passar para a espécie humana.

— Que devo fazer para isto? — perguntou o aludido.

— Simplesmente oferecer-te como auxiliar às Inteligências encarregadas da preparação dos corpos para as almas próximas a encarnar, e que elas tomem de ti tudo o que necessitarem para realizar a tarefa, no que se refere a este ser.

— Quanto tempo levará para tomar matéria humana este ser inferior? — perguntou um dos jovens.

— Isto não se pode calcular com precisão — respondeu Tubal — pois depende de muitas circunstâncias.

— De uma coisa podeis estar certos, e é de que esse ser seguirá Suri, quer seja numa espécie inferior, quer na humana, durante séculos e séculos — disse Bohindra, a quem entusiasmava em alto grau o significado do nome KOBDA: "Extrair do fundo de todas as coisas o que de mais formoso existe nelas."

Acabavam de extrair da inerte matéria morta a parte nobre e boa existente nela, a centelha viva de uma inteligência embrionária e semi-inconsciente ainda, para levantá-la um escalão a mais na eterna ascensão determinada pela Lei Universal.

Um século depois, aquela inteligência embrionária formou conjunção com um cérebro humano e encarnou-se numa tenda de beduínos, no outro lado desse mesmo deserto. Quando já em idade viril, foi tomado prisioneiro com toda a sua tribo por guerreiros zoharitas e foi comprado como escravo por Suri, que então era um rico mineiro das montanhas do Pamir (Índia), com o nome de Mud-Hajá. Seu escravo salvou-lhe a vida quando um de seus subordinados intentou assassiná-lo à traição para apropriar-se dos valiosos filões de ouro descobertos por Mud-Hajá. Em muitas de suas existências terrestres foram os dois unidos, às vezes com laços íntimos, nos quais a impetuosa veemência de um encontrava um justo contrapeso e equilíbrio na calma pacífica do outro.

Tal é, no majestoso desfile dos séculos, o caminho percorrido pelas almas como centelhas errantes, como labaredas de fogo lançadas no infinito, que correm, voam e sobem mais lentas ou mais velozes até atingir os esplendores de sua evolução, para confundir-se com a ingente chama viva da claridade eterna de Deus.

OS TUBOS DE COBRE

Tubal e Bohindra souberam apreciar em todo o seu valor o tesouro encerrado dentro dos tubos de cobre, que oito anos antes Milcha arrojara à corrente do mar.

Naquelas inscrições estavam encerrados os comprovantes das velhas memórias ditadas pelas almas errantes aos kobdas dos primeiros séculos.

As manifestações psíquicas referentes ao passado tinham revelado a história da humanidade desde quarenta mil anos atrás; mas nessas inscrições eles tinham a prova material dos fatos, com dados precisos e referências exatas.

Chegaram, pois, a Zoan, e detendo-se ali o bastante para que Bohindra se entrevistasse com o Audumbla e o Conselho, deixaram lá a caravana dos animais que os haviam conduzido e chegaram por mar até Negadá.

A chegada de um vencedor não é festejada com tantas demonstrações de júbilo quanto foi o regresso dos kobdas que tinham visitado o Verbo de Deus no berço.

As perguntas eram intermináveis e as respostas e relatos, minuciosos e detalhados, para que os quadros esboçados tivessem toda a beleza da realidade.

O encontro providencial dos tubos de cobre foi outro motivo de imensa satisfação, principalmente para os guardiães do Arquivo das Idades, Zahin, Neri e Obed, que passavam os dias pondo em ordem rolo após rolo, gravado após gravado, de modo que não pudessem ser introduzidos erros nem interpolações nem tergiversações de nenhuma espécie.

Foi designado um conselho de quarenta kobdas dos mais versados nas antigas línguas conhecidas então, para que estudassem aquelas gravações que, pelo que Bohindra e Tubal puderam decifrar, continham dados de até vinte e cinco mil anos atrás.

Deste conselho faziam parte o Pharaome Sisedon, os três guardiães do Arquivo, Bohindra e Tubal.

A primeira coisa que trataram de esclarecer foi a procedência daquele tesouro, que não era do Santuário de Gerar como eram os tapetes que Bohindra vira na caverna da Adamu e Évana, pois as gravações não tinham sido feitas nas línguas faladas nesse país. Somente depois de seis Luas de pacientes estudos e revisões vieram eles a descobrir que nas regiões da costa noroeste do Mar Grande e nas faldas da cadeia pirenaica existira um agrupamento de solitários muito mais antigo que o de Negadá, pois tinham formas de expressão e linguagem diversas daquelas que seus pais fundadores lhes haviam dado; e chegaram a esta descoberta estudando a repetição de certos símbolos, como a tocha, a estrela de cinco pontas e o sinal crucífero, gravados de muitas maneiras diferentes, e ainda o cordeiro da paz, quer entre os braços de um menino, quer recostado sobre um rolo escrito, quer bebendo numa fonte, quer seguindo um jovem pastor.

Aquelas gravações falavam da Grande Lei dos Santos Reis Anfião e Odina do país de Orozuma, com suas dez cidades magníficas, governadas por dez príncipes, amigos fiéis dos Santos Reis, e em cada uma das quais tinha existido uma escola pública para explicar aos povos essa Lei. O lema de tais escolas era justamente o significado da palavra *kobda*, ou seja: *"Do fundo de todas as coisas extraí o que de mais formoso existe nelas."*

Descobriram ainda que aos fundadores e mestres daquelas escolas havia sido oportunamente anunciado que as águas cobririam o país por causa de conjunções astrais relacionadas com a Terra, e que todos eles, de comum acordo, e seguindo as instruções recebidas, iriam disseminar-se para levar a Grande Lei dos Santos Reis para as partes do planeta que estavam livres do cataclismo. Alguns se transladaram para a parte que ficara a salvo no próprio continente atlante, outros se dirigiram para o oeste, para um formoso país de inexploradas selvas e grandes montanhas ricas em minas de ouro e de prata, onde poderiam levantar-se cidades prósperas e felizes. A terceira fração se dirigiu para a costa do Mar Grande, entre a Ibéria e a Gália (Espanha e França), nas montanhas pirenaicas, em cujas cavernas se refugiaram até conseguir estabelecer-se devidamente. Os que permaneceram no leste da Atlântida, até sua última e definitiva submersão, foram os que receberam o ensinamento de Antúlio, esse novo reflexo do Amor Eterno para a humanidade, os mesmos que, fugindo da catástrofe final, foram estabelecer-se nas mesetas montanhosas da Ática. Os outros, os portadores da *Grande Lei dos Santos Reis,* vários milênios antes, haviam-na levado para aquelas selvas e montanhas inexploradas dos atuais Peru, América Central e México e para a costa do Mar Grande, entre as montanhas também inexploradas dos Pireneus europeus, entre cujos montes gigantescos, eternamente cobertos de neve, tinham levantado seu santuário consagrado à verdade, levando todos o mesmo lema e o mesmo símbolo: *"Extrair do fundo de todas as coisas o que de mais formoso existe nelas",* e o cordeiro adormecido sobre uma cruz, ou sobre um rolo ou placa escrita, ou entre os braços de um menino, ou seguindo um jovem pastor.

— Eis que — disse finalmente Sisedon — nós nos julgávamos os únicos kobdas e acabamos de descobrir que não somos senão uma ramificação do vastíssimo e velho grupo semeado pelo Verbo de Deus, desde as suas mais distantes e remotas visitas de encarnado à humanidade. Observai esta gravação em nosso próprio idioma e com nossos lemas e símbolos, nos quais o autor, um kobda saído desta mesma casa, em missão costumeira para comprar escravos, declara ter estado nessas cavernas dos Pireneus, onde descobriu ocultos em cofres de pedra estes escritos. Esta assinatura, *Naggai*, pertence a um kobda que saiu daqui quando eu estava no período de prova há trinta e sete anos e jamais voltou. Soubemos, por manifestação do seu próprio espírito, que se havia libertado da sua matéria e que algum dia receberíamos a sua mensagem final. Acaba, pois, de cumprir a sua palavra e de dar-nos, da maneira mais clara, o enlace da nossa magna história, uma vez que agora podemos comprovar que nossa instituição não data somente de mil e duzentos anos atrás, mas que nossas origens, como possuidores da Grande Lei, vêm desde a velhíssima Lemúria, onde o Verbo de Deus esteve encarnado com o nome de Numu e foi pastor de gado há vinte e cinco mil anos mais ou menos.

Os quarenta kobdas encheram rolos e mais rolos com as traduções que, figura por figura, sinal por sinal, iam decifrando, cada qual nas línguas que dominava, até chegar à formosa conclusão que tinham à vista.

Pelos dados que Bohindra recolhera, analisando todas as coisas que dos piratas cretenses haviam passado às mãos de Adamu e Évana, puderam descobrir que esses tubos de cobre, encontrados numa caverna dos Pireneus pelo kobda Naggai, tinham sido levados ao Santuário de Gerar por alguns navegantes que provavelmente encontraram o kobda morto, ou que tiveram contato com ele, pois se deduzia isto claramente de uma inscrição em língua musuriana ou do país de Musur (depois

Galaad), que dizia: "Um moribundo solitário nas cavernas do outro lado do Mar Grande entregou-me sob juramento de conservar em lugar sagrado estas escrituras, as quais estão feitas em lâminas de pedra e chifres de rangíferos. Abidan, navegante do Mar Grande, mercador de Gerar."

— Quão pouco sabem os homens de hoje do distante passado — exclamou Tubal. — Julgávamos ser a única civilização depois da desaparecida Atlântida, e destas poucas gravações resulta a evidência de que, em toda a cadeia pirenaica e em outro distante continente de selvas e montanhas inexploradas, houve velhas e grandiosas civilizações onde os seguidores do Verbo de Deus encarnado semearam a Grande Lei, como nós a semeamos agora!

— Entrego-me à majestade da Lei da evolução humana — disse Obed, por sua vez, entusiasmado ao ver que no Arquivo das Idades não existia enganos nem fabulosas lendas, mas histórias reais de séculos vividos e sofridos por porções da humanidade que floresceram em regiões então desertas e submersas num silêncio de morte.

Entrego-me à majestade da Lei da evolução humana, digo eu também que dito estas páginas, enquanto vou contemplando com a indizível satisfação daquele que resolve velhas dúvidas e problemas, ao ler no grande livro da Luz Eterna a história milenária da Divina Sabedoria abrindo passagem entre as trevas da ignorância dos homens!

Que bela e magnífica recompensa para o espírito enamorado da verdade, poder refletir uma centelha de sua luz sobre o escuro e desconhecido passado, acima do qual se amontoaram tantos castelos de cartas que não resistem ao sopro da mais ligeira análise!

Tachar-me-ão de *destruidor,* como de sacrílego e ímpio me qualificaram os dogmáticos do meu século, ante minhas afirmações comprovadas pela evidência. Chamar-me-ão *demolidor da fé* os que aceitam a Bíblia sem tratar de se aprofundar no sentido oculto de seus formosos poemas sibilinos e apocalípticos. Mas eu pergunto: de que serve à humanidade uma fé contrária à razão e ao bom senso? De que lhe serve um edifício doutrinário levantado sem alicerces e sem base, que no correr dos séculos se desmorona ante a evidência dos fatos e das descobertas realizadas pelas ciências paleontológicas?

A falta de compreensão do oculto sentido dos poemas bíblicos de caráter profético fez com que a humanidade atual desconhecesse quase completamente a vida de Jesus de Nazareth, pois os biógrafos do Cristo julgaram de suma importância, para demonstrar a filiação divina, efetuar sua narração em conformidade com as antigas profecias. Estas, porém, aludiam em muitas de suas partes a um remoto passado, que fora manifestado nos esplendores do êxtase àqueles profetas de grandes faculdades psíquicas e de uma iluminação interior pouco comum.

Dois exemplos bastam para dar uma idéia de como foram produzidos estes erros: primeiro, o nascimento do Verbo de Deus numa caverna que era ao mesmo tempo estábulo de animais, legado pelo Evangelista Lucas, tomando-o sem dúvida dos cantos sibilinos. Isto é uma realidade, não na personalidade de Jesus de Nazareth, mas na de Abel, filho de Adamu e Évana. Segundo: *"E chamei meu filho desde o Egito para que caminhasse à frente do meu povo",* cantou o profeta, e os biógrafos cristãos interpretam que houve uma viagem ao Egito pouco depois de Jesus ter nascido, viagem essa que não existiu em realidade, porque essa visão do profeta alude seguramente ao Verbo de Deus na personalidade de Moisés, cuja vida está ainda mais desfigurada que a do Apóstolo Nazareno, até o ponto de o Moisés conhecido pela humanidade moderna ser apenas uma sombra do Moisés verdadeiro. Contudo, disto me ocuparei em seu devido tempo, pois tenho o pensamento e o desejo de realizar um estudo detalhado sobre o canto de Moisés à Criação do globo terráqueo e de sua verdadeira vida como Enviado Divino para a humanidade.

DISSECANDO O PASSADO

Os quarenta kobdas que haviam feito tão grandiosas descobertas chegaram à conclusão de que tinham que reformar a história de sua velha instituição, pois os kobdas descendiam desde a distante e remotíssima Lemúria de uma raça de homens de pequena estatura, mas inteligentes e fortíssimos para a indústria mineira, como podia ser visto pelas gravações que o kobda Naggai havia copiado das próprias pedras das cavernas pirenaicas, as quais davam motivo a um estudo e a uma análise complicada e longuíssima. Segundo o resultado da análise, a Lemúria tinha sido uma espécie de arquipélago de grandes ilhas que foram desaparecendo umas depois das outras com intervalos de séculos. Talvez, em milênios mais remotos ainda, tivesse sido um único continente do qual foram desaparecendo os vales e as planícies primeiro, ficando como ilhas os altos picos das montanhas. Os habitantes deviam ter fugido para o sul da Ásia e se refugiado nas altas montanhas do Himalaia, porque de algumas inscrições e gravações copiadas pelo kobda Naggai das cavernas dos Pireneus, e até das próprias gravações encontradas nos tubos, podia-se deduzir o caminho que seguiram, sempre buscando as mais altas cordilheiras, talvez pelo temor de novas inundações.

A designação do Deus que adoravam, do Mestre a quem seguiam e da lei que observavam variava segundo seus idiomas, mas no fundo era uma mesma coisa, e perceberam eles que sempre aparecia um cordeiro e uma estrela de cinco pontas com o sinal crucífero, um cordeiro e um jovem pastor, e a frase muitas vezes milenária: "Extrair do fundo de todas as coisas o que de mais formoso existe nelas."

— A nós foi ensinado chamar Alma-Origem, ou Altíssimo, à Eterna Energia que dá vida a todas as coisas — disse Sisedon —, mas para os nossos irmãos emigrados da Lemúria, parece que lhes ensinaram a chamá-lo Fogo Eterno, Chama Viva, e daí vem que nas regiões do Altai (Himalaia) eles se chamaram flâmines, como nós kobdas, visto que as duas palavras significam o mesmo nas diversas línguas em que se pronunciam.

— Na verdade — disse Bohindra — esta palavra flâmen está a cada passo repetida e anteposta aos nomes, sendo um de seus mais claros significados na língua que falavam, este: fogo interior, luz que arde em labaredas, isto nas três primeiras letras F-L-A, pois se vê que faziam grande economia de escrita, muito mais que nós, e em cada sinal deixavam plasmada uma idéia.

— E eu descobri — disse Obed — que na palavra "flâmen" está encerrado o nosso próprio lema, mas expresso de outra forma. Nós temos "Extrair do fundo de todas as coisas o que de mais formoso existe nelas". Os flâmines parecem dizer: "Com teu fogo interior, ou com tua luz interior, purifica e aformoseia todas as coisas", o que, ao fim e ao cabo, vem a ser o mesmo expresso em frases invertidas.

— Em nosso Arquivo das Idades — observou Neri — existem relatos de algumas encarnações passadas em diversas regiões das faldas do Himalaia. Examinei essas memórias ou mensagens do mundo invisível e nelas encontrei repetida várias vezes a palavra *flama,* no sentido de membro de uma instituição dedicada ao estudo e ao desenvolvimento das faculdades mentais. Diz assim: "Éramos duzentos e oitenta *flamas* repartidos em vinte e sete cavernas ao longo da *Grande Montanha,* como chamavam a essa cordilheira. As montanhas nos brindavam suas riquezas ocultas, das quais nosso fogo interior extraía paz e sabedoria para os moradores dos vales e das margens do Rio dos Deuses (o Ganges)."

"Não parece notar-se aqui que esses flamas eram os mesmos flâmines, cujo nome sofrera uma contração?"

— Pois eu trago outro dado a respeito — disse Zhain. — Ele se refere a dois séculos atrás, e nessas mesmas regiões, mas em vez de flâmines ou flamas fala-se de *lamas*; também homens consagrados ao estudo e ao desenvolvimento mental.

Desta conversa entre os quarenta kobdas o leitor pode deduzir que daqueles antigos flâmines surgiram, no correr dos séculos e dos milênios, os célebres e místicos *Vedas,* que encerram a profunda filosofia do antigo Oriente; e que os continuadores daqueles flâmines, depois flamas, são os lamas, que, muito diferentes de suas origens, como os kobdas atuais de seus fundadores, ainda se conservaram para preparar o campo a Quiscena Krishna, o Grande Príncipe da Paz, e mais tarde ao meigo, ao incomparável Buda, que para uns é *Sidarta* e para outros *Gautama* ou Sakya-Muni-Amida, ao qual foram como que atadas as mãos para que não desatasse com elas as cadeias dos amarrados nas cavernas, barcas e carros dos poderosos, para que não curasse as chagas dos empestados e leprosos, para que não repartisse o pão com os escravos famintos, pois todas essas obras das mãos de Buda eram criminosas por serem feitas aos miseráveis iguais aos animais.

Por que assim degeneram as doutrinas mais sublimes e elevadas quando baixam ao coração dos homens ignorantes, fanáticos e egoístas? Não degeneraram também as Leis de Abel, de Moisés e do Cristo? Que vestígio encontramos, nas dinastias dos Faraós, dos kobdas soberanos dos Vales do Nilo? Que vestígios encontramos de Moisés nos livros que a ele são atribuídos, principalmente em sua famosa Lei, onde evidenciam-se a vingança, a crueldade mais refinada e a pena de morte a cada passo e por causas fúteis? Que vestígio existia do meigo rouxinol da Galiléia nos ditames da Inquisição, resumo das mais execráveis histórias de crimes e sangue registradas pela história? Consta que os Juízes de Israel invocavam o nome de Moisés enquanto faziam saltar a pedradas os olhos e os miolos de suas vítimas, assim como os membros do Santo Ofício da Inquisição levantavam ao alto a imagem do Cristo crucificado enquanto as vítimas se retorciam de dor entre as chamas da fogueira, ou desconjuntadas entre os ganchos de ferro da roda do tormento.

Ó humanidade, humanidade!, digo com o meigo Rabi de Nazareth, "que matas os profetas e apedrejas os que foram enviados para dar-te a Luz e a vida. Dia virá em que pedirás Luz e te tragarão as trevas, até que hajas feito florescer em ti mesma o sangue inocente que derramaste!"

Os kobdas continuaram suas investigações através das inscrições e das gravações confrontadas com os relatos que conservavam no Arquivo das Idades, até chegar à conclusão de que aquela emigração dos flâmines havia caminhado desde as distantes ilhas lêmures, através das cordilheiras do Himalaia, do Zoar e do Cáucaso, até o Ponto Euxino, donde abriram pelas ásperas serranias da costa norte do Mar Grande formidável passagem, assinalada pelas gravações das cavernas junto às quais se encontravam sepulcros, e nos sepulcros restos e vestígios de sua grande arte, a de polir e talhar pedras de toda a espécie e combiná-las em finos trabalhos com o cobre, a prata e o ouro. Não somente os kobdas da pré-história, mas nós, os homens do século das luzes, podemos encontrar o vestígio dessa distante e grandiosa imigração que passou deixando indeléveis vestígios no itinerário que acabo de assinalar e que pode ser comprovado por qualquer um que tenha acompanhado os grandes trabalhos de investigação da ciência paleontológica durante o último século.

Os lamas do Tibete atual, os monges da região de Caxemira, no Punjab, os cultores do Avesta nas montanhas do norte da Pérsia, os anacoretas do Cáucaso, os cultos religiosos e os costumes dos habitantes costeiros do Ponto, das montanhas da Trácia, da impenetrável Selva Negra e dos cumes pirenaicos, refletem uns mais, outros menos, os vestígios daquela raça, daquele idioma e daqueles cultos profundamente unidos à natureza em suas múltiplas fases e modalidades.

Compreendo que talvez tenha me tornado extremamente pesado nesta digressão acerca de assuntos demasiado áridos para os que não estão habituados a eles; mas é certo que quero completar com isto os estudos que iniciei há meio século, para que todos aqueles que negaram a personalidade histórica do Fundador do Cristianismo, Jesus de Nazareth, por haverem encontrado vestígios de sua elevada moral desde vários milênios antes de sua existência, se pasmem e maravilhem ainda muito mais ante o magnífico espetáculo dessa sua moral iluminando a humanidade da Terra através de quarenta milênios de novas civilizações e continentes que vão surgindo do fundo dos mares à medida que outros, já esgotados, se submergem num repouso mudo e silencioso, talvez para reaparecer num futuro distante e servir novamente de oásis a esta eterna viageira, a humanidade, que até com suas chagas e sua lepra, com imprecações e blasfêmias, odiando ou enamorada d'Ele, caminha sempre em busca do Amor Universal, único paraíso prometido aos justos pelo Grande Mensageiro da Verdade.

Nas gravações apareciam nomes de ilhas povoadas e civilizadas pelos flâmines da distante Lemúria ou Lemur, e até se podia compreender o estilo de suas cidades ou povoações. Como bons mineiros, sobressaíam-se na arte arquitetônica subterrânea e suas cidades eram talhadas na pedra viva das próprias montanhas, nas quais aparecia ao mundo exterior uma frente com estátuas e símbolos e com uma forma piramidal truncada na parte superior. Eram nomeadas Bórnia, Solú, Birma, Pamir, Demaven, Elbruza e Everes, nomes que têm muitos pontos de contato e grande analogia com as designações atuais de montes ou regiões nas quais mais vestígios se encontram de seu passado.

A literatura novelesca ou até histórica de todos os países do mundo está cheia de poemas, ações guerreiras, conquistas e defesas realizadas em imensas cavernas que davam refúgio a milhares de soldados. A antiga Espanha de Dom Pelayo nos dá a primeira prova disto. A história das antigas Gálias nos oferece outra prova mais, e de igual modo as mais antigas lendas dos circassianos do Cáucaso e da antiga Zoar. Bem poderíamos chamar os flâmines-lêmures de homens das cidades piramidais, homens das cidades de rochas.

Unidos profundamente à natureza, buscaram as montanhas quando sua terra nativa submergiu, porque os altos cimos das cordilheiras lhes ofereceram abundante elemento para abrir nelas as suas imponentes vivendas, que parecem responder num todo à frase do Homem-Luz: "Edificou sua casa na rocha viva, onde nem os ventos, nem os rios saídos do curso, nem o mar embravecido podem derrubá-la ou sacudi-la."

SÊNIO

Enquanto estes estudos absorviam a atenção dos kobdas dentro de sua tranqüila mansão de Negadá, lá do outro lado do deserto havia começado o translado dos blocos de pedra e enormes troncos de carvalho e cedro do Monte Líbano para construir a Casa de Numu que serviria de conforto às almas nos férteis vales do Eufrates, onde nascera o Verbo de Deus.

Sênio e Aldis estavam encarregados pelo Alto Conselho de Negadá de vigiar os trabalhos de edificação e compareciam quase diariamente ao outro lado do bosque com este objetivo. Uma manhã, ao chegar, encontraram uma pobre mulher semidesnuda, mostrando por entre os pedaços de roupas despedaçadas os sinais de ter sido barbaramente açoitada. Tinha ao seu lado um fardo de trapos velhos e restos de algo que se parecia com carne assada e pão duro. Estava escondida atrás de uma pilha de madeira e pedras e parecia querer evitar que os trabalhadores a vissem. Quando viu os dois kobdas, começou a chorar desconsoladamente e, numa língua ininteligível para eles, falava como que pedindo socorro. Ao mesmo tempo levantou um extremo do tecido já incolor que cobria o fardo, e os kobdas assombrados viram duas criaturinhas desnudas e profundamente adormecidas. Os pés da mulher estavam em chaga viva e era impossível fazê-la caminhar.

Sênio e Aldis tomaram um dos asnos com os quais arrastavam as madeiras e colocaram em cima a mulher; e, tomando cada um nos braços uma das crianças, regressaram para a caverna.

Não puderam compreender nada do que ela quis explicar-lhes. Somente uma coisa sabiam: que eram três seres abandonados de toda proteção humana. Chegaram com a carga até sua morada, causando em seus habitantes a conseqüente piedade, assombro e finalmente alegria, principalmente para Évana, que em seguida vestiu as crianças com as roupinhas já deixadas pelo seu pequeno Abel.

Eram duas mulherzinhas de cabelo escuro e pele branca, da mesma cor da mãe.

Diba observou que deviam ser elamitas (do Elam ou Pérsia) pelo tipo e por algumas palavras que pôde compreender da mãe, pois a anciã recordava alguma coisa da língua falada pelos mercadores daquele país que conhecera em sua juventude.

Compreenderam finalmente que se chamava Shiva, que era originária do Elam e que havia sido trazida como escrava desde seu país. Que, como era destinada a danças e bailados, seu amo havia querido matá-la quando percebeu nela sinais de maternidade que a impediam de realizar as danças que lhe produziam tanto dinheiro. Ela fugiu e, até o nascimento dessas suas duas filhinhas, havia perambulado pedindo e recolhendo cereais e legumes pelos campos de cultivo, que trocava nas povoações pelos alimentos indispensáveis. Mas um dia a necessidade a obrigou a entrar num pomar plantado de cerejeiras e limoeiros para recolher alguns daqueles frutos e aplacar a sede; lá foi surpreendida pelo proprietário daquele pomar, que a maltratou, deixando as marcas que ainda podiam ser vistas em sua carne açoitada com vara de vime.

— Mas isto é recente — observou Sênio — pois as feridas ainda vertem sangue. Pergunta-lhe, Diba, em que região ou lugar se encontra o homem que a maltratou.

— Disse que no final do bosque e na própria margem do lago Arab.

— De maneira que temos um vizinho maravilhoso — disse indignado o velhinho, cujo aspecto de raiva assustou o pequeno Abel, que começou a chorar abraçando-se às roupas de sua mãe.

— Valha-me Deus! Quão torpes ficam os velhos! Agora sim, procedi pior que o bárbaro que maltratou Shiva — exclamou Sênio, lamentando-se de haver assustado o pequenino com sua desmedida indignação. — Não é contigo, Abelzinho, não é contigo que estou zangado. Vem, vem, vamos no nosso rio que em suas margens faremos as pazes. — Levantando em seus braços o pequeno, foi colocar a flutuar suas canoas carregadas de amêndoas.

Mas não ficou nisso o assunto da mulher açoitada. Sênio investigou até descobrir onde estavam o pomar e seu proprietário, cujas posses ficavam dentro das regiões guardadas pelos arqueiros de Bohindra.

— Não pode ser — disse — que entre nós, semeadores da paz e da concórdia, se deixe impune uma barbárie semelhante, pois nesse passo teremos sempre o espetáculo de mulheres com as costas abertas pelos açoites ou famintos espancados. Isto não pode ser.

Sem que ninguém o contivesse, montou no asno que conduziu a mulher e se dirigiu para a construção do outro lado do bosque. Tomou informações entre os trabalhadores que lavravam as madeiras e as pedras para o novo edifício, pediu uns arqueiros ao representante do Chalit do Nilo que havia em Babel, e a quem haviam sido tão encarecidamente recomendados por Bohindra em sua recente estada, e dirigiu-se para a margem do lago. Dentro da formosa plantação de árvores frutíferas, que era um verdadeiro prodígio, achava-se a tenda do proprietário, defronte da qual estavam sentados no solo, meio desnudos, uma vintena de homens com fisionomias esquálidas e alguns com os olhos carregados de terror e outros de ódio.

— Mau, mau — resmungou o velhinho, a quem aquele preliminar desagradava extremamente. Ao aproximar-se deles descobriu que aqueles homens estavam presos a uma longa corrente suspensa em suas cinturas por uma correia de couro e cobre, a qual prendia ao mesmo tempo um pequeno envoltório de rude tecido de fibra vegetal. Estavam ocupados em acondicionar frutas em grandes sacos de couro.

— Vosso amo? — perguntou Sênio, dando-se conta num rápido olhar de que ele não estava ali, visto que todos estavam presos com correntes aos troncos das árvores. Cada um soltou uma espécie de grunhido que Sênio não compreendeu, mas como haviam apontado para a tenda, a ela se encaminhou, seguido pelos arqueiros.

— A paz seja contigo! — gritou o velhinho da porta, segundo seu costume. Um grunhido mal-humorado respondeu lá de dentro, e pouco depois aparecia um homenzarrão de elevada estatura e aspecto nada agradável.

— Sois vós o dono deste pomar? — perguntou Sênio.

— Sou — respondeu. — Que quereis?

— Que não sejais um bárbaro — respondeu secamente o velhinho, irradiando sobre ele, com grande força, seu pensamento de repressão e domínio.

O homem ia tomar o chicote de varas de vime que sempre tinha à mão.

— Quieto aí! — gritou a voz de trovão que ninguém haveria suspeitado pudesse sair daquele corpo quase esgotado pelos anos. A irradiação repressiva de Sênio era tal que pelos olhos ele parecia arrojar centelhas de fogo.

O homenzarrão sentiu-se débil ante aquele gesto e aquela voz e, mudando de aspecto e tom, fê-lo entrar na tenda. Os arqueiros, em número de três, ficaram na porta.

— Vós açoitastes barbaramente uma mulher com duas crianças, porque, obrigada pela fome, ela colheu frutas do vosso pomar — disse Sênio, sempre com a mesma voz de domínio e reprovação.

— Porque odeio os ladrões — respondeu o homem.

— São também ladrões esses vinte homens que tendes trabalhando presos com correntes?

— São escravos pagos com o fruto do meu trabalho e escaparão se eu não os mantiver acorrentados.

203

— Se os tratásseis bem, não escapariam. Mas já resolveremos este assunto; agora vamos saldar a conta da mulher que maltratastes e que é minha filha.

— Como, vossa filha, e andava vagando por estes campos?

— Isso não vos interessa. Eu vos pagarei a fruta que ela possa ter comido, mas vós recebereis tantos açoites quantos destes nela. — E chamou os arqueiros.

— Por favor, por piedade! — clamou o homem, covarde ante a força, não obstante sua grande estatura e sua dureza natural. E atirou-se ao solo como um animal acovardado.

— Bem — disse Sênio —, eu vos perdôo por esta vez, mas vamos definir bem a situação.

O homem levantou-se.

— Quando tempo faz que habitais aqui? Pois vejo que não sois natural do país.

O homem perturbou-se visivelmente e olhou com terror para onde estavam os seus escravos.

Sênio compreendeu que os escravos conheciam o segredo da infâmia de Karono, pois assim se chamava aquele indivíduo.

— Dizei a verdade, pois sabê-la-ei da mesma forma através dos vossos escravos. Sou um irmão do Chalit do Nilo — disse — e podereis ver perfeitamente se posso ou não pedir justiça para os vossos crimes.

Karono começou a tremer.

— Perdoai a minha vida e vos direi tudo e me afastarei para sempre deste país — murmurou o covarde, quase chorando.

— Falai, que estou escutando.

— Há quarenta e cinco Luas que habito esta tenda, que era do velho Matusa e de suas duas filhas.

— E onde estão eles?

— Piedade, piedade!... perdoai a minha vida e eu irei embora.

— Matastes os três. Não é verdade? — perguntou Sênio, quase certo do que dizia.

— É que Matusa intentou matar-me porque eu havia ultrajado suas filhas às quais quis depois tomar por esposas, mas nem Matusa nem elas quiseram, matei a todos para evitar que me delatassem ao chefe dos arqueiros.

— Está bem... Está bem... Que vizinho temos nós! — disse Sênio observando os arqueiros, que quase não podiam conter a ira que os impulsionava a matar ali mesmo, como a um réptil venenoso, aquele pobre ser carregado de sua própria miséria.

— Pois nem ides embora nem vão matar-vos! Pela luz deste Sol que nos ilumina, ides viver e tornar-vos um homem de bem, sob esta mão trêmula que vedes — disse Sênio com tal energia e força que até os arqueiros ficaram estupefatos.

Tirando o cordão de fibra vegetal que amarrava sua túnica à cintura, disse aos arqueiros:

— Atai suas mãos atrás das costas e, se tentar fugir, atravessai-o com vossas flechas.

204

Ato contínuo, os arqueiros foram quebrando com machados de pedra as correntes que prendiam os homens, cada um dos quais tinha sua história de dor.

Eles tinham sido comprados nos mercados de Babel, em troca de sacos de frutas, para que pudessem cultivar o pomar e levar a colheita até aquela cidade. Nenhum queria permanecer naquele lugar, pois aquele homem lhes inspirava medo e terror. Ele mesmo indicou o lugar onde havia sepultado as suas vítimas e puderam comprovar que dissera a verdade.

— As almas que animaram estes corpos — disse Sênio com enérgico tom — perseguir-vos-ão durante toda esta existência e outras mais depois desta, se persistirdes na vida de maldade que levastes até agora.

"Observai!" — E Sênio concentrou seu pensamento evocando fortemente as almas errantes de seus irmãos, os kobdas desencarnados, e chamou as vítimas de Karono com indizível amor, aproximando-se cada vez mais do fosso que ainda não havia sido totalmente apagado pela relva.

Depois de uns instantes, uma forma de mulher, transparente e sutil, se levantou, depois a do velhinho e por último outra forma de mulher, adivinhando-se pela consistência da matéria astral que os envolvia que aqueles três seres tinham já certa evolução espiritual. Os arqueiros, assustados, queriam fugir. Karono caiu ao solo sem sentidos, e, ao ruído que fez seu corpo ao cair em terra, a visão se desintegrou. Sênio explicou aos arqueiros e aos escravos o que a eles parecia um milagre, pois chegaram a pensar que Sênio era um mago que havia ressuscitado aqueles mortos.

Esvaziou um recipiente com água do lago sobre a cabeça de Karono, que depois de uns instantes voltou a si. Seu primeiro impulso foi o de arrojar-se aos pés de Sênio, fazendo repetidas promessas para o futuro. O terror quase o enlouqueceu ao reconhecer suas três vítimas.

Os escravos ficaram agradecidos ao seu salvador, pois Sênio lhes devolveu o pequeno escudo de cobre que dava a Karono direito de propriedade sobre eles. Quiseram ficar como homens livres para trabalhar no mesmo pomar do qual Sênio tomou posse em nome do Chalit do Nilo, e o velho kobda disse solenemente:

— A partir deste instante este horto chamar-se-á ADAMU, e este lago ÉVANA, e vós, os vinte, sereis seus guardiães e cultivadores, dependentes diretamente de mim, até que eu dê aviso ao nosso Chalit de Negadá. Ide para a tenda e vesti-vos, que eu vi bastante roupas nela — disse. — Eu levarei Karono até a construção do bosque, e a partir deste momento ele é também meu filho, como a infeliz mulher que ele açoitou. Estais todos de acordo?

— Bendito sejais, bendito sejais! — foi o clamor que se ouviu com tal intensidade que Sênio se sentiu comovido e seus olhos encheram-se de lágrimas.

Amenizando para Karono sua voz, disse:

— Se cumprirdes vossas promessas, demonstrarei que serei um bom pai para vós. Desatou-lhe as mãos, porque viu que aquela fera estava quase domada.

— Vamos — disse. — E vós, libertos, ficai em paz, obedecendo ao de mais idade por enquanto, pois eu regressarei amanhã para ver como correspondestes à vontade de Deus que hoje vos visitou na pessoa deste pobre velho.

Sênio regressou até a construção com seus arqueiros e seguido de Karono, que parecia um leão vencido.

— Este homem vai trabalhar na construção — disse ao que dirigia os trabalhos.
— Eu o conheço e respondo por ele. Sabe esculpir e talhar a pedra. Ele fará as bacias, as fontes e os pedestais das colunas.

Afastando-o para um lado, disse:

— A partir de hoje deixareis o nome de Karono, que vos delata como gomeriano, e vos chamareis *Abiron,* que quer dizer na língua dos kobdas: "Transformado." Estais de acordo? — O homenzarrão não pôde conter-se mais e, abraçando-se a Sênio, começou a chorar como um menino.

— Está bem, homem, está bem. Já sei que sois outro e estais verdadeiramente arrependido. O que falta é que proveis isto daqui em diante com as obras — disse o velho kobda.

— Por que não me levais para a vossa casa? Eu virei à construção todos os dias, pois temo que estes operários me olhem com desconfiança.

— Não temais nada. O que foi dito basta. Depois veremos.

Sênio dizia a verdade, porque os operários se haviam impressionado favoravelmente ao ver que aquele homenzarrão manifestara grande afeto ao kobda, que consideravam como chefe e senhor na obra que realizavam.

Era já o fim da tarde quando Sênio se despediu de Abiron e dos demais trabalhadores e regressou a pé para a caverna. Na metade do caminho encontrou-se com Aldis e Adamu que vinham buscá-lo, alarmados pelo fato de, durante todo o dia, não ter regressado à casa.

— Vós não sabeis que jornada mais laboriosa acabo de realizar.

Mencionou tudo quanto lhe ocorrera desde a manhã.

— Com isto, Adamu, tendes um formoso horto com o vosso nome; e para Évana, que tanto gosta da água, tenho um lago cujas margens são um verdadeiro manto bordado de flores — continuou dizendo o velhinho, extremamente feliz de poder levar um pouco de felicidade aos seres que o rodeavam.

Aldis sentia-se inundado de felicidade e paz e disse a seu filho:

— Verdadeiramente não saberíamos já o que mais desejar, pois Deus nos provê de tudo.

ANDORINHAS QUE RETORNAM

Chegaram à caverna com sua carga de felicidade e encontraram Évana muito ocupada em banhar as duas meninas numa grande fonte lavrada na própria rocha da montanha que lhes servia de habitação.

— Que fazes? — perguntou Adamu quando chegou.

— Bem vês, estou lavando-as, porque as pobrezinhas estavam tão sujas! Pareciam tão escuras, mas vê, quão branquinhas e formosas vão ficando!

Núbia apareceu em seguida com as roupinhas que deviam colocar nelas e um jarro de leite de rena, que as criaturinhas beberam com avidez.

— E a mãe? — perguntou Sênio.

— Está estendida no leito porque não pode manter-se de pé — respondeu Núbia.

— E a pobre chora sempre.

— Como? Nesta casa onde todos somos felizes, não é possível que alguém chore — disse Sênio. — Vamos lá, e muito pouco valeremos se não formos capazes de consolá-la.

Todos juntos se dirigiram ao aposento onde descansava a pobre Shiva, a quem o amor que lhe dispensavam parecia causar ainda mais amargura. Évana e Núbia levavam nos braços as pequenas, que contavam apenas onze meses de idade.

Kaíno, montado em sua rena, dava grandes carreiras ao redor da caverna e com certeiros tiros de pedrinhas matava os pássaros ocultos entre a folhagem das árvores quando ninguém estava vendo, pois Aldis lhe havia dito que matar as pequenas aves sem proveito nem utilidade alguma era uma ação má. No fundo, aquele menino não era mau nem de tão perversos instintos como se fez parecer. Era extremamente travesso e de temperamento vivo e audaz.

Sênio procurou o pequeno Abel e o encontrou muito ocupado em fazer voar um grande pássaro confeccionado por Diba com penas brancas e negras de aves aquáticas arrastadas pela corrente do Eufrates, e que retinha preso com um cordel de fibra vegetal.

> *"Voa, voa passarinho*
> *Que te dou a liberdade*
> *Voa pelos campos, voa,*
> *Para onde teu ninho está."*

Cantava o velhinho kobda, ajudando o formoso menino na árdua tarefa de fazer voar o enorme pássaro que as engenhosas mãos de Diba confeccionaram para o Menino-Luz.

— Vem, queridinho — disse Sênio — pois temos de fazer voar outra avezinha lá dentro e tu vais puxar também pelo cordãozinho. — Tomando-o pela mão, conduziu-o até o aposento da enferma. — E tu, Kaíno, vem também aqui e deixa teu cavalinho descansando, que agora todos temos que trabalhar.

Conduzindo os dois pequenos, Sênio entrou no aposento.

— Eis aqui os três meninos, nossa esperança futura — disse Aldis rindo, ao ver o ancião que voltava também a ser criancinha.

— Verdadeiramente — respondeu Sênio — fiz hoje um esforço tão grande para dominar aquele pobre ser, que sinto mais do que nunca a necessidade da ternura suave emanada das crianças, como uma irradiação de paz e alegria.

A anciã Diba, sentada à cabeceira do leito de Shiva, prodigava-lhe palavras de consolo, pois era a única que entendia um pouco da sua língua. Quando a anciã viu

Sênio chegar, levantou-se e lhe falou ao ouvido algumas palavras que todos compreenderam se referirem à enferma. O velhinho ficou pensativo durante alguns momentos.

— "O amor" — disse em voz alta e como que respondendo ao próprio pensamento — "é mais forte que a dor e a morte", diz a sábia lei dos kobdas, e neste caso o Altíssimo nos dá a oportunidade de prová-lo.

"Núbia, trazei aqui a vossa música e apliquemos o método da Casa de Numu.

"Aldis e Adamu, acompanhai-me para trazer cântaros com água da vertente e as plantas que preparamos para estes casos" — acrescentou, saindo com uma ligeireza que parecia impossível nele.

— O amor é um mago que parece emprestar asas a este ancião de novecentas Luas — exclamou Diba dirigindo-se a Évana, que ficou também junto da enferma.

Neste meio tempo, o pequeno Abel havia-se estendido em silêncio num dos estrados colocados junto à parede e, rendido talvez pelo cansaço da brincadeira, havia adormecido. As pequenas gêmeas, uma nos braços de Évana e a outra sobre o regaço de Diba, tinham também adormecido. Kaíno, sentado no solo sobre uma pele de urso, divertia-se em puxar as orelhas da enorme cabeça.

Núbia afinava a pequena harpa usada em seu distante país e os três homens entraram com os cântaros de água e os vasos de barro com plantas aquáticas que guardavam à sombra de uma coberta, por onde corriam as águas da vertente.

— Esta mulher chora sempre porque julga ser leprosa e acredita cometer um crime ocultando-o de nós, que tanto fazemos por ela — dissera Diba em segredo a Sênio. — E ele lhe havia respondido:

— Pois venceremos a lepra.

Adamu e Évana tinham sido ensinados por Aldis a concentrar o pensamento e unir-se num ardente anelo ao Amor Supremo, Causa e Origem de todo o bem.

— Nosso amor deve curar esta enferma — disse Sênio. — Acumulemos com nosso pensamento as forças vitais do éter em seu organismo físico, e que as ondas vibratórias das plantas, da música e de nós mesmos despojem do sangue os germes impuros e mórbidos que contém.

O silêncio tornou-se profundo e o torpor invadiu Kaíno, que caiu adormecido abraçado à cabeça de urso.

A harpa de Núbia preludiou uma suave melodia e a enferma caiu em profunda letargia.

As correntes fluídicas começaram a fazer-se sentir, muito tênues no princípio, fortes e estremecedoras depois.

Do corpinho adormecido de Abel desprendeu-se algo como um leve raio luminoso que se foi intensificando pouco a pouco até encher o ambiente de um suave frescor, semelhante ao sopro da brisa num amanhecer de primavera.

Uma intensa onda de amor fez brotar lágrimas silenciosas nos olhos de todos os circunstantes, que se foram elevando cada vez mais na íntima união com o Amor Eterno, e dentre os braços de Évana e Diba, nos quais dormiam as menininhas, levantaram-se sutis e transparentes, como gazes luminosas, duas formas humanas astrais que pouco depois se esboçaram claramente.

208

— Johevan, Sophia! — murmurou Aldis suavemente, enquanto Évana beijava chorando a cabecinha da menina adormecida, da qual se levantara radiante e feliz o duplo etéreo de sua própria mãe, que a acariciava ternamente com suas mãos intangíveis e fluídicas, enquanto Johevan colocava as suas na cabeça de Aldis e no ombro de Adamu.

Dentro da onda de harmonia e luz os olhares falavam, e os pensamentos se cruzavam com vertiginosa rapidez.

— E Milcha? — perguntou Aldis com seus olhos cheios de ansiedade a Johevan e Sophia.

— Observai-a — disseram ambos. — Já está submersa na perturbação porque logo encarnará junto a nós.

Viram assombrados, flutuando como que adormecida e em posição horizontal, sobre o corpo da enferma, a forma astral de Milcha. Aldis ia levantar-se para abraçá-la, mas Sênio o conteve, ao mesmo tempo que Johevan lhe dizia:

— Não a toques porque é muito delicada a sua situação. Antes de seis Luas estará ao vosso lado.

— Bendigamos ao Altíssimo que novamente nos permite estar juntos para continuar nosso caminho eterno junto ao Verbo de Deus, a quem viemos seguindo — disse Sophia.

— Ajuda-nos a salvar esta enferma do mal que a aflige — disse Sênio — se está em Sua lei conservar-lhe a vida por muito tempo.

— Viverá até que chegue seu dia determinado no caminho eterno.

"Eis que voltamos à vida terrestre sem posição e sem nome, como filhos de ninguém, para sê-lo mais completamente do meigo pastor que novamente baixou à humanidade."

O raio luminoso que se havia difundido do corpinho de Abel adormecido intensificou-se até que o aposento parecia iluminado pela chama viva de um dourado arrebol.

— Tendes no vosso meio aquele que envolve na irradiação do seu amor vários mundos como a Terra — disse Johevan.

"Nossa taça transborda já das dádivas de Deus, e cumpre-se a palavra de Bohindra de que algum dia diríamos: 'Basta, Senhor, basta!' "

A emoção embargava todos os ânimos e ouviam-se os soluços de Adamu e Évana, confundidos com as suaves melodias da harpa que iam dissolvendo-se lentamente, à medida que as formas astrais iam desaparecendo como que diluídas na luz rosada que invadia o aposento.

Cessou a música e tudo voltou ao seu estado normal.

Como as duas pequeninhas se pareciam muito, quase até confundir-se, Évana cortou um cacho na nuca da que ela tinha nos braços para saber qual das duas era a reencarnação de sua mãe.

— Então Shiva nos trará também Milcha — disse Aldis. — Pobre mulher!

"À custa de grandes padecimentos temos a imensa felicidade de tomar em nossos braços nossos entes queridos, que retornam à vida terrestre."

209

Shiva despertou mais tranqüila e até contente, sem pensar que todos conheciam o seu segredo.

A pobrezinha fingira ser leprosa para que a expulsassem da casa antes que chegasse a hora do parto.

Adamu e Évana, menos versados nas manifestações espirituais, não haviam compreendido totalmente o que acabavam de ver.

— Por que Milcha dormia? — perguntou Évana.

— Porque no país onde vive deve ser noite — respondeu Adamu de forma muito grave, fazendo os kobdas sorrir.

— Não, meu filho — observou Aldis. — Tua mãe logo tomará matéria, como Sophia e Johevan tomaram nestas duas pequenas criaturas que a Providência de Deus trouxe para esta casa. Shiva logo presentear-nos-á também com a tua mãe, como uma preciosa dádiva de Deus, que assim nos enche de felicidade.

A enferma compreendeu algo destas palavras e, em seu idioma, fez entender esta exclamação:

— Como! Descobristes meu espantoso segredo?

— Acalma-te, minha filha — disse Diba. — Aqui estás ao abrigo da malícia e da ignorância dos homens.

A HISTÓRIA DE SHIVA

A história da pobre Shiva é a seguinte: nascida nas montanhas de Zoar (Pérsia), não conheceu a mãe, que faleceu ao dar-lhe vida, e encontrou-se sozinha com o pai que levava vida de ermitão, cuidando de uma pequena manada de antílopes e tirando da terra a sua subsistência. Seu pai tinha na caverna várias caixas com objetos preciosos, e lhe disse que havia sido proprietário de um formoso domínio na costa sudoeste do Lago Uran, na região vizinha ao Mar Cáspio, e que fora despojado dele. Mostrando-lhe um formoso anel com uma estranha gravação, disse: "Tens um irmão mais idoso que me foi roubado para ficar à frente da minha tribo, sob a alegação de que eu sou um assassino que matei tua mãe. Esse teu irmão tem um anel igual a este. Se depois da minha morte o encontrares algum dia no teu caminho, através deste anel ele te reconhecerá."

Quando Shiva tinha dezesseis anos, passou, fugindo por sua montanha natal, uma caravana de guerreiros vencidos que despojaram seu pai dos objetos preciosos que guardava em suas caixas. Como ele quisesse defendê-los, despojaram-no também da vida e ainda levaram a filha, gentil e formosa, cheia de graça e dos encantos que ainda podiam ser observados nela apesar de toda a dor e da angústia padecida.

— Eu farei de ti uma grande dançarina — disse um velho guerreiro — e me conseguirás por esse meio grandes riquezas. — Com este pensamento, guardou ele certa consideração para com a pobre criatura que chorava inconsolável pela morte do pai.

Shiva foi, desde então, considerada por seu dono como *uma coisa* que lhe produzia lucros. Seco de coração, não buscava nela senão o lucro.

Contudo, a pobre menina tinha um coração sensível e apaixonado, e, exposta constantemente à admiração dos homens, houve um, finalmente, a quem ela amou, o qual prometeu resgatá-la da escravidão que padecia e conduzi-la para as pradarias do Eufrates, onde possuía um formoso carvalhal, cheio de calhandras e de melros. Lá viveriam felizes, consagrados um ao outro.

Quando seu dono se inteirou destes amores, pôs um alto preço em sua escrava, preço esse que seu amado não podia pagar: dois elefantes com arreios, vinte camelos e um peso considerável em prata e ouro.

— Eu trarei daqui a dez Luas tudo quanto teu amo me pede — havia-lhe dito seu amado antes de partir. — Se eu não voltar será porque fui morto na arriscada empresa que penso realizar.

As dez Luas passaram e ele não voltou...

Ela sabia que dentro de pouco tempo seria mãe e uma indizível angústia se apoderou dela ao pensar na fúria que teria seu senhor quando soubesse disto, pois muito a havia vigiado em suas relações, não pela honestidade da jovem, mas pelos lucros que ela lhe produzia.

Chegou um momento em que seu estado não podia ser ocultado, e a infeliz caiu desmaiada numa dança que o público a fez repetir cinco vezes.

Os sábios mais destacados na ciência de curar as doenças humanas ofereceram seus serviços ao amo da célebre bailarina, e o furor deste não teve limites quando soube que Shiva logo seria mãe de duas crianças. Para não perder tudo, investigou o paradeiro do jovem que quis resgatá-la, mas este não apareceu. Sem mais preâmbulos, expulsou-a de sua casa.

A infeliz começou a vagar pelos arredores da cidade de Susan, fugindo dos lugares faustosos onde fora tão celebrada, até que uma anciã mendiga que vivia num sepulcro abandonado a recolheu para repartir com ela sua fúnérea morada.

— Olha, minha filha — disse a anciã, vendo a repugnância de Shiva ao penetrar naquele recinto — em nenhum lugar estarás mais segura do que aqui, porque os malvados temem os fantasmas e os espectros e, para todos os que conseguem passar por aqui, eu sou um desses temíveis fantasmas.

"Além do mais, os esqueletos que estavam aqui, eu os arrojei um por um na corrente do rio que passa ao pé deste barranco, de modo que aqui não existem nem ossos de mortos. Os mortos são inofensivos, e é aos vivos que deves temer."

A infeliz Shiva compreendeu que, em 'sua situação, não podia aspirar a nada melhor, pois aquele sepulcro era todo talhado em pedra rosada com grandes pranchas de cobre e madeiras finíssimas, dando-lhe assim o aspecto de uma habitação suntuosa.

211

Os estrados onde eram colocadas as caixas mortuárias serviam de leitos, cobertos com palha seca e peles de ovelha. Ali nasceram suas duas filhas.

A anciã saía a pedir esmolas, e Shiva preparava a refeição e fazia todas as fainas da casa.

Mas ela não podia resignar-se a esta vida e quis procurar trabalho.

Um dia a anciã voltou seguida de um homem jovem e elegantemente vestido. Trazia um volume com roupas de mulher e fora esperavam alguns escravos com uma pequena carruagem de mão. Falou com a anciã num idioma que Shiva não compreendeu e depois a velhinha lhe disse amavelmente:

— Este senhor toma-te para que sejas sua mulher. — Shiva indagava com seus olhos, e a anciã, compreendendo, tomou as roupas das mãos do cavalheiro e entrou com ela na câmara interior para vesti-la. Ali tratou de convencê-la:

— Repara, filha, este homem é rico e bom. Vai com ele que, se lhe fores fiel, serás feliz a seu lado. Deixa comigo tuas filhinhas que eu as criarei, porque ele nada sabe delas. Quando quiseres, poderás vir vê-las, com o pretexto de que vens trazer-me auxílios.

A Shiva pareceu bem, e ela aceitou. A recordação daquele seu primeiro amor vivia ainda no íntimo de seu coração, mas sua situação era tal que a obrigava a silenciar recordações e enfrentar a vida, e a de suas duas filhinhas, tal como ela se lhe deparava.

— Serei vossa escrava? — perguntou ao jovem senhor antes de segui-lo.

— Não, serás uma de minhas esposas.

— Quantas tendes?

— Esposas tenho cinco; escravas, muitas.

O coração de Shiva oprimiu-se, pensando naquele que amava somente a ela, mas não retrocedeu.

Foram postos nela formosos vestidos. O cavalheiro beijou-lhe os lábios pronunciando solenes palavras que a anciã traduziu, e cobriu-lhe o rosto com um espesso véu que, pela frente e por trás, caía até o solo.

— A partir deste momento, nenhum homem a não ser eu pode ver teu formoso rosto — disse com energia.

Dito isto, levantou-a nos braços e a colocou na carruagem de mãos. Os escravos começaram a andar em direção à cidade, seguidos pelo jovem senhor que caminhava poucos passos atrás deles. Sob o véu, Shiva chorava pensando nas filhas.

Era uma estranha morada a casa daquele senhor.

Num imenso parque, povoado de grandes árvores, viam-se seis torres brancas e de pequenas dimensões, separadas umas das outras por jardins e canais de água. Em cada torre morava uma das esposas com uma escrava para servi-la. No lago existente no centro do parque, embalançava-se sempre um formoso e pequeno veleiro, que era a habitação do amo.

Era este de bondoso caráter, segundo a escrava disse a Shiva, mas não gostava muito que as esposas saíssem das suas torres. Como faria, pois, para ver suas filhinhas?

Um dia se engalanou como ele mais gostava, isto no dizer da escrava, que ador-

212

nou os negros e cacheados cabelos de Shiva com um diadema de perfumadas flores de laranjeiras e longos véus flutuantes da cor das cerejas quando estão maduras.

— Iniciai uma dança, que seu barco se aproxima da vossa torre — disse-lhe a escrava nessa tarde, quando o Sol já se punha, e ela em sua gusla executou uma cadenciada música própria para o bailado, que Shiva com sua graça habitual acompanhava maravilhosamente. O esposo ficou de tal modo encantado que lhe disse:

— A partir de agora serás minha favorita. Pede-me o que quiseres, ainda que seja o repúdio de todas as minhas esposas.

A escrava cochichou isto para as outras escravas, orgulhosa do triunfo de sua senhora, e logo a notícia chegou aos ouvidos das esposas mais antigas, as quais se uniram para maldizer a intrusa que desta forma punha fim ao amor do esposo para com todas elas.

Shiva aproveitou a situação para pedir que lhe permitisse ir ao sepulcro para visitar a velhinha.

— Um de meus escravos irá buscá-la, porque não está bem que tu entres mais naquele lugar.

— Permitir-me-ás que lhe mande roupas para que possa apresentar-se aqui?

— Está concedido. Queres algo mais?

— Somente isto — disse Shiva, beijando agradecida as brancas e finas mãos que acariciavam as suas.

Entre as roupas e presentes que Shiva mandou para a anciã, colocou uma mensagem, pedindo-lhe que trouxesse suas filhinhas para vê-las.

Esta mensagem caiu nas mãos das outras esposas antes de sair daquela morada, e Shiva, avisada por sua escrava de que seu senhor estava fora de si ao ter tomado conhecimento disto, fugiu por um dos canais que rodeavam sua torrezinha e chegou ao sepulcro onde estavam sozinhas as suas filhinhas adormecidas, enquanto a anciã andava a esmolar. Carregou-as consigo e precipitadamente internou-se pelas agrestes montanhas que rodeavam a cidade, da qual procurou afastar-se tanto quanto pôde, pois, em cada homem que encontrava, tinha a impressão de encontrar seu senhor a lhe perseguir.

De povoação em povoação, de aldeia em aldeia, a infeliz vagou carregando as duas filhinhas até chegar ao pomar de Karono.

Escondida às vezes entre os carregamentos de madeira empilhados em barcaças nas costas dos rios, ela os havia vadeado para desta maneira pôr mais distância entre o esposo irado e ela. Não haveria fim em narrar as peripécias sofridas pela infeliz Shiva abandonada às suas próprias forças.

Quando Diba escutou toda esta dolorosa história, abraçou-a dizendo:

— Bendize ao Altíssimo, minha filha, porque te trouxe a esta casa que te será mais segura que os braços de tua mãe. Uma voz interior me diz que esse homem do qual fugiste é teu próprio irmão, e sorte que nem ele nem tu vos reconhecestes, porque, segundo a lei desses países, devias morrer sepultada viva, irremissivelmente, por teres sido mulher do teu irmão. — E continuou:

— Como se chamam tuas filhinhas?

— Seu pai chamava-se Hélia-Mabi, e eu fiz destas duas palavras os nomes com que chamarei minhas filhas: uma é Hélia, e a outra, Mabi.

— Procura esquecer, minha filha, teu doloroso passado e enceta o novo caminho que se abre diante de ti largo e plano, sob o manto violeta das Filhas de Numu.

No decorrer dos séculos e dos milênios, voltamos a encontrar este mesmo ser entre a falange dos mensageiros do Verbo de Deus em suas vindas à Terra.

A viúva de Sarepta que deu de comer ao profeta Elias, perseguido por um rei iníquo; a viúva de Naim que tanto amou a Jesus de Nazareth; Mônica, protótipo da mãe abnegada e amorosa; Clotilde de Borgonha, filha de Childerico, Rei de Borgonha, e esposa de Clodoveu, Rei da França, são o mesmo espírito de Shiva nas distintas etapas de sua eterna peregrinação.

O conhecimento deste relato abriu mais ainda os corações de todos para envolver em piedosa ternura a desventurada Shiva, que pouco a pouco foi sentindo cicatrizar-se as chagas de sua alma.

No serão familiar das noites em torno da lareira, ocupou também ela seu lugar entre as kobdas e Évana, ajudando-as em seus trabalhos de fiar e tecer a lã, o algodão e o linho para confeccionar suas roupas, enquanto as crianças, sentadas numa pele de búfalo, entregavam-se tranqüilamente às suas brincadeiras. Sênio, Aldis e Adamu recortavam os papiros já preparados para ir formando os rolos destinados às mensagens do mundo invisível na nova Casa de Numu.

Évana passou muitos dias absorvida em contemplar detidamente as duas filhinhas de Shiva. Parecia-lhe impossível que nesses dois pequenos seres ainda inconscientes estivessem encerrados aqueles que foram seus pais. A menininha, à qual cortara um cacho de cabelos para saber qual era a sua mãe, chamava-se Hélia, e a outra, Mabi. Continuamente tomava-as em seus braços, enquanto olhando-as em seus olhos, perguntava:

— Conheceis-me? Sou Évana, vossa filha. — As pequeninas sorriam e recostavam a cabecinha em seu peito.

Um dia estavam perto de Madina. Évana pôs Hélia sobre ela e disse à rena:

— Sabes, Madina? Esta é tua dona Sophia, a quem tanto amavas; depois virá Milcha e te ordenhará novamente. Não vás morrer, Madina, antes que venha Milcha e se torne grande a teu lado.

"Estás ficando velhinha, mas ainda podes viver muitos anos mais."

Sênio, por sua vez, não descuidava de seu filho adotivo Abiron, que, completamente consagrado ao trabalho, parecia dar provas de verdadeira regeneração.

Aldis e Adamu haviam feito freqüentes visitas ao pomar maravilhoso, aquele que, regado pelas águas do lago Arab, frutificava abundantemente; o que lhes fez conceber a nobre idéia de levantar um depósito de cereais com ramos de árvores e folhas de palmeira. Nele aprovisionariam legumes, cereais e frutas para que, chegado o inverno, pudessem socorrer os indigentes das aldeias e povoações vizinhas.

— É justo — disse Sênio — que, da abundância das dádivas que Deus nos obsequia, partilhemos com os que carecem delas.

Tal foi a vida na caverna que albergava o Verbo de Deus, até que, sem maiores alternativas, chegaram ao fim os trabalhos de construção do santuário kobda, sendo o único acontecimento digno de nota a volta à vida terrestre do espírito de Milcha, novamente encarnado na diminuta pessoa do terceiro filho de Shiva. Era um menino e foi chamado Iber. Como estas três crianças cresceram juntas com Abel e Kaíno, passaram para a tradição como filhos de Adamu e Évana, pois todos eles foram chamados *irmãos de Abel, irmãos do Apóstolo.*

Adamu e Évana foram somente pais de Abel e, anos depois, de Seth.

O Santuário da Paz

Cinco anos tinha Abel de vida terrestre quando os kobdas de Negadá inauguraram sua nova casa, que era uma cópia reduzida da grande casa do Nilo.

Um dos mais antigos kobdas, Jhalivan, foi escolhido como novo Pharaome de Negadá, pois Sisedon pediu para ser transferido para a pequena Casa das margens do Eufrates, onde continuou como Patriarca da nova fundação.

Bohindra, Tubal, Zhain e os kobdas jovens deviam formar a nova Escola da Verdade juntamente com Sisedon, Sênio e Aldis.

Numa imensa plataforma levantada no meio do bosque que o cercava por todos os lados, alçava-se o edifício de forma quadrangular e de dois pavimentos. Tinha lugar para mais de duzentos kobdas e bastava para uns anos, máxime depois de adotada a idéia de se distribuir os eremitas por todos aqueles territórios, à medida que fossem aumentando os filhos de Numu.

Bohindra continuava com o título de Chalit do Nilo, Thidalá, Rei de Nações, com residência no vale do Eufrates, como antes fora em Negadá.

Juntamente com a caravana dos kobdas entrando em sua nova Casa, faço penetrar nela também o leitor.

O edifício tinha quatro frentes e, em cada uma delas, uma imensa porta de cedro reforçada de cobre, em cuja parte superior e numa prancha de pedra estava escrito em grossos caracteres:

"PAZ A TODOS OS HOMENS"

escrito este que fez com que logo dessem àquela Casa este nome: "A PAZ."

Daqui nasceram, sem dúvida, algumas dificuldades de interpretação nas quais tropeçaram alguns filólogos antigos e modernos ao decifrar tal nome em antiqüíssimas escrituras cuneiformes, referentes às ruínas desenterradas na Mesopotâmia.

Interpretaram ou decifraram às vezes: "Da Paz saiu uma caravana, etc.", ou "A

Paz foi assaltada e destruída". E assim em vários casos. Que Paz era aquela? Era uma cidade? Uma fortaleza? Um santuário?

Outros disseram que era apenas um símbolo alegórico da paz destruída pelas contínuas guerras dos povos uns contra os outros, à semelhança do símbolo profético que foi a Torre de Babel, a qual só existiu na mente desse inspirado, um kobda que, numa de suas viagens anuais, armou sua tenda onde depois se formou essa cidade.

Esse kobda de nome Babel foi um Pharaome muito anterior a Sisedon que, antes de ser escolhido para reger a Casa de Negadá, pediu autorização para investir parte dos bens que ele levara para a Instituição numa viagem de resgate de prisioneiros e escravos. Foi tal a quantidade deles que recolheu, em razão das inundações do Mar de Susan, cujas águas chegaram a se confundir com as do Mar Grande, que permaneceu refugiado com eles nas cavernas das montanhas de Zoar até as águas baixarem.

Então Babel, numa clarividência premonitória, ou desprendimento do espírito, viu a numerosa legião dos kobdas com todos os que, em diversas partes da Terra e em outras instituições ou agrupamentos similares, formavam a grande aliança com o Espírito de Luz, Mensageiro de Deus sobre o Planeta. Contemplou o resto da humanidade submersa nas águas pantanosas do egoísmo, da lascívia e da ambição; e essa humanidade buscando a felicidade no meio dessa turva marulhada, amontoava como que num elevado monte monumentos de ciência, maravilhosos inventos, estupendas criações que pareciam obras de deuses e não de homens. Isto nos salvará do maremoto que ameaça submergir-nos, diziam. Contudo eis que, quando todos eles se gloriavam de suas obras, as águas pantanosas se converteram num areal de fogo que, soprando em todas as direções, dispersou as pessoas aterradas para os quatro pontos cardeais; e naquele lugar solitário Babel viu surgir formosas pradarias e populosas cidades, e viu que um radiante astro de luz rosada se levantava do meio dessa pradaria, e rios de luz corriam abundantes por todas aquelas regiões.

Babel, o kobda, quando as águas voltaram aos seus leitos naturais, que eram os rios que deságuam no Golfo Pérsico, viu que aquela era a pradaria que havia contemplado em sua vidência, e levantou uma cabana de pedra e argila onde deixou muitos dos que havia resgatado para que, lavrando a terra, tirassem dela sua subsistência.

Tal é a história da Torre de Babel, que naquele remoto neolítico as pessoas designaram como o *Monte de Babel,* visto em sonhos pelo kobda e que cada qual interpretou à sua maneira.

Feito um estudo analítico dessa parte do Gênese, salta à vista que no fundo de tudo aquilo há uma explicação lógica e razoável, a qual esclarece aquela nebulosa formada pela incompreensão e a ignorância.

Este Babel foi o mesmo jovem Agnis, que novamente se encontrava entre os kobdas na fundação das margens do Eufrates no exato momento em que se cumpria sua vidência premonitória de três séculos atrás. O astro de luz rosada estava levantando-se nessa mesma pradaria, e rios abundantes de sua luz iam correr por todas aquelas regiões depois que o areal de fogo da bárbara raça gomeriana tinha sido dispersado por sua própria ambição para diversos pontos da Terra. Desta raça eram os *gigantes* que, segundo o Gênese, "havia na Terra naqueles tempos", cuja forma de conquista era o incêndio dos campos e das povoações por onde passavam.

216

Feito este esclarecimento sobre as confusões ou interpretações errôneas de acontecimentos, nomes e tradições, volto ao mosteiro kobda para descrever o seu interior.

O andar térreo estava destinado somente a depósito de cereais e hospedaria para os indigentes, ou lugar onde repartiam provisões em épocas de epidemia e escassez. No primeiro andar encontrava-se a Morada da Sombra, o Arquivo das Idades, o Jardim de Repouso ou da Harmonia e as abóbadas dos kobdas, que davam para o exterior, ou seja, com vistas para o bosque que rodeava em todas as direções o vasto edifício.

A parte do centro era ocupada pelas três grandes salas antes mencionadas, em torno das quais existia um corredor ou passeio ao qual davam, pela parte de trás, todos os aposentos dos kobdas. Das três salas, a maior era a Morada da Sombra, e a menor, o Arquivo.

Eram oitenta e sete kobdas jovens e oito de mais idade os que se transferiram em elefantes e camelos desde Negadá até o Vale do Eufrates.

Sênio e Aldis, secundados por Diba e Núbia, atenderam ao provimento das roupas necessárias à nova Casa. Aldis havia pintado a imagem de Numu tal como existia na Morada da Sombra de Negadá, e a bacia de pedra branca tinha a forma de um imenso lótus sustentado pelas mãos levantadas de três kobdas de pedra sentados no pavimento. Os pedestais que sustentavam as velas gigantes de cera que davam luz ao recinto eram também sete estátuas de monges na mesma atitude dos anteriores.

Só havia uma fileira de estrados de pedra em torno da imensa sala e o estrado dianteiro ao redor da pilastra para os dez kobdas do plantão.

As abóbadas particulares com suas peles sobre os leitos, e o Jardim do Repouso com sua fonte central e suas grandes plantas aquáticas, pareciam esperar aqueles para quem estavam destinados.

A já numerosa família da caverna transladou-se para o mosteiro quando teve aviso de que a caravana não tardaria em chegar.

Quando o grupo das cinco crianças foi apresentado aos viajantes, Dhabes, que vinha entre eles e era vidente, viu a todos, menos a Kaíno, vestidos com a túnica azulada. Foi rápida a visão, mas o bastante para fazê-lo meditar.

— Todos são nossos, menos este — disse ao ouvido de Bohindra que estava a seu lado.

Abel já tinha entrado nos cinco anos e estava belíssimo com seus cabelos castanhos flutuando em formosos cachos sobre os ombros. De seus olhos cor de topázio, quase sempre sérios e pensativos, parecia emanar meiga e suave claridade que atraía irresistivelmente a todos.

Sisedon, que tinha fome e sede de conhecê-lo, foi o primeiro a correr para ele, sem necessitar de que alguém lhe dissesse qual era o Menino-Luz.

— Tu és Abel! — exclamou, levantando entre seus fortes braços o pequeno que o observava profundamente, sem responder.

Évana abraçou-se a Bohindra e Adamu a seus velhos amigos, e, pelo espaço de duas horas, dedicaram-se a uma entusiástica manifestação de amor e fraternidade recíproca, até que, chegado o meio-dia, se dispuseram à frugal refeição, todos em conjunto, nas grandes mesas de pedra das hospedarias.

217

Quando caía a tarde, Aldis disse a Adamu que devia voltar com sua família para a caverna, porque Sênio e ele ficariam já no mosteiro.

Abel inteirou-se disto e a notícia não foi do seu agrado com relação ao velhinho, ao qual puxava pela túnica para afastá-lo do grupo.

— Se tu não vens comigo, quem encherá de água o meu rio e carregará minhas canoas de amêndoas?

O velhinho sentiu como uma chuva de flores caindo em seu coração ao ouvir aquela querida e pequena voz que desta forma expressava o seu amor.

— Eu, meu filhinho, eu irei todas as manhãs encher o teu rio e fazer flutuar tuas canoas. Só faltava eu me descuidar dessa tarefa!

— Também é necessário consertar as asas do meu pássaro voador, que estão quebradas — continuou Abel no meio do círculo formado por todos para ouvir sua conversação.

— Nós as curaremos, nós as curaremos — respondeu Sênio.

— É preciso pôr novamente o teto em meu depósito de cereais, porque o vento levou o outro e os pássaros estão comendo o trigo para as minhas canoas.

— Pois poremos novamente esse teto e o amarraremos para que o vento não o leve outra vez.

— De fato fizeste uma construção segura, Sênio! — zombaram Sisedon e Bohindra, encantados de ver assim unidos intimamente aqueles dois extremos da vida humana: a infância e a velhice.

— Os cordeirinhos de algodão que Núbia me fez perderam as cabeças e não as encontro mais.

— Ora essa, homem! Isto é um contratempo demasiado grande. Os cordeiros sem as cabeças! Como poderá ter acontecido isto? — perguntou Bohindra acariciando o pequenino entre os risos de todos, menos de Abel, que continuava muito sério e grave como de costume.

— Kaíno diz que os búfalos as comeram. — O aludido escondeu-se por trás de Aldis, com o que deu a entender que entre ele e as cabeças desaparecidas existia alguma relação.

— Como os cordeiros comeram o trigalzinho que eu semeei, os búfalos comeram suas cabeças — continuou Abel.

— Pois bem, já foram castigados por sua gulodice — disse Sisedon enquanto o menino começava a se familiarizar com eles, sentindo sem dúvida a irradiação de amor que todos derramavam a seu redor.

Sisedon foi de opinião que fossem todos à caverna para acompanhar seus moradores até lá e retornassem antes da noite ao mosteiro, e assim o fizeram.

— Agora vereis meu pássaro voador com as asas quebradas, e meus cordeiros sem cabeça e o teto do meu depósito de cereais caído — disse Abel passando por entre os braços de todos, que não se saciavam de levá-lo como uma formosa carga que talvez em tempo algum, durante séculos, voltariam a levar.

— Mistérios de Deus! — exclamavam os kobdas. — Quem pode pensar que este menino é aquele que guia a humanidade terrestre para seus elevados destinos,

218

e que ele é o portador da Verdade Eterna e o reflexo do Amor Divino sobre esta Terra que o desconhece e talvez o desprezará!

Entretanto, Dhabes, meditabundo pelo que havia visto, aproximou-se de Aldis e lhe disse:

— Por que será que em certos momentos vejo Kaíno como um ancião que em parte se assemelha a Évana, vestido de púrpura com uma coroa terminada numa estrela?

— Nohepastro! — exclamou Aldis assustado. — Será ele?

— Mas quem é Nohepastro?

— O antigo rei de Otlana, pai da princesa Sophia e avô de Évana. Quando voltares a vê-lo, trata de observar se tem alguma coisa sobre o peito.

Os dois guardaram silêncio. Pouco depois Dhabes disse a Aldis:

— Tem sobre o peito um falcão de ouro entre duas lanças cruzadas, como que formando um escudo.

— É ele — murmurou Aldis — pois esse é o brasão de sua dinastia.

— Muito cuidado, muito cuidado com ele, que me parece não ter encarnado com fins amistosos!

— Não — disse Aldis. — O velho não era mau, mas muito apegado à nobre linhagem de sua raça e ao seu glorioso passado. Tinha a impressão de que não existia sobre a Terra dinastia maior que a sua nem um personagem mais ilustre que ele mesmo. Contudo, no fundo não era mau nem cruel, eu te asseguro.

— Antes assim — respondeu Dhabes, embora não totalmente satisfeito.

A partir desse momento, ele resolveu tomar a seu cargo a educação de Kaíno para observá-lo de perto e fazer com que seu espírito entrasse na aliança dos seguidores do Verbo de Deus naquela mesma vida terrestre.

Chegaram pouco depois à caverna, onde Sisedon quis ver a famosa Madina e toda aquela família de renas tão maravilhosamente domesticadas por Gaudes. Enquanto acariciava a rena, aproximou-se Ibrin levando pela mão as duas filhinhas de Shiva, as quais se abraçaram às patas dianteiras de Madina ao passo que ela mesma lambia suas cabecinhas.

Esta rena não viverá muito tempo, porque é muito velha e já está visivelmente esgotada — disse Sisedon a Ibrin. — A obra que realizou faz merecer seja ela ajudada eficazmente em sua evolução. Sinto nela uma aura quase humana. Observa, põe a mão aqui sobre a testa.

Ibrin fez o que Sisedon lhe dizia.

— Que sentes?

— Sinto o desejo de abraçá-la como se fosse uma mãe, e também o desejo de chorar.

— Observai-a todos os dias. Cuidai dela, que não tardará em morrer, e depois tu e essas duas pequenas a ajudareis a tomar a sua primeira encarnação humana.

Como se Madina compreendesse o que falavam dela, começou a lamber as mãos de Sisedon e as de Ibrin.

Esperaram que Sênio arrumasse todos os estragos no depósito de cereais e dos animaizinhos de Abel, que enchesse o rio de água e carregasse as canoas, e depois

219

retornaram ao mosteiro para realizar, chegada a noite, os primeiros trabalhos mentais indispensáveis para a formação da abóbada psíquica sob a qual haviam de iniciar a comunicação com os planos suprafísicos elevados, dos quais bebiam a verdade, a sabedoria e o amor em sua mais grandiosa amplitude.

No Eufrates

Apenas os kobdas regressaram da morada de Adamu, aprontaram-se para a grande solenidade inaugural do novo santuário do pensamento que haviam levantado para secundar o Verbo de Deus em sua tarefa de Missionário Divino no meio da humanidade.

"Antes de todo trabalho mental de importância, o kobda deve pôr-se em contato íntimo com a natureza em seus primordiais elementos: água, terra, ar e fogo" — dizia a sua lei.

Começaram por mergulhar todos eles nas piscinas das salas de banho enquanto o grupo de cantores-músicos entoava a melodiosa CANÇÃO DA ÁGUA para buscar a harmonia com as entidades que evoluem e vivem no elemento líquido: As Nereidas e as Ondinas.

Água mansa
Água doce
Que me cantas
Tuas divinas melodias de cristal
Que me levas com o beijo
De tuas ondas azuladas
E me brindas a doçura
De tua paz

Água mansa
Dádiva Divina
Que me ofereces teu frescor
Enquanto absorves minha sede;
Água doce
Que me deixas tua energia e teu sossego
E levas minhas fadigas em tropel.

Água pura, mergulho em teus eflúvios
E canto a ti com a alma
A salmodia do amor.
Enquanto me refrigeras e levas
A impureza da carne
E as febres da dor.

Depois cada um depositava com amorosa devoção uma semente na terra para unificar-se com ela, como dois bons amigos que se dão o ósculo fraterno ao encontrar-se novamente nas infinitas voltas de uma longa viagem.

Mãe terra, mãe santa
Mãe amada!
Que me dás da substância
Que elaboram tuas entranhas
O pão que me alimenta
E a flor que me alegra!

Mãe terra, que te esqueces de ti mesma
E abres covas em teu seio
E fecundas com teu alento
A semente que agasalhas,
E alimentas as raízes
Das árvores gigantes!

Mãe terra!... Nada há que não fizeste
Pelos mesmos que te pisam
Em tua grandeza calada,
Abraças minha carne inerte,
Tuas entranhas são minha tumba
Quando me fere a morte,
E aos míseros despojos
Nem o mais amoroso os quer!

Mãe terra, eu te bendigo
Mãe terra, eu a ti canto!...
Quando vivo, me alimentas, e, na morte,
Me agasalhas com teu manto!

Da lareira comum recolhia cada qual umas brasas acesas num incensário e em longa coluna davam uma volta em torno do edifício queimando essências e ervas aromáticas, enquanto evocavam num canto coral as inteligências que dominam o fogo:

Chama viva
Dádiva Divina
Purifica as escórias
Da vida material.
Fogo santo, que aqueces
E dás vida
Como o seio maternal
Fogo santo, as essências
Dão perfume quando sentem
Teu vermelho resplendor,
Como essência dão as almas,
Quando em ardente brasa viva,
As purifica a dor.

Feito isto, e antes de entrar na Morada da Sombra, aspiravam por três vezes com grande força o ar puro da pradaria e do bosque, bendizendo ao Altíssimo, mediante um elevado pensamento, pela magnífica dádiva do ar, grande condutor de ondas harmônicas e gerador de forças e correntes necessárias à vida dos seres.

Hálito puro que sopras
Como uma suave carícia,
Onda de essência divina
Que tudo purifica!...

Arzinho gemente
Brisa que recendes a flores
Onda que vais e vens
Como uma mensagem de amores!...

És o beijo que deixa
o Deus-Amor em seus filhos,
Ar puro que me beijas,
Como a Deus eu te bendigo!

Ar puro que me alentas,
E meu sangue purificas,
Portador de vida nova,
Renovador de energias!...

Como a água, como o fogo,
Como a terra... és meu.
Quem poderá jamais tirar-me
Tudo quanto é dádiva divina?

Ar puro que me trazes
Vibração do Infinito.
Ar puro que me alentas
Como a Deus eu te bendigo!

De pé e cada qual em seu lugar, escutaram a leitura das escolhas feitas no Conselho de Negadá para o desempenho das diversas funções da casa.

CONSELHO DE GOVERNO: Sisedon, Tubal, Sênio, Bohindra, Zelohin, Dhabes, Ghinar, Nebo, Sabdiel e Audino.

ADMINISTRADORES: Sênio e Aldis.

AUXILIARES: Abélio, Jobed e Ibrin.

CANTORES E MÚSICOS: Bohindra, Dhabes, Zhain, Heli, Ozias, Madian, Bodin, Yataniel, Agnis e Erech.

GUARDIÃES DO ARQUIVO: Ghinar e Heberi.

AUXILIARES: Suri e Acadsu.

GUARDIÃES DA MORADA DA SOMBRA: Areli, Onam, Jamin, Heber, Hanoc e Geuel.

INSTRUTORES: Bohindra, Dhabes, Sisedon, Tubal e Zelohin.

Entre os demais foram designados os que seriam suplentes.

Os turnos para a concentração espiritual permanente seriam divididos em grupos de dez kobdas.

Quando a leitura terminou, todos os kobdas se inclinaram profundamente durante uns minutos, com o que demonstravam a sua plena aceitação.

O corpo de músicos executou uma suave melodia. Os guardiães do recinto apagaram os círios e, sentados em seus estrados de pedra atapetados com coxins de palha de trigo e tecidos de lã, em profundo silêncio elevaram seu pensamento conjunto ao Infinito para unir-se e confundir-se com seu alento divino por meio do esquecimento de si mesmos, da renúncia voluntária a todos os prazeres da carne, e do mais puro e desinteressado amor.

Depois de quarenta minutos de concentração, a sala encheu-se de claridade e, dentre as plantas aquáticas que adornavam a imensa pilastra, viram surgir o duplo etéreo de Abel que irradiava de suas mãos e de seus olhos fortíssimas correntes de luz e energia na água da fonte e depois em direção aos kobdas que rodeavam a sala. Os sensitivos do estrado dianteiro entraram em transe e então viram o majestoso desfile dos milhares de almas errantes que, do plano espiritual, secundariam a missão redentora do Verbo de Deus, e dos que, já submergidos na perturbação, estavam para encarnar nesses momentos. Entre eles estavam os kobdas desencarnados nos últimos tempos e que puderam ser perfeitamente reconhecidos pelos que, juntamente com eles, haviam vivido nuns e noutros dos Santuários e Refúgios existentes naquela época.

Viram igualmente longas filas de seres vestidos de túnica cor de marfim, e outros menos numerosos, de túnica amarelo-dourada com gorro e cíngulo azul-safira.

Os kobdas mais versados nas tradições e histórias de tempos passados compreenderam que tais seres pertenciam a escolas de sabedoria que o Verbo de Deus criara em suas anteriores etapas terrestres: os Profetas Brancos de Anfião e os Dáctilos de Antúlio. Ambas as escolas tinham existido na desaparecida Atlântida.

Toda esta clarividência foi rápida, durando menos tempo do que se leva para descrevê-la, e em verdade foi já uma grande bênção, dada a circunstância do cansaço material dos viajantes e do recinto que ainda não estava totalmente preparado.

Era da incumbência dos administradores velar por todo o relativo ao bem-estar material dos kobdas e da família de Adamu, com a qual ficou estabelecido um laço tão forte de união que a caverna veio a ser como um prolongamento do Santuário. Aldis foi o encarregado de cuidar mais de perto dos que eram seus filhos.

Sênio, espécie de chefe da administração, devia atender às múltiplas necessidades que se fossem apresentando no decorrer do tempo, pois logo correu por aquelas regiões a notícia de que "A PAZ" era uma espécie de consolatório para todas as misérias da vida humana, e muito mais quando se chegou a saber que o Thidalá da Grande Aliança dos povos do Nilo com os do Eufrates se encontrava alojado permanentemente naquela casa. Foi, pois, necessário instalar parlatórios nas dependências do piso baixo do edifício, enquanto Karono, com um grupo de cortadores de pedra e talhadores, preparava as colunas necessárias para circundar o edifício de pórticos onde pudessem refugiar-se as pessoas que compareciam diariamente em multidão, pois as hospedarias haviam ficado pequenas.

Logo os kobdas viram-se obrigados a ser mestres, médicos, árbitros, administradores e consultores daquelas povoações e tribos, entre as quais não havia ainda uma idéia bem definida a respeito da origem e do destino do ser, e muito menos das leis e forças que o governam.

A elevação moral e intelectual dos kobdas deu-lhes logo uma grande ascendência sobre aquelas multidões, que começaram a vê-los como seres extraordinários.

Toda a antiga sabedoria do Oriente não reconhece outro berço nem outra origem além desta, e daí a notável semelhança entre os princípios fundamentais de todas as antigas filosofias e religiões.

Zoroastro, o criador do Zend-Avesta dos persas, foi o kobda Zhain em outra etapa da vida terrestre, como Confúcio foi a reencarnação de Dhabes, o kobda que fez parte do Conselho de Governo de "A PAZ" no vale do Eufrates. Todas as antigas filosofias são como centelhas de luz de um mesmo fogo, com fios de água de um mesmo manancial, como ramos de uma mesma árvore gigantesca: a Verdade Eterna trazida à Terra pelo Espírito de Luz, guia desta humanidade desde os começos da evolução do planeta.

Ó assombro! Ó maravilha! Tal é esta divina corrente de luz iluminando as trevas da ignorância desde as distantes origens da humanidade, reaparecendo incessantemente depois de milênios, e a cada vez que a malícia e a ignorância dos homens parecia tê-la feito desaparecer sob o amontoado inconsciente de fábulas, leis iníquas e dogmas insensatos.

Qualquer ser que, como eu, tomar para si a tarefa de esquadrinhar a evolução espiritual, intelectual e moral da humanidade sobre a Terra desde seus primórdios, chegará inapelavelmente à mesma conclusão, sem dela se desviar nem para um lado nem para o outro, porque é a eterna lei de harmonia do universo.

224

Forjadas as nebulosas da matéria cósmica, a partir do empuxo formidável do pensamento emanado pelas Inteligências Superiores, cada uma dessas Inteligências toma a seu cargo a evolução dos pequenos ou grandes focos de vida que surgem em cada nebulosa. Cada uma delas, na plenitude de sua consciência, não abandona jamais nem jamais retrocede em sua incumbência: a mais perfeita evolução daqueles focos de vida que formou da matéria cósmica com a formidável potencialidade de seu pensamento de amor.

Correndo por esse infinito caminho, quis eu chegar aos primórdios da evolução do Messias terrestre, com o fim de poder vislumbrar também as origens das primeiras Inteligências; e, embora tenha remontado a milhões de milhões de milênios, encontrei sempre a mesma sucessão infinita de Inteligências Superiores criando globos, mundos e sistemas que, chegados à sua perfeita evolução, vêem sua matéria física desagregar-se no Cosmos e sua matéria etéreo-radiante abrir-se como habitação para inteligências mais adiantadas, até que, chegando por sua vez a ser Inteligências Superiores, na plenitude do Conhecimento e do Amor, convertem-se em novos criadores de outras nebulosas, das quais surgem novos focos de vida para a habitação de novas humanidades.

Durante quarenta anos percorri o espaço nestas investigações e não pude chegar ao fim, simplesmente porque não há fim.

Como encontrar, nesta infinita imensidão, as primeiras Inteligências Superiores para averiguar sua origem, se, embora correndo durante séculos e séculos no espaço, verei sempre a mesma interminável cadeia?

Um viajante eterno que havia corrido mais do que eu fez-me chegar seu pensamento, o qual deteve minha busca febril e ansiosa:

"A Energia Divina era desde toda a eternidade. Suas vibrações foram produzindo centelhas uma após a outra. Essas centelhas da Energia Divina são também energia, e depois de muito tempo adquirem o poder de criar manifestações de vida, rudimentares a princípio e mais perfeitas depois, percorrendo a escala de todas as formas de vida que conhecemos, do mineral ao vegetal, do vegetal ao animal e do animal ao homem.

"Que princípio queres encontrar no que é o ÚNICO PRINCÍPIO de todas as coisas?"

Compreendi este pensamento de outro peregrino do espaço semelhante a mim e detive a minha marcha agitada e febril.

Então procurei no plano físico um ser de boa vontade, afastado das turbulências da vida humana, que me prestasse seu concurso para oferecer à humanidade terrestre desta época o fruto de minhas pequenas investigações e do pouco que minha mente foi capaz de compreender, na infinita e incomensurável grandeza da Divina Energia Criadora que chamamos Deus.

De tudo isto se segue que é verdadeiramente deplorável o papel que desempenham os humanos quando enlodam a pena e a lançam ao vento, como setas envenenadas, pensamentos em luta entre os seguidores de Moisés e os de Jesus, por exemplo; ou entre os de Jesus e os de Krishna; ou entre os de Moisés e os de Buda; ou entre os de Antúlio e os de Abel. O partidarismo ardente é levado até o extremo, uns estribando-se ferozmente na dor dos outros, perseguindo-se como feras, até chegar ao ódio nas suas mais cruéis manifestações.

Há, acaso, inconsciência maior do que a que foi demonstrada ao longo dos séculos, pelos mosaístas e pelos cristãos, ou seja, os seguidores de Moisés e os de Jesus, com seu ódio mútuo?

Como conceber um papel mais infeliz que o daquele historiador que nega a grandeza de Jesus alegando que Buda trouxe antes que ele a mesma filosofia, sendo que Buda e Jesus são o mesmo espírito?

Temos, pois, de chegar à conclusão de que a mesma harmonia existente na evolução material dos mundos continua inevitavelmente na evolução moral e espiritual das humanidades, sob a égide luminosa e sábia da Inteligência Superior que as guia para o seu mais elevado destino.

Queiram ou não os habitantes da Terra, enquanto peregrinarmos pelos mundos habitáveis deste sistema planetário, estaremos envolvidos na aura radiante de Luz e de Amor do Guia Espiritual deste planeta, Messias ou Verbo de Deus, fiel mensageiro e intérprete da Lei soberana.

Que papel desempenham os que negam as Suas personalidades humanas, os que O odeiam e os que negam a Sua intervenção na evolução da Terra?

Exatamente o mesmo papel que desempenharia uma formiga, se esta fosse capaz de sublevar-se contra a luz do Sol que a ilumina e faz frutificar a erva que a alimenta.

Os kobdas tiveram que lutar em seu novo campo de ação com os restos mais atrasados e baixos de uma raça que pugnava por não desaparecer da Terra, personificada nos últimos tempos da pré-história pelos gomerianos no continente asiático, dos quais foram um prolongamento os bárbaros e cruéis assírios; como os seguidores de Anfião e de Antúlio haviam lutado contra a barbárie das hordas selvagens lemurianas, de onde surgiram os astecas no ocaso atlante, origem, em parte, das tribos guerreiras da América. Assírios e astecas são irmãos gêmeos, e por onde eles passaram não se viu outra coisa a não ser sangue e devastação.

Ocorria às vezes que os filhos dos chefes da aliança tomavam mulheres dentre os gomerianos, não como esposas, mas como concubinas, já que então o costume assim o permitia; mas tinham elas tão maus sentimentos e eram de natureza tão perversa, que quase sempre se assenhoreavam do coração do homém, que acabava por expulsar a esposa de sua casa para dar lugar a uma destas mulheres instruídas por seus sátrapas, verdadeiros mestres nas feitiçarias da Magia Negra no que têm de mais repugnante e delituoso.

De vez em quando apareciam arqueiros da guarda mortos e despedaçados de tal forma que nem as feras os teriam esquartejado de semelhante maneira, e isso ocorria porque haviam intervindo em defesa do mais débil e em defesa da justiça, segundo a ordem.

O Conselho de Governo de "A PAZ" chamou os oitenta chefes guerreiros para tratar de remediar os abusos que tão freqüentemente causavam vítimas e desastrosas vinganças naquelas regiões. Então viu-se que as tribos filiadas à Aliança e que reconheciam como chefe supremo o Thidalá do Nilo não eram já oitenta, mas cento e quarenta, pois tinham sido acrescentadas outras da vasta Anatólia e até do país de

Manhp, ou seja, de toda a vasta região encerrada entre a cadeia de montanhas que, descendo do Monte Ararat, circunda todo o vale formado pelo Eufrates e pelo Hildekel.

Cumpridas as duas Luas de prazo para a magna assembléia, encontraram-se sob os pórticos de "A PAZ" cento e quarenta chefes guerreiros, acompanhado cada qual pelos seus homens mais destacados e fiéis. Todo o bosque que rodeava o edifício viu-se cheio de tendas, elefantes, dromedários, camelos e asnos.

Era um espetáculo grandioso e original ao mesmo tempo.

As tendas de vistosas cores entre a verde folhagem dos cedros, dos carvalhos, das cerejeiras e das vinhas, rivalizavam em suntuosidade, pois cada príncipe de tribo aspirava a deslumbrar os demais com a riqueza faustosa de sua morada, de suas vestimentas e de sua criadagem.

Traziam formosos *presentes de amizade* para o grande Rei de Nações, a quem muitos deles não conheciam.

Do simbólico Cordeiro de Numu haviam feito eles uma espécie de deus tutelar, e, julgando agradar em alto grau o Thidalá, os do país de Manhp (Armênia), ricos em ouro de Havilá, traziam como presente de aliança um formoso cordeiro de ouro com os olhos formados por dois grandes topázios e fixado sobre uma plataforma de ônix, vasos de prata, grandes jarros de cobre, finas pedras polidas e imensas placas de ouro e ônix, ou granito rosa e azul, onde o simbólico Cordeiro de Numu aparecia em todos os tamanhos e em todas as formas. Mantos de púrpura com o cordeiro bordado em prata, imensas mantas de peles de urso negro, com o cordeirinho feito em pele branca e costurado sobre o fundo escuro; e até uma formosa lira de âmbar e ouro, na qual aparecia o Cordeiro de Numu deitado sobre a ponte superior das cordas.

Ressaltava-se o contraste entre aqueles príncipes ataviados de vistosas cores, carregados de ouropéis, corais, mantos de plumas vermelhas, azuis e amarelas, e a singela túnica azulada do Rei de Nações, que os aguardava sentado no estrado de pedra da hospedaria, entre Sisedon e Tubal que o acompanhavam, sem outro emblema de sua grandeza a não ser o anel do velho Chalit, símbolo sagrado que para eles encerrava a grande autoridade que haviam herdado de seu antecessor.

O assombro dos kobdas foi grande quando viram todo aquele esplendor de dádivas e oferendas; e, quando o mais ancião dos príncipes se aproximou em primeiro lugar para cumprimentar a Bohindra, este se levantou prontamente e antes que o ancião se inclinasse diante dele, estendeu seus braços e o abraçou ternamente sobre seu coração. Era o único dos amigos do antigo Chalit que ainda vivia, e o mais evoluído espiritualmente de todos aqueles chefes de tribos. Atrás dele vinha, toda envolvida num amplo manto de linho branco, uma filha sua, adolescente de quatorze anos.

— Esta é a oferenda com que vos presenteio — disse o ancião, levantando o véu que lhe cobria o rosto.

— Sadia... Minha Sadia! — exclamou Bohindra, entre feliz e aterrado, estendendo as mãos para a formosa figura. Estranho temor o acometeu, a ponto de que

Sisedon e Tubal tiveram de fazê-lo sentar novamente, pois parecia próximo a perder a consciência.

O velho príncipe, que não tinha compreendido a exclamação de Bohindra, julgou que ele se havia desgostado da presença de sua filha e a cobriu novamente com o manto branco, mas Sisedon apressou-se em explicar-lhe que o Thidalá havia encontrado grande semelhança entre sua filha e a esposa amada, perdida já havia anos, com o que o velho príncipe se tranqüilizou.

A jovem foi sentada numa imensa pele aos pés de Bohindra, sempre coberta com o seu manto de linho.

Continuou o desfile dos demais chefes, até completar-se o número dos cento e quarenta que tinham vindo.

A riqueza das oferendas ultrapassava o quanto os kobdas teriam podido imaginar, mas a oferenda do ancião do país de Galaad, nas margens do Descensor, ultrapassava o limite dos sonhos.

ADA DE MUSUR

Quando a recepção terminou, ficando para o dia seguinte o início das discussões que haviam motivado aquela reunião, Bohindra pediu ao ancião que ficasse, pois desejava falar-lhe da inesperada oferenda com que lhe havia presenteado.

Na entrevista particular, soube ele que o ancião tinha seu domínio no formoso país de Galaad, atravessado pelo Rio Profundo ou Descensor (Jordão). A capital desse país, Musur, se achava mais ou menos no lugar onde muitos séculos depois se fundou a cidade de Jericó, entre as amendoeiras e as roseiras, entre os nardos e os lírios.

Tinha ele uma única esposa e doze servas, das quais tivera uns vinte e oito filhos. Mas a adolescente que trazia como presente ao Thidalá era a única filha da esposa.

— Estou encantado com a vossa oferenda — disse Bohindra — porque vossa filha é o retrato vivo de minha esposa, arrebatada do meu lado pelo egoísmo humano quando ambos éramos quase adolescentes e falecida em minha ausência sem que eu voltasse a vê-la sobre a Terra. Desde então, não voltei a amar nenhuma mulher e a guardei num culto reverente no fundo do meu coração.

A jovem permanecia imóvel, como uma estátua sob seu branco manto de linho.

— Vós a aceitais? — perguntou o ancião, como que temeroso de que sua oferenda não fosse digna da grandeza de tal personagem, ao qual obedeciam todas as vastas regiões desde as montanhas de Manhp (Armênia) até o vale do Nilo. Ao fazer tal pergunta, levantou novamente o véu que cobria o rosto de sua filha, e Bohindra viu os meigos olhos cor de topázio, voltados para ele e cheios de lágrimas, como que inundados de suprema angústia; e, fora de si, caiu de joelhos junto a ela, que permanecia sentada no solo; e beijando respeitosamente sua cabeça coroada de formosas madeixas ruivas, presas com uma rendinha de prata, disse quase num delírio febril:

— Tu és Sadia!... Dize-me que és Sadia!...

A jovem caiu em transe recostando a cabeça sobre o peito de Bohindra, com grande angústia de seu pai, que a julgou morta.

Mas, um momento depois, desprendeu-se seu duplo etéreo, visto somente pelos kobdas, e Bohindra pôde então apreciar as pequenas diferenças existentes entre a Sadia de sua juventude e a Sadia do momento atual. Sua branca tez, seus dourados cabelos e seus olhos claros davam-lhe uma grande semelhança quanto ao físico. E se a isto se acrescentasse a irradiação, a aura própria do ser e suas modalidades, a semelhança passava a ser quase perfeita.

— Sim, sou Sadia, tua Sadia daquele momento — disse a jovem — que te amou sendo pastor e que te ama sendo rei.

O duplo etéreo se dissolveu e a adolescente abriu os olhos como se voltasse à vida.

— Que tens, minha filha? — perguntou o pai. — Desagrada-te que te haja trazido ao Thidalá? Acaso podias esperar honra maior que a de ser sua serva?

A jovem permaneceu em silêncio. Bohindra também calava. Via-se submetido a uma duríssima prova.

Era um kobda; e, embora nenhuma lei o impedisse de tomar esposa, ele tinha pensado em permanecer no santuário até o fim de seus dias, deixando a pesada herança do velho Chalit a cargo de seus irmãos de Negadá.

Tubal, que tanto o compreendia, pôs uma de suas mãos sobre o jovem kobda ainda ajoelhado junto à adolescente. Então Bohindra, voltando à normalidade num profundo gemido, abraçou-se a seu irmão que lhe dobrava em idade, enquanto Sisedon, intervindo, lhe disse:

— Tende calma e serenidade, que é o Altíssimo quem abre os caminhos dos homens e os conduz para Ele na medida dos Seus desígnios e da Sua Vontade. Não podeis recusar a oferenda, porque seria demasiada ofensa para o mais respeitável dos vossos aliados.

"Serenai-vos, e quando ele se tiver retirado, pensaremos o que deveis fazer."

E explicou ao ancião, da melhor maneira que pôde, a impressão de Bohindra ao ver sua formosa filha.

— Eu vos rogo que a leveis para a vossa tenda, até que se prepare o necessário para a entrega solene da vossa filha ao Thidalá — acrescentou Sisedon.

— Segundo minha lei — respondeu o velho príncipe — uma vez que foi beijada pelo rei, não pode mais sair da sua presença.

Isto complicava a situação, mas Sisedon e Tubal, que apareciam como os conselheiros do Chalit, não se perturbaram, e Tubal disse com grande serenidade.

— Se é assim, não se fale mais. Ela fica sob o amparo do Thidalá.

— Hoje mesmo, quando a Lua cheia se levantar ao zênite, virei para conduzi-la

229

à câmara do Rei — disse solenemente o ancião, entregando um formoso cofre de carvalho com incrustações de prata, onde estava encerrado o dote que dava à sua filha, consistindo numa boa quantidade de ouro e pedras preciosas de grande valor, além de um rico manto de púrpura recamado de lótus de prata e finíssimas pérolas.

Fazendo uma grande reverência, saiu do recinto e dirigiu-se para a sua tenda.

Faltavam poucas horas para que voltasse para a cerimônia já anunciada, e Sisedon reuniu o Conselho para deliberar juntamente com Bohindra o que conviria fazer em tal situação.

Alguns foram favoráveis a fazer vir a anciã Diba e Núbia para que, passada a cerimônia, e muito secretamente, levassem a jovem Ada — tal era o seu nome — até que fosse construída uma habitação independente para Bohindra e sua esposa, pois, tendo em conta o ser que era aquela jovem criatura, não podia pôr-se em dúvida o desígnio superior em relação àquilo que era necessário resolver.

Bohindra, como que abismado num mar de pensamentos, disse em voz baixa:

— Continua sendo minha vida uma cadeia de sonhos trágicos e de sonhos felizes. Bendito seja o Altíssimo!

Ghinar — pois assim chamavam ao kobda que havia sido rei e que tivera em sua vida uma circunstância semelhante — foi quem mais pressão exerceu no ânimo de todos para aceitar o novo estado de coisas que inesperadamente surgia, e, numa brilhante dissertação, recordou os anos de sua juventude quando, da mesma forma que Bohindra, viu-se obrigado a tomar esposa.

— Onde está a maior grandeza de um espírito — disse — a não ser em servir de instrumento do Amor Eterno que alenta todas as coisas e todos os seres? Se eu me houvesse negado absolutamente naquela ocasião, toda uma região que hoje é campo fértil para a semeadura da boa semente trazida pelo Verbo de Deus teria se tornado posse das selvagens hordas gomerianas, que haveriam implantado seus bárbaros costumes, obrigando os pacíficos moradores à escravidão ou a emigrar para distantes países.

"Quando um ser está no caminho justo das leis divinas e um acontecimento inesperado como este sai a seu encontro, é sinal certo de que foi procurado e realizado pelo impulso de uma ou de muitas Inteligências Superiores com um fim também superior. No caso presente muito mais, já que o espírito que anima esse corpo é um de nós mesmos, duas vezes kobda, mãe do Verbo em sua encarnação de Antúlio, descobridor da energia radiante emanada pelas plantas, pela água e pelas notas musicais quando foi o kobda Jedin há três séculos. Como, pois, poderíamos afastá-la do nosso lado pelo egoísta e mesquinho pensamento de que um kobda não possa abrigar em seu coração um amor humano? Acaso não devemos ao amor a nossa evolução e a nossa vida?

"A amplitude e elevação de julgamentos demarcou sempre a rota espiritual dos kobdas, e o confiado abandono à Vontade Divina tornou-os grandes e fortes."

Quase todos os membros do Conselho de Governo pensavam da mesma maneira e a dissertação de Ghinar acabou por inclinar suas vontades em tal sentido. Contudo, para resolver definitivamente o assunto, foram de opinião que Bohindra falasse em particular com Ada, que permanecia sentada num ângulo da hospedaria, imóvel e coberta com seu manto de linho branco.

Estivera ela presente nas deliberações do Conselho, embora sem compreender nada do que havia sido falado.

Bohindra aproximou-se da jovem e levantou o véu que a cobria.

— Por que chorais? — perguntou na língua que ela falava, vendo seu rosto banhado de lágrimas.

— Porque vós não me quereis para vossa serva e compreendo que vim causar uma surpresa entre todos vós. Será talvez que vossa esposa não quer servas estrangeiras para seu rei?

— Acalma-te, Ada — disse Bohindra com suavidade. — Eu não tenho esposa nem estás aqui fora de lugar. Estás em tua casa, na casa do Thidalá, Chefe da Aliança destes povos. As deliberações que presenciaste não significam um desagrado, mas uma resolução, porque nós não temos esposas e eu havia pensado não tomá-la jamais.

— E vossas servas, onde estão? — perguntou estranhada a jovem.

— Não temos servas. Vivemos solitários, consagrados ao estudo, ao trabalho e ao bem da humanidade. Não te sentirás mal ao meu lado sem os atrativos a que estás habituada, sem companheiras de tua idade e de tuas alegrias? És tão menina! — disse Bohindra, pondo em ordem as madeixas douradas que o peso do branco manto havia desordenado.

— Se vós me amardes, esquecerei tudo por vós, meu senhor — disse a adolescente com voz tímida e fazendo o movimento de arrojar-se a seus pés.

Bohindra tomou-a pelas mãos para fazê-la permanecer sentada.

— Não digais *meu senhor* — observou — pois não sois uma serva, nem vos arrojeis a meus pés, porque entre os kobdas não aceitamos escravidão alguma.

Bohindra pensava em sua primeira juventude quando, de mãos dadas com Sadia, sendo ele pastor, percorriam as pradarias e as montanhas procurando flores e ninhos, e também quando ele, por causa de sua extrema pobreza, tinha feito a mesma pergunta de agora:

"Não te sentirás mal ao meu lado sem os atrativos a que estás habituada, sem companheiras de tua idade e de tuas alegrias?" E escutara a mesma resposta:

"Se vós me amardes, esquecerei tudo por vós, meu pastor."

A exteriorização da aura meiga e amorosa de Sadia envolvia o rosto e o corpo de Ada de tal forma que Bohindra, cuja tragédia de amor abrira tão profunda ferida em seu coração num dia do passado, sentiu como uma suave mão a acariciá-lo. E, tomando a branca e pequena mão de Ada, aproximou-a de seus lábios com reverente e terníssimo amor, e assim, tomada pela mão, conduziu-a para onde estava o Conselho.

— Estais decidido? — perguntaram.

— Sim, porque estou plenamente convencido de que é aquela...

— Então, não há tempo a perder — disse Sisedon — porque dentro de poucas horas teremos aqui seu pai. Deixemos as kobdas tranqüilas lá, pois seria levar um alarme inútil à caverna a esta hora. Amanhã veremos.

— Que devemos fazer então com ela? — perguntou um dos kobdas.

— Que compareçam os kobdas jovens para preparar a hospedaria de mulheres de forma conveniente e ali se realizará a cerimônia da entrega da filha por seu pai ao Thidalá. Estando resolvidos os esponsais, não há nada que fazer. Amanhã será iniciada a preparação da nova residência do Chalit.

Isto tinha que acontecer de um momento para outro, porque os caminhos de Bohindra estavam já esboçados desde que se realizou a transmigração de seu espírito.

Em seguida efetuou-se a transformação da imensa hospedaria de mulheres em câmara real, para que nada chocasse a vista do velho príncipe e dos outros chefes guerreiros, seus companheiros, já que todos deviam comparecer à original cerimônia que tomou maiores contornos quando o Thidalá enviou seus mensageiros para dizer que não a tomaria como serva, mas como esposa única, pois sua lei proibia absolutamente as esposas múltiplas, as concubinas e as servas.

O velho guerreiro, cujo nome era Jebuz, caiu ao solo de joelhos adorando o Deus que acende o Sol e as estrelas e que em sonhos lhe havia dito: *"Leva ao Rei das Nações a tua filha, porque as suas vidas foram unidas pelos séculos dos séculos."*

— E tu, minha amada Zida, que já em idade madura concebeste esta menina, uma dádiva com que o Alto te presenteou, desprezada por minhas servas, choravas por não ter sido mãe e agora o és da maior rainha destes países.

Esta exclamação do ancião enviada a distância para sua esposa ausente, foi escutada por Jobed e Ibrin que, como encarregados das coisas exteriores, foram enviados com a mensagem.

Jebuz e Zida, já filiados à aliança do Grande Espírito Guia desde os distantes séculos de Anfião e Antúlio, deviam segui-lo através de todas as suas heróicas etapas terrestres, até que na de Jesus de Nazareth escutaram muito de perto o seu ensinamento, um na personalidade de Barnabé, o missionário de Antioquia, e a outra na personalidade de uma mulher grega, aia da grande enamorada do Nazareno, Maria de Magdala, junto à qual compreendeu Elhida os prodígios que opera o Amor quando é inspirado por um grande Ser no qual se encontram reunidas as mais belas e ternas manifestações humanas e as mais radiantes expressões da Divindade.

— Dizei ao Thidalá — disse o ancião aos seus mensageiros — que dentro de uma hora, quando estiver a Lua no zênite, estarei à porta de sua morada com todos os meus amigos.

A Rainha Kobda

Bohindra não quis retirar a túnica azulada, e apenas aceitou que vestissem em cima dela o ophed branco do Chalit do Nilo e o amplo manto púrpura de Eubéia (Ática) que foi usado pelos kobdas-reis, em razão da púrpura do dito país ser roxo-violeta e não escarlate vivo como as demais.

De todas as coroas, tiaras e diademas do velho Chalit, que até então nunca havia usado, escolheu um pequeno diadema de lótus brancos de nácar entre uma delicada folhagem entretecida de esmeraldas, o qual prendia à sua cabeça o imenso manto violeta dos kobdas-reis.

Os kobdas esperavam em duas grandes fileiras, no pórtico dianteiro, a chegada dos príncipes da aliança. Quando eles apareceram, saindo do bosque com as tochas acesas e seus vistosos atavios das mais vivas cores, Ada, sempre sob seu branco manto de linho, saiu ao encontro do pai, que avançava na primeira fila.

Bohindra aguardava-os na Câmara Real improvisada, sentado entre o Conselho de Governo, e lá chegou Jebuz com sua filha pela mão entre as duas fileiras de kobdas que os acompanhavam.

Retirando o manto branco que cobria Ada, ficou a descoberto a formosa figura da jovem vestida com a túnica de linho e prata, levando nos ombros o manto de púrpura, presente de seu pai.

Mais formoso ainda era o véu dourado de seus cabelos soltos caindo sobre as costas em onduladas madeixas, deixando livre seu rosto juvenil para receber a coroa do rei, seu esposo.

— Na presença do Deus que acende o Sol e as estrelas, eu vos entrego minha filha como esposa, Thidalá, Rei de Nações, e declaro não existir outro dono e senhor dela a não ser somente vós.

— Como uma dádiva de Deus recebo vossa filha para que seja minha única esposa, Príncipe Jebuz, e renuncio diante de vós, dos nossos aliados e dos meus irmãos aqui presentes, aos direitos brutais que significam as palavras *senhor* e dono, para aceitar somente as de esposo, companheiro e amigo fiel — respondeu Bohindra com profunda emoção, tomando a mão direita de Ada e fazendo-a subir ao estrado onde ele estava sentado.

Todos os chefes prorromperam numa exclamação de júbilo e glória, levantando ao alto suas tochas acesas.

Era o momento solene. Sisedon estendeu a Bohindra o diadema de ouro e pérolas com o véu branco das rainhas kobdas, e ele a colocou sobre a cabeça ruiva de Ada. Uma chuva miúda de pétalas de flores caiu sobre eles e uma estrondosa sinfonia triunfal ressou nos pórticos do edifício, música selvagem, pode-se dizer, semelhante a um tempestuoso concerto do vento entre a selva e do furacão entre as ondas.

Desde logo percebia-se não serem as melodias kobdas, mas a turbulenta harmonia dos festins e das vitórias, costumeiras naquelas tribos em seus grandes acontecimentos.

Depois seguiu-se a cerimônia de beber o suco da videira na mesma taça pelos esposos e os pais deles. Como Bohindra não tinha os seus, foram Sisedon e Tubal os que beberam em substituição daqueles. Cada um dos príncipes da Aliança bebeu na mesma taça com um dos kobdas em representação do Thidalá, pois não era possível para ele beber com todos.

Era o grande símbolo de uma grande aliança e de uma paz inquebrantável.

A pequena Rainha Ada recebeu o último beijo de seu pai, que se retirou seguido de seus aliados e amigos.

233

Então os kobdas jovens rodearam Bohindra, a quem tanto amavam, e sua primeira pergunta foi esta:

— Sereis capaz de nos amar como antes, em meio à vossa felicidade?

— Se eu não fosse capaz de ser mais kobda que rei, o Altíssimo não me teria enviado esta dádiva — respondeu Bohindra, aludindo à sua jovem esposa. — Se o Conselho de Governo permitir, continuarei em meu posto de kobda como até agora, pois o amor nesta ocasião não será perturbador de minha mente, mas uma melodia nova que meu espírito escutará no êxtase sublime da união com Deus.

— Kobda no poder, kobda na dor, kobda na solidão, kobda no amor!... — exclamou entusiasmado Tubal.

— Eis aí — disse Sisedon — a que ponto chega um espírito iluminado com a claridade divina e consciente do seu dever.

— Que o Altíssimo abençoe o kobda-rei! — gritou Sênio com toda a força de seus velhos pulmões.

— Que os louros e as palmas desta última vitória não murchem jamais! — acrescentou Ghinar, o kobda que havia sido rei.

Aldis abriu passagem por entre todos porque acabava de chegar da cabana trazendo Abel nos braços. Atrás dele vinha toda a família.

— Nada melhor vos posso trazer como presente de boda — disse, deixando o pequeno sobre os joelhos de Bohindra, que o abraçou entusiasmado com aquela centelha de luz e de glória que vinha inesperadamente para pôr a coroa de ouro no feliz acontecimento.

— É vosso filho? — perguntou Ada, acariciando o formoso menino.

— Não, minha querida, é um netinho, filho do filho de minha primeira esposa falecida há muitos anos. Aqui vêm seus pais — acrescentou, vendo chegar Adamu e Évana, a qual abraçou ternamente a Bohindra, dizendo cheia de alegria:

— Como, meu pai? Tomastes uma esposa mais jovem que eu?

— Eu não a escolhi, mas foi Deus que a mandou para mim — respondeu Bohindra.

Quando o intercâmbio de impressões e alegrias foi sendo acalmado, ouviram uns passos pela ampla sala, como que dados por sapatos de ferro. Voltaram-se todos e viram Madina que, com passos solenes, também se aproximava.

— Ah, Madina! Madina! Tu não podias faltar a este encontro de companheirismo e amor — exclamou Bohindra, deixando-se lamber nas mãos pelo inteligente e nobre animal. Enquanto as filhinhas de Shiva sentavam-se placidamente aos pés de Ada que estava encantada com tudo quanto via, e enquanto Bohindra recebia e emanava imensas ondas de amor que em luminosas correntes pareciam derramar-se de alma em alma, de coração em coração, Sisedon reuniu apressamente o Conselho na Sala do Arquivo para deliberar o que convinha fazer com o kobda-rei a quem os acontecimentos haviam obrigado a tomar esposa.

O Patriarca Dhabes e Tubal foram os que em primeiro lugar emitiram suas opiniões no sentido de não deixar Bohindra sair da Casa de Numu, da qual devia continuar fazendo parte, segundo o desejo manifestado por ele mesmo.

234

Apoiando esta opinião, Sênio e Aldis propuseram preparar as abóbadas do ângulo que ficava justamente em cima da hospedaria das mulheres, para habitação do Chalit.

— Não somos senão noventa kobdas — disse Ghinar — e há duzentas e quarenta abóbadas, mais da metade vazias por enquanto. Creio, pois, que o que pensastes é justo, até que haja o tempo necessário para preparar outra coisa.

— Chamemos Abiron que está em sua tenda à entrada do bosque, com seu grupo de trabalhadores, para que retirem os anteparos de cedro que dividem uma abóbada da outra, de forma que de doze delas se façam três grandes salas: Câmara, Refeitório e Sala de Visitas.

Esta opinião emitida por Sênio foi aceita e Audino e Nebo, que eram os mais jovens do Conselho, foram até a tenda de Abiron, enquanto os demais continuavam as deliberações.

Sisedon tomou a palavra:

— Em presença do Altíssimo, cujo alento soberano nos envolve em todos os instantes da vida, e unido com meu pensamento ao Espírito de Luz que nos guia, declaro diante de vós que deponho o nome e a autoridade que me destes para governar esta santa morada, porque creio haver chegado o momento de que o kobda-rei seja aqui a primeira autoridade, uma vez que esta casa foi levantada precisamente para facilitar o seu governo sobre os vastos povos da Aliança.

— Vosso nobre desinteresse e vosso elevadíssimo conceito das coisas e dos acontecimentos — disse Tubal — nos confirma cada vez mais que bebestes amplamente a Lei dos Kobdas, e que fostes um sábio piloto da nave de Numu. Em face da vossa idade avançada, principalmente, e dos motivos que também anunciais, creio que vossa decisão cheia de grandezas merece ser aceita.

Depois de uma rápida troca de idéias, todos estiveram de acordo em que, a partir desse momento, Bohindra seria o Patriarca de "A Paz", como era já o Chalit do Nilo, o Thidalá que reinava sobre as vastas regiões do Nilo e do Eufrates até a cadeia de montanhas do país de Manhp.

Deixariam ao novo Patriarca a liberdade de escolher ele mesmo o seu Conselho.

Com a resolução já tomada, desceram à câmara improvisada onde Bohindra tinha organizado um concerto entre todos os seus discípulos dirigidos por ele que, com a lira de âmbar, oferenda de um dos príncipes aliados, realizavam maravilhas de harmonia, transbordamentos de notas, arpejos e trinos suavíssimos, que eram escutados no mais profundo silêncio, pois pareciam suspender todas as almas pelo fio mágico daquela imensa melodia, sobrecarregada de vibrações de amor. As duas mulheres kobdas, com Évana e Shiva, formavam um grupo em torno da pequena rainha, que se deixava submergir suavemente naquela atmosfera sutil e quase divina que nunca havia sentido. Olhando com seus grandes olhos claros para Bohindra transfigurado pela inspiração, rodeado de seus discípulos que o acompanhavam tão admiravelmente, perguntou em voz baixa à anciã Diba que estava a seu lado:

— Vosso rei será acaso o deus que os estrangeiros da distante costa do mar chamam de Orfeu?

— Não, minha filha — respondeu a anciã. — Não há outro Deus além do Altíssimo que acende o Sol e as estrelas, como diz a tua religião e a minha, e o nosso rei é um homem que padeceu e amou muito, que é como uma taça cheia de amor, e é o amor que há nele que o faz assemelhar-se a Deus.

Os do Conselho falaram em particular com os jovens kobdas para instruí-los na forma de fazer ali mesmo a proclamação do Chalit como PATRIARCA da Casa de Numu nas margens do Eufrates.

Depois Aldis, tomando Abel à parte, falou-lhe ao ouvido e o reteve junto de si até que terminou a sinfonia.

Aldis pôs o menino sobre a grande mesa de pedra, e ele disse a Bohindra com sua meiga voz, como uma harmonia divina e sem entender ele mesmo o que dizia:

— O Verbo de Deus anuncia que és o Pai de "A Paz".

— Bênção de Deus para o Patriarca-Rei! — disse Sisedon em voz alta.

— Bênção de Deus! — exclamaram todos a uma só voz.

Bohindra deixou cair a lira sobre seus joelhos, comovido por uma profunda emoção que encheu seus olhos de lágrimas. Tubal e Sisedon aproximaram-se neste instante para dizer:

— Não recuseis a vontade de Deus, a qual quisemos fosse manifestada por Abel. Havíamos decidido isto em Conselho, conforme a Lei.

— Seja como quiserdes — disse. — Mas com minha autoridade de Chalit e de Patriarca resolvo que o Conselho continue tal como estava, e nomeio Audumblas meus irmãos Sisedon e Tubal.

Um novo aplauso, um novo hosana ressoou na vasta sala, aceitando a primeira ordem do novo Patriarca.

— Constituo Diba, Évana, Núbia e Shiva companhia de honra para a rainha, e todos os jovens kobdas que me rodeiam, príncipes de minha corte, instrutores e missionários para a educação destes povos, de forma que cada um deles seja o que se deve entender de imediato com cada um dos Príncipes da Aliança.

Coube ao Conselho dos Anciãos aplaudir desta vez, enquanto os jovens se entreolhavam aturdidos.

Cada um dizia em seus olhares assombrados e silenciosos:

— Eu sou um príncipe, instrutor e missionário?

Abel aproximou-se de Bohindra para perguntar muito baixinho:

— E eu, que sou?

— Ah, meu querido! — exclamou Bohindra levantando-o em seus braços. — Tu és a Luz do Mundo e felizes os que te seguem, porque não andarão nas trevas.

Assim terminou aquele dia inesquecível por muito tempo para aquelas regiões, pois marcou uma nova era para todas as coletividades humanas no meio das quais se faria ouvir, pouco tempo depois, a voz do Verbo de Deus como um canto divino de Amor Eterno para a humanidade deste planeta.

A GRANDE ALIANÇA

No dia seguinte reuniram-se todos os chefes de tribos e todos os kobdas, visto que todos deviam participar no governo daqueles povos. Cada tribo ou agrupamento de tribos teria, daí em diante, um kobda que cuidasse diretamente de seus assuntos perante o Conselho Superior do Thidalá ou Chalit, e teria principalmente a seu cuidado o progresso espiritual de seus representados. Constituiu-se, pois, uma classe de ministros-sacerdotes que, durante os primeiros dois séculos, deu magníficos resultados até que, dominados pelo egoísmo pessoal, foram cedendo ao fanatismo dos povos e à prepotência dos chefes guerreiros que lutavam pela satisfação de seus instintos grosseiros e de suas baixas paixões.

Naquela magna assembléia presidida pelo Thidalá e sua jovem companheira tomaram-se as seguintes resoluções, que teriam força de lei para todos os povos da Aliança:

PRIMEIRA: Ninguém poderia comprar nem vender nenhum ser humano, e os que tinham escravos deveriam mudar sua triste situação para a de *servidores*, mediante um salário combinado.

SEGUNDA: Nenhum príncipe ou chefe guerreiro, nenhum chefe de família e nem sequer o próprio Thidalá, poderia condenar à morte ou a torturas ou penas corporais a nenhum ser humano, por grandes que fossem seus delitos, sem antes procurar durante vinte Luas seu arrependimento e regeneração.

TERCEIRA: Tendo em conta que os longos anos de paz, que vinham desde o reinado do antigo Chalit, tinham nivelado a população feminina e a masculina, desaparecia a necessidade de que cada homem tivesse várias mulheres, e, portanto, estabelecia-se para a geração desta época e das futuras formar família com uma única mulher, salvo o caso de esterilidade, na qual o homem poderia tomar outra esposa sem repudiar a primeira.

QUARTA: Cada chefe de família ou de tribo deveria procurar o matrimônio de seus filhos e servidores na primeira juventude, deixando-lhes liberdade para escolher suas companheiras.

QUINTA: Nenhum príncipe, chefe guerreiro ou chefe de família poderia permitir que houvesse mendigos famintos em seus domínios, e, para evitá-lo, constituiriam depósitos públicos de cereais, onde cada qual depositaria um tanto de sua coleta anual, segundo o seu montante, para atender às necessidades materiais dos anciãos e dos enfermos sem família e sem recursos.

SEXTA: Quando um chefe guerreiro visse que suas terras não bastavam para as necessidades de uma numerosa povoação, deveria dar aviso ao Chalit ou Thidalá da Aliança para que este, em convênio com os chefes vizinhos que tivessem terras despovoadas, desse o direito de usufruto aos despossuídos.

SÉTIMA: Finalmente, cada príncipe ou chefe faria saber a todos os seus súditos que não se permitiria a adoração de nenhum ser ou coisa alguma visível, porque somente o Altíssimo, o Invisível, o Infinito, o que deu a vida a tudo quanto existe, deveria ser adorado pelos homens.

Aceitas estas reformas por todos os príncipes da Aliança, a cada um lhe foi apresentado o kobda que cuidaria de seus assuntos, segundo os idiomas que cada um deles dominava, para facilitar a compreensão mútua.

Destas reformas surgiram progressos reais para as sociedades humanas. Foi necessário abrir Casas de Correção para os delinqüentes, uma vez que não podiam ser mortos apenas cometido o delito. Foi preciso abrir asilos para os anciãos e enfermos sem família.

Foi necessário construir um lugar apropriado para reunir o povo e explicar a nova lei, para julgar suas contendas e socorrer suas necessidades. Este lugar foi templo, escola, tribunal e casa de governo. Cada povo, em sua língua, chamou a este lugar sagrado: CASA DE SABEDORIA.

Estabelecidos estes princípios de justiça e misericórdia dos fortes para com os débeis em todo o vasto território da Aliança, ocorreu um fenômeno que ameaçou a própria existência dos kobdas: ninguém comparecia à Casa de Numu pedindo para ser amparado por ela, pois haviam terminado as perseguições individuais que levavam diariamente seres açoitados pelo infortúnio àquele lugar de refúgio e paz.

Entretanto os kobdas, formados na alta escola do altruísmo e do desinteresse mais completo, diziam cheios de satisfação:

— Que importa que um dia se extinga nossa instituição, se isto é uma prova de ter acabado a maldade entre os homens e de que já não existem vítimas da injustiça humana?

"Se demos a paz e o amor da nossa Casa a todos estes povos, que importa que não se acrescentem novos contingentes às nossas fileiras?"

Aproximava-se o momento em que cada kobda seria uma lâmpada acesa no meio das multidões e um caudal de água cristalina derramando-se abundantemente por cima daqueles povos predispostos já para a semeadura da divina semente.

Como os criadores destas leis deviam ser os primeiros a colocá-las em prática, os kobdas de "A Paz" fizeram levantar edifícios anexos ao que já existia, para preencher todas as necessidades previstas nas reformas introduzidas por eles.

Ao término de quarenta Luas, as edificações se estenderam até aquele formoso horto que Sênio batizou com o nome de Jardim de Adamu. O velho kobda parece ter tido a visão do porvir, pois aquele lugar foi finalmente a habitação definitiva de Adamu e Évana com Abel, Shiva e seus filhinhos, enquanto Kaíno, por iniciativa de Dhabes, foi levado para "A Paz" para começar sua educação, ao passo que Diba e Núbia eram instaladas à frente da Casa-Refúgio de anciãs e enfermas sem recursos e sem família.

Aquelas primeiras edificações foram os começos da cidade futura que depois se chamou com tantos nomes quantos eram os idiomas aglutinantes que os pronunciavam, vozes ou sons que vertidos, por exemplo, ao latim seriam "PAX", e ao português "A PAZ".

Uns a chamavam Pas-chaf, outros Seh-paz, alguns Scheipa, outros Paz-tura, e ainda Bor-pachal.

238

Nas mais antigas cidades assírias da Susiana, e principalmente em Nínive e na primeira Babilônia, foram empregados nas edificações os enormes blocos de pedra da cidade kobda, e a imensa bacia, em cujas águas transparentes se refletia a imagem serena de Numu na Mansão da Sombra, foi admirada pelos antigos reis assírios por ser lavrada toda ela num único pedaço de rocha.

Quão grande é a alma humana em sua interminável sobrevivência!

Aquelas cidades de pedra, aquele pedaço de rocha convertido em bacia lustral, já não existem mais, e as almas que em torno dela misturaram em suas águas claras a irradiação de profundos pensamentos de adoração e amor vivem, sofrem e amam ainda!

Peregrino eterno através dos mundos que enlaçam suas irradiações formidáveis na grandiosa imensidão do infinito, o espírito vê passar em majestoso desfile cidades mortas e cidades novas, verdes pradarias transformadas em mares, mares convertidos em arenosos desertos, cadeias de montanhas cujas mais altas cristas assomam por cima das ondas como pequenas ilhas de um arquipélago rochoso e inacessível.

Mais ainda: assiste como indiferente espectador ao nascimento de um globo novo ou à decrepitude e à desagregação de um mundo velho, e ela... a pequena alma, a diminuta borbulha da Energia Divina, continua vivendo, sofrendo e amando.

Árduas e laboriosas foram as deliberações da magna assembléia dos chefes da Aliança, porque cada qual devia expor seus pontos de vista, suas aspirações, seus projetos, para o melhor governo de seus povos.

Os da distante Vannia, apenas separados dos gomerianos por uma cadeia de montanhas, pediam para ser mais eficazmente auxiliados, pois através de alguns desfiladeiros baixavam às vezes as hordas selvagens e roubavam seu gado, matando pastores e lavradores.

O príncipe dos vannices, Etchebéa, estivera a ponto de ser capturado pelas hostes da rainha guerreira Shamurance cujos navios, armados de tríplice fileira de puas de cobre, eram inacessíveis à abordagem, e passeavam pelas águas do Mar Eritreu do Norte como monstros marinhos dispostos sempre à caçada mais voraz e sanguinária. O maior perigo partia dali para os pacíficos moradores das pradarias do Eufrates, e já passavam de cinqüenta os arqueiros guardiães que Etchebéa tinha perdido sem que se tivesse notícia nem vestígios deles. Supunham que teriam sido sacrificados a algum deus no santuário da Ilha Negra, no centro do mar das águas vermelhas e turbulentas, onde a perversa rainha celebrava os ritos macabros e horrorosos de seu culto.

Essa mulher contava na ocasião uns quarenta e três anos e governava os seus domínios havia vinte e cinco. Muitos dos filhos e das filhas de Numu tinham sofrido suas perseguições; uns de uma maneira e os outros de outra.

Ambiciosa, cruel e lasciva até a degeneração e a barbárie, nada a detinha quando se tratava de satisfazer seus desejos e caprichos.

Era esplendidamente formosa, não obstante haver passado já da juventude.

Se aceitássemos a crença nos gênios do mal, que arrastam os homens para a perdição, a dor e a morte, diríamos que um deles estava encarnado naquela sinistra mulher.

Seres tão perversos não são comuns nas humanidades que realizaram pelas vias normais seu processo de evolução, mas em razão de certas combinações de influências planetárias sobre os instintos grosseiros e perversos dos seres recém-saídos de uma espécie inferior, antes de haver-se modificado na escala ascendente da evolução, ficam às vezes estes terríveis exemplares, açoite da humanidade. Eram os primeiros ensaios daquele espírito na espécie humana, à qual o havia impulsionado, por terríveis vinganças e mediante as criminosas artes da magia negra, uma sociedade de magos lêmures, cujas forças de destruição tinham chegado ao máximo naquele desaparecido continente e naqueles distantes tempos.

Buscando sempre os cimos do poder e da grandeza, esse ser esteve unido a quase todas as grandes dores padecidas em conjunto por coletividades humanas.

O faraó que ordenou a matança dos meninos hebreus, a rainha Jezabel da época de Elias, o Profeta, um grande sacerdote asteca do antigo México, chamado Quilichua, que formou com os crânios das vítimas sacrificadas a seu deus uma pilha quase tão alta quanto o próprio templo; a Herodíades do tempo de João Batista; Teodora de Bizâncio, Margarida de Borgonha e Catarina de Médicis, são terríveis facetas do prisma negro da vida daquela sinistra Shamurance do Mar Eritreu do Norte.

Uma de suas últimas encarnações foi já de dolorosa expiação na Rússia tiranizada pelos tzares, em cujas geladas estepes viu morrer todos os seus filhos, depois do que morreu de fome e frio na idade de noventa anos, sob uma ponte do rio Volga. Chamou-se Petrona Acarof.

O príncipe de Vannia formou uma aliança mais estreita com o do país de Manhp, onde ficaram encalhadas as naves de Nohepastro, para defender-se da perversa rainha da costa norte do Cáspio. Cobiçava ela duas coisas: o imenso rebanho de dromedários e elefantes que Etchebéa possuía e seu belo plantel de vinte e cinco filhos varões, conceituados como os mais perfeitos tipos varonis desse tempo.

Tinha ela o capricho de buscar os jovens ruivos de olhos claros para seus imundos prazeres, e, quando, enfastiada deles, não os queria mais perto de si, entregava-os aos seus sacerdotes para que fossem sacrificados aos deuses. Podia-se considerar afortunado aquele que conseguia diverti-la durante duas Luas.

Os anciãos kobdas pensaram com sofrimento no sacrifício contínuo de vidas e na morte horrorosa a que as vítimas eram submetidas, pois conheciam-na perfeitamente por intermédio de alguns de seus próprios irmãos que haviam escapado de suas guerras.

Com maior dor ainda, pensavam na longa perturbação que sofrem os espíritos arrancados da vida física entre o terror, a tortura e o medo: perturbação da qual despertam em sua grande maioria ébrios de ódio, ira, desejos de vingança, e, como que impelidos por um furacão devastador, lançam-se por esses caminhos durante várias encarnações seguidas.

Se os governantes que, com tão fria serenidade e com tão lamentável freqüência, firmam sentenças de morte, pudessem calcular e medir a espantosa responsabilidade que carregam sobre si mesmos e as conseqüências que por séculos e séculos vão seguindo-os como fantasmas vingativos criados pelo terror e pelo ódio das vítimas, jamais estampariam seu nome ao pé de uma sentença capital.

240

O chefe do país de Manhp (Armênia da atualidade), cujo nome era Bonacid, expôs por sua vez que o país de Acádia estava submetido ao governo de um poderoso rei-sacerdote chamado Lugal Marada, que vinha do outro lado do Ponto Euxino conquistando regiões e territórios, enriquecendo-se com as vastas regiões cultivadas e com seus imensos rebanhos. Não era cruel nem devastador, mas, pelo contrário, um grande reconstrutor, de tal forma que havia reedificado grande parte das cidades mortas da antiga civilização sumeriana. Bonacid tinha mandado mensageiros pedindo aliança exclusiva com ele.

A Assembléia foi de opinião que fosse aceito como aliado, mas apenas se ele aceitasse por sua vez entrar na convenção da Grande Aliança do Nilo. Se isto fosse desdouro para Lugal Marada, Bohindra, o Chefe da Aliança, propôs que cada chefe ou príncipe fosse rei de seu domínio, sujeitos todos aos princípios já estabelecidos, e de cujo cumprimento só deviam dar conta perante o Grande Conselho de todos os príncipes reunidos uma vez a cada ano. Que, se Lugal Marada fosse homem justo e de bons princípios, ceder-lhe-ia com prazer a presidência do Grande Conselho da Aliança, ficando ele (Bohindra) simplesmente como laço de união entre todos e governando particularmente o Vale do Nilo e o Nah-Marati (nome dado na pré-história às regiões do Delta do Eufrates), onde se encontravam.

O grande desprendimento do Chalit provocou uma intensa aclamação entre os chefes guerreiros, não habituados a uma ação semelhante.

O ancião Jebuz disse, quando silenciou o clamor:

— O Deus que acende o Sol e as estrelas fez chegar este pensamento ao coração de seu servo: "Aquele que não ambiciona o poder e que, tendo-o, repudia-o para manter a harmonia de seus povos, tal homem é o único que pode proporcionar a felicidade e a paz." Perguntai a Lugal Marada se ele é capaz de fazer uma renúncia semelhante à do Thidalá do Nilo e de nossa Aliança, e então acreditaremos que é tão grande quanto ele.

Os demais príncipes desfrutavam de plena tranqüilidade e apenas expuseram pequenas dificuldades com que julgavam tropeçar para pôr em vigor as reformas estabelecidas, principalmente as que se referiam aos escravos e à lei da esposa única, a qual deixava em situação difícil as esposas secundárias e as concubinas.

Reconheciam não ter a ascendência necessária para fazer aceitar sem violência aquelas reformas que afetavam no mais íntimo os hábitos e os costumes da época.

Então foi necessário que os kobdas pedissem reforços mentais, ou seja, um novo contingente de irmãos dos que haviam ficado em Negadá e dos vários Refúgios que, do fundo das cavernas em todas essas regiões, impulsionavam as correntes do pensamento humano para o bem, a justiça e a paz.

Aqueles que haviam obtido o maior desenvolvimento psíquico ao qual é possível chegar dentro da matéria seriam enviados em missão à rainha Shamurance para tentar dominar suas fúrias destruidoras, e ao mesmo tempo fariam um giro pelos países da Aliança ajudando os príncipes a estabelecer a reforma nos hábitos e costumes.

As deliberações terminaram, e, depois de uma frugal refeição em conjunto sob os pórticos de "A PAZ", partiram os príncipes cada um para o seu país, sendo despedida cada caravana por Bohindra e Ada, acompanhados de todos os seus irmãos do alto dos terraços do santuário.

A música melodiosa e suave dos kobdas executou o hino grandioso da paz cantado em coro por todos e adornado pelos solos de Bohindra em sua lira, quando os príncipes iniciaram o desfile de suas caravanas saindo do bosque pela grande praça que se abria defronte do edifício.

O último a sair foi Jebuz, já que seu domínio era o mais próximo, pois habitava nas montanhas férteis e risonhas de Galaad, nas margens do Rio Profundo ou Descensor, como chamavam ao Jordão, aludindo sem dúvida a seu profundo leito encaixado entre duas cadeias de montanhas.

Ao passar o elefante de Jebuz diante dos pórticos de "A PAZ", Ada inclinou-se e arrojou sobre seu pai o véu branco de rainha kobda que, como uma nuvem sutil a ondular pelo vento, foi cair estendido sobre o dossel que protegia o ancião dos fortes raios solares.

Jebuz levantou a cabeça e disse cheio de emoção:

— Compreendi e aceito a indicação. Logo tereis a prova.

Pois a ação realizada por Ada, por insinuação de Bohindra, significava que o obsequiado com o véu de uma rainha kobda devia viver como um kobda até no meio das multidões viciosas e libertinas.

Pela vasta pradaria resplandecente, como um campo de esmeraldas aos raios do Sol da manhã, viu-se, por longo tempo, como imensos florões de múltiplas cores, os dósseis dos príncipes que, delicada e suavemente recostados em carruagens sobre o lombo de seus imensos elefantes, iam se afastando cada vez mais até perder-se no distante horizonte.

BOHINDRA E ADA

Os kobdas retiraram-se para os seus aposentos, ficando Bohindra e Ada sob a tenda que para ela havia sido armada.

Quando o dossel vermelho e azul de seu pai não mais pôde ser visto, Ada inclinou sua ruiva cabecinha sobre a balaustrada de cedro na qual estava apoiada e começou a chorar amargamente.

Havia feito esforços supremos para se conter e demonstrar alegria até o último momento para não causar amargura a seu pai.

— Eu compreendo o teu pranto, Ada — disse Bohindra suavemente, pondo sua mão direita sobre aquela cabeça dolorosa, estremecida pelos soluços. — Eu compreendo o teu pranto, mas espero que sejam as últimas lágrimas que vertes ao meu lado. Minha matéria atual tem três vezes a idade da tua. Como me conceituo um esposo demasiado idoso diante de ti, uma íntima voz de piedade se levanta não sei de que oculta fibra do meu próprio ser, impulsionando-me a ser ao teu lado um pai muito mais suave e terno que esse que viste desaparecer na verdosa distância do horizonte. Não te agradará que eu seja o teu pai como o sou de Évana?

A infinita suavidade de sua voz emanou uma profunda vibração de amor paternal desinteressado e puro em torno da adolescente que, já plenamente confiante, tomou as mãos de Bohindra para beijá-las enquanto lhe dizia:

— Havia entendido que a esposa de um grande rei é três vezes escrava e serva, porque passa *a ser uma coisa* que o diverte; mas tu não és um rei como os demais reis. Tu és, como dizem os teus irmãos, o gênio da harmonia, e em vez de um homem és uma vibração. — E repousou sua testa coroada de madeixas de ouro sobre as mãos de Bohindra, que segurava as suas.

— Sou simplesmente um kobda, ou seja, um ser *que extrai do fundo de todas as coisas o que de mais formoso existe nelas,* para tecer a filigrana da vida. É uma pena que o meu distante *futuro* deixe evaporar o perfume que guarda meu vaso de hoje, porque as correntes da evolução humana nem sempre me brindarão com o alto plano transparente de um santuário kobda para desenvolver as minhas vidas.

— Minhas vidas! — exclamou Ada, surpresa. — Por que dizes *minhas vidas?* Tens acaso mais de uma?

— Tenho muitas e terei mais, assim como tu. Nunca ouviste dizer que os seres vivem muitas vidas em diversos corpos?

— Não, jamais o ouvi.

— És uma rainha kobda e vais saber todos os segredos que os kobdas sabem. Já estiveste no meio deles duas vezes.

"Aprenderás, como eu e como todos, a extrair do fundo de todas as coisas o que de mais formoso existe nelas. Por isso, nosso símbolo é o lótus real, nascido na água turva e não obstante branco e puro, exalando divinos perfumes ao seu redor."

Bohindra referiu a Ada seu passado, sua tragédia de amor com Sadia, e foi irradiando fortes pensamentos iluminadores no corpo mental da adolescente, com o fim de despertar sua recordação.

Referiu os passeios do pastor com a filha do homem ilustre, até o momento em que, sentados à sombra de uma árvore, ele cantou em sua lira aquela meiga melodia das "MADEIXAS DE BRONZE VELHO".

Suas palavras saturadas de vibrações de amor foram tão intensas que plasmaram seus pensamentos como formas viventes, invisíveis aos olhos do corpo, mas fáceis de sentir pelos centros de percepção espiritual e fluídica de seres receptivos como Ada, que poucos anos atrás estivera tão intimamente unida a ele; além disso, passara-se relativamente pouco tempo desde suas duas vidas anteriores de kobda no santuário de Negadá.

Quando Bohindra terminou de cantar aqueles versos às douradas madeixas de Sadia, imediatamente Ada exclamou:

— Pareceu-me que eu era Sadia, aquela das madeixas de bronze a quem cantavas.

243

— Tu és Sadia, a rosa vermelha que Deus me presenteou no amanhecer da minha primeira juventude; e és Ada, o lírio branco da tarde, na hora das meditações profundas, elevadas e santas, quando a alma já não pode cantar canções da terra, mas a salmodia divina da alma submergida em Deus!

— Que coisas bonitas me estás cantando, meu rei!... — exclamou Ada como se seu espírito abrisse as asas. — Se me permites, eu quisera ir até o fundo do vosso pensamento.

— Fala, que esta é a nossa primeira confidência íntima, minha rainha! — respondeu Bohindra, parodiando suas palavras.

— A qual vos parece que amastes mais, a Sadia ou a Ada?

— Bohindra envolveu a jovem no profundo e meigo olhar de seus olhos pardos e depois respondeu:

— O bom jardineiro ama da mesma forma a esplêndida rosa que se abre ao amanhecer e o lírio branco da tarde, pois ambos são flores do seu próprio jardim. Mas, aprofundando-me mais no fértil e maravilhoso terreno do amor, posso dizer que ele é um jardim de tão variadas flores que as há para todos os gostos e até para os mais delicados.

"O amor de Sadia e o amor de Ada não são dois amores, mas um só, uma vez que a amada é uma única. A diferença está em que ontem meu coração não havia aprendido a amar por amar, sem pedir nem esperar satisfação alguma, sem nada de egoísmo, sem nada de interesse. Que espera o orvalho das flores, cujas pétalas refresca com as suas gotas diamantinas? Que pede a Lua ao lago, quando lhe beija a superfície com os seus raios pálidos, e toda ela parece submergida nele? Que espera a palmeira do deserto do viajante a quem dá sombra e repouso?

"Oh, Ada branca da minha tarde serena!... Seja eu, diante de ti, como o orvalho das flores, como a luz da Lua sobre o lago, como a fresca sombra da palmeira no deserto!

"Como a luz do dia ao cair da tarde adquire essa branda suavidade que não queima nem machuca, que não deslumbra nem fadiga, assim é o amor da alma e que, como um misterioso rouxinol, canta sem que ninguém o veja, e talvez sem que ninguém o escute, e apenas pelo infinito prazer de sentir a sua própria radiância difundir-se em ondas sucessivas e intermináveis no meio da imensidão!

"Não é verdade que este amor se assemelha ao amor de Deus às suas criaturas? Compreendes a minha linguagem, jovem?"

— Tanto! Tanto a compreendo que estou abismada nesse mar de luz, nesse lago de águas transparentes onde a alma se eleva primeiro e se submerge depois! Quão bem me encontro, meu rei, refletindo-me no claro espelho do teu lago, inundada da luz meiga e serena deste novo amor que me fazes compreender!

E Bohindra continuou:

— Mas não julgues que este amor, de tão excelsa natureza, seja possível na Terra fora deste ambiente, onde a vida de intensas atividades espirituais e formidáveis correntes de pensamento emitidas para as Inteligências Superiores e vindas delas, como permanente e eterno vaivém, debilita e aniquila todos os desejos e todas as manifestações da natureza inferior.

244

"Não é que eu queira dizer que somente sendo um kobda se pode subir a estas alturas, mas que aqui é possível subir, graças ao esforço de todos para purificar as correntes astrais e etéreas, de tal forma que não cheguem aqui as criações malignas e atormentadoras nascidas nos baixos pensamentos dos seres atrasados e vulgares.

"O amor levado a tão excelsas alturas proporciona o máximo de luz e felicidade ao espírito encadeado na matéria e faz viver, até em planetas inferiores como este, a vida que se vive nos elevados mundos do amor puro e perfeito, onde os seres surgem para a vida pela energia criadora do pensamento e da vontade, agindo em uníssono com a matéria viva, incomparavelmente mais fluida e sutil que a dos mundos inferiores."

— Engrandece-se a alma à viva luz de um amor semelhante? — perguntou a jovem, em cuja mente se ia plasmando, como uma divina visão, o pensamento harmonioso e elevado de Bohindra.

— O amor é a coisa maior e mais excelsa existente em todos os mundos e em todos os seres. É a grande lei do Universo. Subindo, pois, por essa escada, é que chegaremos a Deus, que é a infinita perfeição e a infinita pureza do amor.

"Só as almas que lutam com heroísmo e valor para escalar esses cumes podem perceber em toda a sua amplitude as maiores manifestações do Amor Eterno sobre esta Terra. Obtém-se às vezes, no começo da subida, alguns reflexos dessa grandeza divina, mas unicamente através do pensamento puro dos mais altos Ungidos do Amor Eterno!

"Subamos juntos a escada, ó Ada, nesta vida, pois talvez não nos seja oferecida outra oportunidade durante muitos séculos de viver amando-nos no meio de um ambiente de pureza mental, fluídica e espiritual que tanto se assemelha aos mundos do amor e da luz!"

Ada exalou um profundo suspiro, como se houvesse acabado de descarregar um enorme peso, e murmurou em voz baixa e profunda como se um resplendor de êxtase quisesse adormecê-la:

— Subamos, meu Rei!... Mas para não baixar mais... nunca mais!

Bohindra iniciou um suave prelúdio em sua lira mágica que, como se fosse outra alma humana, parecia elevar-se como eles na infinita escada do pensamento lúcido, sutil e profundo!

A alma amorosa do kobda poeta derramou-se para o exterior numa canção profunda, suavíssima:

Sabes o que é o Amor,
Alma que ao cume voas
Buscando o Divino Sol,
Aquele que não tem ocaso
Porque é eterno arrebol?
O Amor!
É arpejo e tem asas,
Luz que ilumina sem fulgor
Água que inunda e refresca,

E que nunca ninguém viu...
O Amor!
Calhandra oculta na selva
Canta para nós na primeira alvorada,
E na tarde da vida
Se converte em rouxinol
O Amor!
Que vive e flui da alma
Como intensa vibração
Que vai chamando os seres
Sem que faça ruído sua voz
O Amor!
Êxtase profundo e sereno
Núpcias da alma com Deus!
É o amor mais que um canto...
É o Amor a oração!

O PODER DO PENSAMENTO

Quando, passado um breve tempo, chegaram de diversos lugares os kobdas de faculdades psíquicas grandemente desenvolvidas, começaram eles os preliminares da grande batalha espiritual que iriam sustentar com as forças tenebrosas e malignas das falanges em luta contra o avanço da luz, da igualdade e da fraternidade entre os homens.

Naquelas remotas épocas, não eram propriamente os filiados a determinadas seitas religiosas os que formavam essas falanges, mas espíritos dominadores das correntes astrais e etéreas e possuidores dos segredos que então constituíam a CIÊN-CIA DO BEM E DO MAL, ou seja, o domínio por meio do pensamento e da vontade de toda matéria, quer fosse etérea, gasosa, mineral, vegetal, ígnea, pluvial, animal ou humana. Esses grandes e orgulhosos dominadores da matéria que, com seu pensamento de ferro, encadeavam tudo à sua vontade, tinham-se desencarnado em sua grande maioria; contudo, do mundo espiritual, exerciam seu domínio por intermédio de seres encarnados que, por natural perversidade, lhes serviam de bons instrumentos para continuar exercendo vingança e fazendo ensaios de forças, quando a debilidade humana consentia e permitia.

Eram seres desalojados de mundos que haviam passado a uma etapa de evolução superior. Obstruindo a evolução da humanidade terrestre, vingavam-se das derrotas que os Messias daqueles mundos, com suas falanges do bem, lhes tinham infligido.

Mediante manifestações espirituais, os kobdas sabiam tudo isto em relação à Rainha Shamurance, em torno da qual viviam, na qualidade de sacerdotes, alguns discípulos dos grandes Magos Negros já desencarnados, mas que continuavam ajudando-os por afinidade.

Foi designado um kobda de cinqüenta anos de idade, de nome Adonai, para organizar a forma e o modo de realizar a missão. Acompanhá-lo-iam mais vinte e quatro kobdas, daqueles que uniam a um grande desenvolvimento mental a faculdade de produzir exteriorizações fluídicas apropriadas para anular os pensamentos malignos e toda a ação criminosa que se desenrolava em torno daquela sinistra mulher.

Dos que residiam em "A PAZ", somente sete tinham faculdades para produzir efeitos físicos, metodicamente cultivados: Zhain, Dhabes, Areli, Jamin, Agnis, Nebo e Geuel. Os demais eram quase todos vindos de Negadá e um ou outro das casas disseminadas naquelas regiões.

Adonai, espírito de origem netuniana, de imensa força fluídica e mental, organizou uma concentração espiritual conjunta diariamente durante dez dias consecutivos para buscar o contato espiritual como os seres malignos que inspiravam aos sacerdotes da Rainha Shamurance e a ela mesma.

Mas, para chegar a esse perigoso contato fluídico, era necessário purificar a alma mediante a abstinência completa das coisas exteriores e a mais íntima e profunda união com o Amor Supremo, ao qual deviam oferecer-se como vítimas voluntárias, como amoroso holocausto em benefício dessa porção de humanidade açoitada pela perversidade dos ignorantes, inconscientes e malvados. Para tal fim haviam dedicado esses dez dias de oração, profunda concentração e completo oferecimento ao Altíssimo, em cujo Eterno Amor procuravam submergir-se, eliminando do próprio ser tudo quanto pudesse servir de obstáculo a tal fim.

Pureza de intenção, desejos e pensamentos, esquecimento de si mesmo, abnegação heróica, abandono pleno à vontade de Deus; eis aí as disposições necessárias para tão árdua empresa.

Bohindra e seu corpo de músicos, e todos os kobdas unidos, formaram uma enorme concentração de energia em torno dos vinte e cinco missionários de tal forma que, ao fim dos dez dias, e tendo eles saído em caravana para o lugar de seu destino, todos os kobdas que ficaram em "A PAZ" sentiram o esgotamento de forças e uma tão profunda extenuação que muitos deles precisaram ser reanimados com banhos de água vitalizada e com longas horas de silêncio e repouso completo na obscuridade.

O príncipe de Vannia mandou seus servos e elefantes para buscá-los, e quando chegaram ao seu domínio foram recebidos pela multidão silenciosa e reverente sem um grito, sem uma aclamação, permitindo-se o povo somente semear flores no caminho que haviam de percorrer até chegar à residência de Etchebéa, que também os recebeu em silêncio, comovido e sem poder articular palavra.

Cumpriam todos, pois, com perfeição, a instrução estabelecida por eles, de que nenhum tumultuoso recebimento viesse romper a poderosa aura conjunta na qual vinham envoltos para o cumprimento de sua missão.

Cada um dos vinte e cinco kobdas devia apresentar-se à rainha acompanhando, na qualidade de servo, a cada um dos vinte e cinco filhos de Etchebéa, tão cobiçados por ela. Para não despertar suspeita alguma, vestiram o traje que na região costumavam levar os servos dos príncipes e grandes senhores. Na denominação de servos estavam incluídos os acompanhantes, os assistentes e os cortesãos em geral, segundo os atuais modos de expressão, e a palavra tinha muito mais o significado de servidor que o de escravo.

O chefe vanês, seguindo as instruções de Adonai, enviou mensageiros à rainha fazendo-lhe saber que, no desejo de tê-la como aliada e não como inimiga, estaria às margens do Mar Cáspio no primeiro dia de Lua cheia com seus filhos e seus dromedários, para que ela recebesse como prenda de aliança os que fossem do seu agrado. Sabiam que a embarcação na qual ela passeava pelo mar não podia chegar à costa, onde ordinariamente descia através de uma ponte de barcas estendida desde sua nave até a margem.

Os filhos de Etchebéa, cheios de terror e espanto no princípio, haviam-se serenado um pouco com a segurança dada pelos kobdas de que a rainha ficaria fluidicamente encadeada para todo o resto de sua vida. Adonai lamentava que o velhinho Sênio, grande auxiliar do desenvolvimento psíquico em sua juventude, não tivesse podido vir à frente da árdua missão em face de sua avançada idade. Quando assim pensava, sentiu a aguda vibração de Sênio que, destacando-se na aura conjunta que o envolvia, parecia dizer-lhe com essa voz sem som tão conhecida destes grandes obreiros do pensamento:

"Aqui estou... Aqui estou... Aqui estou convosco. Não temais."

A alma de Adonai, carregada da responsabilidade de muitas vidas humanas, voltou à calma serena, cheia de valor e de esperança no infinito poder divino de que ia usar em benefício da humanidade.

O ponto de reunião era no vale da costa sul do Rio Aras, onde imensos bosques servem de guardiães ao turbulento rio até desembocar no mar Cáspio.

Era na época a antiga Nairi ou Nipur a residência do príncipe soberano de Vannia, e dali saíram seus filhos com seus dromedários, acompanhados pelos kobdas e por um numeroso destacamento de arqueiros que, ocultos nos bosques, acudiriam no momento oportuno.

Deviam atravessar o Hildekel por uma velha ponte de pedra que os antigos acádios tinham construído e buscar uma passagem na montanha que, baixando desde as grandes cadeias de Manhp, costeava toda a parte oriental de Vannia.

Quando chegaram ao lugar assinalado, estava para amanhecer e um profundo silêncio reinava na vasta pradaria envolta em penumbras.

Os vinte e cinco kobdas esperaram de pé a chegada do Sol, submergidos em profunda concentração juntamente com os filhos de Etchebéa, que foram instruídos para o caso.

Quando o Sol da manhã apenas se levantava no horizonte, viram na superfície do mar e ao longe o vermelho pavilhão da rainha e a escura silhueta de sua nave pintada de preto e vermelho, cuja proa era um imenso dragão alado que parecia avançar rompendo as ondas com suas fauces abertas e dentadas.

Adonai, Zhain, Dhabes e Nebo, que eram os de mais idade e cuja superioridade exercia grande influência entre os demais, davam ânimo e valor aos filhos de Etchebéa que, por momentos, se sentiam desfalecer. Adonai exclamou repentinamente:

— Almas errantes e atormentadas que fostes vítimas desta desgraçada criatura humana que vamos vencer com o favor de Deus!... A Lei Divina vos manda manifestar-vos nestes supremos instantes em que a vida de muitos seres e a paz de muitos povos o exigem e o reclamam!

Uma forte sacudida e uma corrente cálida e sufocante estremeceu os nervos de todos, e os que tinham desenvolvida a faculdade clarividente presenciaram o trágico desfile de centenas de jovens assassinados por aquela terrível mulher. Todos apresentavam uma larga ferida no peito que eles mesmos pareciam abrir mais com suas próprias mãos para que se visse que haviam sido arrancados seus corações. Era a forma de sacrificar as vítimas a seu deus. Tanto se plasmou a visão que chegou a ser percebida também pelos filhos de Etchebéa.

— Coragem! — disse Adonai, vendo-os empalidecer. — Esta espantosa visão nos dará o triunfo e o êxito!

Então viram Gaudes, aquele ancião das obras silenciosas sem o aplauso dos homens, que fora o protetor da caverna do país de Ethea, adormecer em suave letargia as almas atormentadas que pediam justiça. Dir-se-ia que ele as havia coberto com um invisível véu para tirar algo do horror e do espanto da macabra aparição.

— Foram embora — murmuraram os jovens quando deixaram de vê-los.

— Não foram embora — disse Adonai — mas se ocultaram para aparecer no momento preciso.

A ponte de barcas foi formada e a rainha guerreira, encouraçada de bronze da cabeça aos pés e apoiada num enorme tridente (espécie de lança de três pontas), passou por sobre as barcas com uma ligeireza que assombrava numa mulher que já não era jovem.

Um abutre de ouro com as asas abertas formava a coroa do capacete que lhe cobria a cabeça, deixando flutuar ao vento sua cabeleira de um ruivo quase vermelho. Era bela, mas de uma beleza infernal, se me é permitida a frase, pois seus olhos, demasiado claros, eram de um olhar agudo como uma flecha. Vestia uma roupagem azul-violeta que lhe cobria apenas até os joelhos, deixando ver suas pernas cobertas com uma malha de prata e pedras preciosas e seus pequenos pés aprisionados como entre dois estojos do mesmo metal, que terminavam em agudíssimas pontas formadas por dentes de javali.

Estava, pois, armada até os pés, de tal forma que um pontapé seu podia abrir a garganta ou o ventre de um homem. Uma couraça e um escudo de bronze protegiam-lhe o busto; os braços e as mãos desnudos se entreviam através de uma malha igual à que lhe cobria as pernas. Um grupo de lanceiros armados de tridentes a escoltavam e desceram antes dela. Nem bem tinham pisado a praia onde estavam em semicírculo, esperando-a, os filhos de Etchebéa e os kobdas, quando os lanceiros da rainha arrojaram fora os seus tridentes e começaram a fugir espavoridos, sem que os furibundos gritos guerreiros da soberana pudessem contê-los.

— É disto que vos assustais, imbecis? — gritou com desprezo, embora ela também tivesse empalidecido intensamente, vendo-se rodeada pelos *fantasmas de peito*

249

aberto que a cercavam cada vez mais, enquanto os filhos de Etchebéa quase desapareciam por trás dessa turba trágica e pavorosa.

Cheia de furor, manejou o tridente com o fito de atacar os fantasmas, enquanto gritava:

— A mim Acalot, a mim Zuragen, Mabelot, Tepirak, Pugleton, a mim para aniquilar estes cães!...

— Que a onipotente energia divina esteja conosco em nome do Altíssimo e de seu Verbo feito carne! — exclamaram em voz baixa os kobdas, aproximando-se cada vez mais da rainha, que dava golpes de tridente para todos os lados.

À chamada dela acudiram cinco seres, cujo aspecto não podia ser bem definido; assemelhavam-se a um urso erguido sobre as patas traseiras ou a um homem.

Eram os sacerdotes da rainha, vestidos de roupagem negra, longa, com a cabeleira e a barba tão emanhadas e selvagens que apenas lhes deixavam a descoberto os olhos como brasas acesas. Também tinham tridentes. Fizeram conjuros aos fantasmas que não somente não lhes obedeceram, mas que, como se dispusessem de uma potente onda de vento, os atiraram por terra. A ponte das barcas se rebentou, pois as ligações que as uniam umas às outras não resistiram à rajada repentina e formidável que cruzou a margem do mar.

Os cinco sacerdotes se levantaram, mais por temor dos terríveis pontapés da rainha do que por espontânea vontade.

O incidente das barcas impressionou visivelmente àquela mulher indomável, que ainda se esforçava por parecer serena. A ira fazia tremer seus lábios.

Os filhos de Etchebéa e os kobdas, de mãos dadas e sem arma alguma, se aproximaram lentamente dela com seus olhares fixos nos claros olhos da rainha guerreira, cujo tremor nervoso já era visível, não obstante ter seu tridente em atitude de atravessar quem se aproximasse além do conveniente, da mesma forma que seus cinco horrorosos sacerdotes.

O pensamento dos kobdas, como uma abóbada de ferro, ia aprisionando cada vez mais aquela mulher que vomitou uma aterrorizante maldição quando seus sacerdotes lhe caíram exânimes aos pés, presos por uma letargia que não puderam dominar. Vendo-se sem sua ponte de barcas, arrojou com ira o capacete de ouro, o escudo, a couraça e as redes que aprisionavam o corpo, e, trepando nas rochas da costa, lançou-se à água, possuída de despeito e furor.

Mas seus membros não atendiam aos seus esforços para nadar, e sua nave encontrava-se a muita distância. Agnis e Manin, que sabiam nadar, arrojaram-se ao mar e puxaram para a margem a rainha meio desfalecida. Depois de uns momentos, ela abriu os olhos e, vendo-se ainda rodeada dos fantasmas de suas vítimas com o peito aberto, pegou um pequeno ídolo de ouro que levava pendurado no pescoço, distorceu-lhe a cabeça e bebeu o que aquele pequeno tubo continha. Era veneno de áspide que durante anos levava dentro do idolozinho para o momento em que se visse vencida.

— A vitória ou a morte — gritou no estertor da agonia.

— Que Deus misericordioso tenha piedade de ti! — exclamaram os kobdas numa sentida oração.

O corpo daquela mulher tornou-se rígido e de uma cor negro-azulada.

Seus cinco sacerdotes não davam ainda sinais de vida, pois a letargia era profunda. Estava claro que não tinham sido feridos de maneira alguma, da mesma forma como ficava evidente que a rainha se envenenara.

Os filhos de Etchebéa e os kobdas tomaram seus camelos e voltaram pelo mesmo caminho.

— Pena que não se lhe pôde impedir o trágico fim! — disseram os kobdas.

— Essa é a nossa maior felicidade — disseram os jovens príncipes que se viam retornando para o lar, do qual se haviam despedido julgando não voltar mais.

Nos países vizinhos ninguém soube a verdadeira causa da derrota da rainha Shamurance, e foi dito que os gênios do Mal, a quem ela servira durante toda a sua vida, tinham-na abandonado para emigrar para outros planetas, porque a Luz de Deus havia descido a esta Terra desalojando de sua atmosfera as sinistras inteligências que fomentavam as correntes malignas e daninhas à humanidade.

No fundo desta expressão encerrava-se muita verdade, se bem que não se chegou a saber que os humildes e quase desconhecidos Filhos de Numu tinham sido os vencedores da sinistra mulher.

Adonai, muitos séculos depois, esteve encarnado num profeta hebreu, Isaías, e de sua obra espiritual nos falam as páginas bíblicas; na época de Jesus de Nazareth fez vida solitária nas montanhas, donde saiu na maturidade, e o povo o conheceu como Judas Gaulonita, sustentador da doutrina da igualdade e da fraternidade entre os homens. Foi algo como outro precursor do Mestre e que, da mesma forma como o Batista, pagou com a vida sua rebeldia contra toda tirania e escravidão. Seu verdadeiro nome era Ezequias.

Seis dos filhos de Etchebéa não quiseram separar-se dos kobdas, cuja superioridade e grandeza os haviam subjugado; e, com o beneplácito do pai, se transladaram para "A PAZ".

Numi, Vial, Laban, Lobed, Kebir e Pélis eram seus nomes. Lobed esteve encarnado em Marcos, junto ao apóstolo da Galiléia; Kebir no apóstolo Tomé; Numi em Bartimeu, o paralítico a quem o Cristo curou junto à piscina de Siloé; Vial e Laban em Estêvão e Tadeu — o primeiro foi protomártir do cristianismo, e o segundo foi Tadeu, pai de Judas, um dos doze apóstolos; Pélis esteve representado naquele filho da viúva de Naim, que voltou à vida física pelos poderes psíquicos do Homem-Deus.

CRIANÇAS COM AS CRIANÇAS

Entretanto, Bohindra e Ada faziam excursões diárias até a morada de Adamu e Évana no maravilhoso horto conquistado por Sênio, o qual, por sua vez, sentia-se quase completamente absorvido em satisfazer os gostos infantis do pequeno Abel.

Os cordeirinhos de algodão dos dias da caverna e os pássaros de folhas de bambu tinham cedido lugar a cordeiros de carne e osso e rolinhas domésticas tão delicados e mansos que uns e outros comiam nas mãozinhas do menino.

Karono, ou Abiron, construíra com pedras naturais um formoso remanso de águas cristalinas, trazidas por um canal desde o lago vizinho, e os kobdas jovens haviam-se encarregado de rodear aquele remanso com todas as aparências de um pequeno Mar Mediterrâneo. Um deles havia fabricado pequeninas embarcações que Abel carregava de grãos e fazia viajar pela superfície de seu pequeno mar. Outros tinham construído choças de pastores ou tendas de mercadores, segundo os desejos manifestados por Abel.

Pouco a pouco foi se transformando aquilo numa verdadeira carta geográfica, e em torno do diminuto mar foram surgindo aldeias, cidades, montanhas e rios onde o menino aprendia sem fadiga os nomes dos países e das povoações costeiras do Mar Grande.

Cada um quis deixar gravado naquele mapa de brincadeira seu próprio país tal como o conservava na memória, com suas montanhas e mananciais, com suas casas lavradas na rocha viva ou feitas de terra no meio dos bosques.

Com muita graça expressou o menino todo assustado a Sênio numa manhã, depois de uma noite de tempestade:

— O vento levou todas as cidades da costa do mar.

— Que desgraça! — exclamou Sênio. — Mas não te aflijas, meu querido, que agora mesmo nós as reedificaremos. Olha, aqui detrás do estábulo vieram parar todas as cidades da costa do mar. Que vento patife! — disse o velhinho recolhendo pequenas torres, casas e paredes quebradas e amontoadas umas sobre as outras, excitando a tristeza de Abel, que não julgava possível ver reconstruídos seus países e suas cidades.

— Mas não é possível fazer cidades e países que não possam ser levados pelo vento?

O ancião e o menino estavam a esta altura da conversa quando chegaram até eles Bohindra, Ada e Évana. O kobda-rei tomou o menino entre seus braços para responder à pergunta:

— As tuas cidades e as nossas são destruídas da mesma maneira, meu filho, porque nesta Terra nada é estável. Ada e eu vivemos num país que agora está no fundo do mar.

— Então nenhuma coisa vale nada! — observou o menino, pensativo e triste.

— Não, querido, tudo tem o seu valor relativo, ainda que seja de pouca duração. Somente o Altíssimo permanece eternamente e é ele que anima e dá vida a todas as coisas.

"O Altíssimo brilha nos raios do Sol e na luz das estrelas e manda a neve para as montanhas, a água às fontes e as árvores às pradarias" — continuou Bohindra, tratando de despertar cada vez mais a compreensão naquele espírito ainda adormecido pelas leis físicas que regem o ser em sua primeira infância.

Abel escutava em silêncio e as pessoas que o rodeavam observavam-no também em silêncio, esperando uma frase sua que demonstrasse o despertar de seu espírito.

— Eu quero países que jamais sejam levados pelo vento e cidades que não corram para o estábulo — murmurou finalmente o menino, expressando seu pensamento. — Dize-me, o Sol, as estrelas e a Lua deixam-se também arrastar pelo vento? Que fazem lá em cima tão longe, observando-nos sem se aproximar nunca?

— São moradas de seres como nós, onde há crianças como tu e anciães como Sênio.

— Também lá o vento leva os países e as cidades?

— Também, da mesma forma.

— Então não quero nada! — disse ele com voz grave e trêmula, quase parecendo um soluço.

Évana compreendeu e aproximou-se dele.

Abel abraçou-se ao pescoço de sua mãe, começando a chorar desconsoladamente.

— Eis aí o primeiro despertar do grande espírito de luz submergido entre as sombras da vida terrestre! — exclamou Bohindra acariciando os cachos dos cabelos castanhos de Abel, desconsolado perante a instabilidade das coisas humanas, plasmada nos países e cidades que o vento arrastara como folharada seca para um canto do estábulo.

Enquanto Ada e Évana com Shiva e seus três filhinhos recolhiam frutas do pomar, Bohindra e Sênio convenciam Abel que era necessário reconstruir os países e cidades arrebatados pelo vento.

— Observa, este é o país de Galaad, onde nasceu Ada e onde vive o pai dela. Esta é a sua cidade e a sua casa. Vês? Aqui é a costa do rio Descensor (Jordão). Isto é Cedmonéia, com seu deserto de areia e seu mar de águas negras. Vês? Aqui, à margem deste deserto, estavam cinco cidades onde os homens eram muito maus, e um deles, para fazer mal a um inimigo, arrojou um archote aceso num poço de petróleo, e o fogo se transmitiu a todas as minas, e as cidades arderam envolvidas no negro betume fervente. Da mesma forma como causou o incêndio, pereceu ele também com toda sua família.

"Aqui é o país de Ethea e esta é a caverna onde viveram Adamu e Évana e também onde tu nasceste. Aqui é Zoar, ou Irânia, o país de Shiva e de suas duas filhinhas, e estas montanhas são as de Ararat e aquelas outras o Cáucaso."

Enquanto Bohindra fazia esta explicação, o velhinho Sênio colocava todas as cidades e casas em seu lugar e Abel esquecia sua primeira dor ao compreender que tudo é instável e fugaz na vida física.

De repente ouviram o grito de Évana cheio de angústia:

— Vinde, por favor, pois Madina está morrendo!...

Estendida em seu leito de palhas no fundo do estábulo, a velha rena respirava fatigosamente, enquanto os filhinhos de Shiva sentados junto a ela a acariciavam.

Bohindra abriu-lhe a boca e os olhos.

— Comeu amêndoas amargas — disse — sem dúvida misturadas com as boas, e, como estava já esgotada pela idade avançada, provavelmente não resistirá. Faça-mo-la beber água de flores de laranjeira com azeite e a morte será mais tranqüila.

Évana começou a chorar desconsoladamente.

— Minha filha! — disse Bohindra estreitando-a sobre seu coração. — Levanta-te à altura onde os desígnios divinos te colocaram. És a mãe da Luz feita carne e choras assim porque um ser de espécie inferior se liberta da sua triste situação para subir um degrau a mais na sua eterna vida?

— Ah! Madina, Madina, que foi a mãe da minha solidão!

— Por isto mesmo, minha filhinha, deves alegrar-te de que ela abandone esse corpo que já cumpriu a sua missão, e possa talvez voltar ao teu lado numa condição muito mais elevada.

Abel e Sênio chegaram nesse momento, e Abel, vendo sua mãe chorar, aproximou-se para perguntar-lhe como ela perguntara a ele pouco antes:

— Também o vento leva a tua Madina como levou os meus países e as minhas cidades, contudo eu estou contigo. Já não me queres mais?

— Sim, meu filho, eu te quero, eu te quero muito, mas Madina, Madina!... Nenhum de vós sabeis o que Madina foi para mim, quando lá na caverna fiquei sozinha, completamente só!

Ada, vendo Évana chorar, chorava também. Então interveio Sênio, pedindo-lhes que se afastassem para que Bohindra, que era um consumado médico, pudesse curar a rena enferma.

Aldis e Adamu, que à frente de seus trabalhadores tinham estado fora de casa desde a manhã, chegaram nesse instante quando a morte próxima de Madina havia alterado a paz habitual naquele lar.

— Olha, Évana — disse Adamu — acostumemo-nos a observar a morte como a observam os kobdas, ainda que seja por conveniência própria e para não padecer tanto cada vez que a vejamos perto. Eu morrerei também, Abel morrerá e tu morrerás para continuarmos todos vivendo num mundo melhor. Madina não tem o direito de ir em primeiro lugar para esperar-nos lá?

"Foi um ser de espécie inferior, mas cumpriu a sua missão melhor que muitos seres humanos. Não te sentes feliz de que ela também o seja? Além do mais, pode ser que Bohindra consiga curá-la e ainda possa viver."

A tranqüilidade voltou a renascer quando, dois dias depois, estando toda a família reunida, e Bohindra, Aldis, Sênio e Ibrin acabavam de fazer uma última cura na rena enferma, viram, de repente, o duplo etéreo de Madina, de uma cor amarelo-claro, quase marfim, aproximar-se da reunião e, buscando Évana, lamber suas mãos como de costume.

Ibrin correu ao estábulo e encontrou já sem vida o corpo do nobre animal que havia concluído nesta existência seu ciclo de evolução nas espécies inferiores e a quem a Eterna Lei abria as portas da evolução no reino humano.

Évana e Adamu continuaram vendo-a por muitos dias, rondando ao redor deles, e o kobda Ibrin recordou o que há tempos lhe dissera Sisedon:

— Parece-me que está escrito na tua lei que ajudarás este ser inferior a passar para a espécie humana.

Enquanto o duplo etéreo de Madina seguia Évana onde quer que fosse, Ibrin sepultou sob a terra o corpo do animal para que, destruída sua morada anterior, lhe fosse mais fácil a metamorfose do corpo astral para efetuar a passagem do reino animal ao humano.

254

Gaudes, o homem das obras silenciosas, interveio para terminar a evolução daquele ser que, em sua vida terrestre, havia domesticado com tanta habilidade, e tomou Ibrin como laço de aproximação para o plano adequado a tal fim, por causa da igualdade de origem com uma irmã do jovem kobda que realizava sua primeira encarnação humana e que devia unir-se em matrimônio com um agricultor próximo de "A PAZ".

Vinte Luas depois, o jovem casal de lavradores acariciava seu primeiro rebento: uma menininha que chamaram Ibrina, imitando o nome de seu tio, o kobda, que com tanto anelo tinha esperado esse nascimento. Era Madina, fazendo sua primeira entrada nos planos da vida consciente, onde o espírito indaga sua origem, seu destino e o porquê de todas as coisas; e onde padece mais do que padeceu e lutou nas espécies inferiores por onde o ser humano realiza paulatinamente sua evolução. Para mais compreensão, mais responsabilidade. Para mais sensibilidade, mais dor.

Eis aí os caminhos percorridos através dos séculos por todo aquele que vive nos milhões de mundos que povoam o incomensurável universo.

Os Pavilhões Dos Reis

Entre as várias alas do edifício que foi levantado imediatamente depois da chegada de Ada a "A PAZ", estava a que foi ocupada pela jovem rainha.

Bohindra fez vir várias mulheres kobdas das Casas que eram mais numerosas e, com Ada à frente, formou ali uma espécie de santuário de proteção para meninas e jovens órfãs ou açoitadas pelo infortúnio em qualquer forma que fosse.

Chamou-se àquele lugar "PAVILHÃO DA RAINHA", e tanto conquistou de respeito e veneração, pela elevada e laboriosa educação que era dada à juventude feminina, que logo foi como uma escola de princesas onde os chefes, príncipes e reis procuravam esposas para seus filhos. Mas dali não saía nenhuma a não ser sob o formal convênio de que haveria de ser a *esposa única* daquele com quem se unia.

Anexo a este achava-se o Pavilhão do Rei, onde Bohindra, secundado pelos kobdas mais jovens, se entregou com grande entusiasmo à cultura espiritual, intelectual e moral dos jovens filhos de todos os príncipes e chefes da Aliança.

— Estamos formando a humanidade do futuro — disse ele a Ada, sua terna companheira. — Para isso nos uniu novamente o Altíssimo nesta época, com um amor que flutua por cima de todos os egoísmos humanos.

Yataniel, Agnis, Heli, Ozias, Erech, Suri, Oman, Jamin, Heber e Geuel compareciam diariamente ao Pavilhão do Rei para ajudá-lo em seus trabalhos culturais. De

255

vez em quando, e para solenizar algumas festas, espécie de torneios de letras e artes, compareciam todos os kobdas e as famílias vizinhas e aparentadas com os jovens educandos.

Ambos os pavilhões estavam separados completamente, exceto por uma porta que, da sala de música de um pavilhão, dava para a sala de música de outro. Somente Bohindra tinha a chave dessa porta e passava para ver a rainha e dirigir o ensinamento musical.

Um dia ela disse ao rei, seu esposo:

— Vi em sonhos que um dos teus jovens kobdas me disse com ira: "Eu te amei um dia e fui enganado por ti. Chamava-me Suadin e era um alto chefe dos exércitos de um grande rei atlante." E eu lhe respondi: "O erro foi teu por encadear um ser sem antes consultá-lo se te amava ou não. O amor não se impõe como uma cadeia, mas se desperta livre e sereno entre as almas que se compreendem. Meu pai e o teu foram os culpados, e não eu." Ele foi embora mortificado e eu despertei.

— Não captas o significado real de tal sonho? — perguntou Bohindra, que já havia compreendido do que se tratava.

— Não, porque nunca fui amada por um homem que se chamava Suadin nem tive contato com guerreiros atlantes — respondeu Ada.

— *Nunca*, disseste, minha rainha? Esqueceste já Bohindra, o pastor, e Sadia, a filha de um magnata otlanês em Atlântida?

— Não os esqueci, mas isso nada tem que ver com o jovem kobda que se queixou a mim em sonhos.

— E se esse jovem kobda fosse a reencarnação de Suadin, o esposo que foi imposto a Sadia por vontade paterna — perguntou novamente o kobda-rei.

— Oh... que horror!... — exclamou Ada abrindo desmesuradamente seus meigos olhos claros, que apareciam cheios de espanto.

— Horror! E por que, minha amada rainha? Se não é mais que um episódio dos muitos que temos escritos no mais profundo do nosso próprio espírito. — E Bohindra, com paternal suavidade, alisou com sua branca mão as madeixas a sombrearem o rosto de Ada, como que afastando de seu cérebro a terrível imagem que talvez revivia no subconsciente da jovem.

Quem poderia descrever a espantosa tragédia que encheu de amargura a alma daquela Sadia, desposada secretamente com o pastor da lira mágica, obrigada depois a ser esposa de um alto chefe guerreiro de caráter rijo, habituado a que nada nem ninguém resistisse à sua vontade?

Quem poderia pintar o terror de Sadia quando seu pai a entregou ao guerreiro à porta da câmara nupcial e ela pensava no jovem pastor, o fruto de cujo amor já acalentava em seu seio?

Todos estes pensamentos cruzaram a mente do kobda-rei e ele voltava a lê-los nos olhos espantados de Ada, que se iam enchendo lentamente de lágrimas.

— Minha rainha! — disse Bohindra acariciando-a. — Agora já não são aqueles dias de tragédia e horror. Agora o teu pastor não fugirá do teu lado como então.

— Não sei, não sei — disse Ada. — Não sei por que me causou tanto dano este sonho.

256

— Recordas a fisionomia do jovem kobda que te apareceu em sonhos? Reconhecê-lo-ias se o visses?

— Creio que sim — respondeu Ada. — Encontra-se ele ao vosso lado?

— Não o sei, porque kobdas jovens há em várias de nossas Casas.

— Mas este eu o tenho visto entre os que estão em "A PAZ", ainda que não saiba como se chama — insistiu Ada.

— Agora estão todos no jardim dianteiro destes pavilhões. Vem comigo a esta janela.

Bohindra tomou sua lira e começou a preludiar o hino ao Sol do ocaso que todos os seus discípulos cantavam em coro quando caía a tarde. Ada estava a seu lado, ambos de pé, junto à janela.

Os jovens kobdas ensinavam aos educandos as propriedades e a forma de existência e cultivo de cada um dos espécimes que haviam reunido no variado e formoso jardim botânico que tinham à vista.

— Se não está no meio destes que compareçam a este pavilhão, estará entre os que se dedicam a outros trabalhos nas oficinas — disse o rei, fazendo com que Ada olhasse para todos.

Os kobdas e os alunos olharam para a janela e saudaram a rainha.

— É aquele que ficou sentado naquele banco — disse de repente Ada, apontando um dos kobdas que se entretinha em tirar as fibras duras de certas folhas que eles reuniam e secavam com fins medicinais.

— É Suri — disse Bohindra, reconhecendo-o. — Na verdade tem algo parecido com Suadin, só que agora é de cabelo ruivo, e, naquela época, a sua cabeleira e a barba eram negras e espessas e lhe davam um aspecto de bravura que inspirava mais terror que simpatia.

"Às vezes noto que se esquiva de mim, como se evitasse a minha presença. Tal deve ocorrer nos momentos em que se revivem nele as imagens distantes. Tratarei de observá-lo mais e, se eu adquirir a plena certeza de que é Suadin, trataremos de adormecer para sempre todo ressentimento de rancor ou ódio que possa existir entre nós."

— Por favor, meu rei, não digas nada, porque seria criar para mim uma situação penosa — disse Ada suplicante.

— Não, minha rainha, não! Como queres que eu ponha o dedo na chaga que talvez ainda leve muito tempo para estar curada?

Como forma de instrução para Ada a respeito da elevada ciência dos espíritos, Bohindra começou a referir-lhe algo relativo aos jovens kobdas que passeavam no jardim, do que haviam sabido de seu passado e seu futuro nas visões materializadas na Mansão da Sombra.

— Esse que rega o canteiro de lírios chama-se Oman, é cedmônio e sabemos que foi sacerdote no tempo de Antúlio, em cuja consagração esteve presente sobre a Torre Sagrada, quando as correntes astrais e etéreas fizeram abrir-se os mirtos da coroa que cingia a fronte do jovem filósofo que ia ser consagrado. Na época chamava-se Aras-Bell. Sabemos mais: que numa encarnação futura ele defenderá o Verbo num tribunal de iníquos juízes, pois será intérprete da lei com o nome de Gamaliel.

257

Dedicar-se-á depois com grande amor ao estudo dos astros (alude a Camille Flamarion).

"Aquele outro que passeia entre esses dois meninos vestidos de amarelo e branco chama-se Yataniel e será na humanidade futura um grande defensor de povos oprimidos e daqueles a quem as injustiças humanas tornam delinqüentes e miseráveis.

"Quando o Verbo de Deus baixar novamente na Terra às margens do Nilo, ele governará essas terras como Pharaome e a sua filha será a princesa que Lhe trará a vida (Thimetis). Em outra encarnação do Verbo, mais distante ainda, chamar-se-á Joanan, e como homem da lei interrogará o Verbo, menino de doze anos, sob as naves de um grandioso templo, para esclarecer um assunto sobre a forma de agir dos felizes e fortes na vida para com os débeis e oprimidos. Será isto quando o Verbo se chamar Jhasua, que quer dizer Salvador, porque será a sua última vida terrestre. Este kobda escreveu há um ano, em estado sonambúlico, um conjunto de telas enceradas ao qual denominou 'A LENDA DOS SÉCULOS' e no final da qual escreveu estas palavras: 'Hoje demarquei meu caminho de séculos. Os miseráveis serão minha epopéia e meu tormento.' Compreendemos intuitivamente que será um grande filósofo nas épocas futuras, que fará sempre a defesa das classes oprimidas pela prepotência dos grandes e fortes."

Isto explicou Bohindra a sua jovem rainha.

Eu amplio esta explicação para meus assíduos leitores, esclarecendo-lhes, se por acaso não compreenderam, que se trata aqui de Vítor Hugo, o grande filósofo francês da era moderna.

— Aqueles três que tão animadamente se recreiam sob aquele imenso carvalho são Heli, Ozias e Erech. São companheiros inseparáveis, por causa da identidade dos seus gostos nos estudos a que se dedicam e dos defeitos que lutam para vencer. Cada um é de um país diferente, e creio que nem se houvessem nascido irmãos se assemelhariam tanto. Os três são amantes dos estudos metafísicos, os três são enamorados da harmonia e da rima; os três amam a vida apostólica e escolhem a desencarnação violenta causada pela defesa ardente de uma doutrina, pois sustentam que, para o triunfo de uma idéia nova, é necessário o martírio. Nesta vida atual os três deixarão o corpo atravessados por centenas de flechas, mártires da idéia que vão divulgar depois da partida do Verbo de Deus.

"O primeiro será em tempos futuros um monarca muito celebrado no país de Galaad, justamente nas proximidades dos atuais domínios do teu pai. Será considerado o homem mais sábio da terra e também o mais feliz pela paz e pelo amor de que se verá rodeado e pelos esplendores que inundarão a sua vida. Dominado pelos amores humanos até o âmago, saboreará todo o amargor que eles deixam na alma quando só respondem ao prazer fugaz dos sentidos. Nós o vimos sentado num trono de marfim e ouro, ou prostrado em terra chorando amargamente sob as naves do templo magnífico edificado por ele, e refletindo-se em sua aura este sombrio pensamento: 'Nada existe de estável debaixo do Sol' (aludia a Salomão).

"O segundo foi Audumbla de um Chalit do país de Ahuar duzentos invernos atrás, e, como caiu em desgraça com o Chalit, foi passar seus últimos dias em nossa casa de Negadá. Em nosso Arquivo há um volume seu daquela vida, e ali pode-se conhecer mais ou menos o caminho desse ser nas idades futuras. Várias vezes deixará

258

o corpo emparedado entre os muros de um sombrio palácio numa cidade edificada sobre as águas. Outra vez, amarrado com correntes no fundo de um calabouço num pavoroso castelo, morada de um grande sacerdote-rei, numa cidade que durante muitos séculos imporá à humanidade o seu jugo e que será o derradeiro domínio a ser derrubado pela passagem triunfante do Amor Universal. O mais notável é que ele mesmo será o grande sacerdote-rei, sobre o mesmo trono e sob o mesmo santuário que, séculos antes, o condenaram ao tormento vitalício sob as abóbadas sombrias do castelo edificado sobre um dos sete promontórios onde se levantará essa grande cidade dominadora do mundo por séculos e séculos (alusão ao castelo de Santo Ângelo)."

— Será Ghanna, Babel, Gerar ou Gutium? — perguntou Ada, querendo conhecer mais a fundo aquele distante porvir.

— Não — respondeu Bohindra. — Parece que isto ocorrerá num país da distante costa norte do Mar Grande.

"Uma missão dos nossos kobdas, que percorreu esses lugares muito montanhosos e banhados pelas águas do mar em todos os seus arredores, dizem que estão habitados por uma raça bastante perfeita, de estatura mediana, inteligente e formosa. Dedicam-se às minas e, numa paragem que eles chamam na sua língua SETE COLINAS, pelo meio das quais passa um rio bastante caudaloso, reúnem-se uma vez a cada Lua os seus habitantes e realizam uma estranha liturgia com cantos e danças. Lá administram justiça e castigam os culpados amarrando-os no fundo de cavernas abertas em cada um dos sete promontórios, que aos kobdas pareceram ser iguais aos que foram vistos na manifestação plásmica da Mansão da Sombra. Um deles, que tinha muito desenvolvida a clarividência do porvir, assinalou o promontório onde o nosso kobda Ozias passará a sua vida encadeado, e onde será depois aclamado por muitos que o chamarão 'LUZ DO CÉU'.

"O terceiro destes três viveu já na época do Filósofo Santo, Antúlio de Manha Ethell, e foi pai da jovem Íris, de quem os sacerdotes se valeram para ter um motivo para condená-lo à morte.

"Ele se reconhece culpado daquela condenação iníqua, pois, pela sua vaidade de pai, quis ver a sua filha transformada em esposa do grande homem que o povo queria proclamar rei.

"O ardor e a espontaneidade do seu caráter lhe dará vidas turbulentas e agitadas, e a vaidade, com a qual luta, levá-lo-á a vidas de poder e grandeza. Estes três espíritos são de intensas faculdades afetivas, e isto causará a maioria dos seus erros como também as suas mais formosas obras. A intensidade afetiva é água que refrigera e lama que asfixia; é fogo que vivifica e labareda que abre chagas; é luz que ilumina e relâmpago que cega.

"Sabemos que na cidade de Ghanna (sobre as ruínas da antiqüíssima Ghanna se levantou Nínive em séculos posteriores), num distante futuro, ele pregará a verdade aos habitantes entregues ao vício e à iniqüidade; que será encerrado dentro da pele de um monstro marinho e arrojado ao mar, que o arrojará novamente à terra para que veja perecer sob as chamas a cidade delinqüente e salve do desespero e da morte os servidores de Deus que habitarão na nefasta metrópole (alusão ao Profeta Jonas).

"Os três estarão juntos no país das sete colinas mais de uma vez e os três deixarão o seu corpo entre as chamas, queimados pelo grande sacerdote-rei dessa dinastia secular."

O Menino Mestre

A chegada ao Pavilhão do Rei de um mensageiro dos chefes da Aliança interrompeu esta conversa, e Bohindra passou à sua residência. Ada, acompanhada de duas jovens kobdas de seu próprio país, dirigiu-se à morada de Évana, aonde a divina irradiação de Abel a atraía irresistivelmente.

Quando entraram no horto que rodeava a casa, encontraram o menino de pé em cima de um enorme tronco de árvore derrubado, falando com grande entusiasmo ao seu auditório. Este era formado por Hélia, Mabi e Iber, os três filhinhos de Shiva, sentados sobre a relva e escutando-o com grande atenção.

Elas se esconderam para escutá-lo sem ser vistas. O pequeno orador dizia:

— Deve-se dar trigo em abundância aos pássaros de Deus, porque eles cantam desde o amanhecer.

"Deve-se abrandar com feno suave o leito das renas e dos cordeiros, porque eles precisam dormir.

"É um grande pecado atirar pedras nos pássaros de Deus e espantá-los quando bebem na fonte, porque eles devem beber da mesma forma que nós. O Altíssimo Pai nosso, e de todos os seres, afasta de si os que cometem estes pecados."

Mabi rompeu o silêncio do auditório para dizer:

— Hélia assustou as calhandras que vieram para beber no teu rio!

— E ela assustou a rena pequena, enquanto mamava na sua mãe — exclamou Hélia, defendendo-se.

Ambas, ao se verem descobertas perante Abel, que as observava com severidade, começaram a chorar amargamente. Então o orador, esquecendo sua gravidade, deu um salto de sua cátedra e correu para consolar as pequenas discípulas, cujo arrependimento corria o risco de se concluir de maneira trágica.

Iber, vendo que ninguém lhe acusava, disse muito satisfeito:

— Eu não fiz grande pecado, porque quando as renas sacodem as amendoeiras e cerejeiras, eu as ajudo a comer a fruta que cai.

— Ah, glutão! — disse Abel. — Ajudas por interesse, eh?

As duas arrependidas prometeram não assustar mais os animaizinhos de Deus e a prática terminou entrando todos no pequeno mar mediterrâneo construído por Abiron, onde umas barquinhas com amêndoas se haviam chocado, impulsionadas pelo vento, e um castelo edificado sobre uma montanha havia caído sobre umas cabras de madeira que pastavam no flanco dos montes. Castelo e cabras rolaram para a água.

— As cabras estão se afogando! — gritou Mabi. Com o valor dos heróis, precipitaram-se todos no pequeno mar para fazer o salvamento necessário.

— Isto é delicioso! — disse Ada, vendo o belíssimo quadro da mais pura inocência e franca alegria infantil.

Finalmente Abel as viu.

— Ada, Ada! — gritou. — A minha mãe está fazendo para te oferecer um trabalho muito bonito e quer terminá-lo sem que tu o saibas. Mas como nós dois somos amigos, eu te conto.

— Pois agora vamos surpreendê-la.

As crianças, saindo da água, seguiram Ada para a casa perdida entre o arvoredo que a rodeava.

O trabalho que Évana havia feito era um belíssimo tapete representando o nascimento de Abel na caverna do país de Ethea.

Para o tecido e a combinação de cores, Diba e Núbia haviam-na orientado; contudo, a idéia estampada no tapete era de Sênio. Ali aparecia a caverna tal como a viram, na manifestação plásmica, os kobdas de Negadá na Morada da Sombra, na Lua seguinte à do nascimento.

A alcova onde o menino dormia desaparecia entre os cambiantes resplendores de centenas de espíritos que apareciam por cima do adormecido, tangendo harpas douradas.

Claramente se distinguiam as fisionomias de Milcha, Sophia e Johevan entre aquele conjunto de rostos sorridentes e extáticos que arrulhavam o sono do Verbo de Deus.

Apareciam junto ao leito Évana e Adamu em atitude de oração profunda. Entre a penumbra da caverna, as renas achavam-se deitadas em seus leitos de palha, suavemente iluminadas pelo avermelhado resplendor do fogo da lareira ardendo no centro da caverna. Era um formoso tapete de dez por quinze côvados, no qual haviam trabalhado Évana, Diba, Núbia e Shiva durante muitas Luas, desde o fiar dos brancos tosões das ovelhas de Manhp e do Irã que Sênio encomendara, até o complicado trabalho de dar-lhes as cores adequadas valendo-se do múrice dos distintos países que o produziam.

Deste trabalho foram feitas cópias para todas as Casas de Numu, tanto de homens como de mulheres. Cópias em telas, cópias em tecidos, gravações em imensos painéis de cobre, em paredes argilosas, em pranchas de pedra e em tábuas de cedro.

Então eu faço esta pergunta ao misterioso arcano do passado: não terá alguma relação este célebre trabalho, fruto do amor imenso de uma mãe, com a lenda do nascimento de Jesus numa caverna-estábulo de animais? O espírito era o mesmo; o fato, o mesmo: o nascimento do Verbo de Deus numa família humana. Só que, para a história, é grave erro apagar os 8.300 anos que separam a vida de Abel da vida de Jesus e atribuir a um detalhe que foram da vida do outro. Mas quem pode estranhar erros tão comuns e tão repetidos na história de todos os tempos e de todos os homens?

O DESPERTAR DO MENINO-LUZ

Quando Abel completou doze anos, foi conduzido por seus pais ao Pavilhão de Bohindra para começar seriamente sua educação. Ali encontrou-se novamente com Kaíno, seu irmão adotivo, o qual, já um tanto instruído nos preliminares dos conhecimentos humanos que os kobdas davam à juventude, sorria astutamente da candura e da ignorância de Abel em determinadas matérias. Eram os dois os alunos mais novos que havia no Pavilhão do Rei, e alguns dos kobdas ouviram este diálogo entre ambos os adolescentes — diálogo que deixa entrever o caráter, a índole e as aspirações de cada qual:

— Tu não devias ter vindo a este Pavilhão — disse Kaíno a seu irmão.

— Por quê? — perguntou Abel intrigado.

— Porque és demasiado pequeno para compreender os elevados ensinamentos dados aqui.

— O rei e nosso pai quiseram que eu viesse e estou aqui. Eles sabem que sou pequeno.

— Além do mais... não sei o que existe entre tu e eu, pois não me sinto bem perto de ti e gostaria que ambos estivéssemos sempre a uma grande distância um do outro.

Abel ouviu e calou. Mas um dardo doloroso e cruel feriu seu sensível coração de menino acostumado ao terno amor de quantos o rodeavam.

— Tens ódio de mim, Kaíno? — perguntou Abel repentinamente.

— Não. Por que haveria de tê-lo? Contudo, não compreendo porque todos te amam tão desmedidamente que qualquer um diria que és um prodígio. És igual aos demais. Lá em nossa casa todos pensavam em ti e não viviam a não ser para ti, começando por nossa mãe; e aqui é a mesma coisa. Até o mais melancólico dos kobdas, Suri, que está sempre sombrio e silencioso, ri e brinca quando tu te aproximas.

"E por que eu me vejo sempre esquecido e descuidado de todos? Não és um menino igual a mim?"

Abel meditou estas palavras e, comparando-as em sua mente com a realidade dos acontecimentos, viu que era verdade.

Ele não era capaz de compreender nem conhecia as leis da afinidade, atração e simpatia que exercem sobre todos os seres os espíritos muito avançados que têm uma formidável irradiação de amor ao seu redor, até quando seu desenvolvimento físico não saiu ainda da infância. Não podia, pois, defender-se de modo eficiente das frases de Kaíno.

— Pois eu vou querer-te muito, em compensação por todos os que se descuidam de ti ou te esquecem — disse suavemente Abel tomando a mão de seu irmão. — Queres que brinquemos com os pássaros voadores?

— Essa brincadeira está bem para a tua idade, que és um garotinho, mas não para mim que já sou um homem. — E, mal-humorado, se afastou, deixando Abel pensativo e silencioso.

Dhabes, que vigiava Kaíno mais de perto, escutou o diálogo e percebeu que ia aprofundando-se a repulsa de Kaíno por Abel. Chamando Erech, Ozias e Heli, de alegre e jovial temperamento, disse:

— Abel é um campeão na brincadeira dos pássaros voadores e busca companheiros para uma partida. Como são três os que necessita, pensei em vós. Até a refeição da noite tendes bom espaço de tempo para sairdes vencedores ou vencidos.

Aceitaram encantados, e Abel, que tinha uma boa provisão de pássaros de todas as cores, proveio cada qual do seu. Com isto quis Dhabes dar uma lição em Kaíno, que julgava perder parte de sua superioridade se se prestasse em brincar com um menino de menos idade que ele.

— Eu sei que ganharei de vós — disse Abel, feliz em ter por adversários três jovens kobdas que sempre lhe demonstravam muito carinho. — Se eu ganhar, exijo que me digais três coisas:

"Por que a Lua e as estrelas têm medo do Sol e fogem da sua presença?

"Por que Abiron encontrou homens, mulheres e crianças escondidos nos canaviais das ilhotas do Rio Grande?

"Onde se esconde o carro dourado do Sol todas as tardes até o dia seguinte, quando volta a aparecer?"

Os três kobdas se entreolharam sorridentes e responderam a uma voz:

— Muito bem, Abel. Se ganhares, nós responderemos a essas três perguntas. Mas, e se nós ganharmos?

— Se vós ganhardes, direi a cada qual um segredo de grande valor.

— Sim? Então és um homem de muitos segredos?

— Tantos!... Prestai atenção, eu sei onde estão mais de trinta ninhos de codornizes com ovos. Eu sei onde estão uns ossos muito brancos e muito formosos que o rio lavou e que se assemelham à neve, e neles há uma formosa corrente de pedrinhas da cor que têm as flores de cereja. Eu sei onde Abiron guarda uma sacolinha de brilhantes passarinhos e flores de um brilhante cristal verde que arroja luz quando o Sol bate nelas!...

— Homem... Abel!... Isso é um carregamento de segredos demasiado pesado para um menino como tu — exclamou Heli, rindo em conjunto com seus dois companheiros do tom de mistério que o menino dava à sua confidência.

Aceito o combinado por ambas as partes, começaram a brincadeira.

Enquanto os pássaros verde, vermelho, azul e amarelo voavam em todas as direções, Kaíno observava a curta distância com os olhos cheios de lágrimas, destroçando com os dedos nervosos pequenos ramos de folhagem que caíam sobre ele dando-lhe sombra e frescor.

Ibrin, que era o encarregado de entender-se com os lavradores dos campos imediatos, entrou com eles no pátio da brincadeira para transplantar mudas de oliveira, videira e cerejeira. Encantado com aquele animado quadro de brincalhões, tomou outro pássaro e perguntou:

— Permitem que eu entre na brincadeira?

— Sim, entra, entra — respondeu o menino, cujo formoso semblante estava tingido de suave cor rosada pela animação da disputa. — Entra, mas se eu ganhar terás que me fazer um arado pequeno para que eu rompa a terra ajudado pelos meus cordeiros.

— E que me darás se eu ganhar? — perguntou Ibrin, fazendo voar um pássaro branco.

— Eu te direi onde está oculto um ninho de calhandras com filhotes, para que possas criá-los.

263

Um jovem lavrador observava aquele formoso menino de madeixas bronzeadas, de olhos cor de folha seca, vestido com uma roupagem azul que apenas lhe chegava aos joelhos e umas sandálias de fibra vegetal de variadas cores.

Abel viu tanto amor e tanto desejo no jovem lavrador que lhe disse:

— Se queres, vem brincar, mas já se acabaram todos os meus segredos e não tenho nada para te pagar se me ganhares.

— Vem, Jalime — disse Ibrin, que tinha mais intimidade com ele.

Jalime, com timidez no princípio e com grande desenvoltura depois, começou a brincar. Mas tropeçou numa pedra e caiu, fazendo uma pequena ferida no ombro. Então Abel, enternecido quase até o pranto, disse enquanto lhe faziam um curativo:

— Porque te feriste e perdeste mais que todos, serão teus todos os segredos que tenho.

Eis aí as palavras que puseram em evidência o que o Espírito de Luz seria para os débeis, os doloridos e os sofredores da humanidade.

Jalime foi depois o esposo da irmã de Ibrin, em quem o espírito de Madina tomou encarnação humana.

Mais tarde esteve perto do Verbo de Deus na época de Moisés e foi um levita de nome Sedequias; e nos dias luminosos e heróicos de Jesus de Nazareth foi Matias, filho de José, meio-irmão mais idoso do grande Apóstolo da Palestina.

OBSERVAÇÕES DE ABEL

Uma manhã, ao romper da aurora, Adamu e Évana entraram no jardim do Pavilhão da Rainha, onde tinham facilidades para entrar sempre que quisessem.

— Que ocorre? — perguntou Ada quando os viu.

— E aqui, o que acontece? Porque na noite passada tive um sonho horroroso. Vi levantando-se no horizonte um Sol cor de sangue; vi um velho maligno e astuto que levantou seu rosto por trás desse Sol e disse, entre gargalhadas horríveis: "Ah, ah!... O profeta que vem iluminar o mundo está com o seu rosto no pó e as suas costas abertas por um machado."

Ao mencionar estas palavras, Évana cobriu o rosto com ambas as mãos, pois parecia que continuaria vendo o maligno ser que a atormentara em sonhos.

— Acalma-te — disse Ada — pois teu filho dorme tranqüilamente na antecâmara de Bohindra. Tu podes passar para vê-lo, Adamu, e trazê-lo aqui para que sua mãe o veja. — Adamu passou pela sala de música ao pavilhão dos meninos e pouco depois voltou com Abel e o kobda rei.

264

— Mas que significam estes alarmes, minha filha? — perguntou Bohindra acariciando Évana. — Não sabes que sou eu o guardião do teu filho?

Entretanto, abraçada a Abel, Évana chorava desconsoladamente, até que, comovido em alto grau, o menino disse ao rei e a seu pai:

— Se ela padece porque não estou em casa ao seu lado, deixai-a viver aqui, se vos agradar.

— E eu, meu filho? — perguntou Adamu. — Sem tua mãe e sem ti, que faria eu naquele horto solitário?

— Venham os dois. Não está bem assim? — perguntou depois a Bohindra, que o deixava falar para observá-lo.

— Não será melhor que tu voltes com os teus pais para a casa do horto? — perguntou Évana, tranqüilizando-se pouco a pouco.

— Oh!... Isso não... Embora eu vos queira muito, isso não! — respondeu o menino.

— E por quê? — perguntou novamente Bohindra.

— Porque vós mantendes escrito num corredor de "A PAZ" estas palavras: "Lembrai continuamente que o Altíssimo não afasta sua misericórdia de nossos desventurados irmãos que, levados por desejos humanos, abandonaram a Casa de Deus." Se eu for, serei um desses *desventurados irmãos*.

Todos se assombraram desta resposta, e Bohindra, tomando o menino pela mão e aproximando-o de seu coração, disse emocionado:

— Falas como um ser cheio de conhecimento. És um perfeito kobda em teus doze anos e sem vestir a túnica azulada.

"Pois bem. Será feito como disseste, e os teus pais habitarão aqui no Pavilhão da Rainha juntamente contigo."

— E eu passarei contigo ao Recolhimento da tarde na rotunda, porque o Patriarca tem uma poltrona designada lá para mim e eu não posso faltar. Logo serei também um kobda.

— Ah, sim? — perguntaram todos ao mesmo tempo, sorrindo da gravidade com que o menino falava.

— Mas ainda és muito menino, meu filho — disse Adamu.

— Mas ser um kobda é privilégio dos de muita idade? — perguntou Abel assombrado. — Não acabas de dizer, ó rei, que sou um kobda perfeito?

— E por que essa pressa? Mais adiante terás tempo suficiente.

— Então não devíeis ter escrito em vossas tábuas: *"Não retardes para outra aurora o que de bom podes fazer na de hoje."*

— Mas aprendeste de memória todos os conselhos gravados em nossas paredes?

— Ao que parece estão lá para ser aprendidos. Além do mais, Sênio me disse que Agnis está aqui desde muito menino, e também Geuel. Oh!... Vestir a longa túnica azulada é a coisa mais formosa que existe — disse Abel como que sob o encanto de uma visão de glória que o entusiasmava.

— Entretanto, vestir a longa túnica azulada que cobre o kobda da garganta aos pés não é tudo. Ela é apenas um símbolo de que já não existem nele desejos nem ambições humanas, porque não é mais um *homem,* mas um reflexo do amor de Deus

265

sobre os homens. A túnica azulada é apenas um símbolo, meu filho, porque ela não faz o kobda, que deve sê-lo no mais profundo do seu próprio espírito sacrificado em seus gostos, desejos e ambições quando eles não estão de acordo com a grande Lei:

"Extrair do fundo de todas as coisas o que de mais formoso existe nelas."

Assim falou o kobda-rei, procurando despertar cada vez mais a lucidez espiritual do Messias-menino, adormecida ainda pela sonolência mental que chamamos infância.

— Por exemplo — continuou Bohindra — tu te vês amado por todos. Que deves extrair desse formoso sentimento de todos para contigo?

O menino fechou em recolhimento seus meigos olhos cor de folha seca e pouco depois respondeu:

— Amam-me porque me julgam bom, contudo devo ser muito melhor do que posso parecer diante de todos.

— Muito bem, Abel, respondeste muito bem. Agora dize-me: se te visses rodeado de hostilidade e no meio de seres que cometessem toda a classe de desacertos e erros em tua presença, que extrairias de tudo isso?

— Se todos me odiassem e cometessem maldades em minha presença, eu procuraria esconder-me no grande coração do meu Pai-Deus, onde não chegaria a mim o ódio dos homens, e lhe pediria que desse sabedoria às minhas palavras para afastá-los das suas maldades e dos seus erros.

— Perfeitamente! A união ao Ser Supremo é o grande segredo do êxito em todo apostolado de ordem superior.

"Que te parece pode existir de formoso e grande na vida dos kobdas?" — voltou Bohindra a perguntar.

— Reparai. Andei muitas vezes pelas plantações e pelos campos de pastoreio com o meu pai, com o avô ou com Sênio. Vi os lavradores e os pastores. Um queria uma coisa e o outro queria o contrário, e disputavam entre si. Com as mulheres ocorre o mesmo. Havia briga e desacordo, e o meu pai, Sênio e o avô tiveram que se colocar no meio para que não se maltratassem uns aos outros; e às vezes por coisas tão pequenas que não valem mais que o feno levado pelo vento. Um pastor queria dar de beber às suas ovelhas no lado de trás do horto da nossa casa; o outro queria levá-las ao primeiro arroio que está no outro lado do bosque. Um tangia as ovelhas para lá e o outro para cá, e elas assustadas se agruparam em tropel e mataram os cordeirinhos recém-nascidos.

"Outra vez vi uns lavradores. Um deles queria semear trigo onde o outro pretendia plantar o milho. Alguns abriram canais de regadura para o nascente e outros queriam para o poente, e na obstinação se irritaram, dizendo-se mutuamente grandes insultos e olhando-se com ódio e rancor. Entre os kobdas nunca ouvi uma disputa, entretanto parece que todos querem a mesma coisa, e quando um manifesta um desejo, o outro já o desejava também. Jamais ouvi um de vós manifestar um desejo que fosse contrariado pelo outro. Prestai atenção no que vi um dia: Jamin limpou o pó de uma túnica sua quando voltava do campo arado e a deixou pendurada ao Sol no terraço. Dhabes, que é de igual estatura, fez o mesmo com a sua. Mas o vento levou a de Jamin, que ficou oculta atrás da parede da escada. Eu observava da janela da sala de música. Quando iam ser fechadas as portas, os dois saíram em busca das suas túnicas. Dhabes tinha a sua túnica na mão quando chegou Jamin, que lhe disse:

266

'Ela é minha. Eu a pus aqui.' Eu esperava que Dhabes dissesse: 'Não, esta é a minha', como na realidade era, e julguei que iria ver uma disputa entre dois kobdas, mas meu assombro foi grande quando vi que Dhabes, sorridente, lhe disse: 'Perdão, eu me enganei', e deu a Jamin a túnica. Eu desci correndo e disse a Dhabes que a túnica era a sua, e que a de Jamin estava atrás da parede da escada.

"— Não é nada, meu filho — disse. — Eu ficarei com esta, visto que a ele pareceu que aquela era a sua.

"Com isto acabou tudo até que Jamin se deu conta depois, e cada um tomou a sua."

— Vejo que és um grande observador — disse Bohindra — e que recolhes o ensinamento que se desprende de todas as ações boas e más dos homens.

— Se nunca brigais nem vos excitais nem disputais e todos pensais em tudo da mesma maneira, deve ser porque andais vestidos da mesma cor — disse o menino — e assim como é igual a vossa vestimenta, são iguais os vossos pensamentos e os vossos desejos. Por que não vestis a túnica azulada em todos os homens da Terra para que todos pensem da mesma forma e não briguem nem disputem nem se odeiem jamais? Assim haveria entre eles a harmonia e o amor existente entre vós.

Bohindra estreitou o menino ao seu coração e deu um longo beijo em sua testa.

— Chegaste aonde eu queria, meu filho! — disse Bohindra. — Falta muito para que todos os homens possam vestir a túnica interior da fraternidade verdadeira e do verdadeiro amor de uns para com os outros, que é o significado da nossa túnica azulada, todas de igual forma e cor.

"Nossa lei diz, pondo o alicerce no nosso tempo espiritual de harmonia e paz:

" 'Prefere perder tudo, até a honra e a vida, antes de causar aversão entre tua alma e a de teu irmão.'

" 'A labareda da disputa destrói as semeaduras florescentes no horto de teu espírito. Expõe teu pensamento e, se for ele rechaçado, cala, pois se tens a verdade, ela surgirá por si só.'

" 'Procura pensar no que existe de mais belo, nobre e melhor em todas as coisas. Quando teu irmão pensar diferente, encerra-te dentro de ti mesmo e pede a Deus que te livre de todo o erro.'

"Compreendes, Abel? Estes são os fundamentos da paz e da harmonia dos kobdas. Antes de vestir a túnica azulada, o aspirante deve ter aprendido a aceder à vontade dos seus irmãos em tudo o que não for contrário à santa lei da pureza e do amor, que é a base do nosso progresso espiritual.

"Queres vestir a túnica azulada. Supõe que os teus pais não estejam de acordo por causa da tua pequena idade. Que deves fazer então?"

— Aprenderei a vesti-la interiormente, esperando que eles estejam contentes da aparência exterior.

Évana abraçou seu filho e Adamu beijou seus bronzeados cabelos.

— Sim, meu filho, nós queremos o que tu queres, contanto que nos seja permitido estar bem perto de ti — disse Évana, incansável em acariciar seu formoso filho.

— Viste, Bohindra? Minha mãe é kobda e boa kobda, porque quer o mesmo que eu quero. E tu, meu pai? — perguntou a Adamu, cujos olhos estavam cheios de lágrimas.

Aldis e Sênio chegaram nesse momento na porta de entrada e Bohindra disse:

— Aqui vêm os avós. Tira a prova, Abel, se eles são bons kobdas e se também querem como tu.

Inteirado do que ocorria, Sênio disse:

— Não será o primeiro caso de um kobda menino, porque há em nossas crônicas o relato de que Numu teve ao seu lado um menino de doze anos, que vestiu a túnica branca que então levavam. Ele se chamava Adônis, e era um espírito companheiro de Numu, ou seja, o Verbo Divino de outra esfera do mesmo sistema da Terra.

— Por minha parte — disse Aldis — aceito e quero o que vós decidis. Em outro caso eu me oporia, mas neste, tão excepcional e único, creio que é impossível divergir em nosso modo de pensar.

— Que dizes, Adamu? — perguntou Bohindra.

— Digo que aqui todos vamos sentindo-nos kobdas, e que não tenho coragem de contrariar a vontade do menino. Parece-me que ele ouve a Voz Divina mais claramente que nós.

— Como vês, Abel, todos somos bons kobdas.

— Mas Ada, que é minha grande amiga, ainda não falou — insistiu Abel.

— Eu espero que fale o nosso rei. Conforme for o seu desejo, será o meu.

— Esta noite se decidirá na concentração comum na Morada da Sombra — respondeu Bohindra. — Estás de acordo?

— Tanto, tanto, como quando Sênio me presenteou com os primeiros cordeirinhos! — disse Abel, abraçando a todos com uma felicidade que até então havia sido vista poucas vezes nele.

O Caminho das Trevas

Umas horas depois correu em "A PAZ" e seus anexos a notícia de que Abel vestiria a túnica dos kobdas dentro de quarenta auroras, e que Kaíno tinha desaparecido do pavilhão nessa mesma noite, sem que ninguém lhe conhecesse o paradeiro.

Adamu e Évana lamentavam em extremo o acontecido, pois recordavam-se do tempo em que receberam esse menino como uma dádiva de Deus e o amaram e ele os amou, enquanto estiveram consagrados unicamente ao seu carinho. Mas, quando a chegada de Abel absorveu muito daquele amor que lhe havia sido outorgado, foi notória a mudança no caráter do órfão. Aqui cabe fazer um pequeno estudo sobre os espíritos como Kaíno.

As Inteligências Superiores encarregadas de assistir a evolução dos seres encaminham-nos por caminhos e circunstâncias que lhes facilitam esta evolução. Kaíno era um espírito já velho, originário do planeta Pólux, onde as encarnações de poderio e grandeza o deixaram vegetar por séculos e séculos sem nenhum avanço em seu progresso espiritual. Intelectualmente era bastante cultivado, entretanto muito atrasado em sua evolução moral. Profundamente egoísta e de um orgulho desmedido, julgava a si mesmo como uma luz. No campo intelectual o era. Quase sempre esta classe de espíritos são enviados a mundos inferiores para impulsionar a evolução intelectual de raças primitivas, enquanto, por sua vez, vão adquirindo, à força de repetidas provas, um pouco mais de conhecimento de si mesmos. No autoconhecimento está contida a ciência espiritual verdadeira, que desvenda ao homem o que é e não o que julga ser.

Como espírito, poucas vezes Kaíno esteve de acordo com os planos formados pelas Inteligências Superiores para o desenvolvimento da missão conjunta de elevação da humanidade terrestre, e por causa destas contínuas rebeldias veio a tomar sucessivas encarnações que lhe facilitavam servir de contradição ao desenvolvimento da obra comum do lugar escolhido por ele para sua atuação.

Como encarnado, viu-se sempre vencido pelo egoísmo e pelo orgulho, por causa de um desenvolvimento intelectual que o fazia julgar-se superior a todos. Na eterna carreira espiritual dos seres através de séculos e de mundos, é, ao que parece, um sintoma muito alarmante num espírito, sua rebeldia ao pensamento impulsionador da evolução do planeta ou mundo em que atua, porque esta rebeldia o coloca por lógica conseqüência fora da aura protetora e benéfica do Grande Guia da Humanidade.

Este foi o significado oculto daquelas palavras do Profeta Nazareno aos que se glorificavam de encontrar-se tão próximos da pessoa humana do Verbo: "A palavra de Verdade que Vos dou, é mais que minha carne e meu sangue, é como o pão e o vinho que nutre o vosso corpo. Aquele que não comer deste pão e não beber deste vinho, não verá o Reino de Deus." Palavras alegóricas que algumas ideologias cristãs tomaram como base de certos ritos que tendem a infundir nas almas a necessidade de purificação para unir-se mais intimamente com a Divindade. A eucaristia é um exemplo.

O Mestre quis significar que todo aquele que se rebelasse contra a Palavra da Verdade, que ele trazia da Alma Geradora do Universo, não veria o Reino de Deus. Dizia uma grande verdade, porque o Reino de Deus, ou Plano Dévico, ou Mundo dos Messias, é a morada dos seres chegados à mais alta perfeição, e até ali não se chega nos globos de ar do orgulho e da vaidade, mas pelos caminhos obscuros, silenciosos e doloridos da renúncia, da abnegação e do sacrifício. Eis por que os antigos kobdas, conhecedores da verdadeira ciência espiritual, buscavam no amor, na paz e na harmonia perfeita com a lei ditada pelas Inteligências Superiores, sua evolução e seu aperfeiçoamento.

Kaíno poderia ter dado um grande passo em seu progresso nessa etapa de vida material, mas, sempre rebelde ao plano traçado pelo Guia da Humanidade e seus elevados auxiliadores, saía ele mesmo, por seu livre-arbítrio, da aura de proteção emanada por aqueles, e seus desacertos eram contínuos, causando graves males coletivos e individuais. Ordinariamente são estes os caminhos seguidos pelos seres que, havendo evoluído apenas no sentido intelectual, descuidaram do cultivo da ordem moral por julgá-lo de escassa importância. O orgulho, satisfeito pelas grandes obras materiais realizadas com o aplauso das multidões, não lhes deixa ver a taça de seu espírito, vazia de merecimentos, vazia de consolos e de felicidade verdadeira; ocorrência essa que lhes impulsiona a novas conquistas materiais para ir assim enganando suas ânsias com a efêmera satisfação emanada dos aplausos e das lisonjas dos homens.

Naquela tarde em que Kaíno se negou a brincar com Abel soltando pássaros voadores, ouviu as *revelações* que o menino prometeu aos que ganhassem dele na brincadeira, e dos três segredos se aproveitou ao forjar seu plano de independência: "Abiron guarda uma sacolinha com formosas pedras verdes que brilham à luz do Sol..." "Na margem do Rio Grande há uns ossos muito brancos entre os quais está uma corrente de pedras de cor das flores de cereja..." "Entre as grandes ilhotas do rio há muitos homens e mulheres escondidos..."

Kaíno já tinha quinze anos conforme o nosso modo de contar. Meditou assim: "Sou aqui uma sobra inútil. Abel será aqui tudo e eu não serei nada. Com o que já aprendi, basto-me a mim mesmo. As pedras de Abiron devem representar um valor muito grande. A corrente de pedras rosadas que está entre os ossos na margem do rio deve ser igualmente valiosa. As pessoas que vivem entre os canaviais das ilhas são fugitivos dos países vizinhos. Eu posso unir-me a eles e, como certamente são covardes e ignorantes, colocar-me-ão à frente deles e serei o seu chefe."

Quando chegou a noite e todos dormiam no Pavilhão do Rei, tomou formosas vestimentas destinadas ao Chalit e que este nunca usava, pois vestia simplesmente sua túnica azulada, ataviou-se com elas e armou-se com uma bela adaga de punho de prata, uma magnífica aljava cheia de flechas e outras armas, presentes que os príncipes da Aliança haviam oferecido a Bohindra. A luz da Lua cheia iluminava os passos do jovem fugitivo, que, novamente, caía vencido sob o jugo de seu orgulho e ambição. As forças do mal, às quais se entregava ele mesmo inconscientemente, julgaram-se no dever e no direito de tomá-lo sob sua tutela desde esse momento.

Dirigiu-se à tenda de Abiron, que sabia estar desde há alguns dias terminando uns trabalhos de pedra na Casa do Horto, que ia ser usada como abrigo e enfermaria.

Quase sempre, nas choças ou tendas do povo humilde, sob a pedra da lareira costumavam-se guardar os objetos de valor. Ali procurou Kaíno, mas sem resultado. Parecia que uma voz lhe dizia ao ouvido: "Debaixo desses troncos." Achavam-se ali diversos troncos prontos para queimar, pois não serviam para outra coisa. Removeu-os e encontrou debaixo deles, meio enterrado sob a terra e as ervas secas, um pedaço de bambu de dois côvados de comprimento e bastante grosso, pesando muito.

Os ocos dos extremos estavam tapados com madeira. Abriu-o e viu com assombro uma grande quantidade de esmeraldas de grande tamanho que brilhavam como olhos de víboras à amarelenta luz da vela gigante da tenda. Viu que as maiores eram ocas, umas em forma de cubos com diminuta tampa de ouro em torno, de tal forma que fechava hermeticamente. Dentro via-se algo como uma gota líquida de cor escura. Tomou um punhado delas e deixou tudo o mais tal como tinha encontrado. E dirigiu-se para a costa do Rio Grande.

A luz da Lua cheia continuava iluminando os passos do desventurado jovem fugitivo, que teve junto de si a claridade divina e não quis vê-la, que passou junto à taça da vida e não quis levá-la aos lábios.

Buscava os ossos brancos como a neve para usurpar-lhes o tesouro escondido neles e ia tomar justamente a direção onde se achavam quando viu o corpo astral de Madina que se aproximava dele, como em outros tempos, e lhe lambia as mãos.

Uma onda de amargura subiu-lhe do coração à garganta. Recordou sua infância entre o amor de Évana e Adamu e, temendo que a recordação meiga e terna lhe vencesse, deu as costas à visão e começou a correr em direção oposta.

Foi nesse exato momento que Évana, desprendida espiritualmente pelo sono, viu, no plano astral mais próximo do mundo físico, a espantosa visão que lhe causou tanta aflição e terror.

Quando a Lua se ocultou e a pradaria e o bosque ficaram submergidos nas trevas, Kaíno deteve sua marcha e se recostou na formosa manta de pele que subtraíra do guarda-roupa do Chalit. A selva era ali mais emaranhada e as ilhotas do rio ficavam próximas da costa. Apenas começou o dia a aparecer, Kaíno sentou-se sobre uns troncos caídos e espiou a saída das pessoas ocultas entre o bambual. Se eles se ocultavam dos homens da terra, deviam madrugar, e foi assim que, quase junto com ele, começaram também eles as suas atividades.

Pescavam, caçavam aves aquáticas e alguns desciam à terra para recolher ovos de codornizes e frutas silvestres. Com seu arco às costas e apoiando a mão direita no cabo da adaga, colocou-se com grande arrojo diante dos primeiros que desceram das balsas feitas com bambus unidos com fibra vegetal.

— Sou um príncipe exilado por minha família — disse — e busco gente valorosa que queira unir-se a mim para desfrutar minhas riquezas. Sei que vós fugis das pessoas destes lugares. Levai-me para vossas ilhotas e eu prometo organizar-vos como um povo forte, para que deixeis de andar como renas perseguidas por búfalos.

— E se fores um espião e atrás de ti vier gente armada?

— Tomai minhas armas — disse. — Vedes perfeitamente que eu não desconfio de vós.

Kaíno era de formoso aspecto, embora trigueiro de semblante. Seu extraordinário desenvolvimento físico fazia-lhe parecer um jovem de vinte anos. Com as ricas vestimentas que levava, ninguém poderia duvidar de que realmente era filho de um rei.

— Como te chamas?

— Metjuael, do país de Enod.

Havia chegado fazia pouco tempo em "A PAZ" um príncipe deste nome, buscando refúgio por ver-se perseguido por um tutor que queria despojá-lo de seus direitos. O dito príncipe chegara ferido e enfermo, e desencarnou pouco depois de chegar, não obstante terem-lhe sido prestados todos os cuidados necessários.

Kaíno sabia, pois, que ninguém lhe disputaria esse nome.

Seus interlocutores o desarmaram e ele se internou com eles nas ilhotas cobertas

271

de frondosos bambus a dificultar completamente a navegação, fato esse que dava mais segurança aos refugiados no emaranhado e pantanoso delta do Eufrates. Assim desligou-se Kaíno da suave cadeia do amor familiar que tão abundantemente lhe havia sido brindado nos dias de sua infância abandonada e trágica, para empreender uma vida conforme às suas ambições e anelos. Aquela gente estava quase toda à margem de toda a lei. Uns eram escravos fugitivos de seus amos; outros, delinquentes escapados da justiça dos homens, ou restos de exércitos vencidos e desfeitos que haviam fugido das torturas a que seriam submetidos pelos vencedores.

A magnífica coleção de enormes esmeraldas, talhadas na forma de pássaro a flores, que ele subtraíra do esconderijo secreto de Abiron, acabou de vencer os temores dos mais desconfiados, e, ao amanhecer do dia seguinte, Kaíno era proclamado rei daquelas tribos semi-selvagens e nômades.

Seu orgulho começava a vislumbrar resplendores da glória e da felicidade a que anelava.

Enquanto isto ocorria, Abel, placidamente sentado junto a Bohindra na sala de música, escutava seus ensinamentos preparatórios para ser devidamente recebido como kobda ao fim das quarenta auroras que tinham sido fixadas como prazo. Das casas de mulheres kobdas começavam a chegar as túnicas azuladas diminutas e esmeradamente confeccionadas para o kobda-menino, ao qual todas queriam ter a felicidade de cobrir com a vestimenta-símbolo do fim da vida dos sentidos e do início da vida espiritual.

Encantado, examinava Abel as túnicas que as mulheres kobdas com terna solicitude lhe ofereciam, mas ele disse em voz baixa para que somente sua mãe ouvisse:

— A que as tuas mãos teceram, minha mãe, será a que primeiro cobrirá o meu corpo.

Quando o desaparecimento de Kaíno foi comprovado, Bohindra, que desde o dia de seu desposório com Ada havia sido constituído como suprema autoridade dos kobdas naquelas comarcas, chamou seus dois conselheiros, Sisedon e Tubal, e os jovens kobdas que haviam intervindo no pavilhão dos meninos, para indagar sobre os motivos daquela fuga precipitada.

Tubal, que em sua juventude fora encarregado do Arquivo e das Crônicas da velha Instituição, levou o rumo dos pensamentos e julgamentos de seus companheiros para o itinerário percorrido por este espírito durante muitíssimos séculos. As clarividências de Dhabes e algumas comunicações recebidas pelos escreventes sonâmbulos, ou manifestadas verbalmente pelos bons médiuns de transe que possuíam, haviam-lhes proporcionado a certeza sobre o passado deste ser e também sobre algo de seu futuro.

Isto tranquilizou o ânimo de Bohindra, que temeu no primeiro momento alguma culpabilidade da parte dos que mais imediatamente tinham tratado com o jovem. Pôde comprovar que todos haviam cumprido a recomendação de Dhabes, de dar grande atenção à educação de Kaíno, em cuja aura ele via bem acentuada as tonalidades que denunciam, sem deixar lugar a dúvidas, a existência de velhos ódios, rancores, e uma ambição de grandezas nunca satisfeita.

Percorreram o Arquivo das Idades na parte dedicada aos espíritos emigrados de

Pólux e ali encontraram o nome de RAIBEL, que era o que naquele planeta correspondeu a Kaíno, conforme comprovaram por intermédio de diferentes médiuns em transe, por diversos sonâmbulos escreventes e por clarividências efetuadas ao mesmo tempo, estando os médiuns afastados cada qual em seu lugar e respondendo ao pensamento de Bohindra, Sisedon e Tubal, que eram os dirigentes dos trabalhos espirituais.

Raibel havia figurado em Pólux entre a numerosa legião dos *eternos descontentes,* causadores de todos os cataclismos políticos e sociais naquela humanidade, da qual tinham sido afastados e repartidos entre diversos mundos primitivos onde podiam buscar sua própria redenção colaborando na evolução material e intelectual de suas humanidades de mui escasso progresso.

Quando o Amor Eterno varreu, com seu sopro divino, a atmosfera de egoísmo e ambição de sobre a face do planeta Pólux, aquela numerosa legião não pôde mais respirar ali, não pôde mais viver ali, e emigrou para outros planetas de ambiente apropriado para ela. Raibel, com muitos outros, veio para a Terra.

Sua ambição levou-o a se colocar sempre nas fileiras próximas ao Verbo de Deus encarnado; e talvez o tenha feito alguma vez com bons propósitos, mas sua arraigada paixão dominante, a ambição, vencia-o sempre, pois jamais chegou a preocupar-se seriamente em dominá-la. O orgulho cegava-o de tal forma que se julgava o possuidor exclusivo de todos os direitos, todos os grandes dotes e os mais excepcionais privilégios.

Continuou sendo na Terra o eterno descontente que havia sido em Pólux. Como rei, esteve sempre em guerras de conquistas e jamais conseguiu o amor de seus povos ou a paz com seus vizinhos. Como homem de leis civis, e como sacerdote de diversas religiões, sempre procurou inovações, nunca baseadas num saudável e ajuizado critério, mas impulsionadas unicamente pelo desejo de se destacar e ser a *figura única* em todo o conjunto.

Seu eterno descontentamento em tudo e por tudo foi a causa de seus numerosos extravios e de seu longo estacionamento nos caminhos da evolução.

Sendo irmão de Anfião, o Rei Santo, esteve descontente da forma de governo implantada pelo soberano e sublevou parte de seu povo com suas teorias de melhoramento que na prática fracassaram. Quando da vinda de Krishna, figurou ele entre as turbas de descontentes e causou o desmembramento dos estados do velho rei de Madure; um amigo seu foi quem atravessou com uma flecha o coração do jovem Príncipe da Paz no qual estava encarnado o Verbo de Deus.

No tempo de Moisés, Kaíno foi Baoned, um filho bastardo da Rainha Gala,* e por sua influência foi expatriada a princesa que foi mãe do Verbo de Deus nessa distante etapa de suas vidas terrestres. Baoned faleceu entre as ondas transbordantes do Mar Vermelho, perseguindo, junto com seu pai,** o povo hebreu que escutara a palavra de Moisés como uma promessa de libertação e consolo na suprema dor da

---

* Gala, esposa legítima do Faraó Ramsés I.

** O Príncipe Leão Bardi, inimigo de Moisés e de sua mãe.

escravidão, da fome e dos trabalhos forçados a que tão brutalmente se achavam submetidos.

Tudo isto, passado e futuro, vislumbraram os kobdas naquela tarde de conselho sobre o desventurado Kaíno que uma vez mais caía vencido por seu eterno descontentamento, julgando, sob o prisma do orgulho, que os demais eram os culpados, sem perceber e sem poder compreender que era ele mesmo quem estava fora de ordem em seus anelos, em seus desejos e em seus modos de ver e de apreciar todas as coisas que o rodeavam.

Dhabes havia-lhe dito com grande amor:

— O mal acha-se dentro de ti mesmo, e através do reflexo, tu o vês nos demais. O teu desejo de ser *figura única* em todas as coisas é o que causa o teu eterno descontentamento, meu filho. Se te visses tal como és, *um grão de areia* na imensidão do Oceano Infinito que é Deus, como o são todas as suas pequenas criaturas, terias uma grande paz dentro de ti, e te agradaria a inefável suavidade do Amor Divino, que agora deixa seco e vazio o teu espírito porque tu o enches contigo mesmo.

Entristecidos por este doloroso acontecimento, os kobdas prometeram mutuamente seguir com seu pensamento os tortuosos caminhos daquele ser que estivera junto à Luz e, por sua própria vontade, se submergia nas trevas.

— Que nossa miséria não ultrapasse a medida da Piedade Infinita sobre nós como talvez tenha ultrapassado este pobre ser, cuja fuga da Luz tão profundamente nos entristece! — disse Bohindra emocionado, pondo fim àquela reunião.

Um dos cronistas do Arquivo gravou, no lugar correspondente ao sinal com o qual se iniciava o nome de Raibel, a breve história de Kaíno até o momento de sua separação de "A PAZ". Ficava uma boa parte de papiro em branco, e o cronista escrevente pensou: "Como terminará o relato de Kaíno?..." Uma espécie de nebulosa de negra fumaça e sangue escureceu a mente do cronista e ele guardou precipitadamente aquele papiro, que ficava sem terminar.

O HINO DA TARDE

Quando Bohindra voltou ao Pavilhão da Rainha, tinha os olhos avermelhados, como se lágrimas de fogo houvessem queimado suas pálpebras. Mesmo procurando dissimular o fato, não pôde evitar que Ada e Évana o notassem.

— Meu rei padece e oculta o seu pesar de nós — disse a meiga jovem, observando-o com ternura.

— Pois é novidade — acrescentou Évana. — Eu nunca o vi assim.

Abel, que olhava pela janela juntamente com seu pai enquanto os encarregados das plantações executavam vários trabalhos, voltou a cabeça e, ao ouvir o que as duas mulheres diziam, correu para o kobda poeta e músico e, abraçando-o, disse:

— Acaso fui eu o causador da tua dor?

— Não, meu filho — disse Bohindra beijando-o na testa. — Tu não podes causar dores a ninguém, mas só alegria. Vem aqui para que, junto com Ada e tua mãe, cureis este meu pobre coração, que ainda não aprendeu a ser forte ante as desventuras dos homens.

Os quatro sentaram-se em semicírculo junto da janela por onde se via a magnificência do Sol poente, que parecia ir se afundando lentamente atrás do imenso bosque de cedros que se alçava diante do edifício, como um flutuante pavilhão, cheio de rumores e cantos.

— Quantas criaturas de Deus cantam ali a sua grandeza e vivem o seu eterno amor! — exclamou Bohindra, aludindo aos milhares e milhares de aves e insetos cujos rumores e arpejos chegavam como um concerto até a janela.

— Por que cantam os pássaros? — perguntou o menino, escutando.

— Porque eles não estão descontentes como o homem, e sentem-se felizes com o seu pequeno ninho de ervas e plumas para agasalhar os seus filhos. Recolhem água nos córregos e grãos de trigo nas sementeiras para alimentar a sua vida. Bendizem a Deus em sua língua e são felizes com as dádivas que Deus lhes dá. Até as aves e os insetos nos ensinam a viver a verdadeira vida, submersos na grandeza de Deus, sem rebeldias e sem descontentamentos.

— Então eu quero também cantar como os insetos e os pássaros — disse Abel, tomando de sobre uma estante de pedra a lira de Bohindra e oferecendo-a ao kobda. Em dueto com o menino, cantou ele a prece da tarde:

> *Veste a tarde seus dourados véus,*
> *Segue os passos de seu amado, o Sol,*
> *Que em sua nave de nácar e ametista*
> *Fez-se à vela sem dizer-lhe adeus!...*
> > *De seus mantos de ouro*
> > *Apaga o fulgor*
> *Quando perde de vista as velas*
> *Da nave que leva o Sol.*
>
> *Chora a tarde seu dourado ausente*
> *Às flores conta sua ilusão,*
> *E derrama em seus cálices abertos*
> *O caudal de suas lágrimas de amor.*
> > *A tarde chora*
> > *Por seu amado, o Sol;*
> *É tão formoso e ela o ama tanto,*
> *Fez-se à vela sem dizer-lhe adeus!*
>
> *Triste, a tarde silencia os sons*
> *Em penumbra se torna seu esplendor,*

E se escuta no vale e na selva
Qual divina cadência sua oração:
 Eu viver não posso,
 Sem meu amado, o Sol,
Que sua luz é meu alento de vida
E entre seus fulgores me aparece Deus!
Meus véus dourados se fecham em luto
Calai avezinhas, cala rouxinol...
E chegue aos Céus e ardente prece
Que vibra nos ares como uma canção:
 Eterno Infinito
 Devolve-me o Sol
Que vou sempre seguindo seus passos
E ele se fez à vela sem dizer-me adeus!
Vênus, Marte e a Lua vieram
Chorar à tarde seu perdido amor,
E um concerto de harpas siderais
Teceu qual filigrana uma oração.
A prece dolente da tarde
Quando se esconde no ocaso o Sol
Como às vezes se oculta à alma humana
A esplendorosa majestade de Deus!

Chora a alma como a tarde chora
E solta ao vento sua dolente voz
Quando vê que no mar do Infinito
Vai seu Amado sem dizer-lhe adeus!
 E o Amado torna
 Como volta o Sol
E a alma canta e a tarde ri
No êxtase suave do Amor!...

Que havia feito Abel durante as quarenta auroras que precederam a sua consagração de kobda?

Isto é o que vamos averiguar agora.

Os kobdas do Alto Conselho eram os encarregados de preparar o postulante que, juntamente com nove jovens mais, devia consagrar-se ao serviço do Altíssimo e ao bem da humanidade.

Um ensinaria a eles a linguagem esotérica usada pelos kobdas para as gravações e inscrições de ordem espiritual e secreta que somente eles podiam decifrar. Outros explicariam a interpretação que deviam dar à Lei da Casa de Numu. Outros ainda, a forma de proceder nos exercícios mentais e espirituais que constituíam uma das fases da vida interior.

Enquanto Abel se compenetrava de toda a ciência espiritual ensinada pelos kobdas, aprenda-a também o leitor, que talvez encontre nela sublimes lições para o cultivo e desenvolvimento de seu verdadeiro ser.

A LEI
"O Amor é a única cadeia que prende o kobda aos muros da Casa de Numu."

FUNDAMENTOS
PRIMEIRO: Kobda, és habitante de uma pequena estrela a girar incessantemente na grandiosa imensidão, entre milhões de milhões de estrelas maiores e menores que aquela que habitas.

Tão incomensurável universo foi surgindo em diversas eras, ciclos ou épocas, da Eterna Energia Divina que encerra em Si Mesma três poderes: Criador, Conservador e Renovador. Estes três poderes formam a Tríade Divina encerrada na Alma Geradora de tudo quanto existe e existirá.

É o Supremo Criador, o Altíssimo, o Eterno, no qual começam todas as coisas e no qual se refundem e terminam. *Adora* esta Grandeza, ó kobda, e não *adores* nada mais.

SEGUNDO: Muitos seres habitam como tu esta estrela flutuante que chamamos Terra, e todos estão obrigados a interessar-se pela habitação que, no convívio dos mundos e das humanidades, nos foi designada.

Todos estão obrigados a amar e ajudar uns aos outros espiritual e materialmente, para conseguir a *Felicidade, a Sabedoria e o Amor,* que formam a perfeição de todo ser.

TERCEIRO: Sendo a Felicidade, a Sabedoria e o Amor a Tríade que constitui a perfeição de todo o ser, deves consagrar-te com igual esmero em conseguir a Felicidade, a Sabedoria e o Amor. A Felicidade consegue-se mediante a harmonia perfeita entre tu e todos os seres que imediatamente te rodeiam. A harmonia é fruto da delicadeza de pensamentos, palavras e ações, e também da benevolência do coração.

A Sabedoria obtém-se com o estudo das leis eternas que vês regendo o vasto universo, e com a meditação ou concentração de tuas faculdades espirituais em direção ao teu interior, a fim de que, chegando ao conhecimento de ti mesmo, aniquiles tuas imperfeições e possas assim conseguir a íntima união com a Alma Geradora de tudo quanto existe. Conseguido isto, a Sabedoria estará dentro de ti.

Conseguirás o Amor perfeito e divino quando, já purificado de teus maus hábitos, hajas aprendido a não desejar, a não buscar, a não querer nada senão aquilo que é felicidade, sabedoria e amor para todos os seres que te rodeiam.

Estes são, ó kobda, os três pedestais que sustentam o grandioso templo espiritual que queres levantar.

AS COLUNAS DO SANTUÁRIO
PRIMEIRA: A PERSEVERANÇA. Aurora após aurora, Lua após Lua, ano após ano, hás de ir levantando, ó kobda, teu edifício sobre estes fundamentos, sem pressa,

mas com firmeza e segurança. Se te desalentas ou te cansas, por ser muito pouco o que consegues elevar em tua construção a cada ano, é sinal de que ainda és demasiado novo para iniciar estes trabalhos.

SEGUNDA: A OBEDIÊNCIA À LEI. Estuda-a e compreende-a, pois se a compreenderes a amarás, e, amando-a, fácil será para ti abraçá-la como a uma mãe que irá levando-te nos braços por um caminho escuro e pedregoso.

TERCEIRA: O DESINTERESSE. Nenhum motivo pessoal há de impulsionar tuas ações, mas, unicamente, as elevadas razões de justiça e-eqüidade tendentes ao bem de teus irmãos, antes que ao teu próprio.

QUARTA: A CONFORMIDADE COM A VONTADE DO ALTÍSSIMO. Tal é manifestada pelos acontecimentos que não foram procurados por ti e que não podes evitar nem mudar.

Esta conformidade tu a provarás na serenidade com que aceitarás o inevitável, na carência de desejos perturbadores da tua paz, na suave alegria moderada e discreta que deves manifestar na vida de relação com teus irmãos.

QUINTA: DOMÍNIO DE SI MESMO. Teus desgostos, tuas dores, tuas mágoas interiores, devem ser guardados no mais profundo de ti mesmo, e muito injusto serás se obrigares os demais a suportar as intemperanças ou as violências de teu caráter, ou as dores que somente tua própria miséria te causou. Se tua dor tem por causa estranhas contingências, compartilha-a com teus irmãos, e serás aliviado sem lhes causar pesar.

SEXTA: A BENEVOLÊNCIA. É a eflorescência do amor verdadeiro que inunda o espírito e se transborda para o exterior como a água de um vaso demasiado cheio. Se teu trato com os demais é áspero e severo, isto é o fruto de tuas rebeldias interiores que ainda não dominaste.

SÉTIMA: A SINCERIDADE E A CONFIANÇA MÚTUA. Quando decidires te unir a teus irmãos em vida comum, deves afastar de ti, como um veneno destruidor, toda dissimulação, todo engano, toda desconfiança, todo receio, toda mentira. Quando te sentires culpado de um erro, equívoco ou descuido, grande ou pequeno, deves manifestá-lo primeiro, antes que sejas repreendido por ele. Chegado a este estado, guarda-te de negá-lo, porque seria errar duplamente. Se na vida de relação incorres na baixeza e mesquinharia de demonstrar desconfiança em tuas palavras ou em tuas ações para com teus irmãos, convence-te de que ainda estás muito longe de merecer que teus irmãos depositem confiança em ti.

OITAVA: A ABNEGAÇÃO. Sejas, ó kobda, o primeiro em buscar o sacrifício e o último em buscar o galardão. Nunca recostes tua cabeça no leito sem ter feito algo em benefício de teus irmãos. Que te seja igualmente suave receber serviços como prestá-los.

NONA: DESPRENDIMENTO DE HONRAS E RIQUEZAS. Sábio serás se fugires destes dois grandes escolhos da vida espiritual. Ao aceitar a vida em comum eliminaste o último, mas estás exposto a cair no primeiro, se és dado a procurar lugares salientes ou desejas, com inquietação, realizar obras que atraiam a atenção das pessoas.

DÉCIMA: A FRATERNIDADE. Se não te sentes irmão verdadeiro de teus irmãos, completamente desnudo de ciúmes, invejas e aversões, nunca poderás compor com eles o concerto magnífico e divino da conjunta aura de amor necessária para sentir dentro e fora de ti a grandeza da Alma Geradora.

Estas são, ó kobda, as dez colunas que sustentam o santuário que vais levantando.

AS ARCADAS, AS OGIVAS,
A CÚPULA DE OURO

Construídas solidamente as colunas deste templo ou castelo espiritual, surgem, quase por si sós, as Arcadas, as Ogivas e a Cúpula de Ouro que o glorificam e coroam.

ARCADAS

PRIMEIRA: Estudarás a ti mesmo em detido exame a cada dia, como o naturalista estuda uma flor, um inseto, uma raiz, uma pedrinha, uma gota de água. Esse estudo será para averiguar e conhecer a fundo as enfermidades de teu espírito, suas debilidades, a causa de suas inquietações, seus abatimentos e suas quedas. Conhecidas pelo exame as enfermidades e suas causas, aplica-te com perseverança e firmeza a curar a ti mesmo.

SEGUNDA: A vida harmônica em comum é um ensaio na Terra do que é a vida nos mundos de elevação. Procura não deixar nunca teu lugar vazio nos atos realizados em comum, quer sejam eles de ordem espiritual, intelectual, social ou recreativa, porque todos são elos da corrente fluídica que deve unir uma alma com outra alma, se queres, ó kobda, que não sejam estéreis teus esforços para chegar a um alto desenvolvimento de tuas faculdades espirituais. Não te deixes levar pela falsa devoção ou errado conceito da vida interior, que fez muitos fracassarem: a vida solitária e afastada de todo contato humano. Encerrado sempre em si mesmo, o espírito torna-se duro e egoísta porque somente se ocupa de si mesmo e se isola da aura conjunta de harmonia, paz e amor no meio da qual desce a Grandeza Divina para falar aos homens.

TERCEIRA: A perfeita harmonia e *união espiritual* do elemento masculino com o feminino, residentes em grau infinito na Eterna Essência da Alma Geradora, devem os kobdas realizá-la com tanta perfeição como é possível no ser humano. Assunto este grandemente delicado quando não se chegou a certo grau de purificação do ser. Por esta razão, na Casa de Numu, compareçam sempre alguns médiuns de elevado desenvolvimento espiritual, e com não menos de quarenta anos, representantes do elemento complementar, feminino ou masculino, segundo a Casa seja de homens ou de mulheres. Estes mesmos médiuns devem comparecer sempre a todos os trabalhos espirituais, quer sejam realizados entre todos ou simplesmente entre os sensitivos e os instrutores.

QUARTA: Procura educar teus pensamentos, teus desejos e tua vontade, de tal forma que não discrepes jamais do harmônico conjunto de teus irmãos. Para isto necessitas um sacrifício contínuo, pois deves saber silenciar discretamente quando surge uma oposição que possa produzir discórdia, até que a luz da verdade ilumine essas trevas. Vale mais um longo esperar na sombra, que as chamas de fogo a emanar do choque de duas vontades ou pensamentos contrários. É como se dois trabalhadores que levantem um mesmo edifício suprimissem o prumo e o nível. Longe de ti, ó kobda, o mesquinho desejo de fazer prevalecer tua opinião e tua vontade. Desgraçadamente, há demasiado campo para o despotismo na Terra. Guarda-te de trazê-lo também para a Casa de Numu, onde deve reinar a paz, a harmonia e o amor em toda a sua amplitude.

QUINTA: Na vida espiritual, o pessimismo é como a lagarta venenosa que lentamente destrói os jardins em flor. Quase sempre nasce de uma soberba oculta e sutil, com aparências de zelo apostólico ou desejo do bem geral.

Esteja atento, ó kobda, contra essa venenosa lagarta, se vês que surge pelo teu jardim. Se tens consciência de o que é verdadeiramente a vida interior, *jamais poderá invadir-te o pessimismo.*

A Lei Eterna não te obriga a fazer mais do que podes para teu progresso e o de teus irmãos, quando conseguiste o teu. Se cumpres com teu dever, que mais desejas? Se conseguiste dominar com perfeição tuas paixões, e em tua vida de relação estás justamente enquadrado na harmonia e na fraternidade, que mais podes desejar? Onde poderá arraigar-se o pessimismo se buscas somente a Deus, que é infinito? Acaso Sua infinita perfeição e excelsa grandeza pode deixar vazio algum recanto da alma mais anelante? Se o pessimismo aninha-se em ti é sinal certíssimo, jamais frustrado, de que não buscas somente a Deus em tua vida espiritual, mas aprecias as honras pessoais, habilmente dissimuladas pela vaidade e pelo amor próprio, que se misturaram como venenosas lagartas para destruir tua plantação.

O pessimismo é o vazio da alma. Pode estar vazia a alma que busca a Deus e que O tem dentro de si?

SEXTA: A Paciência, que é necessária para obter êxito nos distintos aspectos do progresso humano, é ainda mais indispensável na vida espiritual, onde não se luta

280

com elementos tangíveis e com forças materiais, mas intangíveis, invisíveis e imateriais.

És um viajante eterno, ó kobda, e necessitas encher abundantemente teu odre de azeite para que te seja suficiente até o final da viagem; este azeite é a paciência que suaviza todas as asperezas e que faz girar regularmente as secretas engrenagens e molas de tua vida interior. Esta paciência é necessária contigo mesmo e muito mais com os seres com quem convives e com os acontecimentos que, sem buscá-los, te ocorrem.

Não deves irritar-te contra ti mesmo quando te veres vencido por tuas paixões e debilidades, ou caíres em descuidos ou faltas que queres evitar, mas humilhar-te ante Deus e continuar novamente o teu caminho.

Não deves irritar-te contra os demais quando, numa ordem ou outra, não correspondem ao que tu esperas deles, e tranqüilamente deves pensar que sua evolução é ainda escassa, que são espíritos jovens, e que se foram postos em teu caminho será para que os ajudes e não para que, irritado, te afastes deles, com o que nada sairias ganhando nem para o teu progresso nem para o deles.

SÉTIMA: Nos caminhos espirituais, coletivos ou em comum, é perigoso o desejo febril de apalpar o êxito, se este desejo produz inquietação e perturbação da paz e da serenidade interior, porque esta perturbação e inquietação nos afastam do êxito em vez de nos aproximar, a estorvam grandemente o desenvolvimento das faculdades psíquicas até a maior perfeição possível. Para chegar às maiores alturas no cultivo das faculdades mais elevadas do ser, é indispensável que o espírito chegue a uma passividade suave e serena, de forma que esteja sempre pronto a todo esforço e sacrifício para conseguir o êxito, contudo sem ansiedade e sem inquietação de nenhuma espécie, devendo sempre o kobda fazer esta reflexão: "Cumpro com o dever que me impõe a vida espiritual e a vida em comum." Se a resposta de tua consciência é afirmativa, nada deve inquietar-te. Se é negativa, és tu quem deves aplicar o remédio.

OITAVA: Se fores destinado a obras materiais dentro ou fora da Casa de Numu, aplica-te a elas com amor e desinteresse de forma tal que encontres o mesmo amor e desinteresse na Grandeza da Alma Geradora ao lavrar uma madeira, ao cortar uma pedra, ao abrir um sulco, ao limpar o mato num jardim, ao condimentar os alimentos e ao prestar os mais humildes serviços; ao contemplar o giro harmonioso dos astros, ou a criação de imagens que plasmas numa tela ou de imagens impalpáveis que esboças nos cânticos mais sublimes, ou nas mais divinas harmonias arrancadas das cordas dos instrumentos musicais. Porque a grandeza não está nas coisas, mas na alma daquele que realiza as coisas. As coisas são criações nossas que morrem e aniquilam. A alma é emanação do Eterno e perdura eternamente. Observa mais a tua alma que as coisas.

NONA: A generosidade espiritual é o mais elevado dos desprendimentos. O que obtiveste ou realizaste, deve ser para todos os que o desejam e se colocam em condições de compreendê-lo e praticá-lo. É uma face sutil do egoísmo pretender o direito de propriedade pelos trabalhos realizados em meio ao conjunto e para o conjunto, como também sobre as dádivas espirituais recebidas para ensinamento de todos os que chegarem a beber em nossas fontes.

Se és sensitivo, ó kobda, e recebes do alto as divinas vibrações do Amor Eterno, e as plasmas na palavra ou na escrita, ou na gravação, nada é somente teu, e tudo quanto obténs e quanto fazes, seja na ordem que for, é trabalho de todos e para todos. As palavras *teu e meu* não existem no vocabulário do kobda consciente do que é. Se és artista do pincel, tuas obras são de todos e para todos. Se és músico, tuas melodias são de todos e para todos. Se adquiriste grandes conhecimentos na ciência divina ou humana, grava-os em teus papiros e entrega-os ao conjunto, porque teus irmãos são tu mesmo desde que entraste na conjunta aura de amor e harmonia com eles.

Estas são, ó kobda, as nove arcadas que correspondem às dez colunas de teu edifício espiritual.

AS OGIVAS

Eis aqui as janelas por onde tua alma surgirá, ó kobda, para conhecer as perfeições infinitas da Alma Geradora, para receber os resplendores do Eterno Amor, para aspirar a essência da Sabedoria Divina.

Mas será inútil que procures olhar através delas se não estiveres seguro dos fundamentos e das colunas de teu Castelo Interior; porque, caso contrário, olharás e só encontrarás a névoa salpicada de luzes fátuas e enganosas fantasias, emanação de tuas paixões ainda demasiado vivas e de teus desejos demasiado inquietos e febris.

PRIMEIRA: O Altíssimo deixa na escuridão os soberbos e derrama sua luz sobre os humildes. Reconhece-te débil, carregado de misérias e enfermidades; derrama tua alma num heróico ato de amor para com todos os seres que te rodeiam e, quando nem um único eco de protesto se levantar dentro de ti, dirige fixa tua mente para o plano onde reside teu *eu superior,* teu *Ego,* tua *chama viva.* Ouve uma voz de reprovação e queixa-te pelos fracassos que vida após vida colheste.

Através de teu Ego receberás o pensamento conjunto dos Guias da Evolução humana que te farão sentir a grandeza de Deus e seu Amor Eterno.

Perceberás que tua união com Eles foi real se, ao sair de tua concentração, te sentires mais forte para dominar teu mundo passional e afetivo, mais inundado de amor, suavidade, tolerância e bondade para com teus irmãos e para aceitar passivamente o que de penoso e inevitável se apresentar diante de ti, quer no plano espiritual, quer no material.

SEGUNDA: Quando tiveres chegado à plena quietude daquilo que somente Deus deseja, daquilo que somente Deus busca e daquilo que Deus vê em todos os seres e em toda as coisas grandes e pequenas, perfeitas ou imperfeitas, abrir-se-á diante de ti a segunda ogiva que te dará a conhecer o caminho eterno desde o princípio até o fim, e chegarás a ver-te nos começos de tua evolução e no final dela, quando fores um raio da Luz Incriada, uma vibração da Eterna Harmonia, uma potência das ilimitadas potências da Energia Divina.

TERCEIRA: Esta ogiva, mais iluminada e perceptível que as duas anteriores, é a comunicação direta, ou por intermédio de bons médiuns de transe, com as almas de igual ou maior evolução que a tua, e principalmente e mais que tudo, com o Espírito de Luz, transmissor da Lei Eterna, Verbo de Deus e Messias de sua Vontade Soberana.

Se chegaste até aqui, ó kobda, e ainda não aniquilaste as paixões dentro de ti, fica apreensivo e pede a Deus piedade por esta tua jornada, porque demonstraste ser pedra dura e fria, por onde resvalou sem penetrar a água divina vertida em caudais sobre ti.

A CÚPULA DE OURO

Se nas Bases, nas Colunas e nas Ogivas te achas plenamente seguro, então vem por si só a Cúpula de Ouro que coroa teu Santuário Interior.

É a capacidade que terás adquirido para irradiar de ti a Bondade, a Luz, a Paz e o Amor Divino de tal forma que sejas como um transbordamento de água clara no meio de teus irmãos.

Então terás *extraído do fundo de todas as coisas o que de mais formoso existe nelas.*

Então descansarás à sombra de teu Santuário já coroado; e, terminado teu trabalho de séculos, poderás exclamar ao entrar em teu repouso:

"Alma Geradora!... Tudo foi consumado! Abre para mim o caminho da imolação em favor de teus filhos menores!"

A Alma Geradora te submergirá em sua felicidade inefável durante um lapso de tempo chamado o Repouso na Luz, prêmio, galardão e descanso merecido por teu esforço em adquirir a perfeição.

Novamente sairás de entre seus braços, consolado e confortado. Sairás ungido para a imolação, como guia de humanidades primitivas. Então estarás *sobre o humano*; serás o Pensamento de Deus; a Felicidade de Deus, o Verbo de Deus, a inefável Felicidade de Deus.

A Felicidade encerrada no Amor, somente a sentirás em toda a sua plenitude quando hajas morto o egoísmo.

Esta é, ó kobda, a Lei ditada por Numu aos dez Fundadores há mil e trezentos anos.*

---

* Ou seja, 9.600 anos antes de Jesus Cristo.

O Kobda Menino

Abel escutou a leitura da Lei sem se alterar, sem se mover, quase sem respirar.

Seus grandes e meigos olhos cor de folha seca, fixos no distante horizonte que se via do terraço do Pavilhão do Rei, pareciam cheios de luz e infinito, como se a leitura daquele breve tratado de elevada espiritualidade o houvesse transformado repentinamente de menino em homem consciente de sua grandeza e excelsa missão.

Seu espírito, desprendido da matéria, falou por sua própria boca e exclamou:

— É a mesma!... Sempre a mesma lei que foi forjada para os Filhos de Deus de Síriah, Alpha, Vega, Vênus, Capella... sempre a mesma! ... E novamente encontro-a defronte de mim para chorar sobre ela, para morrer sobre ela nesta Terra que ainda está longe de praticá-la!...

Assim falando, tomou o volume das mãos de Bohindra, estampou sobre ele um profundo beijo silencioso e caiu em transe sem dizer palavra.

Fez-se profundo silêncio a seu redor e foram chamados os kobdas de maior desenvolvimento espiritual para que seguissem de perto aquela alma viageira dos espaços infinitos e servissem de proteção a sua matéria abandonada.

Havia ele alçado vôo a Siriazul (a segunda estrela da constelação do Cão Maior), seu mundo de origem, para beber amor e luz nas almas radiantes que foram suas companheiras de evolução, e desceu depois a Vênus, a refulgente ametista da imensidão, onde Odina, sua alma-esposa, estava na época encarnada, ensinando à humanidade daquele planeta a mesma lei que nesta Terra apenas um punhado de homens conhecia.

O menino, extático em razão da intensidade de amor de seu espírito, estendeu no ar seus braços de carne e abraçou o vazio ao mesmo tempo que dizia:

— Adeus... Adeus, minha amada, que o teu amor seja a minha luz e a minha glória até o final da minha jornada!...

Despertou com os olhos inundados de lágrimas e o peito cheio de soluços que o estremeciam e asfixiavam...

Despertou entre os braços de Évana, que tinha sido chamada, e entre as suaves melodias da lira de Bohindra, que o ajudavam a descer sem choques dos mundos de amor e de luz para as asperezas do éter e da atmosfera terrestre.

Ada havia-se ajoelhado inconscientemente e tinha entre as suas as mãozinhas geladas de Abel.

As duas mulheres julgavam-no enfermo ou acidentado. Somente os kobdas tinham compreendido a significação grandiosa daquela profunda letargia e daqueles emocionados *adeuses*!

— Agora não sou mais um menino — disse, afastando suavemente sua mãe e Ada. — Agora sou o homem-apóstolo, porque repentinamente parece que muito tempo se passou e que chegou a hora para a qual vim à Terra.

Évana começou a chorar abraçada à jovem rainha, que tampouco podia conter suas lágrimas.

Bohindra observou o menino com um olhar suave e profundo, cheio da luz espiritual, no qual quis fazê-lo compreender que os puros e elevados seres de suas alianças eternas, com os quais compartilhara das suavidades do Amor Divino por um momento, não deviam fazê-lo esquecer os humildes seres de suas alianças terrestres. O sutil e sensível espírito de Abel compreendeu aquele olhar e, correndo para sua mãe que chorava, abraçou-a ternamente, dizendo:

— Mãezinha, perdão!... Diante de ti sou novamente aquele pequeno... serei sempre menino na tua presença! Eu sonhava, não quis falar dessa forma, não o leves em conta!

Évana consolou-se quando Bohindra lhe fez compreender o significado da letargia do menino e das palavras que havia pronunciado antes e depois de despertar.

No dia seguinte, entre a glória do amanhecer, entre o resplendor rosado da aurora que abria passagem ao Sol nascente, entre o gorjeio dos pássaros e o coro dos kobdas cantando o Hino à Divindade, Abel recebeu a túnica azulada dos Filhos de Numu, juntamente com nove postulantes que haviam cumprido as vinte Luas de prova.

Os kobdas anciãos abençoaram a Deus, chorando ternas lágrimas de meiga emoção, porque lhes foi permitido ver resplandecer aquele dia único nas milenárias crônicas da humanidade, em que o Verbo de Deus encarnado vestiu a túnica dos kobdas.

Os kobdas mais sensitivos viram o resplendor da glória de Deus sobre aquela cabeça infantil, da qual se derramava como uma inundação de luz, parecendo palpitar em todos os seres e em todas as coisas.

Era necessário que em tal dia todos os seres da região sentissem a seu redor a Bondade Divina; e a Rainha Ada, Évana, as kobdas e as educandas que as rodeavam espalharam-se pelas cabanas, pelas choças e pelas tendas, como um bando de pombas mensageiras de paz e da felicidade, repartindo presentes com os pobres, os enfermos, os anciãos e as crianças órfãs.

Shiva, com seus três filhinhos, havia-se transferido também para o Pavilhão da Rainha, com o fim de presenciar dos terraços a consagração daquele Menino, cujo amor ia formando como um culto no mais profundo de todos os corações.

Tão profunda era a emoção dos kobdas, e em particular dos anciãos do Alto Conselho, que ninguém se julgava merecedor de cobrir o Verbo de Deus com a roupagem que devia igualá-lo e confundi-lo com todas as debilidades, com todas as misérias, segundo diziam eles, de que ainda se sentiam cheios em meio de seus esforços diários para chegar à perfeição. Bohindra, com sua autoridade de Patriarca e Rei, designou Sênio para que o fizesse. Era o mais ancião dos kobdas de "A PAZ", o que seguira passo a passo a primeira infância de Abel, que se transformara em menino a seu lado para rejuvenescer sua alma ao contato daquele claro manancial; o que mais havia bebido das explosões de luz daquela alma sem sombras de malícia que, no dizer do velhinho, parecia *uma branca flor de lótus iluminada pela Lua*.

Sênio apresentou com mãos trêmulas a túnica pequena e delicada, tecida pelas mãos de Évana, para que o Patriarca e os Anciãos do Alto Conselho pusessem suas mãos e seus pensamentos de amor sobre ela, segundo o costume.

Abel parecia não estar na Terra. De pé, perante o Alto Conselho, quieto e sereno, com seus meigos olhos semicerrados, demonstrava nitidamente que seu espírito desfrutava das internas visões que deviam passar em grandioso desfile de amor e de luz pelos domínios de sua mente. Nem sequer viu seus pais, que, entre Ada e um numeroso grupo de kobdas e crianças, o contemplavam dos terraços do Pavilhão do Rei.

Grossas lágrimas de emoção rolaram dos olhos de todos no momento em que Sênio pôs sobre os ombros do menino a amada vestimenta, símbolo de todas as renúncias e de todas as abnegações. Quando tinha posto o gorro violeta sobre seus cabelos castanhos, o velho corpo estremeceu e, abraçando-se ao kobda menino, caiu de joelhos ante ele como se lhe faltassem as forças. Abel ajoelhou-se por sua vez para beijar aquele pálido e sereno rosto coroado de cabelos brancos, no qual parecia refletir-se já a luz da eternidade.

Bohindra e os anciãos acudiram a tempo para ouvi-lo dizer, enquanto deixava cair a cabeça sobre o peito de Abel:

— Bendita sejas, Bondade Eterna, por haver-me deixado viver até hoje.

Um suave estremecimento, e um suspiro profundo, foram as últimas manifestações de vida física naquele velho corpo que tão laboriosa tarefa tinha cumprido.

A emoção foi demasiado intensa para ele? Ou foram a força e a energia de sua vontade que haviam prolongado até esse dia aquela vida física de cento e três anos? A meu ver, foram ambas as coisas ao mesmo tempo.

A cerimônia terminou, como de costume, com os fraternais abraços aos recém-consagrados, aos quais foi acrescentado o beijo religioso, reverente e profundo que todos foram deixando sobre a testa morna do ancião feliz, que terminara a vida física vestindo a túnica dos kobdas no Verbo de Deus e com a cabeça recostada sobre seu peito.

Quadro magnífico de supremo amor este que ainda contemplo depois de dez milênios nos transparentes espelhos da Luz Eterna: o kobda menino ajoelhado sobre a verde relva dos imensos jardins de "A PAZ", sustentando sobre o peito a cabeça sem vida do velhinho kobda que se fizera menino por amor a ele!

Verdadeiramente não existe pincel como o do Mago Divino do Amor para desenhar quadros de suprema beleza e profunda emotividade.

Quando Bohindra e os anciãos se aproximaram para levantar o corpo de Sênio dentre os braços de Abel, o menino pareceu então como que despertar para a realidade desses momentos, e abraçou-se chorando à cabeça sem vida de Sênio, enquanto lhe dizia com sua pequenina voz cheia de dor:

— Sênio... Sênio!... Por que foste embora quando eu cheguei? Não vês que ainda sou pequeno e que ainda preciso de ti? Com quem levantarei meus pássaros voadores?... Quem me ajudará a cortar a lã de meus cordeirinhos?...

— Eu, meu filho!... — disseram em coro as vozes dos kobdas mais anciãos que o rodeavam. Quando o corpo de Sênio foi levado ao pátio das oliveiras, Bohindra levou Abel que, ante o rude golpe, voltava a ser menino, com todas as ternuras, as emoções e os pensamentos próprios de sua idade!

Levou-o ao seu Pavilhão para que recebesse o beijo de seus pais, da rainha e de suas irmãs, as mulheres kobdas que ali o estavam esperando.

Hélia e Mabi aproximaram-se por último e, timidamente, perguntaram tomando-o pelas mãos:

— Abel, já não nos queres mais? Já não nos queres ensinar o que dizem as estrelas à fonte quando escrevem mensagens na água?

— Sim, eu quero, e agora poderei ensinar-vos mais ainda. Eu vos ensinarei como as almas que vão embora escrevem mensagens para as almas que ficam porque o amor as une em longos abraços que nunca terminam.

A palavra suave de Bohindra e as múltiplas manifestações de amor no meio de sua família carnal, na qual o avô Aldis e a mãe Évana haviam propiciado transbordamentos de entusiasmo, amorteceram em Abel a impressão da partida de Sênio.

Convencido de que a alma do ancião estava unida à sua por *um longo abraço que nunca terminaria*, foi serenando-se pouco a pouco até aceitar plenamente o que Bohindra lhe dizia a respeito:

— Consagrado kobda, já não deves pensar como as multidões que ignoram o que o kobda sabe, ou seja, que o término de uma vida física não é motivo de dor, porque significa o bem e a felicidade para aquele que se libertou da cadeia da vida. Sênio foi imensamente feliz pela maneira como conseguiu terminar a sua vida terrestre, e tu amargarias essa felicidade entristecendo-te pela sua partida; que, bem considerada, não significa a ausência, mas uma mudança de forma na manifestação exterior. Dentro de breves horas, talvez ele continue as suas atividades espirituais perto de ti com maior intensidade e solicitude do que antes, porque agora já não está mais carregado de anos e dores, mas jovem e belo em toda a plenitude da vida e do amor.

Mas este reviver da infância passou rápido como a luz de um meteoro pelo diáfano azul daquele espírito que já havia escalado os cimos do Messianismo, e no dia seguinte, sem que ninguém lhe recomendasse, ele entregou às filhinhas de Shiva e ao pequeno Iber seu vistoso bando de pássaros voadores e os brancos cordeirinhos que ano após ano Sênio lhe trazia, como companheiros de suas vivazes correrias pelos amplos caminhos atapetados de musgos e flores.

Adamu, que presenciava esta cena, perguntou:

— Como? Já não queres mais os teus cordeiros nem os teus pássaros?

— Já não tenho mais vontade de continuar brincando, porque agora me distraio melhor pensando.

— Tens muito em que pensar? — continuou Adamu, encantado de ouvir os raciocínios de seu filho.

— Oh, muito!... Não vês que tenho que esperar o que me dirá Sênio, quando despertar entre o resplendor das estrelas?

— Submergido entre tanta grandeza, julgas que ele se lembrará de ti?

Abel olhou para ele com seus meigos olhos cheios de assombro e quase de espanto, porque seu pai fingia acreditar no que dizia, para ter a satisfação de escutar suas respostas.

— Essas palavras ofendem ao bom Deus, meu pai, ofendem a Sênio e também a mim. Serias capaz de separar a minha mãe de mim de forma que jamais voltássemos a nos ver nem saber mais um do outro?

— Não, meu filho.

— Se tivesses outros filhos como eu, serias capaz de levar alguns para longe dos outros sem que jamais houvesse entre eles uma única palavra ou um único olhar, para que o esquecimento matasse o amor entre eles?

— Não, meu filho... Isso não!

— Não é Deus nosso Pai, que formou de amor o teu coração e o coração da minha mãe e de todas as mães, e de todos os que sabem amar como Sênio, como Bohindra, como Ada, enfim, como todos quantos me rodeiam e me enchem de carinho?

— Assim é, meu filho, como dizes.

— Como pudeste duvidar então de que Sênio continue amando-me entre o resplendor das estrelas, ou pensar que o Divino Pai o impeça de se aproximar de mim com o mesmo amor que tinha quando estava na Terra? A mim parece que o Altíssimo pensa e quer sempre de um mesmo modo e, se ensinou aos kobdas há muitos séculos que tudo nele é amor e tudo é amor no universo, até agora deve estar pensando e querendo o mesmo. Do contrário, seria como os meus pássaros voadores, que voam para onde lhes empurra o vento. E isso não pode ser.

"Oh, pai!... Como foram más aquelas tuas palavras!..."

Adamu, em silêncio, apertou o filho sobre seu coração e deixou um longo beijo em seu rosto.

— Quão longe estou de ti, meu filho, quão longe estou!... — E afastou-se rapidamente para ocultar ao menino sua profunda emoção.

Abel ficou pensativo, mas o sonoro eco do clarim de chamada aos recém-consagrados para a instrução da tarde fê-lo voltar à realidade da vida presente; e, recolhendo na frente sua longa túnica que o impedia de andar com liberdade, começou a correr para "A PAZ". Ao passar, tropeçou com sua mãe, que queria dar-lhe o beijo de despedida até o dia seguinte.

— Guarda-o para amanhã, mãezinha, porque é o último toque e os teus beijos são muito longos...

A pequena silhueta azulada, com os flutuantes cabelos agitados pela carreira, desapareceu na penumbra da galeria coberta que unia o Pavilhão do Rei com os imensos pórticos de "A PAZ".

Évana ficou um longo tempo olhando para o lado por onde viu desaparecer seu filho, e o suave vento do entardecer ouviu-a murmurar num silencioso suspiro:

— Quão solitário fica o meu coração quando te afastas, meu filho!...

O Jovem Mestre

Desde os treze até os dezoito anos, efetuou-se na personalidade de Abel o mais perfeito desenvolvimento a que pode chegar a natureza humana.

Os kobdas instrutores tinham encontrado nele uma branda cera para modelar toda a sublime perfeição à qual, sob sua sábia Lei, podia chegar-se, e fizeram com ele inumeráveis ensaios em diversas ordens para convencer-se plenamente de que aquele avançado espírito era senhor absoluto de seu mundo mental e afetivo, e, portanto, uma rocha inabalável em cima do cume ao qual havia subido.

Quando completou os dezoito anos, começou a fazer parte do Alto Conselho no posto que tinha ocupado Dhabes, enviado então como patriarca para outro dos santuários da região.

Sendo já a ancianidade de Tubal um obstáculo para continuar em suas tarefas de instrutor, foi substituído ele pelo jovem Abel, a quem os anciãos kobdas consideravam suficientemente capacitado para encher com o elixir da Divina Sabedoria as ânforas sedentas dos recém-chegados.

Grande amigo da Natureza, buscava Deus nesse seu grandioso templo, e, confundido entre seus discípulos, muitos dos quais eram mais velhos que ele, ninguém teria distinguido qual era o kobda instrutor, pois jamais buscou nem aceitou distinção, privilégio ou superioridade alguma exterior. Sentado sobre a relva da pradaria, sob os plátanos gigantescos ou na aberta campina sob os reflexos furta-cores do entardecer, o jovem mestre abria sua alma cálida de amor e de luz para manar, sobre aqueles que o escutavam, toda a beleza e toda a claridade que entesourava nela.

O ensinamento do instrutor devia abranger em primeiro lugar a interpretação da Lei; depois, a educação espiritual, moral e intelectual necessária para conservar a perfeita harmonia na vida de relação com todos os kobdas irmãos; e, finalmente, os distintos ramos das ciências cultivadas na época. Este amplo ensinamento era repartido entre vários instrutores, segundo o grau de adiantamento dos discípulos.

Havia os estudantes do Pavilhão do Rei que eram, como se sabe, os filhos dos príncipes e caudilhos da Aliança, aos quais se dava um conhecimento e educação adequada para viver no meio da sociedade dos homens.

Havia também os postulantes que aguardavam vinte Luas para consagrar-se kobdas, e os recentemente consagrados que deviam dedicar quarenta Luas para interpretar a Lei e forjar seu espírito para a vida que os filhos de Numu levavam.

Estes últimos foram os discípulos de Abel, quando, designado instrutor, substituiu Tubal. Eram os jovens kobdas das duas últimas consagrações e que chegavam a vinte, pois eram retidos como postulantes até ser completado o número de dez para cada consagração.

Entre estes vinte jovens, existia um de um caráter taciturno, esquivo, que parecia sempre fugir da companhia dos irmãos. Chamava-se Madeu. Pelas manifestações radiantes da Morada da Sombra, sabia-se algo de seu passado e algo de seu futuro. Havia feito sua evolução em exércitos de mar e terra e seu espírito tosco parecia ajustar-se mal com o ardente crisol, com a dura forja à qual se havia submetido por vontade própria.

Um dia Abel foi buscá-lo em sua abóbada e o convidou a descer com ele aos jardins. Encontrou-o desfigurado e pálido, refletindo em sua fisionomia a interna luta que o atormentava.

— Madeu — disse. — Compreendi que não és feliz neste lugar, mas o que não posso compreender é o motivo que te força a permanecer aqui. Muito embora sendo um pouco menor do que tu, acredito que sou capaz de compreender-te se me abrires o teu coração. Estou no dever de perguntar: por que sofres?

Como Madeu guardasse silêncio, mas um silêncio torturante e pesado, Abel continuou:

— Observa esta planta, cujas folhas pregueadas e amarelentas demonstram a enfermidade que a corrói. — E Abel, aproximando-se, começou a sondá-la até que, escavando em suas raízes, encontrou um ninho de insetos malignos que estavam carcomendo a macia e suculenta raiz.

— Vês? — disse. — Eu vou curar esta planta e vou curar a ti.

Madeu sorriu sem falar.

Abel cortou as raízes enfermas, lavou a planta num dos canais que conduziam a água para as plantações e foi plantá-la novamente em outro lugar, depois de haver exterminado os insetos daninhos que a prejudicavam. Feito isto, convidou Madeu a sentar-se num banco de pedra, dando a entender que iniciava seriamente a conversação.

— A tua tristeza e o teu mau humor podem ser provenientes de várias causas:

"Primeira: a recordação dolorosa e tenaz de um acontecimento passado que destruiu uma felicidade que ainda desejas.

"Segunda: a falta de adaptação ao meio ambiente em que vives.

"Terceira: uma vontade estranha e poderosa que te obriga a permanecer aqui contra a tua vontade e as tuas inclinações.

"Qualquer destas três coisas, podes eliminá-la em favor da paz e da alegria do teu espírito.

"Porque, do contrário, estás perdendo o tempo lastimosamente. O teu espírito está como que embotado sob as turbulentas imagens criadas pela tua mente; e sofres horrivelmente porque careces das alegrias e satisfações da vida humana entre a sociedade dos homens, e careces das intensas alegrias espirituais porque as tuas inquietações te impedem de pôr-te em condições de perceber as suaves e meigas emanações do Amor Divino para todos os seres e todas as coisas. Quando uma recordação chega a ser tão tenaz e perturbadora, é sinal de que deves tratar de reconquistar aquilo que lhe dá vida e que temporariamente perdeste.

"Se não te adaptas a esta nossa maneira de viver, deves afastar-te e retornar a um ambiente no qual possas obter a paz e o sossego.

"Se uma vontade mais forte que a tua te obrigou a permanecer aqui entre nós, não tens nenhum dever de submeter-te a ela, porque está contra a Lei Divina, que deixa ampla liberdade ao homem para orientar a sua vida para onde possa encontrar paz e sossego.

"Fala, Madeu, meu irmão, que a cadeia na qual vejo envolto o teu espírito magoa também o meu coração!"

Abel concentrou suas faculdades mentais, invocou e chamou as grandes energias vivas dos elevados horizontes espirituais que lhe eram familiares e, repentinamente, viu Sênio interpondo-se entre ele e Madeu, que havia dado quatro passos e apoiava a cabeça sobre os braços, sustentados, por sua vez, no ramo de uma árvore.

A luz emanada das inteligências que ouviram a invocação de Abel desnudou, por assim dizer, os corpos mentais instintivo e consciente de Madeu, que parecia lutar consigo mesmo, e Abel conseguiu ver o tenaz pensamento que o torturava.

Em sua aura via-se claramente um punhal cujo cabo se prolongava indefinidamente a longa distância. A origem desse laço fluídico estava no feroz pensamento de um velho Mago Negro que era o conselheiro e ministro de Kaíno, convertido em poderoso chefe das tribos nômades e errantes das ilhas e margens do Eufrates. Junto ao punhal, no corpo mental de Madeu, via-se num brusco contraste a meiga e bela imagem de Ada, a rainha kobda esposa de Bohindra. A mente de Abel iluminou-se com a espantosa verdade.

O Mago tinha dito a Kaíno:

"Vejo no campo azul da tua vida um Sol que consome e destrói toda a tua grandeza. Esse Sol está em 'A PAZ', entre os Gênios da Tocha (assim chamavam os servidores de Deus), esses que sempre entorpecem os caminhos de glória, riqueza e poder dos filhos dos homens. Procura aniquilá-lo, porque do contrário verás um dia que os teus povos o seguem."

"Quem é esse miserável?", gritara Kaíno no paroxismo de seu furor.

"Chama-se Abel", respondera o Mago.

Então Kaíno tomou o filho mais velho de seu mais fiel súdito e aliado e o enviou a "A PAZ" com a ordem de fingir o desejo de consagrar-se kobda para espiar e procurar o momento de dar morte a Abel. Madeu havia jurado a seu pai e a seu rei cumprir tão horrorosa missão, sob a ameaça de que, se saísse dali sem realizar seu propósito, as forças do Mago o descobririam em qualquer recanto da Terra e ele morreria amarrado sobre uma fogueira.

Altamente passional, Madeu tinha-se enamorado apaixonadamente por Ada, e retardava o momento de realizar seu crime pelo infinito prazer de ver de perto aquela que amava. Madeu assistia às aulas de música, botânica medicinal e arte da rima que Bohindra dava em seu Pavilhão; e as assistia para ver de perto Ada, que acompanhava as jovens filhas dos príncipes e chefes da Aliança que também compareciam. A jovem rainha, meiga e afável com todos, ignorava completamente que, por amor a ela, aquele desventurado jovem não havia consumado o horroroso delito.

Tudo isto viu Abel plasmado no corpo mental de Madeu. Graças à aura conjunta, potente e sutilíssima que unia Abel e Ada, Bohindra, Évana e os kobdas, eles tiveram a mesma visão mental, juntamente com os kobdas de plantão na Morada da Sombra. Bohindra correu para o lugar do jardim onde tinham visto Abel com Madeu e encontrou-se com três kobdas do plantão correndo na mesma direção. Chegaram no momento em que Abel dizia suavemente:

— Vieste aqui para tirar a minha vida por ordem de Kaíno, mal aconselhado por um ser das trevas. Se isso te der a paz, mata-me, mas acredita-me que será para o teu mal. Contudo, não profanes com o teu negro pensamento o céu de duas almas puras, reflexo do amor de Deus sobre a Terra. Madeu!... Teu rosto taciturno te acusa, porque o homem puro de pensamentos jamais alberga a inquietação e a tristeza.

Bohindra e os três kobdas se aproximaram e, em silêncio, tomaram as mãos de Madeu e o conduziram para a rotunda, depois de ter tirado dentre suas roupas o punhal de cobre e prata que Kaíno lhe entregara. O infeliz jovem sofreu uma espantosa crise que o pôs em perigo de morte.

Abel ficou sentado sozinho, recostado no banco de pedra, com os meigos olhos cor de folha seca perdidos no distante horizonte, onde aparecia nesse momento Vênus, irradiando as rosadas ondas de sua luz.

Bebeu com os olhos a divina claridade e, misturado no suave rumor dos ramos dos cedros agitados pelo vento, espargiu, como um eco de amorosa queixa, este lamento de um espírito encadeado na Terra:

— Meu amor de séculos!... Onde estavas, dize-me, quando o ódio escurecia o meu caminho?...

Duas lágrimas silenciosas rolaram de suas faces iluminadas pela distante claridade de Vênus, que o observava a distância como se fosse a luz de outros olhos que também o buscavam nos eternos domínios do pensamento e do amor!

MADEU DE GHANNA

Madeu foi conduzido a seu próprio aposento, onde caiu no leito presa de terrível crise nervosa que durou poucos minutos. Bohindra e os três kobdas que haviam acudido rodearam-no em silêncio, concentrados profundamente, emitindo sobre ele irradiações de amor, paz, luz e arrependimento.

O jovem levantou-se imediatamente, ergueu as mãos para o alto, exalou um grito de angústia e caiu no pavimento, ajoelhado e com o rosto inclinado para a terra. Grandes soluços, que ressoaram como estalos de ramos imensos que se desgalham e quebram, interromperam aquele profundo silêncio. Os quatro kobdas continuaram irradiando amor, luz, perdão e claridade intensa sobre aquela mente escurecida e turbulenta.

Abel apresentou-se nesse instante na porta do aposento e, aproximando-se suavemente daquele ser humano caído em terra como um farrapo, ajoelhou-se junto a ele e, unindo sua cabeça à dele, disse-lhe ao ouvido:

— Terminei de curar aquela planta e venho curar a ti, Madeu! Levanta-te, que tu e eu seremos bons amigos.

Quando as duas cabeças se ergueram do solo, os quatro kobdas já não estavam naquele recinto, porque haviam compreendido que era Abel quem devia terminar a obra.

— Eu não estou magoado contigo, Madeu, porque sei que foste forçado ao delito.

Entretanto, o amor das almas que o sabem sentir é imensamente maior que a pressão do mal sobre ti. O amor te livrou das forças do mal. Escolhe agora o teu caminho.

Em resposta, Madeu abraçou-se a Abel e começou a chorar como um menino que se vê amplamente acariciado por aquele de quem esperava o castigo.

O Amor passou como um Sol radiante pelo nebuloso horizonte daquele espírito, para o qual começou nesse momento o verdadeiro despertar de sua consciência.

Muitos séculos depois, este mesmo ser salvaria a vida do menino Krishna ao nascer num calabouço, sendo ele um guarda do cárcere chamado Donduri; e mais tarde foi Amram, pai de Moisés, casado ocultamente com a Princesa Thimetis, filha do Faraó; e, junto ao grande Apóstolo da Galiléia, foi Zebeu, um dos Doze, o silencioso e triste Zebeu, que falava tão poucas vezes e escutava sempre!...

— Não sou digno de permanecer neste santuário, aonde cheguei armado para cometer um delito. Deixai que o Alto Conselho me julgue, e o que ele resolver será feito — disse Madeu, quando sua profunda emoção lhe permitiu falar.

— O Alto Conselho não emitirá outra sentença além da do amor em seu mais alto grau, mas estás procedendo corretamente submetendo-te à sua decisão — respondeu Abel. Nesse mesmo momento, uma nova crise convulsionou todo o organismo físico do desventurado jovem que, ao aceitar a criminosa missão, se submetera completamente à ação das forças do mal, que impelidas violentamente pelas tenebrosas inteligências que as haviam posto em ação, vingavam-se atormentando o instrumento de seu crime frustrado.

Abel deu, com seu pequeno clarim, o toque de *auxílio ao enfermo,* e os kobdas encarregados de acudir a tais avisos apresentaram-se em seguida para conduzir o necessitado até a enfermaria, que era, como se sabe, o jardim coberto ou a Rotunda, como ordinariamente era designada. Foi conduzido numa padiola até um dos grandes bancos de repouso e pouco depois chegava Bohindra seguido do Alto Conselho e dos kobdas que acumulavam maior força fluídica.

O corpo de Madeu retorcia-se em espantosas convulsões e demonstrava a tendência de golpear com a cabeça a parede ou o banco de pedra no qual o mantinham subjugado, pelo que lhes foi fácil compreender que as forças maléficas, agindo sobre ele, queriam aniquilá-lo a todo o custo.

Os kobdas formaram uma cadeia fluídica em torno da fonte onde o enfermo foi submergido, enquanto Bohindra, pulsando a lira, cantava junto a ele aquele mesmo hino de amor à Alma Geradora dos mundos e dos seres, com que afastara as perturbações mentais daqueles jovens que regressaram enlouquecidos pelo terror de uma missão ao exterior.

O grande desenvolvimento psíquico dos kobdas que formaram a cadeia fluídica permitiu-lhes ver a potente energia maléfica que encadeava aquele espírito e torturava aquele corpo. A água da fonte tomou matizes escuros, e houve momentos em que os videntes a viram convertida em sangue e betume, entre cujos espessos borbotões agitavam-se serpentes e dragõezinhos mordendo com ferocidade inaudita os membros de Madeu, fazendo-o exalar gritos lastimosos como os de um ser a quem estivessem torturando com tenazes de ferro. Pouco a pouco a tempestade foi se acalmando, até

293

que o enfermo ficou adormecido dentro da água com a cabeça apoiada sobre os joelhos de Abel, que estava sentado na borda da fonte.

Recostaram-no, envolto em peles, no banco de repouso, e procedeu-se à purificação da fonte, cujas águas foram escoadas pelo aqueduto que as levava para um lugar distante, destinado a resíduos, espécie de monturo que, de tempos em tempos, era entregue às chamas para converter em brancas cinzas toda aquela escória em estado de putrefação.

O Alto Conselho decidiu que, se Madeu quisesse permanecer entre eles, deixasse a túnica azulada e iniciasse novamente as vinte Luas de postulante como se acabado de chegar à Casa de Numu, uma vez que sua consagração era efeito somente da forte sugestão que o havia dominado. Para que agisse com inteira liberdade, foi passado para o Pavilhão do Rei, onde se alojavam os filhos dos chefes e príncipes da Aliança, entre os quais se misturou como se também fosse um jovem em busca do cultivo intelectual, artístico e moral sob a sábia direção dos kobdas de "A PAZ".

O amor piedoso e compassivo dos filhos de Numu sepultou num completo esquecimento tudo quanto havia ocorrido com Madeu; quando este se permitia alguma insinuação, o dedo indicador do kobda que o ouvia cruzava-se verticalmente sobre os lábios. Este era o severo sinal de silêncio absoluto usado entre eles em momentos determinados.

Em vão Madeu procurava descobrir nos kobdas um indício de receio, desconfiança ou antipatia para com ele.

A única coisa que observou foi que a rainha e suas alunas não compareciam mais à sala de música na mesma hora que eles, o que o intrigava, pois *esse segredo* de sua alma não havia confiado a ninguém e julgava ser ignorado por todos.

Quando Abel cruzava todos os dias a galeria coberta que unia "A PAZ" com os Pavilhões dos Reis para tomar a refeição com seus pais, procurava encontrar-se com ele para perguntar por seus estudos e por sua saúde.

— Será possível que hajam todos esquecido aquela horrível tragédia? — perguntava Madeu para si mesmo, assombrado de ver a conduta seguida pelos filhos de Numu para com ele que, como um vulgar assassino, de pérfida e premeditada intenção, se havia introduzido traiçoeiramente entre eles, como uma serpente num ninho de pombas.

Uma noite sonhou ouvir junto a si a voz de Abel a lhe dizer:

— Por que buscas encontrar na mente dos kobdas a recordação espantosa do teu delito? Não vês que o Mago do Amor apagou com água clara e para sempre do seu plano mental esse terrível cenário que nunca mais, em tempo algum, deve voltar a ocorrer?

— Mas eu não posso esquecê-lo — respondeu Madeu em meio ao sono.

— Recorda-o unicamente como um abismo de lama que pisaste e para o qual não queres jamais voltar — retrucou Abel.

Madeu despertou quase com alegria e, correndo para "A PAZ", apresentou à sala do Conselho um pequeno rolo de papiro com esta solicitação:

"Se o Alto Conselho de 'A PAZ' me julgar merecedor, suplico ser aceito como postulante na próxima Lua.

Madeu de Ghanna."

294

"O Amor livrou-te das forças do mal", dissera Abel. "Escolhe agora o teu caminho."

Madeu escolheu o caminho dos que "*extraem do fundo de todas as coisas o que de mais formoso existe nelas*", e de tão maravilhosa maneira, neste caso, que de um espião e um traidor souberam extrair uma alma iluminada pela eterna claridade de Deus.

VINTE ANOS DE AMOR

Em poucas almas se prendeu de tão extraordinária maneira o sublime ensinamento dos kobdas como na singela e pura alma de Ada, a jovem rainha, esposa de Bohindra.

Ela foi, entre o elemento feminino que a rodeava, o que o rei-kobda, poeta e músico, foi para os homens nas duas vidas consecutivas que realizou. Por sua iniciativa e desejo, foi levantada uma Casa de Numu para mulheres anexa ao seu próprio Pavilhão, no qual não era possível obter a quietude e o sossego necessários para os elevados trabalhos espirituais. O fato de que os Pavilhões dos Reis eram escolas de cultura para os filhos dos príncipes e chefes, bem como para todos os que desejavam um esmerado cultivo intelectual, moral e social, dava a estes recintos o aspecto e a moralidade que naturalmente têm os internatos de ambos os sexos, ainda que os costumes e tendências fossem, naquelas épocas, tão diferentes dos que hoje vemos.

As mulheres kobdas que haviam permanecido tempos atrás nos grandes santuários de Negadá, Galaad, Manhp e Acádia sentiam o vazio das puras e sutis ondas radiantes de íntima e profunda felicidade espiritual. A Rainha Ada acudiu para encher este vazio com a criação de um santuário para mulheres anexo ao seu próprio pavilhão, de tal modo que formava uma terceira ala do edifício, que tinha, portanto, os pequenos pavilhões dos Reis no centro e os dois grandes santuários, um à direita e outro à esquerda. Aquilo veio, pois, a ser semelhante à cidade kobda de Negadá, foco de luz, sabedoria e amor para os povos do Nilo, enquanto esta o seria para as vastas regiões do Eufrates e do Hildekel.

Entre as dez primeiras postulantes consagradas na nova casa, receberam a túnica azulada Shiva com suas duas filhinhas Hélia e Mabi, que tinham completado seu cultivo intelectual nas aulas do Pavilhão da Rainha, enquanto Iber vestia ao mesmo tempo a túnica azulada em "A PAZ".

Foi um exuberante florescimento espiritual, como se a chegada do Verbo de Deus houvesse injetado nova seiva, nova energia e mística unção nas almas.

A consagração das mulheres kobdas efetuava-se exatamente da mesma forma que a dos homens, mas, desde essa época, começou a ser cerimônia presenciada por numerosas delegações dos príncipes e chefes da Grande Aliança, com o fim de familiarizar os povos e seus dirigentes com os Filhos de Numu, cuja vida deixava, assim, de ser um mistério e um enigma para ser plenamente reconhecida como o que era: uma completa dedicação ao cultivo das grandes faculdades do espírito no mais alto grau de perfeição a que é possível chegar na vida humana.

Para que a Rainha Ada fosse Matriarca da nova Casa de Numu, como Bohindra era o Patriarca de "A PAZ", foi necessário que Adamu e Évana desempenhassem os papéis de administradores na ordem material dos Pavilhões dos Reis, dado que neles se alojavam, até terminar sua educação, os filhos dos príncipes da Aliança.

— Adamu — disse Évana um dia. — Isto é mais complicado que nossa vida na caverna. Recordas-te?

— Oh, sim! — respondeu Adamu. — Tudo isto é grandioso, é esplêndido, eu o reconheço, mas crê-me, Évana, que às vezes me invade a nostalgia de toda aquela beleza íntima, serena, solitária, em que, submergidos no seio da Mãe Natureza, tudo esperávamos e tínhamos dela e nada dos homens. Entre tu e eu estava encerrado todo o nosso mundo.

— Então — disse Évana — não conhecíamos as delícias da amizade e do companheirismo, a comunicação de afetos e idéias nem a satisfação dos conhecimentos que agora temos, é verdade, mas também ignorávamos a traição e a maldade dos homens egoístas, ambiciosos e cruéis. A ingratidão de Kaíno caiu sobre o meu coração como a lousa de uma tumba. Quem poderia pensar em coisas semelhantes? Dize-me: por que esse menino foi posto no nosso caminho? Seremos talvez culpados do seu extravio? Não poderíamos fazer algo para atraí-lo novamente para nós?

— Ouve, Évana. Eu tenho falado com meu pai e com Bohindra sobre isto, e eles fizeram-me compreender que já se fez por ele tudo quanto se pode fazer dentro das possibilidades humanas. O papel de rei das tribos nômades, que o levou para o outro lado do Eufrates, o entusiasma demasiado, principalmente agora que se sabe ter ele ocupado uma região montanhosa vizinha do Zoar, onde encontrou minas de ouro e pedras preciosas.

— Mas é incrível tanta audácia nele. Será possível, Adamu?

— Decerto! Não vês que está dirigindo restos de povos e exércitos provenientes dos emigrados das cidades incendiadas do Vale do Shidin e centenas de delinqüentes dispersos pela morte da Rainha Shamurance, desde Gomer até as fronteiras guardadas pelos nossos arqueiros?

— Que horror, meu Deus, que horror! E pensar que foi como nosso primeiro filho, que bebeu todo o nosso amor por crianças como ele... Oh! Quando penso em tudo isto, parece que o terror me torna louca!

— Ao lado desse terror — disse a suave voz de Bohindra — surgem os suaves resplendores do Sol nascente. Trago vosso filho para que se desvaneçam essas trevas. Por que vos empenhais em recordar, minha filha, aquilo que já devíeis ter esquecido no seio da infinita bondade do Altíssimo?

A felicidade pareceu transfigurar Évana, quando Abel se aproximou dela para beijá-la.

— Eu te esperava ao meio-dia, meu filho; como é que nos dás a felicidade de vir tão de manhã?

— Havíeis esquecido? — perguntou Abel, olhando para um e outro de seus pais.

— Hoje fazem vinte anos que uma menina de treze corria pelas pradarias de Ethea e encontrou-se com um menino adormecido dentro de um pequeno bosque onde cantavam milhares de pássaros...

— É verdade!... É verdade!... — exclamaram os dois ao mesmo tempo.

— E, ao entardecer — continuou Bohindra —, Milcha e Sophia, vossas mães, uniram com as suas bênçãos de amor as vossas vidas num vínculo sagrado e eterno.

— Vinte anos... Vinte anos — exclamou Adamu emocionado, enquanto Évana, com os olhos inundados de doces lágrimas, recebia em seu rosto o beijo puro dos lábios de seu pai, animados pelo sopro de amor da alma do Bohindra.

A Rainha Ada chegou em seguida, e os Pavilhões dos Reis foram cenários das mais ternas demonstrações de amor para aqueles dois seres que, vinte anos atrás, tinham consagrado seu amor em meio da solidão, sem outras testemunhas a não ser as almas errantes de Deus que haviam cantado para eles o hino nupcial mais grandioso que os séculos ouviram.

A história de Adamu e Évana era mais ou menos conhecida pelas pessoas mais cultas de toda a região, ainda que somente os kobdas conhecessem o segredo da Encarnação do Verbo de Deus na pessoa de Abel. O fato de saberem ser Évana filha do Chalit da Aliança era suficiente para atrair nesse dia uma imensa multidão, na qual germinara de maneira maravilhosa a semente do amor semeado pelos filhos de Numu.

O Habitante de Sírio

Bohindra, ao ver este florescimento de fraternidade humana, pensava dos balcões de seu terraço, contemplando o esplendor daquela homenagem de afeto aos dois solitários da caverna de Ethea:

— Eis aqui o magnífico começo do que, por muitos séculos, será chamada *Civilização Adâmica*, como a designaram os kobdas em nossas crônicas, que os homens do futuro enterrarão talvez sob uma montanha de adulterações e erros. Não é possível que os homens da atual geração tenham feito o mesmo com a brilhante história do passado? Que ficou de Numu e Vesperina, heróis da civilização lemuriana; de Anfião e Odina, sóis radiantes da formosa Atlântida?

"Oh, os séculos, os séculos destruidores dos homens e das coisas!...

"Quando será que os espíritos chegarão nesta Terra, como em outras esferas de luz e progresso, a vencer os séculos e arrancar o segredo das idades?...

"É verdade que um punhado de seres dedicados às explorações metafísicas vão reconstruindo passo a passo a velha história dos homens do passado; mas quão pouco rendem nossos esforços e sacrifícios em razão da asfixiante e pesada corrente astral que produzem os baixos e perversos pensamentos da maioria da humanidade!

"Ó mundos... Mundos de luz e de amor!... Sírio, o astro das noites eternamente luminosas com a celeste claridade de suas múltiplas Luas; Vega, rosa branca dos céus eternamente velada com suas gazes de neve... Arcturo, Capella, Alpha e a minha cálida Vênus, semeadora de rosas... vós escalastes os cumes onde, para o homem pensador, não é um segredo impenetrável o passado e o porvir!..."

Transportado em espírito pela formidável força de seu pensamento, amante do infinito e da eternidade, encontrou-se ele ao pé de uma colina numa noite iluminada por quinze Luas gigantescas, cujos discos prateados se refletiam na serena quietude de um arroio que murmurava canções... Um homem de idade avançada, de vestimenta amarela e cabelos brancos, escrevia no pórtico de um templo sem se inquietar de forma alguma porque um sutil enxame de almas errantes, visíveis para ele, se aproximavam para ler o que, com vertiginosa rapidez, ele escrevia em letras grandes num papel que brilhava como lâmina de prata à viva claridade do luar.

O espírito de Bohindra, desprendido da matéria, compreendeu a escritura do habitante de Sírio, que relatava sua própria história:

"Fui musgo trepador entre as lousas funerárias que guardavam as brancas cinzas do Gênio Tutelar deste planeta. Por tanto tempo fui musgo que, daquela sepultura, não restava senão um montinho de quebradiças pedras e eu ainda continuava sendo musgo verdejante e silencioso... Vejo-me mais tarde como um minúsculo roedor cor de ouro vivo, aninhando-me entre o musgo, devorando-o e arrastando-o para afofar meu diminuto esconderijo entre as pedras que circundam as margens deste arroio.

"Foi então que a Eterna Energia Criadora fez o maravilhoso prodígio da divisão dos sexos, doloroso processo semelhante a uma gestação espontânea, mediante o qual, do pequeno ser andrógino, surge outro igual que será seu gêmeo por idades sem fim.

"Toda uma multidão dos dourados animaizinhos são a numerosa progênie na qual há múltiplas gerações.

"Passam os séculos e me torno arminho de branca pele e brilhantes olhos, e outra numerosa progênie surge de mim mesmo como as brancas pétalas de uma roseira na primavera.

"Mais tarde, coelhinho, cordeiro e cervo vão tragando séculos e séculos, até que um formoso quadrúpede de longo pêlo branco tira dentre as águas geladas deste regato um viajante agonizante...

"A alma daquele viajante prendeu-me em suas asas, feitas para subir cumes, e, como era o mesmo cujas cinzas eu havia beijado sendo musgo, o mesmo a quem havia dado, morrendo, minhas peles de arminho e meus novelos de lã de cordeiro, armou-me com sua grande alma feita de piedades imensas e ternuras sem medida e me introduziu no castelo encantado do rei dos seres deste globo; e assim fui o que sou.

"Fui seu filho e me chamou Yodir, e o amei tão extremadamente que jamais tive outra vontade além da sua, nem outro afã senão o de lhe servir e agradar.

"Quando passaram idades, como poeira que o vento leva, ele perguntou a nós dois — à minha alma gêmea e a mim:

"— Vós me amais mais que o resto dos seres que me buscam e me seguem?

"Ambos nos precipitamos sobre seu augusto rosto, que beijamos ao mesmo tempo.

"— Ide — disse-nos. — Ide para aquele pequeno mundo que os Devas acabam de tirar dos abismos e fazei ali o que eu fiz convosco.

"Quando os seres daquele mundo chegaram à perfeição orgânica e à claridade mental, nos revestimos de sua própria matéria e fomos Vesta e Juno, o marítimo; Numu e Vesperina, o pastor e a filha de reis!...

"Mas agora, neste Sírio sempre amado, minha pátria de origem, sou Yodir, meu primeiro nome ao entrar no palácio encantado dos seres que pensam... e descanso durante breves séculos antes de continuar outra longa e penosa jornada naquele pequeno mundo para onde me enviará novamente a vontade e o amor daquele que me ajudou a ser o que sou, e ao qual já não encontrarei a não ser no seio infinito do Grande Todo, onde toda luz se difunde como incomensurável mar de paz, felicidade e Amor Eterno..."

A chegada da Rainha Ada ao terraço, onde se desenvolviam os pensamentos profundos de Bohindra, despertou-o do êxtase divino de sua alma, que havia percorrido em poucos momentos muitos milhões de léguas e muitos milhões de séculos amontoados como pilhas gigantescas de um passado distante.

— As tuas mãos estão geladas, meu rei, e o teu rosto, pálido como um cadáver — observou Ada, cheia de terror ao ver algo que nunca tinha percebido em seu esposo desde que se encontrava a seu lado.

— Não temas, minha rainha, não é nada. Eu havia ficado adormecido em formosos pensamentos e sonhei que me encontrava de visita no planeta Sírio, e que um habitante de lá me contava a sua história através de um papel cor de prata que brilhava ao resplendor azulado de múltiplas Luas.

— Quanto sinto vos haver despertado! — exclamou a jovem rainha, adivinhando a tristeza de seu rei ao ver-se novamente na realidade prosaica e dura da vida humana.

— Tu és a minha Vesta, dada a mim em oferenda de amor pelos séculos dos séculos!...

Ainda sob a ação do divino sonho de amor no qual havia estado submergido, Bohindra beijou o branco rosto de Ada, enquanto lhe dizia:

— Como Juno e Vesta, como Numu e Vesperina, como Anfião e Odina, somos duas gotas de água que hão de ser uma única por toda a eternidade.

Ada olhou para ele com seus grandes e meigos olhos cheios de assombro, sem compreendê-lo em sua misteriosa linguagem.

— Não é nada, não é nada, minha rainha!... É que ainda sonho... e é tão formoso o sonhar!...

— A minha alma não pode alcançar a tua — disse Ada, adivinhando que algo sublime embargava a alma de seu companheiro.

— Somos andorinhas de um mesmo telhado, minha rainha, e o meu vôo não irá muito mais longe que o teu.

Nesse momento ressoou entre a multidão um clamor de júbilo e de amor.

Pediam que o rei kobda cantasse em sua lira, como costumava fazê-lo sempre que seu povo o rodeava. Ambos desceram para se confundir com o povo, os kobdas, os filhos dos chefes, Adamu, Évana e Abel, que estava completamente entretido em encher das frutas do imenso horto as cestinhas das crianças necessitadas que, em tão grandioso e solene dia, haviam sido chamadas para assenhorear-se dos vastos jardins que rodeavam os Pavilhões dos Reis.

PRIMEIRA MISSÃO DE ABEL

As grandes manifestações plásmicas de Negadá, na época dos começos deste relato, nunca chegaram a efetuar-se com igual magnificência nem com a mesma freqüência em "A PAZ", pois seu próprio caráter de instituição educacional e missionária obrigava seus elementos a um quase contínuo trabalho no exterior, o que entorpecia muito os grandes desenvolvimentos psíquicos, os quais, de acordo com a regra, requerem uma vida absolutamente afastada dos assuntos externos.

Então passou-se a usar em grande medida as faculdades psíquicas desenvolvidas isoladamente pelos médiuns, e os auditivos, os inspirados e os falantes em estado de transe fizeram-se intermediários entre o mundo físico e o mundo espiritual.

Principalmente nas mulheres kobdas desenvolveram-se extraordinariamente estas faculdades, e ocorreu como que um transbordamento de manifestações isoladas que invadiram também as cidades e países circunvizinhos, e até os seres que não estavam entregues ao cultivo espiritual.

Dir-se-ia que a presença do Messias no plano físico atraía em todos aqueles territórios as almas errantes de Deus, que tão ansiosamente se lançavam para fraternizar em ideais e pensamentos com os encarnados da Terra. Os profetas, as profetisas, os áugures e as sibilas chegaram a ser tão comuns e ao mesmo tempo tão solicitados, que as pessoas, prontas sempre para abusar de todas as dádivas de Deus, nada faziam nem nada empreendiam sem antes consultar os intérpretes do mundo invisível.

Eis o motivo por que os kobdas se viram obrigados a um novo gênero de ensinamento, e a servir ao mesmo tempo de tribunal consultivo para decifrar as enigmáticas e às vezes errôneas e enganosas manifestações espirituais.

"Desconfiai das vozes do invisível quando elas vos estimularem a prejudicar os vossos irmãos, quando vos incitarem à vida de ociosidade e sensualismo, quando despertarem em vós ambições de ouro e poder, quando buscarem afastar-vos do Deus Único para submergir-vos nos labirintos sem saída das múltiplas divindades, que são a mais espantosa aberração humana.

"Não deveis dar ouvidos às vozes enganosas que vos oferecem rentosos lucros sem trabalho e sem esforço, nem às que vos prometem conquistas de maravilhosos países onde se recolhem o ouro e as pedras preciosas como feixes de trigo que não semeastes; porque são delituosas fantasias que extraviam o espírito, levando-o para o abismo implacável do desejo.

"Não vos alucineis por visões formadas com os baixos pensamentos dos homens e desconfiai de toda manifestação que não tenha por fim o adiantamento do vosso espírito e o bem da humanidade."

Tais foram as bases do novo ensinamento que o excessivo desenvolvimento de faculdades espirituais em seres sem preparação e sem cultivo tornou necessário, ensinamento ao qual os kobdas se dedicaram com afinco, dadas as proporções que os abusos começaram a tomar, pois os espíritos perturbados e maléficos que se haviam desencarnado violentamente na catástrofe das cinco cidades do vale do Shidin e nas últimas inundações de vastos países aferrados à vida carnal e grosseira buscavam ambiente entre os encarnados que lhes ofereciam mais fácil campo de ação.

Tão alarmantes proporções tomou o uso exagerado e vicioso das faculdades psíquicas, às vezes reais e às vezes fictícias, que o kobda-rei se viu obrigado a tomar severas medidas restritivas, para o que enviou Abel em missão com vinte kobdas de mais idade que ele para que, em visita aos príncipes da Aliança, os pusessem de sobreaviso para não ser surpreendidos pelo sem-número de falsos profetas, sibilas e pitonisas que pugnavam por assenhorear-se da vontade de todos aqueles homens, chefes de povos e guias das multidões.

Na véspera do dia em que a caravana deveria empreender a viagem, Abel estava sentado no meio de seus pais, invadidos ao mesmo tempo por um sentimento de felicidade e inquietação. Viam seu filho entrar pela primeira vez em seu caminho de apóstolo, no qual vislumbravam o cumprimento de elevados desígnios divinos; entretanto, iam tê-lo ausente por muitas Luas, e isto entristecia profundamente o coração de Évana, submergindo-o numa bruma densa e escura, como o dia sem Sol.

Bohindra, o meigo Bohindra, que parecia adivinhar todas as recônditas angústias das almas que o rodeavam, compreendeu a de Évana e, procurando minorá-la, pensara em mandar Adamu acompanhar seu filho, juntamente com Aldis. Mas um incidente ocorrido na véspera mudou a decisão piedosa e terna do kobda-rei.

Enquanto Abel conversava confidencialmente com seus genitores sobre a árdua missão que lhe havia sido confiada e demarcava para sua mãe, numa carta geográfica, a rota que devia seguir e as jornadas a realizar a cada dia, para que ela lhe fosse seguindo com o pensamento e com o amor, viu de repente o corpo astral de Sênio flutuando sobre Évana, à qual parecia acariciar com grande ternura. Abel fez com

301

seu dedo indicador o sinal de silêncio e seus pais compreenderam, em seu absorto e extático olhar, que uma voz interior falava à alma de seu filho.

Depois de uns instantes de suave e amorosa irradiação, que inundou de lágrimas os olhos e de alegria o coração, Abel aproximou-se de sua mãe e, beijando-a no rosto, disse:

— Sênio acaba de descer junto de ti para que sejas sua mãe. Ele virá para a vida quando eu estiver ausente. Tu o amarás como a mim e o chamarás Seth, porque será a semente de uma raça de servidores de Deus.

Adamu e Évana ficaram maravilhados, pois os sinais de uma nova maternidade ainda não eram visíveis nem conhecidos, a não ser por ela própria.

Sênio dissera a Abel em sua visita espiritual: "Tanto te amei, tanto te amo, que busquei para mim o mesmo seio que te deu a vida. Contudo, o meu caminho será outro, diferente do teu e muito diverso do anterior, pois virei a ser genitor de uma numerosa descendência de filhos da luz e da paz."

Como Évana confirmasse seu estado, a viagem de Adamu foi logo suspensa, sendo Aldis quem iria à frente da caravana.

Quem seriam os vinte kobdas que deveriam acompanhar Abel em sua primeira missão ao exterior?

— Escolhe tu mesmo os que queres — dissera o Alto Conselho de "A PAZ". Mas Abel não quis confiar à sua própria vontade uma escolha tão importante, sem que fosse precedida da meditação e do raciocínio. Quando foi renovado o turno na Morada da Sombra, ele entrou para que a Divina Luz lhe assinalasse quais dos seus irmãos haveriam de compartilhar com ele as tarefas de seu primeiro apostolado.

Compreendeu que, se o fim principal daquela missão era pôr em evidência perante os príncipes da Aliança e seus respectivos países os erros que começavam a ser propalados pela abundância de áugures, pitonisas e sibilas, era necessário ter junto de si bons médiuns de transe e clarividentes, para deixarem a descoberto o embuste daqueles mediante a clara manifestação da verdade.

Nabor, Glauco e Isdacar eram dotados de uma clarividência tão poderosa que percebiam claramente a aura ou irradiação dos seres e até as mais sutis vibrações do corpo mental instintivo. Estes lhe eram necessários como vigias do exterior para resguardar-se de toda falsidade e engano.

Yataniel, Areli, Dabino e Yamaoz eram excelentes médiuns de transe que, pela escrita ou pela palavra, transmitiam elevados ensinamentos e sábios avisos das almas errantes de Deus.

Nandro, Helito e Geuel eram dos mais adiantados discípulos de Bohindra na divina ciência de anular as enfermidades do corpo mediante o hábil e metódico emprego das forças harmônicas da natureza, em conjunto com os sons de seus instrumentos musicais. Foi no ambiente sutil de um mosteiro kobda que Beethoven, Wagner e Bellini começaram a extrair dos planos astrais, onde são criados e vivem eternamente os sons, as divinas vibrações que os homens desta época escutaram, como em êxtase, nos "Noturnos", em "Parsifal" e em "Norma".

Jobed, Heber, Suri e Agnis estavam altamente favorecidos com a irradiação mag-

302

nética a distância, que lhes permitia exercer domínio sobre as massas populares mais rebeldes.

Felácio, Artânio e Erech emancipavam tão facilmente seu espírito que, livres da matéria, empreendiam viagens astrais de proteção a débeis seres perseguidos, ou de perseguição a espíritos perversos, cujo afastamento convinha às causas do bem e da justiça. Tinham a dádiva de uma palavra fácil e persuasiva dissertação.

Ibrin e Abélio, de mais idade que os outros, seriam os auxiliares de Aldis nas relações dos missionários com o exterior e na escolha dos lugares apropriados para que a caravana não sofresse acidentes de espécie alguma.

Ibrin, filho de um mercador, havia percorrido com seu pai em longas viagens todas essas regiões e era grande conhecedor dos países que deviam visitar; e Abélio, com seu fino tato diplomático e seu domínio do pincel, prometia grandes conquistas para a própria aliança, que tratavam de fortificar, e para o Arquivo kobda, que se veria enriquecido com novas cartas-croquis e esboços de tudo quanto representasse um novo conhecimento, uma nova verdade para os Filhos de Numu.

Estavam, pois, designados os vinte companheiros de Abel.

Aldis, com sua autoridade de avô e de membro mais idoso, era o chefe material da missão, pois na parte espiritual ninguém poderia agir com mais acerto que o jovem apóstolo, cuja alma, iluminada pela sabedoria divina, ia encher de claridade os povos costeiros do Mediterrâneo.

Chegou o amanhecer do dia fixado e a caravana partiu da grande praça onde se abriam os pórticos de "A PAZ". Bohindra, Ada, Adamu e Évana haviam combinado acompanhar o missionário na primeira jornada, ou seja, até passado o meio-dia.

Entretanto, sob os bosques de cedros e oliveiras onde Abiron tinha suas tendas e oficinas, o amor de Sênio havia chamado fortemente a alma de seu filho de adoção, ao qual, em sonhos, dissera:

"Apenas apareça a Lua, levanta-te, toma os mais fortes de teus homens e segue na frente da caravana com todo o necessário para que, na primeira jornada, encontre Abel levantada uma tenda formosa, segura e forte, pois os espiões dos magos tenebrosos que causam obsessão a Kaíno impeliram-no a estender-lhe uma cilada. Mártir será Abel da Verdade e do Amor, mas não nesta hora demasiado prematura, em que ainda não começaram a ser cumpridos, nem para ele nem para mim, os grandes Desígnios Divinos."

Abiron, para quem a desencarnação de Sênio havia significado como que o desmoronamento de um castelo, que era ao mesmo tempo refúgio e fortaleza, sentiu como se novamente revivesse junto a ele a cálida amizade do amado ancião, e não refletiu que devia submeter esta decisão ao conselho daqueles que, depois de Sênio, eram para ele como que um prolongamento de suas paternas solicitudes. Cabia aos anciãos kobdas Sisedon e Tubal, segundo o costume da instituição, continuar com as obras de ordem espiritual e material que Sênio deixara começadas. Assim como disseram a Abel que seriam eles que o ajudariam a soltar os pássaros voadores em substituição ao amoroso velhinho, da mesma forma se julgaram obrigados a servir de amparo ao homem gigante que Sênio havia iluminado, como também à órfã Shiva, recolhida piedosamente por ele.

303

Acaso a morte anulava os deveres de uns para com os outros entre os kobdas? Não eram todos calhandras de um mesmo ninho a cantar pousadas num mesmo ramo? Se uma delas estendia aos ares seu vôo sereno, não deviam as mais imediatas continuar o canto iniciado por ela? Não eram acaso semeadores de um mesmo campo de cultivo? Justo era, pois, que Sisedon e Tubal, os mais íntimos companheiros de Sênio, continuassem regando as plantas que aquele cultivara com tanto interesse.

Contudo, Abiron ainda não se havia aprofundado no imenso oceano de amor fraterno no qual vogavam em seguros navios os Filhos de Numu, e não conseguia compreender como e por que aqueles dois anciãos kobdas haviam tomado para si o direito e o dever de ser, para ele, o que Sênio tinha sido.

Informou-se ele pelos encarregados dos animais de transporte da hora em que a caravana iniciaria a marcha e de qual seria o final da primeira jornada; e, já bastante adiantada a noite, quando a Lua iluminava suavemente a imensa quietude da pradaria, pôs-se em marcha com seus homens mais fortes e sua pequena tropa de asnos de carga. O caminho a percorrer era a costa do Eufrates para evitar a travessia do deserto, e a primeira jornada seria até a planície vizinha de Babel.

Outra trama de amor era efetuada num jardinzinho solitário do Pavilhão da Rainha, submergido a essa hora em profundo silêncio. As duas filhas de Shiva, com seu irmão Iber, sentados à luz da Lua num banco de pedra, pareciam ultimar decisões altamente importantes.

Os três queriam a todo o custo acompanhar Abel em sua expedição. A condição de mulheres das duas, e a delicada saúde de Iber, tinham-nos impedido de se apresentarem como candidatos à penosa viagem que seu irmão Abel ia realizar. Chamavam-no de irmão por terem crescido juntos sob o mesmo teto, compartilhando de suas brincadeiras infantis e do amor dos mesmos seres que para todos eles haviam servido de pais.

Eram da mesma idade. Adamu e Évana, conhecedores do segredo da existência anterior daquelas crianças, haviam-nas amado com a mais profunda ternura. Tinham elas, pois, chegado à juventude sem notar a diferença que poderia existir no coração daqueles pais para com o filho verdadeiro e para com os filhos de adoção.

Mabi, que era a mais resoluta, disse:

— Se pedirmos permissão, eles nos negarão, e se formos sem ela, não terão outro remédio senão conformar-se.

Iber manifestou que já havia arranjado tudo com um hortelão de "A PAZ" que era irmão do Kadic, como chamavam o dono dos elefantes e camelos adestrados para as longas travessias. Segundo estas combinações, o Kadic levaria num elefante os três irmãos, como se fossem seus filhos que iam visitar um parente na distante região, e aproveitava a caravana do apóstolo para levá-los.

Reconhecendo-os como irmãos do jovem missionário, julgou natural e engenhosa a idéia de dar-lhe uma surpresa, quando, já longe daquelas terras, ele os visse segui-lo em sua penosa jornada. Por outro lado, o engano era fácil, dado que a espécie de liteira que se colocava em cima dos elefantes tinha grandes cortinas, e os kobdas não se preocupariam com os familiares do Kadic que fossem em seu interior.

Quando, na noite anterior, antes do chamado à quietude, os kobdas viajantes foram despedir-se no Pavilhão da Rainha de suas irmãs kobdas que ali os esperavam para tal ato, Abel notou uma alegria inesperada em suas duas irmãs, como também ele as chamava.

— Julguei que iríeis causar-me dor com as vossas lágrimas e vejo que reanimais o meu valor com a vossa meiga serenidade — disse ao dar-lhes o beijo de despedida.

— Em outra missão eu vos levarei a ambas, pois já terei adquirido maior domínio da situação e das circunstâncias.

— Que vos tenhamos logo ao nosso lado — foi a resposta de ambas, enquanto beijavam o rosto de seu grande irmão.

Os primeiros clarões do amanhecer não amorteciam ainda o vivo resplendor de Vênus, o luzeiro matutino, segundo a expressão vulgar, que parecia comprazer-se em desfolhar seu beijo de luz sobre o excelso viajante, e já a caravana saía pela larga avenida aberta em meio ao bosque de plátanos que rodeava os santuários kobdas. Abria a marcha o camelo do Kadic, levando a seu lado o elefante que conduzia seus filhos, segundo ele havia dito. Depois os cameleiros com os animais de carga e finalmente os Reis, Adamu, Évana, Abel e os vinte kobdas que o acompanhavam. Fechavam a marcha três arqueiros para o caso de qualquer ataque, quer da parte dos homens, quer das feras.

Como se vê, pois, ninguém se interessou em conhecer os filhos do Kadic que viajavam no primeiro elefante, a seu lado.

Quando chegou o meio-dia, Bohindra fez ver a Adamu a conveniência de regressarem para que o cair da tarde, demasiado fria no outono, não prejudicasse a saúde de Ada e Évana, que, com a idéia persistente de que logo deviam separar-se de Abel, não haviam quase participado da alegria geral.

— Iria contigo até o fim do mundo, meu filho — exclamou aquela mãe como um gemido, ao estreitá-lo entre seus braços.

— Bem o sei, mãe, bem o sei — respondeu ele. — Por isso digo que tu e eu iremos juntos por este mundo e também por outros mundos, até que estejas em mim e eu em ti, como uma única chama viva a se difundir na Claridade Eterna.

— Quanto tempo passarão meus olhos sem ver-te?... — voltou a exclamar a meiga e enamorada mãe, rodeando ainda com seus braços o pescoço do filho.

— Nenhum tempo, mãe, nenhum tempo. Nós nos veremos e conversaremos diariamente no infinito seio de Deus, e nossos olhos encontrar-se-ão no espaço azul à saída de Vênus, cujo resplendor será para nós como a chamada para a confidência amorosa das almas. Quando olhares para Vênus, pensa que meus olhos estão postos nela, e ambos flutuaremos unidos em espírito, sentindo a carícia da Alma Geradora do Universo na qual vão submergir-se os amores puros e santos de todos os seres que habitam todos os mundos.

Adamu aproximou-se e, tomando a mão de Évana, disse-lhe em tom alegre e risonho, como que para evitar toda cena dolorosa.

— Agora, minha bem-amada, retrocedamos uns passos atrás para que novamente

305

recordemos nesta formosa pradaria o casalzinho enamorado do país de Ethea. Recordas-te?

— Então éramos somente um para o outro... Mas agora, este filho adorado ficou com a metade da minha alma — respondeu Évana.

— Pois a outra metade deve ser compartilhada com todos os que te amam, minha filha — disse Bohindra chegando com Ada, enquanto Abel, já do alto de seu camelo, dizia com seu rosto iluminado pelo amor:

— Buscai-me todas as noites no resplendor de Vênus, depois da chamada à quietude.

Longo tempo permaneceram Bohindra e Ada, Adamu e Évana contemplando a caravana a se afastar lentamente, cantando o hino ao Sol que os kobdas costumavam recitar todos os dias quando o astro rei estava no zênite.

Antes de a caravana entrar no imenso bosque que precedia a planície de Babel, viram que Abel se afastou um tanto do grupo para tornar-se visível aos que de longe o observavam e agitou várias vezes o branco pano que, ao redor do seu gorro violeta, lhe preservava dos raios do Sol.

Évana caiu de joelhos sobre a verde relva da pradaria, exclamando no meio de suas lágrimas.

— Ele é teu, Altíssimo Deus, ele é teu... Mas devolve-o a mim, Senhor, porque toda a minha vida vai com ele!...

A frondosa ramagem dos plátanos pareceu tragar a caravana, que se perdeu de vista.

Ao lento passo dos elefantes, manejados por hábeis guardiães, retornaram ao Santuário de "A PAZ", onde tudo parecia submergido nessa suave melancolia deixada por um profundo adeus... entre os seres que se compreendem e se amam.

BABEL PRÉ-HISTÓRICA

Muito antes que a caravana de Abel chegasse à planície próxima a Babel, Abiron tinha montado sua tenda junto a um montinho formado por antiqüíssimas ruínas cobertas de musgo e plantas trepadeiras, onde duas ou três faias seculares e algumas oliveiras, cujos grossos e nodosos troncos demonstravam mui respeitável ancianidade, podiam servir de abrigo aos animais.

Habitava esse país, naquela época, uma numerosa tribo de raça cuchita, cujo príncipe, chamado Ismaku, fazia parte dos aliados do Thidalá do Nilo, como continuavam chamando a Bohindra.

A primeira de suas esposas, chamada Asvínia, havia-se manifestado como pitonisa iluminada, chegando a dominar de tal modo o seu marido que não existia outra vontade além da sua.

O ensinamento dos kobdas havia anulado o culto idólatra à pomba, deusa à qual a tribo tinha estado entregue desde há muitos anos, chegando até a oferecer-lhe sacrifícios humanos.

Um dos velhos costumes dessa raça era que as mulheres tivessem o cabelo cortado, quase raspado e os homens uma longa e grossa madeixa em forma de trança, que enrolavam na parte superior da cabeça e aumentavam enormemente com o cabelo comprado às mulheres. Era uma espécie de defesa para os guerreiros, cuja categoria podia ser apreciada à primeira vista pelo maior ou menor capacete de cabelos trançados que ostentavam em cima da cabeça. Era uma espécie de enorme turbante de tranças entretecidas de ouro e pedras preciosas nos homens de alta dignidade. Entretanto, as mulheres, para cobrir a desnudez de suas cabeças, ostentavam ricos tecidos de lã e seda com os quais se ocultavam também dos olhares indiscretos.

Só nos dias solenes, de festas pacíficas e tranqüilas, os homens soltavam suas grandes cabeleiras que, como um ondulado manto, cobriam-lhes as costas.

Era, pois, um dos maiores comércios da Babel pré-histórica a venda de cabelo, adquirido por grande preço pelos guerreiros mais destacados da numerosa tribo.

Sua arma era o forcado de cobre, espécie de enorme garfo de dois dentes com o qual, da mesma maneira, trespassavam um búfalo ou um homem.

Logo Abiron viu-se rodeado por camponeses que, trabalhosamente, extraíam de profundos fossos carvão mineral, cujos blocos unidos entre si, com uma pasta betuminosa que extraíam também da terra, serviam para construir suas próprias habitações, que eles recobriam por dentro com madeira, segundo a categoria dos moradores de cada casa.

Foi muito difícil entenderem-se, e só chegaram a se pôr de acordo quando Abiron lhes presenteou com algumas das pedrinhas verdes que ainda conservava de seu país de origem.

Um de seus homens fez compreender aos nativos daquele lugar que eles vinham enviados pelo Senhor do Nilo e que sua visita era de paz e concórdia.

Então começaram as grandes saudações. Ato contínuo, um dos camponeses mostrou uma figura de cobre, que apenas revelava seus contornos, e disse ser aquele o deus que dava a chuva e o trigo a todo aquele que lhe rendesse culto. Abiron fez um gesto de indiferença que ofendeu grandemente ao fanático adorador da pomba.

O protegido de Sênio não estava acostumado a se assustar pelos grunhidos de um homenzinho que nem sequer lhe chegava ao ombro, e, sem dar-lhe mais atenção, continuou seu trabalho.

Os camponeses desapareceram. Quando já se via ao longe a caravana de Abel, viram-se os homens de Abiron rodeados por uma centena de homens pequenos, mas fortes, armados de forcados muito mais altos que eles.

O Kadic, que caminhava na frente, viu o tumulto, e conhecedor mais ou menos dos costumes do país, fez ressoar fortemente sua corneta de campo com o habitual som que significa amizade, e todos esperaram a chegada daquele viajante.

Furiosos, os homenzinhos expuseram ao Kadic que aquele gigante devia morrer porque havia ofendido o seu deus, motivo esse que não deixava alternativa para os estrangeiros rebeldes.

O elefante no qual vinham os filhos de Shiva chegou nesse momento, e as duas irmãs apareceram por entre as cortinas da liteira. O vento da tarde agitou suas longas cabeleiras de um castanho escuro brilhante e sedoso e logo estampou-se a cobiça nos olhos dos nativos.

Aquele que se apresentava como chefe se aproximou do Kadic e disse:

— O deus somente se aplacará se me deres as cabeleiras de tuas filhas.

Estava talvez pensando no bom lucro que lhe produziriam com algum dos mais ricos senhores de Babel.

— Viestes em má hora — disse a elas pesaroso o Kadic. — Aqui as mulheres não usam cabelo longo que, por outro lado, é um tesouro, pois é usado em grandes tranças pelos chefes e guerreiros.

— E que tem isso? — perguntaram elas.

— É que este homem exige vossas cabeleiras pela vida de Abiron.

— E se não a dermos, eles o matam? — voltou a perguntar a mais animada.

— Como podeis ver, estão esperando a resposta.

— Que seja feito antes da chegada do nosso irmão, pois talvez ele impeça que o façamos. Tomai nossos cabelos e deixai-nos em paz.

O Kadic explicou aos homens dos forcados que suas filhas lhes dariam seus cabelos.

Abiron, preocupado somente em terminar os detalhes de sua tenda, não suspeitava que sua própria vida estava em jogo.

Uma afiada faca de sílex cortou habilmente as duas formosas cabeleiras, que foram recebidas com loucas demonstrações de júbilo.

Hélia e Mabi riam no interior de sua liteira, vendo-se despojadas dos cabelos, e apressaram-se em cobrir a cabeça com o véu das mulheres kobdas, para que seus irmãos não percebessem o que tinha ocorrido.

— No meio de tudo — disse uma delas — é uma felicidade este acontecimento, porque, se não fosse pelas nossas cabeleiras, talvez tivessem morto todos os nossos homens, inclusive o nosso irmão Abel.

— Como fizemos bem em vir! — exclamou a outra.

Iber observava assombrado tudo isto e disse às suas irmãs:

— Sois bastante felizes por haver comprado a paz com os vossos cabelos!

— Eu sei avaliar com justiça o vosso amor por mim — disse pouco depois Abel aos seus três irmãos de adoção — mas deveis persuadir-vos, como bons kobdas, de que o puro e elevado amor não necessita da aproximação material daquele que ama, porque deveis ser conscientes de que as energias e forças do espírito anulam o tempo e a distância. Eu vos permito permanecer aqui durante os dias em que eu me demorar ao realizar os encargos do nosso Patriarca-Rei junto ao príncipe deste povo; e, passados esses dias, regressareis a "A PAZ" juntamente com Abiron, pois ele é necessário lá nos trabalhos de ampliação do mosteiro.

"Vossa satisfação voz fez esquecer a inquietação dos nossos familiares, que a esta hora vos estarão procurando ansiosamente."

Hélia, mais tímida, nada respondeu, mas Iber e Mabi tiveram a coragem de insistir.

— Shiva, nossa mãe, descobriu o nosso segredo na última hora, e ela tranqüilizará os demais — observou finalmente o jovem, para afiançar com isto sua insistência em permanecer.

— Está bem — disse Abel. — Se daqui a três dias não vier ninguém de "A PAZ" à vossa procura, eu vos levarei comigo até o *Refúgio de Hiva*, onde nossas irmãs kobdas realizam grandes obras de amor com os enfermos, anciãos e órfãos. Lá aguardareis o meu regresso.

Ninguém veio buscar os fugitivos, motivo pelo qual Abiron disse às jovens kobdas:

— Levantarei uma tenda para vós no centro da grande tenda comum, e, se nosso chefe o permitir, serei eu o vosso guardião.

Aldis, que celebrara grandemente a idéia feliz dos três irmãos, e que tinha por Iber os sentimentos de um pai, foi de opinião que este continuasse a viagem com eles enquanto suas irmãs aguardariam em Hiva o regresso dos missionários.

A Babel pré-histórica apresentava um aspecto que hoje nos pareceria espantoso. Um agrupamento de habitações na própria margem do Eufrates formava como um imenso trapézio cuja base era o rio. Estas habitações eram ao mesmo tempo muralha completamente fechada para o exterior, de tal forma que, para penetrar no interior, era forçoso fazê-lo por uma das casas, que eram habitadas por destacamentos de arqueiros.

Sendo que o material mais comumente empregado era a hulha extraída das minas, o betume ou petróleo, como diríamos agora, e a madeira de cedro além do natural com uma tinta fabricada com o suco vermelho do freixo, compreender-se-á que o colorido negro e vermelho do conjunto daquelas construções lhes desse um aspecto sombrio, quase pavoroso e trágico. No centro do enorme trapézio elevava-se uma enorme construção, negra e vermelha também, mas de aparência mais suntuosa que o resto da cidade. Aquela construção tinha a forma de uma pirâmide formada por quarenta degraus, cujo último degrau era uma plataforma completamente lisa com uma entrada estreita e circular no centro.

Aquela era a porta por onde se descia ao palácio de Ismaku e por onde entravam e saíam todos os guardas e servos que nos dias solenes enchiam os quarenta degraus da pirâmide, de tal forma que parecia toda feita de corpos humanos, em cima dos quais o soberano aparecia com seu grande turbante de cabelo cheio de pedras preciosas para que seu povo lhe rendesse homenagem e lhe jurasse fidelidade. Por entre os degraus daquela estranha pirâmide havia uma infinidade de pequenas aberturas, por onde não podia passar a cabeça de um homem, as quais serviam como clarabóias para a renovação do ar e para que a luz do dia iluminasse o interior. Pelo lado do Eufrates ficava uma guarda de toscos navios que serviam também para trazer madeiras e mercadorias da fértil região denominada então *Urbau*, que foi o que mais tarde se chamou propriamente Mesopotâmia.

309

Ismaku havia comparecido anos atrás, ainda muito jovem, à primeira assembléia com o Chalit do Nilo, quando ele estava ainda em Zoan e em Negadá, e havia aceito a nova lei que Bohindra lhes dera para implantá-la em seus povos.

Mas os velhos costumes foram dominando-o pouco a pouco, e ultimamente as adivinhações e os sortilégios de sua esposa Asvínia haviam-no feito voltar completamente a seus antigos hábitos.

A morte e as torturas físicas como castigos de delito tinham entrado novamente em sua administração de justiça, pois a pitonisa, intérprete de seus deuses, assim o ordenava.

A milenar e quase eterna tendência do homem sem cultivo intelectual, de ver um castigo da divindade nos acontecimentos naturais destrutivos, como as tempestades, as inundações, os terremotos, as erupções vulcânicas, etc., não abriu exceção aos babelitas pré-históricos, que a cada uma daquelas comoções naturais julgavam que a Divindade ardia em cólera e era necessário aplacá-la da forma que seu grau de evolução lhes permitia compreender.

Essa raça cuchita, que muitos séculos depois foi se espalhando pela Ásia Oriental, para onde levou seus costumes e sua civilização, é a remotíssima origem da atual raça chinesa que, extremamente conservadora, ainda parece oferecer-nos reminiscências daqueles fortes e pequenos cuchitas de longas tranças e especulação sagaz, metódicos e práticos, reservados e discretos.

Junto da esquadra de navios que guardava a costa do rio e a praia, abriam-se imensas tendas que eram o grande mercado de Babel, um descomunal labirinto onde, junto com a venda de gordura e carne de búfalo, elevavam-se as tendas de vendedores de essências e perfumes, de tecidos finíssimos, de objetos de ouro, prata e cobre, de peles de antílope, de cereais e frutas, de vinho, de azeite e ainda de seres humanos vivos, pois, apesar de ser contra a lei de Bohindra, ainda se compravam e vendiam escravos, se bem que houvesse melhorado um pouco sua triste situação.

Asvínia, a rainha pitonisa, havia feito construir numa ilha do Eufrates, vizinha à margem e defronte à pirâmide dos quarenta degraus, uma espécie de cubo negro e vermelho, pequena torre quadrangular por cima da qual uma enorme ave de cobre estendia suas asas gigantescas...

Como se vê, voltavam ao velho culto da pomba solar, como a chamavam, pois o cobre resplandecente e polido brilhava aos raios solares, do que se originavam inumeráveis lendas, cada uma das quais mais disparatada e fantástica.

— Os aliados do Thidalá no Nilo reconheceram um Deus que está muito acima do pai Sol — dissera Ismaku às primeiras insinuações de Asvínia para restaurar o culto tradicional ao astro-rei e sua mensageira divina, a pomba, senhora do ar, do trigo e das chuvas. Contudo, ela o havia vencido com esta lisonjeira frase:

— Esse grande Deus adorado pelo Thidalá só admite a adoração dos reis e dos maiores príncipes da Terra. É correto que tu o adores, ó rei, mas o povo, os guerreiros, os lavradores e pastores só podem fazer chegar suas preces e oferendas ao pai Sol e à sua alada mensageira.

O caudilho foi vencido por este suave paradoxo.

Poucos dias depois de os nossos missionários terem chegado à planície de Babel,

310

desencadeou-se uma forte tempestade, com grandes ventos e chuvas que foram estendendo-se por toda a região do Eufrates e do Hildekel, os quais transbordaram, arrastando em sua corrente navios, homens, árvores e animais.

A pequena torre onde adejava a resplandecente pomba do Sol desapareceu também, arrastada pela corrente, causando o conseguinte estupor nos bons babelitas, que o julgaram um castigo do pai Sol.

Ismaku atribuiu-o, pelo contrário, à chegada dos mensageiros do Thidalá, que, apenas passada a tempestade, se aproximaram das portas de Babel pedindo para ser oficialmente recebidos pelo príncipe.

Como se vê, pois, a Babel pré-histórica não era sequer a sombra do que chegou a ser a grande Babilônia de Nabucodonosor sete mil anos depois, muito embora inúmeros historiadores antigos hajam confundido numa única recordação Babel com Babilônia. Na remota época a que se refere minha narração, não havia o menor indício da Sirtela fundada por Gudea, da Korsabad de Sargon, da Kalak de Asurnazirbal, da Nínive de Senaquerib, ou sequer da primeira Babilônia de Hamurabi.

A Babel a que me refiro não foi outra coisa, em seu princípio, senão agrupamentos de cabanas de madeira e terra em torno da tenda do kobda Babel, conforme já mencionei anteriormente; e em torno da qual a fantasia e a ignorância teceram múltiplas e fabulosas lendas.

OS HOMENS-LUZ

— Que trazes contigo, Homem-Luz? — perguntou Ismaku ao ver o jovem kobda diante de si.

— Trago para te oferecer a paz e o amor — respondeu Abel mostrando o anel da Aliança que levava no dedo indicador, sinal de concórdia e fraternidade no qual deviam reconhecer-se todos os aliados do Eufrates e do Nilo.

— Bem-vindo sejas à morada de Ismaku, que pecou por causa da sua mulher contra a lei do Thidalá.

— Príncipe, eu não venho para recriminar-te, mas para visitar-te em nome de meus irmãos, os Filhos de Numu. Mas, visto que tu mesmo te acusas, pergunto: qual é o teu pecado?

— Meus guerreiros começaram novamente a tomar muitas mulheres, e trouxeram escravos estrangeiros. Pela boca da minha esposa, convertida em sibila, falam as almas errantes, os gênios protetores desta terra, e todos a obedecem, fazendo silenciar a voz do meu protesto com ameaças de insurreição. Não querendo pôr frente a frente duas grandes porções do meu povo, guardo a minha dor e o meu opróbrio no mais íntimo do meu coração.

"Homem-Luz, irmão do Thidalá, não fui fiel à palavra empenhada com ele; toma, pois, seu anel, pois, além de perjuro, não quero também ser falso."

E estendeu o anel ao jovem kobda, que o observava com seus meigos olhos cheios de imensa piedade.

— Não — disse Abel depois de um momento. — O anel da Aliança está bem no teu dedo, príncipe Ismaku. Conserva-o, eu te peço, em nome do Thidalá, porque não é o teu o pecado dos que rompem alianças. Meus irmãos estão à entrada da tua casa; manda que estejam eles comigo, e chama a este recinto a tua mulher e os teus chefes de tribos, porque é perante todos eles que devo transmitir a mensagem do Thidalá.

Os kobdas missionários desceram ao amplo recinto e se colocarám em volta de Abel. Um momento depois apareceu, como que brotando do piso, a rainha-sibila Asvínia, vestida de túnica amarela, levando em sua cabeça, em cima do véu vermelho que a cobria, uma espécie de diadema de prata e esmeraldas na forma de uma pomba com as asas abertas.

Seguia-a uma longa fila de homens velhos e jovens, ostentando todos eles uma enorme trança que, partindo do mais alto da cabeça, caía pelas costas até tocar o solo. As tranças eram reforçadas com filamentos de cobre e prata e com cachos carregados de pedras preciosas.

— A paz esteja contigo, mulher de Ismaku — disse Abel quando ela se adiantou até ele. — E esteja também conosco, todos os que servis ao nobre príncipe aliado do Thidalá, em cujo nome venho em visita de amizade e concórdia.

Um numeroso grupo de servidores brotou como que por encanto do piso daquele recinto, levando tantos recipientes, espécie de bacia para lavar as mãos quantos eram os kobdas, para que estes submergissem suas mãos na água. Tal era a introdução do ritual do país para as recepções desta natureza.

Ato contínuo, mandou Ismaku que se lesse em voz alta a lei da Aliança que todos os príncipes e chefes guerreiros tinham jurado obedecer anos atrás e que meus leitores já conhecem.

— A paz e a abundância sejam o vosso galardão se observardes fielmente a Lei do Altíssimo — disse Abel, quando aquela leitura terminou.

— Pecamos contra essa lei — exclamou Ismaku, arrojando ao solo o seu manto. Nesse momento, Asvínia começou a fazer grandes contorções, como se estivesse com um ataque de epilepsia.

— Pela boca da rainha falará a grande voz de Deus — disse com solenidade um ancião que estava a seu lado.

Em silêncio, os kobdas emitiam fortes correntes de pensamentos harmônicos e unidos como uma imensa onda de luz.

A infeliz Asvínia retorcia-se em seu estrado coberto de peles sem poder articular palavra alguma e apenas emitindo surdos grunhidos, como que saídos de uma garganta oprimida com ganchos de ferro. Por fim invadiu-a uma extrema lassidão; ela caiu pesadamente sobre o estrado no qual estava sentada e uma palidez de morte cobriu-lhe o semblante.

— Maldição! — gritou o ancião que estava a seu lado e que parecia ser um feiticeiro ou sacerdote. — Nossos gênios do fogo e do Sol fugiram. Estes homens trouxeram desgraça!

— O Deus da Aliança castiga o nosso pecado — exclamou por sua vez Ismaku. A situação transformou-se num surdo torvelinho de exclamações e protestos.

Serenos, imóveis, completamente alheios àquela turbulência, os kobdas continuaram ainda sua estupenda atividade mental até que, dominada a inquietação do recinto, não se ouvia a não ser a fatigosa respiração de Asvínia, estendida em seu estrado.

Abel aproximou-se dela e, tomando-a pela mão, disse:

— Mulher, levanta-te, que a Luz de Deus veio visitar-te hoje.

Ela despertou como de um profundo sono e, recordando o que lhe havia ocorrido, envergonhada e raivosa, tirou um dardo que levava oculto entre as roupas e lançou-o contra Abel. Aldis, que estava ao lado do apóstolo, estendeu o braço para recebê-lo antes que chegasse ao alvo e o dardo se cravou em sua mão direita, da qual brotou um delgado fio de sangue que manchou a túnica de Abel.

Ismaku saltou como um tigre sobre sua mulher e quase a estrangulou entre suas mãos, enquanto Abel e seus irmãos, com inaudita serenidade, vendavam a mão ferida de Aldis e continuavam serenos e imperturbáveis como se nada houvesse ocorrido.

Asvínia, vendo-se livre das mãos de seu marido mercê do oportuno socorro que lhe prestaram seus cortesãos, desapareceu como que tragada pela mesma entrada do piso por onde havia saído.

Como Abel viu que Ismaku, colérico, queria segui-la, o deteve.

— Acalma-te — disse. — Cumprirás melhor a Lei da Aliança com a paz que com a guerra. Asvínia está vencida e reconhecerá o seu pecado. Não é tudo culpa sua, pois os maus espíritos que fizeram morada nela causaram o seu extravio e o de muitos no teu país. Contudo, Deus te visitou, príncipe Ismaku, porque o teu coração é bom e amas a justiça ainda que, às vezes, sejas débil para exercê-la.

Unidos numa concentração espiritual profunda, os kobdas foram plasmando no éter, na atmosfera daquele recinto, os pensamentos delituosos e as ações criminosas e perversas que os maus gênios que dominavam Asvínia fizeram cometer todos aqueles homens que estavam ali presentes.

Apareceram os corpos astrais de escravos mortos, atravessados pelos forcados, outros decapitados, sustentando com as mãos suas próprias cabeças escorrendo sangue, mulheres esquartejadas, crianças defeituosas esmagadas contra uma muralha ou afogadas no Rio Grande.

Ismaku estava aterrado e seus guerreiros muito mais ainda, pois viam ante eles, com tão espantosa realidade, seus crimes e delitos. Teriam querido fugir, mas não acertavam com a rampa do piso que havia sido fechado atrás da rainha pitonisa.

— Pecamos contra o Thidalá! — gritavam. — A terra se afundará para nós, o rio secará suas águas e morrerão os frutos da terra. — E cobriam os olhos com suas longas tranças para não ver aquelas visões de horror.

313

— Homem-Luz! — gritou de joelhos Ismaku. — Que o vosso Deus tenha piedade de nós e apague da terra até a recordação dos crimes do meu povo!

Os fantasmas foram se diluindo no claro-escuro do recinto, que parecia ter adquirido repentinamente a severa majestade de um grandioso tribunal de justiça.

Quando tudo voltou à calma habitual, Abel falou àqueles homens aterrados até o máximo.

— Eu não vim para julgar, não sou portador de recriminações nem de castigos.

"Sou a voz da Verdade Eterna que fala ao vosso coração e lhe diz: escutai-me! Sou um resplendor da Luz Divina que se acende em vosso horizonte e vos diz: segui-me!

"Sou um fio de água cristalina do Manancial Eterno que cruza o vosso caminho, e cujo suave murmúrio vos convida a beber de sua linfa clara e refrescante!

"E vos digo, porque vos amo: Levantai-vos do abismo do vosso pecado, que vistes eternamente esculpido na planície de cristal do infinito, onde uma luz que nunca se apaga o fará viver por toda a eternidade. Mas ele morrerá para vós quando houverdes extinguido, com melodias de amor, o último gemido dos que choraram e choram por vossa causa.

"O Deus do qual sou Mensageiro não ordena o vosso castigo nem quer a vossa dor. Sua Lei somente pede que ameis com a mesma intensidade que dedicastes ao vosso egoísmo, à vossa satisfação e ao vosso ódio.

"Obra de amor é romper as cadeias dos vossos escravos e respeitar as filhas de vossos irmãos como quereis que eles respeitem as vossas. Ver em vossas esposas as mães dos vossos filhos, repartir o vosso pão com aqueles que não o têm, estender o vosso manto sobre os ombros daquele que caminha desnudo!

"A terra, como a água, como o ar, como o Sol, é a dádiva de Deus aos homens, e enquanto não chega a era feliz em que a terra não será patrimônio dos fortes, começai vós por dizer aos vossos escravos e aos vossos mendigos:

" 'Vinde semear comigo a porção de terra onde habito, porque o teu grão de trigo e o meu têm o mesmo direito de germinar, crescer e frutificar.'

"Quando assim procederdes, não haverá ódios nem guerras nem vinganças. Não haverá ladrões nem assassinos, porque todos serão donos de tudo e ninguém roubará a si mesmo, e ninguém dará a morte ao que o ajuda na vida.

"Deixai de lado as feitiçarias e o interesse de introduzir-se no mundo invisível e nos poderes ocultos, sem antes se haver purificado nas águas claras do amor que jamais diz 'teu' nem 'meu', que bebe o fel e brinda o mel; que afasta as pedras do caminho do viajante e acende sua tocha para os que andam às escuras.

"Por que perguntais com interesse às almas errantes em qual montanha se esconde a prata, o ouro ou as pedras preciosas, se são suficientes os trigais que semeastes e colhestes?

"Deixai que o esforço e o trabalho vos rendam o cento por um, mas não comentais o delito de misturar em vossa cobiça e ambição os seres invisíveis que necessitam esquecer as misérias da carne para buscar novamente o caminho da Luz.

"Não adoreis a Deus nos seres que perecem, nem nos astros que vos iluminam, nem nas obras mortas que lavrais com vossas mãos. Encontrareis o vosso Deus dentro

314

de vós mesmos, quando houverdes amado o bastante para vos sentir irmãos dos vossos escravos, amparo dos vossos órfãos, das vossas mulheres, dos vossos anciãos.

"Nas bênçãos do escravo agradecido, porque quebrastes as suas cadeias, estará o vosso Deus.

"Na felicidade das vossas filhas, das vossas mulheres, da vossa criadagem, dos vossos trabalhadores, estará o vosso Deus.

"Nos trigais dourados que repartis com os vossos trabalhadores estará o vosso Deus. No branco pão que ofereceis abundantemente aos vossos órfãos estará vosso Deus. No leite do vosso gado, que obsequiais aos anciãos e às crianças, estará o vosso Deus.

"Na gratidão e no amor de que vos rodearão todos aqueles a quem ajudardes a suportar o peso da vida, estará o vosso Deus.

"Por que, pois, O buscais numa ave de pedra ou de metal que os furacões lançam por terra e que é arrastada pela corrente dos rios?

"Buscai Deus naquele que vive, naquele que sente, naquele que ri, naquele que canta, naquele que chora...

"Porque Deus é a Vida, a Paz e o Amor."

Ismaku prosternou-se em terra adorando a Abel, a quem viu dentro de um nimbo de claridade que o fez conceber Deus no jovem kobda.

— Levanta o teu rosto, Ismaku, não sejas insensato — gritou Abel, afastando-se horrorizado de tal incompreensão, quando acabava de falar do Deus invisível, impalpável, imperecedouro, indestrutível e eterno.

— Essa luz dos teus olhos... Essa luz não é dos homens, mas dos deuses — exclamou por sua vez o príncipe, trêmulo e ainda sem poder levantar-se do solo.

Os kobdas saíram da sua profunda concentração, a cujas poderosas irradiações se devia, sem dúvida, o fenômeno observado pelo príncipe. Os chefes babelitas ali presentes estavam igualmente absortos por uma força oculta e para eles misteriosa, que os mantinha, contra seu costume, numa espécie de inconsciência e estupor.

— É um mago, é um feiticeiro de grande poder — gritaram alguns. — Façamo-lo ficar entre nós e que seja nosso grande sacerdote.

— Eu vos disse que sou um resplendor da Verdade Eterna e portanto sou completamente vosso, como todos estes meus irmãos que me rodeiam... E, para sê-lo, não necessitamos que nos façais vossos sacerdotes. Basta que nos escuteis, basta receberdes com boa vontade a nossa palavra, e que a façais viver em todas as vossas obras.

Abel e Ismaku desceram pela rampa do piso e se dirigiram em busca de Asvínia, enquanto os demais kobdas conversavam amigavelmente com os chefes babelitas que quiseram levá-los às suas dependências particulares dentro do vasto recinto com forma de pirâmide de quarenta degraus.

— Tendes esposas? — haviam perguntado aos kobdas.

— Não.

— Por quê?

— Porque estamos consagrados ao bem da humanidade, e os cuidados de uma família diminuiriam talvez a energia e o esforço que devemos dedicar à evolução, à paz e ao progresso dos homens.

— Vossa lei vos condena à morte se tomais uma mulher?

— Nenhuma lei nos proíbe tê-la, e aquele que quer pode formar uma família fora do nosso santuário. Mas há tantos homens sobre a Terra formando sua família carnal, e tão poucos os que se decidem a ter por família toda a humanidade.

"Não existem aleijados, leprosos e anciãos inúteis em vosso país?"

— Muitos! — responderam os chefes. — Uns perecem na época do frio intenso, outros são comidos pelas feras ou arrastados pelas águas do rio quando transbordam, e muitos também se refugiam nos pântanos do Maha-rati, onde os insetos venenosos acabam com eles.

— Pois todos eles são nossa família, e vós não impedireis que os procuremos e que eles venham a nós.

Inúmeras mulheres chorosas e angustiadas foram saindo de várias portas que se abriam no piso dos labirintos de baixas e escuras habitações por onde iam passando. Tinham sem dúvida escutado a conversa anterior entre os kobdas e os chefes e acudiam em busca de proteção. Haviam sido separadas de pais decrépitos e de filhos enfermos cuja sorte ignoravam, e pediam piedade e clemência para eles.

— Vedes? — disseram os kobdas. — A humanidade dolente, desprezada, esquecida e abandonada necessita também de um esposo que a proteja e console. O Filho de Numu é o amante e o amado da humanidade decaída, da humanidade que chora, da humanidade sem luz e sem amor.

"Vós vos sentis satisfeitos com um amor que vos dá quatro, oito, dez, vinte filhos, e avaliais a vossa felicidade em vê-los felizes ao vosso lado.

"Nós somos muito ambiciosos e somente nos satisfaz um amor que nos torne pais de milhares de filhos; dos milhares de leprosos abandonados, de todos os milhares de aleijados e corcundas, dos milhares de anciãos sem filhos, sem forças, sem pão. Não temos, acaso, o direito de amar aqueles a quem ninguém ama?"

Sem dúvida os chefes babelitas não compreenderam esta misteriosa linguagem, mas não tiveram forças para se opor àqueles estranhos homens que pediam como uma oferenda, como um presente, como um valioso tesouro, os aleijados da humanidade, os frangalhos de carne e osso que eles deixavam apodrecer lentamente entre os canaviais do Eufrates, entre a lama dos pântanos, entre os espinheiros impenetráveis de seus bosques.

Enviaram emissários para os pontos afastados do país para recolher, como doloroso e disperso rebanho, todos os infelizes a quem nenhum homem chamava "irmão".

Entretanto Abel caminhava ao encontro de Asvínia, principal causadora dos males morais daquele país.

Encontraram-na presa de uma espantosa convulsão.

Tendo grandes faculdades psíquicas, ela as havia posto inconscientemente a serviço de malignas inteligências que, do mundo espiritual, estendiam suas redes para obstruir o avanço das almas pelos caminhos do bem e da justiça. A primeira vítima fora ela própria, como ocorre sempre em casos análogos.

Apenas Abel se aproximou dela seguido de Ismaku, o corpo da infeliz pitonisa deu três grandes saltos, estendido em terra como estava; uns gritos angustiosos e

316

afogados escaparam de sua garganta, e, despertando repentinamente, ela viu o jovem apóstolo à sua frente. Presa de invencível terror, ia fugir, mas ele a deteve com estas palavras:

— Não fujas de mim, mulher, pois estás enferma e venho curar-te.

Ela se deteve, sem voltar o rosto para ele.

— Não venho para julgar-te, mas para libertar-te; não venho para recriminar-te, mas para consolar-te.

Comprimidos soluços agitaram o corpo daquela mulher que, voltando-se prontamente para Abel, caiu ao solo abraçada aos joelhos do jovem kobda.

De seus olhos, suavemente cerrados pelo transe no qual havia caído, saíam dois caudais de lágrimas.

Abel pôs a mão sobre a cabeça daquela mulher e ela falou:

— Meu filho!... Minha alma te segue na tua primeira jornada de apóstolo, e o Altíssimo quis que seja a tua mãe quem te ofereça as flores da tua primeira vitória!

Asvínia despertou. O leitor terá compreendido que a alma de Évana, a meiga mãe enamorada, desprendida pelo sono, tinha voado acompanhando seu filho.

Um espírito do bem, ao se apoderar daquela matéria, acabou de romper os vínculos que a haviam encadeado às inteligências depravadas e perversas.

A libertação de Asvínia estava, pois, terminada.

Esta mulher foi, séculos depois, aquela Ruth que recolhia espigas nos campos de Booz, no qual estava encarnado o príncipe Ismaku; mais tarde, Susana, a mulher defendida pelo Profeta Daniel; na época de Jesus de Nazareth foi a terceira filha de Nicodemos, com o nome de Clélia de Nicópolis.

Na Roma dos Césares, foi a ilustre dama romana Cecília Metela, cuja memória é conservada na soberba torre sepulcral que lhe foi levantada na Via Ápia e que resistiu inalterável ao embate de vinte séculos.

Foi protetora dos artistas em geral e dos músicos em particular. Gostava de tocar a harpa aos enfermos incuráveis e aos presidiários condenados à morte. Seus fanáticos admiradores julgavam-na uma encarnação da Vênus e chamavam-na "Deusa das cordas".

O Príncipe Ismaku, kobda mais tarde, depois da morte de Asvínia e fugindo de uma invasão dos gomerianos, continuou sua evolução em séculos posteriores na Pérsia. Foi Ciro, o príncipe que deu liberdade ao povo judeu para voltar a reconstruir a cidade e o templo de Jerusalém, e, depois de múltiplas vidas obscuras e dolorosas, teve seu oásis também sob o teto de Nicodemos, como filho pimogênito, com o nome de Alfeu; mais tarde foi o duque Herman da Turíngia (Alemanha), pai político de Isabel da Hungria; depois Monsieur Lamartine, avô do poeta francês deste nome; e, nas terras do Prata (Argentina), um filho da Ordem de Francisco de Assis que chegou à púrpura episcopal,* com o nome de Frei Mamerto Esquiú.

---

* Foi nomeado arcebispo, mas renunciou ao cargo.

O Príncipe de Shivara

A presença do Homem-Luz em Babel foi conhecida em poucos dias por toda aquela região, percorrida pelos emissários de Ismaku e seus chefes em busca dos aleijados da humanidade que os kobdas solicitavam como inestimável tesouro.

— Para que quereis os aleijados, os leprosos, os corcundas? — perguntavam as pessoas.

— Vieram à nossa terra os enviados do Thidalá do Eufrates e do Nilo, e é para eles que fazemos esta coleta.

Ao redor desta resposta, revoluteavam curiosas estas ou semelhantes perguntas:

— Será para oferecê-los como sacrifícios ao seu Deus?

— Farão com que voltem à vida normal por meio de sortilégios e feitiçarias?

— Quando já estiverem curados, formarão com eles novos povos ou exércitos poderosos?

Poucos dias depois, a tenda de Abel viu-se rodeada de uma turba dolorida e lamurienta, cuja vista apertava o coração.

Era como uma trágica exposição da dor humana em toda a sua terrível e crua realidade.

Caravanas de asnos carregados com os infelizes que não podiam andar por seus pés; grupos pequenos ou numerosos dos que ainda tinham forças para se conduzir por si mesmos, compareciam ante a magia destas palavras:

"Os homens-Luz reclamam a vossa presença."

As turbas dolorosas corriam. Em seus rostos lívidos, onde se havia cristalizado a máscara indefinível da angústia, esboçou-se debilmente um sorriso de esperança, uma ilusão, um desejo!...

Havia alguém que os chamava... alguém que pensava neles... alguém que os amava!... E eles... frangalhos infectos de humanidade, restos carcomidos de homens que foram, ainda podiam esperar, desejar, sonhar... talvez amar!...

Corriam no supremo delírio do desespero que ainda espera!

Os pequenos bosques de sicômoros e cedros, as faias gigantescas, os velhos carvalhos que haviam visto passar muitas gerações e muitos exércitos, contemplaram pela primeira vez a cena inaudita de leprosos de face sanguinolenta e despedaçada, de homens mutilados pela guerra, de esquálidos anciãos retorcidos pela paralisia que choravam e riam como na demência de um sonho ante a terna piedade dos "homens-Luz" que os lavavam nas águas do rio, cobriam-nos com vestimentas limpas e repartiam entre eles rações abundantes de pão branco e frutas secas.

Os mercadores de Babel não bastaram para suprir a enorme quantidade de tecidos de que os kobdas necessitavam para vestir a nudez daquelas centenas de homens e mulheres, cujas carnes sanguinolentas e queimadas de sol e frio se faziam ver através de resíduos esfarrapados.

Percorreram Shivara, cidade vizinha da Babel, entre o Eufrates o Hildekel, um dos grandes mercados onde os zoaritas comerciavam com a abundância de seus tecidos de lã e grandes aprovisionamentos de algodão.

— Vê — disseram as filhas de Shiva a seu irmão Abel — como éramos necessárias ao teu lado para socorrer as velhinhas que trouxeste para nós?

O sexo feminino estava escassamente representado na dolorosa turba, pois apenas chegaram a contar umas oitenta mulheres, enquanto os homens passavam de quatro centenas.

O príncipe de Shivara teve a curiosidade de conhecer os homens do Thidalá, com os quais seu pai, já falecido, havia feito aliança anos antes.

Aborrecia-se ele em seu pequeno estado, e de vez em quando sonhos de conquista esvoaçaram em sua mente, fazendo-o sorrir ante a idéia de ser senhor de muitos povos.

Um desejo baixo, interessado e rasteiro começou a se infiltrar em seu coração como uma astuta serpentinha que quase insensivelmente se introduz por uma fresta entreaberta. E ele se fez levar com Ismaku à tenda dos missionários.

Era pouco antes do meio-dia, e eles encontraram os kobdas completamente entregues à tarefa de repartir víveres entre sua numerosa família, enquanto Abel, de pé sobre o enorme tronco seco de uma árvore caída, dizia-lhes com sua voz musical e sua alma transbordante de piedade e amor, como uma maravilhosa onda que passava lavando, curando, acariciando:

— Abri novamente as vossas almas à esperança, ao amor e à alegria de viver para serdes bons e felizes, porque o Altíssimo, Pai dos Céus infinitos, vos fez compreender que pensava em vós e que dentre as fileiras dos seus servidores chamaria uns poucos para vos fazer sentir a Sua piedade e o Seu amor.

"Com os vossos corpos estropiados e enfermos, com os vossos membros mutilados e sangrentos, ainda podeis bendizer a Deus, que se aproxima de vós como uma carícia materna para insuflar-vos nova vida, novas energias e novas esperanças!

"Não percais vosso tempo maldizendo os causadores das vossas dores, pois eles já colocaram sobre si mesmos uma carga maior ainda que aquela que levais. Bendizei e amai, no Deus piedoso que hoje vos consola, todos os seres da criação, porque as bênçãos e as preces brotadas de lábios famintos e febris e de um coração cheio de angústia escalam os cimos grandiosos onde vivem os gênios imortais, os ungidos do Amor, os esposos da Sabedoria, da Beleza e da Paz.

"Aprendei a não causar dano uns aos outros, nem sequer com o pensamento, e não ofendais ao vosso Altíssimo Pai furtando o pãozinho que sobra do vosso vizinho, porque o Pai não cuidará de vos dar aquilo que vós mesmos buscais prejudicando o vosso irmão.

"Quando as cerejeiras se cobrem de frutas, os passarinhos alegres satisfazem a sua necessidade e depois cantam em ruidosa algaravia, que é a sua forma de gratidão à Mãe Natureza que lhes brindou as suas dádivas.

"Mais elevados vós que eles, não penseis no mal do vosso irmão quando Deus pensou na vossa paz e consolo; porque é espantoso refinamento de maldade pecar contra o vosso irmão quando ainda tendes nas vossas mãos a dádiva de Deus.

"Enchei o vosso coração de piedade para com aquele que mais sofre, para com aquele que mais chora, para com aquele que mais atormentado se arrasta junto de vós, e experimentareis amplamente a indefinível suavidade de repartir o vosso pão, as vossas frutas e os vossos legumes com aqueles a quem tocou uma parte menor.

"Não é a dádiva generosa ao que carece de tudo o que nos torna semelhantes a Deus, que sempre dá?

"Deus dá a água e o sol aos nossos campos, e eles florescem e frutificam, e os nossos armazéns se enchem de trigo e a nossa mesa, de pão.

"Deus enche de gado as nossas pradarias, e eles nos fornecem a sua carne, o seu leite e as suas peles.

"Deus nos dá vida e saúde que esbanjamos com grandes excessos e pecaminosas satisfações.

"Deus nos dá família carnal ou família espiritual para que ensaiemos juntos o grandioso concerto do amor.

"Não é mil vezes pior que uma serpente venenosa aquele de vós que, em vez de um canto, arroja um dardo?

"Não mereceríeis que Deus vos tirasse novamente o bem que tendes? Não mereceríeis ser submergidos novamente na espantosa solidão de coração em que gemíeis, se tão mal correspondeis às dádivas da fraternidade que Deus vos obsequia?"

Ismaku e o príncipe Shivara escutavam atônitos este estranho ensinamento e viam com estupor e assombro como aquelas centenas de seres desventurados, desprezíveis e desprezados em sua carga de miséria e dor, quase esqueciam o donativo que os kobdas acabavam de depositar em suas mãos, ávidos em escutar a palavra acariciadora do jovem apóstolo.

Este voltou-se para os dois nobres visitantes para lhes dizer:

— A dor dá privilégios a estes perante os kobdas, mas eles já levaram a sua parte; agora estou convosco.

Estavam entre uma animada troca de palavras quando Nabor, Glauco e Isdacar, os três videntes, levaram dissimuladamente a mão direita aos olhos, que era o sinal pelo qual davam a entender a seus irmãos que algo anormal e perigoso viam no novo personagem que se aproximava deles.

Abel e os outros os compreenderam, mas, habituados ao domínio de suas expressões, nada deixaram transparecer ao exterior.

Todos eles sabiam o que em tais casos lhes incumbia fazer: emitir fortes correntes de pensamento unidas às altas Inteligências criadoras e dirigentes das formidáveis forças astrais e etéreas, para fazer, com o bem, oposição a todo o mal que pudesse rodeá-los.

— Vossas obras são incompreensíveis aos homens — disse Alisan, pois assim se chamava aquele personagem. — Entretanto, penso que logo vos cansareis de realizar obras tão sem proveito nem utilidade para vós. Gastam nisto o tempo os irmãos do Thidalá, de um grande rei de numerosos povos?

— Bem o vedes! Os kobdas têm pontos de vista muito diferentes do resto da humanidade. Vós buscais os felizes e nós buscamos os sofredores. Vós buscais os fortes, os sãos, nós buscamos os débeis, os enfermos do corpo e da alma.

— O Thidalá subiu ao trono correndo, como vós, atrás dos leprosos e aleijados? — voltou Alisan a perguntar.

— O Thidalá foi um kobda antes de ser um rei.

— Que poderia fazer um príncipe que quisesse chegar a ser tão grande quanto ele?

— Não ambicionar a grandeza. A posição do Thidalá não a merece senão aquele que jamais pensa nela. As altas funções não são perfeitamente desempenhadas senão por aquele ser que jamais as desejou ou se julgou merecedor daquela grandeza.

"Um kobda sobe com igual serenidade a um trono ou a um monte de trigo que vai enfeixar" — observou finalmente Abel.

— Estou enfastiado do meu povo; recebei-me entre vós e provarei tornar-me grande em vossa vida sem desejos.

— É que nessa mesma renúncia ocultais uma desmedida ambição — disse novamente Abel, aproximando-se até tomar uma de suas mãos. — Não invejeis a grandeza humana do Thidalá, mas a formosura de sua alma, que é como a carícia de Deus para o seu povo.

"Seríeis capaz de amar como ele ama?

"Seríeis, como ele, um grande rei que se pospõe e esquece a si mesmo para consagrar-se e sacrificar-se pela felicidade do último leproso do seu povo?

"Há príncipes e reis entre nós, os kobdas do Nilo e do Eufrates, e tu pedes para ser um deles; contudo, deves substituir em ti o pensamento de ser grande pelo pensamento de ser bom, não para a tua satisfação, mas para ser útil à humanidade; pois esta é a porta de entrada à *realeza* do espírito, se tal palavra deve ser tomada como uma manifestação de majestade e grandeza verdadeiras."

Ismaku ouvia e guardava silêncio, mas sua alma se iluminava com fulgores até então desconhecidos para ele. Entretanto Alisan, entre acovardado e anelante, arrancava nervosamente folha após folha dos ramos de um arbusto que tinha a seu lado.

Os kobdas pensavam com indizível amor sobre ele. E os três clarividentes observavam comovidos como sua aura, antes acinzentada com manchas e arestas avermelhadas, começava a tornar-se de um suave esverdeado como as águas do Nilo, com resplendores rosados.

— Volta ao teu país — disse-lhe finalmente Abel — e ensaia o ritmo do amor sobre todos os teus, sobre todo o teu povo; e ensaia-te em ser um príncipe que pensa menos na sua própria felicidade para buscar a dos demais, que é o único segredo da verdadeira grandeza de um senhor de muitos povos.

"Está amanhecendo um novo dia para esta Terra, habitação da humanidade da qual fazes parte. Feliz de ti se o Sol te encontrar com as tuas mãos lavadas em água clara e com a mesa preparada para o banquete dos escolhidos!"

— Então me rechaçais do vosso lado? — voltou Alisan a perguntar com a voz débil de quem se sente vencido.

— O kobda jamais rechaça, se quer ser digno do seu nome; mas, como esse nome significa "extrair do fundo de todas as coisas o que de mais formoso existe nelas", eu arrojei a sonda no mais profundo do teu coração, porque quero encontrar ali a pérola divina do despertar da tua consciência para que saibas quem és, para que viestes à vida e para onde caminhas.

Felácio, Artânio e Erech, impulsionados pelas Inteligências Superiores que secundam a obra redentora dos Messias encarnados, deixaram que seus espíritos subissem para os planos astrais onde a Luz registra as ações já realizadas pelos homens e esboça as que, pela Lei Divina, hão de formar o caminho de cada personalidade no futuro.

Os três leram no Infinito o mesmo drama.

Viram um velho príncipe que, aspirando ao seu engrandecimento, induziu sua filha a procurar enlace com o irmão de Anfião, o santo Rei de Orozuma, causando por tal meio sua abdicação e desterro voluntários.

E no futuro?... Oh!... Seu amanhã distante fazia surgir, como de uma imensa nebulosa, um homem melancólico, retraído e solitário, atormentado por sua oculta ambição até na humilde esfera social onde se encontrava, entre os doze discípulos íntimos de Jesus de Nazareth. Procurava ser, entre eles, maior que os demais. Um bosque de oliveiras centenárias, uma pálida luz amarelenta... uma turba de homens de aspecto feroz, armados e maldizentes, e um amigo traidor que lhes assinalava o caminho para o lugar onde o Justo orava com estas palavras: "Meu Pai, afasta de mim este cálice; mas, se tenho que bebê-lo, que se faça a tua vontade e não a minha."

O princípe árabe Ali, parente de Maomé, o Profeta do Corão, aquele que foi assassinado a traição com seus dois filhos no deserto de Kerbela (Pérsia) por sua rebelião contra a tirania dogmática do califa conquistador; o Lutero da Idade Média e o Tolstói da época atual são o mesmo espírito em sua peregrinação eterna pelos campos infinitos. Colocado Abel, pela união interna, com seus irmãos na mesma aura conjunta, límpida e serena, pareceu ir lendo o que eles viam em seu desdobramento espiritual. Interrompendo o plácido silêncio reinante na tenda onde se achavam, disse novamente a Alisan:

— Se os terebintos querem ser carvalhos, o furacão quebra os seus débeis caules. Se as codornizes querem ser águias, as suas asas se negam a voar muito alto.

"Desejaste exageradamente. A ambição foi tua excitação e será por muito tempo a febre que abrasará as tuas entranhas."

"— Alisan!... — exclamou Abel com sua voz comovida, que transmitiu a todos uma corrente de profunda comiseração. — Alisan!... Um dia haverás de chorar tanto por causa da minha lembrança, que não sentirás quando a humanidade te despedaçar com a montanha do seu ódio...

"Volta ao teu país, príncipe de Shivara, e quando tiveres aprendido a ser grande no pequeno, pela piedade e pelo amor para com o povo que espera de ti a felicidade, aproxima-te então do santuário kobda, onde aprenderás a viver sem desejos, sem ambições e sem egoísmos."

Quando os missionários ficaram a sós, Jobed e Suri tiraram de sua sacola de viajantes os rolos de papiro que ali levavam, para deixar gravados neles as cenas passadas e futuras que os três videntes tinham descoberto em sua viagem espiritual.

HÉLIA E MABI

Eram duas gotas de água graças à sua semelhança física. Eram dois sons de um mesmo instrumento, pela harmonia formada entre ambas.

Através de suas palavras e obras o leitor conhecê-las-á tão bem quanto eu.

— Hélia — disse Mabi um dia a sua irmã. — Às vezes causa-me grande fastio ver-me em minha condição de mulher.

— Por quê?

— Porque não posso fazer tudo quanto quisera.

— E queres mais do que temos feito? Parece pouco a ti havermos vindo quase fugitivas, seguindo o nosso irmão Abel, e levar aqui a vida que levamos: quase como duas moças selvagens correndo pelo campo em cima de uma mula para levar a toda essa gente roupas e alimentos? Parece-te pouco?

— Não, não é pouco, mas se fosse homem faria outras coisas que uma mulher não pode fazer. Vem e vê.

A decidida e impetuosa jovem levou sua irmã para fora da tenda e, trepando naquele tronco de árvore caída do qual Abel ensinava às turbas, fez-lhe ver um grupo de seres debaixo de uma velha figueira carregada de fruta madura. O homem que parecia ser o chefe da família e que tinha apenas um braço disponível, porque o outro e as duas pernas estavam secos como raízes de árvores consumidas por um incêndio, havia feito subir na figueira suas três filhas jovens, cegas de nascimento e esquálidas pela fome, e com um bambu pontiagudo fustigava-as de baixo para que às pressas recolhessem toda a fruta antes que outros o fizessem, enquanto ele, com voracidade de abutre, engolia tanto ou mais do que sua pobre mulher enfermiça e corcunda conseguia guardar em uma bolsa de couro.

— Que animal! Que homem mau! — exclamou horrorizada Hélia, afastando a vista.

— Vês? — perguntou Mabi. — Pois se eu fosse homem lançava-me sobre ele, arrancava-lhe o bambu e lhe dava tão estupenda surra que não voltaria a comer figos em toda a sua vida.

— Pois melhor me parece dar conhecimento disto aos nossos irmãos, e eles o remediarão — respondeu Hélia, bem mais tranqüila que sua irmã.

323

— Já o fiz, querida, e o grande patife fica à espera do momento em que os kobdas se retiram para a tenda para atormentar assim as suas pobres filhas. Olha para este lado. Vês aquele homem de rosto pálido, como um morto, com o cabelo e a barba emaranhados?

— Aquele que, como um louco, recolhe punhados de folhas secas e as lança a voar ao vento?

— Esse mesmo.

— Pois não faz nada de mau!

— Assim é, mas se eu, em vez de ser uma mulher, fosse um moço, correria para ele, lavá-lo-ia, pentear-lhe-ia o cabelo e a barba, dar-lhe-ia muitos beijos, abraçá-lo-ia fortemente... e depois o traria aqui para viver conosco!

— Mas Mabi... estás louca! — interrompeu Hélia. — Não somente somos duas donzelas, como duas mulheres kobdas, que só podem sair da tenda para exercer a caridade com esses infelizes.

"Que diriam os nossos irmãos se tivessem escutado tais palavras?"

— Precisamente porque sei que não posso nem devo fazê-lo, é que às vezes me aborreço de ser mulher.

— Ai, Mabi!... A ti faz mal estar fora do nosso santuário! Fazem alguns dias que te observo assim inquieta e tempestuosa.

— Tens razão, minha irmã!... Eu não posso ver certas coisas sem perder completamente a paz e o sossego.

— Mas o que é que te perturba nesse pobre homem que faz voar as folhas secas?

— É que eu ouvi palavras entrecortadas, que ele pronuncia no dialeto dos irânios, e parece ser um louco inofensivo que perdeu, por algum desgraçado acontecimento, tudo quanto ele amava, mulher e filhos, a quem procura sem encontrar... Sabes por que lança a voar folhas secas ao vento? Porque diz que, como essas folhas, está morto o seu amor, a sua esperança e a sua vida. Diz que também ele é um morto.

— Infeliz! — exclamou Hélia, comovida porque a intensidade do sentimento de sua irmã parecia transmitir-lhe o mesmo intenso sentir.

— Pois filha, se eu não fosse mulher, demonstrar-lhe-ia tanto amor que lhe faria sentir que vive e que ainda pode amar e ser feliz.

O homem das folhas secas aproximava-se distraidamente das duas irmãs, sem dúvida para recolher a seca folharada de um dos imensos ramos da árvore caída, em cujo tronco ambas estavam sentadas. Nem sequer as viu; contudo, Mabi não pôde conter-se.

— Bom homem, por que recolheis folhas secas? — perguntou.

Ele não respondeu. Parecia não haver escutado.

— Será surdo? — perguntaram as duas irmãs uma para a outra. Mabi teve uma idéia. Entrou na tenda e saiu com os dois alaúdes que ambas tocavam.

— Este homem deve ser da Irânia — disse à irmã. — Cantemos as canções da nossa mãe, e, se não for surdo, ele atender-nos-á.

As suaves melodias montanhesas, que pareciam o arrulho de rolinhas entre o espesso arvoredo das selvas, fizeram-se ouvir, ternas e suavíssimas, no dueto das duas irmãs.

324

O homem observou-as com olhos espantados, nos quais pareciam transbordar sua alma, sua velha paixão adormecida, o amor ao solo natal, ao lar, aos filhos, à companheira perdida, a toda a ilusão e a esperança de sua vida.

Como que temeroso de espantar formosa visão que o deslumbrava, foi aproximando-se cada vez mais das jovens, que continuavam cantando como se não o vissem.

Seus olhos, desmesuradamente abertos, iam do rosto de uma para o da outra até que, terminada a melodia, o ouviram dizer:

— Duas Shivas!... Duas Shivas jovens e belas como a minha Shiva perdida para sempre... — E, cobrindo o rosto com as mãos, voltou as costas para ambas e começou a fugir como um louco.

Mabi esqueceu-se de que era mulher e kobda e começou a correr atrás dele. Hélia, indecisa a princípio, não pôde resistir tampouco a uma força oculta que a impulsionava e correu atrás da irmã.

— Vinde, bom homem, vinde que não queremos fazer-vos mal — gritava Mabi no meio de sua carreira. — Mencionastes Shiva, e nossa mãe se chama Shiva e é irânia como vós.

O homem deteve-se, mas caiu ao solo exânime como se um raio o houvesse ferido. As duas irmãs se ajoelharam junto a ele.

— Não está morto! — disseram ambas. — Está desmaiado. — E Mabi foi molhar no rio seu branco avental de linho e, formando uma compressa, colocou-a na fronte do pobre enfermo, dizendo a frase dos kobdas quando curavam uma doença:

— Que as forças vitais da Mãe Natureza te devolvam a vida, a paz e a saúde.

As duas irmãs, de joelhos uma defronte à outra, uniram seus pensamentos e suas mãos sobre o homem estendido no solo.

Abel as havia visto correr atrás daquele homem e caminhou até elas seguido de seus irmãos, que, a essa hora, saíam para consolar e ensinar seus protegidos.

Os kobdas permaneceram quietos e silenciosos a vinte passos daquele quadro, digno de ser contemplado por quem, como eles, podia compreender as explosões de amor dos filhos de Numu para os açoitados pela enfermidade ou pela dor.

A concentração dos kobdas iluminou a mente das duas irmãs e ambas exclamaram ao mesmo tempo, arrojando-se sobre aquele rosto inanimado:

— É o nosso pai!... É o nosso pai! — Uma inundação de beijos e lágrimas caiu sobre aquele pálido rosto, que nunca havia recebido a suavidade do beijo de suas filhas.

Os kobdas chegaram, e os mais fortes, formando uma padiola com os braços estendidos, transportaram aquele homem para a tenda.

Enquanto isto ocorria, Abel e Iber ajudavam as duas irmãs a se levantar. Elas, como se houvessem sofrido um grande desgaste, não conseguiam mover-se do lugar onde caíram de joelhos.

— Ninguém pode separar o que Deus uniu — disse Abel a suas irmãs, levando-as pela mão até a tenda onde os kobdas faziam voltar a si o pobre louco das folhas secas que, tendo recuperado a razão, a esperança e o amor, nos contará ele mesmo a tragédia de sua vida. Dentro desse obscuro labirinto, encontraremos também outros fios perdidos da história da humanidade nesse lapso de tempo denominado Origens da Civilização Adâmica.

O Homem das Folhas Secas

Quando os kobdas, mediante os procedimentos que já conhecemos, conseguiram fazer com que aquele ser recuperasse o pleno uso de suas faculdades mentais, dispersaram-se pelo campo, onde a multidão dos enfermos e atormentados os esperava confiantemente.

Ainda faltavam muitas tendas por levantar para abrigá-los a todos, e isto não era obra de um dia.

Abel e as duas filhas de Shiva ficaram junto ao enfermo, que começava a convencer-se de que não era um sonho nem um delírio febril o que via diante de seus olhos, mas uma formosa realidade.

— Mas é possível tal beleza nesta minha pobre vida? — perguntou como que falando consigo mesmo, e escutando como num êxtase as meigas canções de sua terra cantadas pelos lábios de suas filhas, de suas duas Shivas, como ele as chamava.

— Tuas três Shivas — observou Abel — conquistaram em teu benefício a felicidade deste momento. Agora compete a ti conquistar a tua grandeza futura.

"Chegaste ao caminho quando julgavas estar mais longe dele; porque se, no perfeito uso da tua razão, não pudeste encontrar o que amava e havias perdido, poderias supor que o encontrarias quando, adormecidas as tuas faculdades mentais, nada podias empreender por ti mesmo?

"Novamente volta a ser o amor o fio de ouro que une as almas espalhadas pela maldade humana aos ventos da vida, como essas folhas secas que tu lançavas a voar! Teu amor a Shiva manteve a tua alma unida à sua, e esse amor triunfou por fim sobre todas as contingências e da maneira mais inesperada. Quão desconhecidos e ocultos são os caminhos de Deus para conduzir os seres ao cumprimento do seu destino!

— Quanto corri pelo mundo procurando Shiva!... — exclamou finalmente aquele homem, estarrecido pela felicidade como o estivera antes pela infelicidade.

"Através de montanhas, rios e selvas, percorri a Ibéria (Ethea) e cheguei ao porto de Salisan, pois julguei encontrar alguns indícios de que o raptor de Shiva era dessas regiões costeiras do Mar Grande. Quantos anos passei pegado como um molusco às rochas da costa, pedindo às ondas do mar que fizessem penetrar na minha guarida notícias daquela que amava! Nesta busca ansiosa, fui perdendo o hábito do trabalho. Pouco a pouco fui submergindo-me como numa noite escura da qual às vezes vinha tirar-me momentaneamente a mesma maldade humana, e caí em poder de homens duros e cruéis que me destinaram ao trabalho nas minas de *cuprun*.

"O homem que me capturou embarcou-me num veleiro que saía para a ilha de Alhasia,* a qual desde essa época passou a ser chamada Cuprun, pela grande abun-

---

* Cuprun ou Alhasia: Chipre, derivado de *cuprun*, cobre.

dância deste metal, que constitui a maior riqueza daquele país isolado no meio do mar.

"Passados dois anos fugi daquele amo, no depósito de mantimentos de um barco mercante que fazia viagens periódicas entre Galaad e Cária. Fui desembarcar em Adalis, onde os habitantes tranqüilos e pacíficos se compadeceram do pobre louco das folhas secas, e, já perdida toda a esperança de encontrar Shiva, não lutei mais para defender-me da *noite escura* que me invadia.

"Lá encontrei dois homens vestidos como vós, que repartiam pão e frutas secas com os desamparados como eu, mas eu os encontrei quando já embarcavam de regresso a Galaad, levando com eles vários escravos que haviam comprado.

"Pouco depois o país foi invadido por tribos estrangeiras provenientes das cidades de Cnossos e Faestos, da grande ilha Cretásia. Aliás, essa ilha se havia partido em vários pedaços, ocorrendo o mesmo com Defna e Coose, que, em meio a um dilúvio de fogo, se haviam aberto como uma romã, cujos grãos dispersos ficaram flutuando no Mar Egeu.

"Foi dito que os deuses irados pediam holocaustos, e deram-se as ordens necessárias para recolher como gado selvagem todo homem ou mulher sem família e sem lar, com cujas vidas pensavam aplacar a cólera dos deuses. O céu ficou avermelhado e o mar também sangrento. Quem se atreveria a fazer-se à vela?

"Um velho feiticeiro gritava pelas ruas de Adalis:

"— Nasceu o Salvador da humanidade, e os homens não o conhecem, por isso o mar e o céu se tingem de sangue! — E de uma Lua para outra choveu fogo sobre a terra, e o mar e suas ondas se tornaram vermelhos!... E eu dizia: é o sangue do meu coração afogando os homens maus e perversos!"

Ouvindo-o falar assim, as duas irmãs se entreolharam assombradas e com seus olhos interrogavam a Abel, que escutava em silêncio.

— Não encareis como maravilhoso um acontecimento que tem a mais simples explicação natural — disse. — Nossos irmãos peregrinos que percorriam na época aqueles países levaram para o nosso santuário de Negadá o relato do ocorrido.

"Essas ilhas que acabas de mencionar foram, em tempos muito remotos, os mais altos picos de uma imensa cordilheira que se dividiu em várias partes por grandes comoções internas da Terra, a qual explodiu em centenas de vulcões. As águas invadiram o lugar que as montanhas deixaram vazio e os vulcões ficaram em atividade nesses cumes convertidos em grandes ilhas.

"As erupções vulcânicas se repetiram, partindo novamente essas grandes ilhas, que ficaram reduzidas a um arquipélago. Em vez de três grandes ilhas, há agora um conjunto de pequenas ilhas. Não há chuva de fogo do céu nem as águas do mar se convertem em sangue. O fogo interno da Terra, que os vulcões arrojam a grandes distâncias consumindo homens e animais e arrasando a selva, não deve ser tomado como manifestação da cólera dos deuses nem como castigo do Deus Único adorado pelos kobdas.

"É o globo terrestre que, assim como as humanidades, não pode eximir-se da lei da evolução, e essa lei o impele a consolidar-se, a aperfeiçoar-se, a dar lentamente os grandes passos que todos os mundos têm dado no infinito correr dos séculos e que continuarão dando até chegar à sua perfeição, ou seja, até chegar à formosa figura plasmada nas visões dos nossos grandes iluminados:

" 'Há mundos que manam leite e mel', ou seja, em que os cereais são tão tenros e leitosos que se assemelham a espigas de pérolas cheias do branco líquido substancioso, que o homem terrestre só pode extrair de determinados animais; e onde os bosques de árvores frutíferas são ao mesmo tempo imensas colméias de onde o mel flui ao calor de vários sóis e corre como regato de topázio líquido pelo declive das montanhas."

As duas irmãs, habituadas a estes ensinamentos, não demonstraram assombro algum.

Mas para Hélia-Mabi, seu pai, era algo tão novo que ele não pôde deixar de perguntar:

— Mas brincais com o pobre louco das folhas secas ou é verdade o que dizeis?

— Nem tu permaneces louco nem eu falo em tom de brincadeira. Por que te assombras? — perguntou Abel.

— Penso — disse tristemente Hélia-Mabi — que quando esta Terra chegar a esse estado, os poderosos se aborrecerão sem escravos, sem mendigos, sem desgraçados de toda espécie que formem contraste com a sua felicidade e faustosidade. Como se consolarão esses sempiternos senhores da Terra ao ver que a felicidade e a fartura não são somente para eles?

— Homem das folhas secas! — exclamou Abel, acariciando a cabeça envelhecida de seu interlocutor. — Chegou para ti a primavera que cobrirá toda a tua vida de rebentos novos!... Lembra-te de que os chamados *sempiternos senhores da Terra*, capazes de padecer ao ver a felicidade de todos, terão de ser escravos, mendigos e frangalhos humanos em outros mundos nos quais ainda seja necessário o suor da fronte para arrancar o pão de suas entranhas.

"Não sabes que a Grande Lei é o Amor, e que todo ser que não entrar por ele rodará, como uma pedra arrojada pela funda de uma criança, de um país para outro, de um continente para outro e, se demorar demasiado, também de um mundo para outro?"

— Quanto tempo tardará a humanidade desta Terra em aprender a Lei do Amor? Cem Luas, dez centos de Luas? — voltou Hélia-Mabi a perguntar.

Abel estendeu para fora da tenda a suave luz de seus olhos cor de topázio e respondeu:

— Vês toda essa pradaria atapetada de miúda erva? Poderias contar as frágeis hastes que, entrelaçadas, formam o verde tapete? Numerosas e incontáveis como elas são as Luas que iluminarão ainda o ódio, a tirania, a cobiça e o egoísmo desta humanidade. Muitas vezes teremos de nascer e morrer, tu e eu, ouvindo sempre o ruído de correntes amarradas a membros humanos... estalos de chicotes em cima de costas humanas... crepitar de chamas queimando carnes humanas... golpes estridentes de machados cortando cabeças humanas!...

— Que horror! — disseram as duas irmãs, fechando os olhos para dissimular as lágrimas que lutavam por sair.

328

— Que horror! — murmurou também Hélia-Mabi, ocultando a cabeça entre as mãos.

— A vida nos mundos inferiores como este — continuou Abel — é uma cadeia de horrores, tragédias e espanto, porque o amor é aqui como ave migratória, e apenas se ouvem seus arpejos e cantos através de umas poucas almas, andorinhas viajantes que vêm e vão, trazendo no bico miúdas gotas de água daquele manancial divino!

— Em meio ao labirinto de montanhas do país da Ática encontrei em uma das minhas andanças — interrompeu Hélia-Mabi — uns estranhos seres que se chamam dáctilos, que usam vestimentas cor de trigo maduro, vivem entre os bosques e falam com as estrelas, os pássaros e as flores. Pois esses homens, segundo a tradição do país, são os restos de uma escola de semeadores do Amor que chegou há centenas de centenas de Luas de um país do outro lado do mar e cujo chefe, Dáctilos, deu nome a seus continuadores. De um desses homens ouvi falar algo semelhante ao que tu falas, e lhe disse: Não vês que a vossa semente de amor cai sobre pedras? Não vês como os homens se odeiam, se destroçam e se matam?

"Que fazeis vós, um punhado de seres, vivendo nas úmidas grutas da montanha ou sob as árvores do bosque, amando e amando, se não fazeis ninguém feliz com o vosso amor?

"O ancião dáctilo que me ouvia levou-me atrás de si, entreabriu uma espessa cortina de ramagem que fechava uma passagem entre as escarpadas rochas e me fez observar um pequeno vale que se abria escondido a todo o olhar exterior. Havia nele uma centena de cabanas construídas de pedra branca com teto de ardósia, e nelas uma quantidade de meninos e meninas, alguns adolescentes e outros jovens, formando em conjunto como um campo de roseiras em flor.

"As mocinhas com túnicas rosadas, e os varões vestidos de azul, formavam dois grandes agrupamentos, elas sob a tutela de umas velhinhas de cabelos brancos e alma infantil; os outros sob o cuidado de um dáctilo, ancião venerável, tão cheio de anos como de piedade e ternura.

"As mulheres fiavam a lã e o linho; tingiam tecidos de púrpura e faziam formosos trabalhos de nácar, coral e pedras preciosas.

"Os varões extraíam pedaços de pedra e, sob a orientação dos dáctilos, lavravam belas formas de aves, animais e seres humanos de uma beleza incomparável.

"— Que fazeis com toda esta juventude? — perguntei ao ancião que me guiava.

"— Semeamos o Amor e a Beleza nestes seres arrancados da orfandade, da miséria, da peste, do desamor e da infância dos mesmos que os trouxeram para a vida.

"— Por que e para quê?...

"— Oh! — exclamou o velhinho. — Este enxame de mariposas azuis e rosadas que vês são o começo de um grupo de artistas que formarão, no decorrer dos séculos, a civilização mais pura e idealista que estes novos continentes terão visto desde que se submergiu sob os mares a pérola do continente atlante, Manha-Ethel, a cidade das portas de ouro.

" 'Formamos aqui uma raça nova, continuadora da escola antuliana, fonte de Sabedoria, Arte, Beleza e Amor, como não a conheceram os homens destes tempos.'

"Guiando-me a outras cabanas afastadas das anteriores por verdes muralhas de

329

pinheiros e ciprestes perfumados, de dictamnos e loureiros, pude ver casais quase adolescentes com seus formosos rebentos, semelhantes a botões de rosas que ainda não terminaram de abrir.

"— Estas são as *Confrarias*,* onde o primeiro dever de todo pai é esculpir a imagem de cada um dos seus filhos — acrescentou o velhinho, fazendo-me notar o pequeno bosque de estátuas infantis adornando o contorno de todas aquelas cabanas.

"As jovens mães ensaiavam cânticos a *Adônis*, como em seu idioma chamavam o Ser Supremo, o eternamente belo, como eterno criador da beleza, da forma, do som, da cor.

"Não percebeis que estes dáctilos se assemelham ao vosso modo de falar e de pensar?"

Abel, que havia escutado em silêncio esta descrição, e que em sua mente já havia estendido os fios dessa fina rede de ouro da evolução humana através dos séculos, respondeu:

— Eles formam o epílogo de uma obra de cultura e redenção humana que teve a sua grandiosa eflorescência numa época já muito distante, enquanto nós somos o prelúdio de outra obra de cultura e redenção humana que agora inicia.

"Dáctilos!... Plasmadores da Beleza Eterna sonhada por Antúlio!... Kobdas!... Forjadores do Amor sonhado por Numu!...

"Resplendores da Verdade Eterna e da Eterna Sabedoria, acendendo-se um antes do outro se apagar, para que as trevas não sejam completas nésta terra fermentada de ódio e de dor!

"Não obstante serem os dáctilos como o eco suave e sónoro do último compasso da sinfonia antuliana, eles serão os criadores, a raiz e a medula de uma grandiosa civilização do porvir que, tendo o seu berço na Ática, na Eubéia, na Hélade sonhadora e artística, levará por toda a Terra seus formosos sonhos de glória, beleza, liberdade e altruísmo!"

Abel e Hélia-Mabi não sentiam passar as horas, abismados ambos em vislumbrar distantes visões que pareciam ir surgindo entre marulhadas de luz que corriam em direção ao passado e ao futuro.

Também o leitor haverá feito seu raciocínio e não se surpreenderá do que já está quase dito e compreendido.

Esse Dáctilos, discípulo de Antúlio, que agrupou nas montanhas daquele país um punhado de homens enamorados da beleza e do bem, foi, depois de séculos, o grande legislador da Grécia gloriosa da história antiga: Sólon, o homem justo e bom, sem ambições e sem egoísmo que, podendo ser um poderoso monarca, preferiu ser um pai dos povos no meio dos quais realizou essa etapa de sua evolução.

Nosso homem das folhas secas, sentindo o deleite espiritual de Abel, que o escutava como que submergido numa contemplação interior, continuou desfiando as pérolas negras e brancas de sua vida errante e dolorosa, na qual era como uma

---

* Nome que davam às famílias organizadas em federação.

pincelada de luz sua passagem pelos pequenos vales ocultos dos dáctilos entre as montanhas da Ática.

— Quando num vale já não cabem mais cabanas e todo ele foi plantado de oliveiras, figueiras e videiras, e o grão colhido não é mais suficiente para manter a todos, um dáctilo toma seis ou sete famílias da confraria, arranca uma muda de videira, outra de oliveira, toma pão, azeite, vinho e fogo da fogueira comum e em outro pequeno vale próximo acende outro fogo, ao redor do qual viverá um novo agrupamento de famílias alimentando-se das olivas, das uvas e dos cereais trazidos da confraria-mãe, à qual permanece unido por não sei que laço misterioso que os faz julgar-se uma mesma coisa ainda que não voltem mais a ver-se nem a manter relações materiais.

Da mesma forma como Abel, recolhamos os fios de ouro que se desprendem da conversa sem raciocínios esclarecedores que faz Hélia-Mabi, e que são suficientes para esboçar o quadro grandioso de uma nova faceta da evolução humana, através da qual vemos a figura luminosa de Antúlio, o homem-luz da cidade das portas de ouro adormecida no fundo dos mares com um sono de muitos milênios.

Quem não reconhecerá, na obra silenciosa e obscura dos ignorados dáctilos da Ática pré-histórica, as origens da elevada e grandiosa civilização da Grécia de Sólon e Péricles, em sua altiva independência, em sua forma de conceber a fraternidade sem escravidão, a união sem a força, a grandeza sem as tiranias e a expansão pelas conquistas sem impor jugo algum às regiões conquistadas, como se o fogo, o pão, o vinho e o azeite do lar materno fossem suficientes para que vivesse nuns e noutros a idéia fixa de que eram um só e único povo?

Abel continuava sonhando com um distante futuro da humanidade e nós, seguindo o fio luminoso de seu pensamento, dizemos:

Sem os kobdas, prolongamento da alma e da obra de Numu, e sem os dáctilos, prolongamento da obra de Antúlio, onde se haveria encontrado a manifestação da Verdade e do Amor nos novos continentes, quando Lemúria e Atlântida se submergiram no *não-ser?*

O homem das folhas secas, sentindo cada vez mais intensa a irradiação de Abel, a qual como uma imensa onda o invadia totalmente, ao fazer reviver nesse instante suas grandes alianças espirituais de séculos, começou a chorar silenciosamente da mesma forma que suas filhas, com as quais foi mergulhando num mundo diferente daquele que até então havia conhecido. Sentiu que seu espírito ensaiava um cântico novo, cuja ressonância lhe chegava de um ponto muito distante, perdido nos espaços infinitos. Encontrou-se em Vênus, a rosa vermelha da imensidão, no meio de um enxame de seres desencarnados que faziam parte da aliança da redenção humana terrestre, na frente da qual um grande ser, um Homem-Luz, um Homem-Amor, um Homem-Voz de Deus, Resplendor do Eterno, do Belo, do Divino, se fazia à vela nos mares intangíveis da eternidade sem adeuses, sem despedidas tristes e amargas, apenas dizendo aos que ficavam: "Até logo!" Lançava âncoras na Terra com todos os que à voz do Amor tinham querido emigrar com ele na conquista sublime de um ideal que só era compreendido por eles. Viu a si mesmo, com um buril, esculpindo o duro mármore das montanhas da Ática, dando-lhe formas de vida com impressões de dor, felicidade, loucura, vertigem: era Fídias. Viu-se, com uma pena de ave, gravando em papiro imagens dolorosas e ansiosas; gemendo, em versos saturados de lágrimas, ansiedades profundas e nostálgicas quimeras a fugir diante dele como fugitivos pirilampos quando julgava tê-las aprisionado entre as mãos: era Ovídio, o poeta das elegias como gotas de pranto sobre uma tumba solitária... Viu-se com um pincel, adolescente ainda, esboçando numa tela rostos de mulher que copiava de seus sonhos, de suas viagens por seu mundo de origem, e que imprimia numa parede em painéis, fazendo viver neles seus distantes amores, suas recordações pretéritas... era Rafael de Urbino.*

Tudo isto era um êxtase de glória.

Havia também trevas nessa cadeia de elos dourados: havia negruras de crime, vermelhas labaredas de depravação e vício... E, no meio de toda essa emaranhada confusão de panoramas formosos e terríveis abismos, destacou-se uma figura com nítida clareza:

Um jovem despedaçado pela lepra que ia arrojar-se do alto de um penhasco ao profundo abismo onde rugia uma torrente.

— Que fazes? — perguntou o Homem-Luz que, seguido de seus discípulos, passava por aquele lugar.

— A lepra e a fome me perseguem. Ninguém me quer! Malditos sejam os homens!...

— Eu te quero! Não maldigas! Bendize sempre!

As águas do Jordão lavaram suas chagas, e a voz do Cristo refrescou seu coração.

Gustavo Becquer, o cantor das andorinhas e das brancas visões impalpáveis, assinala-nos o último elo da cadeia de pérolas negras e brancas que desfiava, ao lado de Abel, o homem das folhas secas.

A Dúvida de Iber

Tão dura é a vida neste planeta, que a felicidade de uns ocorre quase sempre à custa da felicidade alheia.

Tal ocorreu a Iber, o jovem kobda, terceiro filho de Shiva, o que encarnava o espírito heróico e magnânimo de Milcha, a abnegada e amorosa escrava favorita da princesa Sophia de Otlana.

---

* Rafael Santi ou Sanzio, célebre pintor, escultor e arquiteto da escola romana. Nascido em URBINO, autor, entre outras obras, de "A Sagrada Família", "A Linda Jardineira", etc. (1483-1520).

Desde que suas irmãs haviam encontrado tão providencialmente seu pai, Iber foi visto entristecer-se e buscar o silêncio e a solidão nas margens do Eufrates, nos lugares menos freqüentados pelos habitantes daquele lugar.

Uma luta interna agitava profundamente seu espírito, não obstante procurar ele o sossego na repetida leitura da Lei, que lhe ensinava amplamente a forma de encarar todos os acontecimentos que se interpunham entre ele e a perfeição.

Nada sabia do mistério de sua vida, mas a chegada do *homem das folhas secas* foi para ele como um relâmpago iluminando repentinamente a escuridão de um abismo.

Amava com amor compassivo e terno sua mãe, submergida sempre numa melancolia sem amargura, e resistia bravamente à baixeza de julgá-la naquilo que há de mais íntimo e sagrado para o coração de um filho em relação àquela que lhe deu o ser.

Mandava seu coração aquietar-se no esquecimento, mas ele, como inquieta mariposa, rondava em torno da sinistra labareda na qual se abraça e se consome.

Aldis, que tanto o amava, e que era o único dos kobdas ali presentes que conhecia o segredo do nascimento de Iber, não demorou em perceber a mudança que se havia operado no jovem filho de Shiva, o qual começou a languescer e a ficar febril até chegar ao delírio, enquanto dormia na mesma tenda do pai de Adamu.

Algumas frases entrecortadas de seu delírio febril confirmaram as suspeitas de Aldis que, com paternal ternura e ajoelhado junto ao seu leito, despertou-o numa noite decidido a triunfar sobre a penosa situação que acontecimentos não buscados nem previstos haviam criado nessa alma que lhe era tão ternamente querida.

— Iber, meu filho — disse ele enxugando seu rosto empapado de suor. — Conheço todo o teu tormento e ouço o ruído da tempestade que se desatou no teu espírito. Não terei a ventura de ver-te confiar em mim, que tanto te amo?

O jovem olhou para ele com seus grandes olhos negros cheios de espanto. Uma rajada de luz do passado recente cruzou a mente de Aldis, que viu, naqueles olhos dolentes, o franco e leal olhar de Milcha, e ambos uniram suas cabeças, uma já encanecida e a outra juvenil, ambas estremecidas por um intenso soluço.

— Tua dor é a minha dor... Alma fiel e amorosa, companheira de minha eterna viagem... — exclamou Aldis, submergido como estava seu espírito na clara visão do passado que ainda vibrava em seu mundo mental e emotivo.

— É tão espantoso o meu segredo! — exclamou por sua vez o jovem, soluçando amargamente.

Voltando ambos à serenidade e à calma uns instantes depois, Aldis contou a Iber a dolorosa tragédia de sua pobre mãe, que o leitor já conheceu em capítulos anteriores, e Iber soube então que Shiva teve dois esposos, se bem que o último, ou seja, seu pai, lhe fora imposto pela necessidade e não pelo amor.

— Agora que sabes — continuou Aldis — por que razão o pai das tuas irmãs não é o teu pai, sem que, com isto, possas fazer nenhuma reprovação à tua mãe, creio chegada a hora de revelar algo que, imediatamente, completará a tua cura espiritual e material.

"Deus é a Infinita Justiça e o Infinito Amor para quem vive conforme a sua Lei e, quando chega o momento, desfaz de um sopro as obras perversas dos homens.

"A maldade humana separou o pai das tuas irmãs da esposa e das filhas, que ainda não tinham chegado para a vida física, e Deus acaba de uni-los da maneira quase maravilhosa que viste.

"A maldade humana arrancou do lar paterno a tua mãe, e antes já havia arrancado o seu irmão mais velho, sem que um pudesse saber o rumo seguido pelo outro, como ninguém pode saber o rumo das folhas secas arrastadas pelo vendaval nas planícies solitárias. Encontraram-se sem reconhecer-se, pois, não sendo filhos de uma mesma mãe, nunca se haviam visto, caso esse que é por demais freqüente e comum nos países onde perdura a lei da poligamia.

"Quando Shiva fugiu do seu lado, naquele jardim das pequenas torres brancas e dos lagos azuis, aterrada diante do furor dele por haver descoberto o segredo das suas filhinhas, o teu pai Selyman começou a chorar o seu desespero na torre vazia e solitária que Shiva tinha deixado, e encontrou entre suas jóias e adornos um anel igual ao seu, que o velho pai havia dado à menina como sinal de reconhecimento para com o seu irmão mais velho."

— Que foi feito dele? Para onde foi? — interrogou Iber ansiosamente.

— Nas terras próximas ao Mar Eritreu do Norte há um mosteiro kobda menos antigo que o de Negadá e entre ambos há íntima relação, pois nossos irmãos viajam continuamente, como sabes, resgatando escravos e prisioneiros. Assim, trinta e sete Luas depois de haveres nascido na vida terrestre, nossos kobdas daquele distante santuário vestiam a túnica azulada no formoso cavalheiro das pequenas torres brancas e dos lagos serenos, porque, não encontrando felicidade nem ventura em nenhuma mulher além da tua mãe, a qual a lei o impedia de ter como esposa, consciente de que era sua irmã, foi buscar a paz do seu espírito sob as abóbadas tranqüilas da Casa de Numu, sabendo já que a mulher amada e tu estavam sob a tutela dos seus próprios irmãos, os kobdas da Paz.

— E jamais poderei vê-lo?... — perguntou o jovem com profunda amargura. — Pois compreendo que minha mãe e ele não desejarão voltar a encontrar-se.

— Verdadeiramente, mas não é este o teu caso — respondeu Aldis, satisfeito em encontrar uma oportunidade de semear flores de alegria na alma que lhe era tão amada.

— Como? Que quereis dizer com isto?

— Que atualmente, na caverna do país de Ethea onde Adamu e Évana passaram a sua infância e onde nasceu Abel, instalou-se Selyman, teu pai, com três kobdas muito anciãos, que pediram permissão para formar ali um pequeno refúgio para escravos fugitivos e enfermos contagiosos.

A felicidade e o assombro esboçaram-se no expressivo rosto do jovem kobda.

— Vês? — continuou Aldis. — Vês como o Eterno Amor desfaz de um sopro os abismos abertos pela maldade humana ante os seres justos?

"Vês como vai levando-te pela mão, sem que tu o saibas, para onde está aquele que ama a Deus, e em Deus e segundo a Sua Lei te ama imensamente?"

Iber não pôde conter-se mais e, numa explosão de pranto longamente contido, abraçou-se ao pescoço de Aldis que misturou aquelas lágrimas às suas silenciosas e

334

meigas, impregnadas de toda a felicidade e de toda a paz que acabava de derramar tão abundantemente na alma de sua companheira, a alma heróica e generosa de Milcha, aprisionada, nessa etapa da vida, no corpo delicado e débil do jovem kobda, filho de Selyman e Shiva.

— Então eu o verei!... Então eu o abraçarei! Oh, quão formosa é a claridade do céu sereno depois de uma tempestade!... — exclamou Iber quando ficou tranqüilizado.

— E ele te espera, porque sabe que caminhamos para lá. O Amor Eterno impulsionou-o para o país de Ethea. O Amor Eterno te fez sair de "A Paz" seguindo Abel, para que Selyman, servo de Deus, que sacrificou o seu amor humano, a sua posição e a sua felicidade no altar do dever, não termine sua vida terrestre sem ver, amplamente cumprida, a palavra da verdade: "O Amor é mais forte que a morte"; "O Amor é um mago divino que salva de todos os abismos e faz brotar flores até nas tumbas desertas"!

— Oh, o amor!... O amor cantado pelos kobdas!... — exclamou Iber, como que transportado repentinamente para um campo de luz e de flores.

"Oh, o amor! Suave como Deus, e eterno como Ele! Por que os seres desta Terra não o compreendem nem o buscam para a sua própria alegria e felicidade?"

— Ainda é a noite, meu filho, para esta humanidade terrestre, e felizes de nós que temos podido vislumbrar as claridades distantes ainda do amanhecer!

A luz da alvorada começou a filtrar-se pelas pequenas aberturas no alto da tenda onde esta cena se desenrolava, e, como suave cantar da calhandra madrugadora, o gemido de uma lira começou a preludiar o "Hino do Amanhecer" com o qual o kobda despertador anunciava a seus irmãos a saída do Sol, que devia encontrar todos reunidos na improvisada Morada da Sombra para a concentração matutina:

> *Salve! luz dos céus eterna,*
> *Que semeias de rosas*
> *O imenso azul,*
> *E espalhas em tênue alvorada*
> *Tua clâmide etérea*
> *de nácar e tule!*
>> *Que dizes ao homem terrestre,*
>> *Maga dos céus*
>> *Nos sinais vivos*
>> *Que escreve teu dedo*
>> *Quando assoma o Sol?*
> *— "Que sou o arauto do Eterno Amor!"*
> *Que dizes ao rude lavrador*
> *Que oculta nos sulcos*
> *Da mãe terra*
> *O grão de trigo*
> *Que se torna em pão?*
> *— "Que meu beijo ardente vai fecundá-la!"*

Fada dos céus!
Maga do espaço!...
Que dizes ao homem
Que mata e ri
Sem que sua alma trema
De espanto e horror?
— "Que sou o arquivo sagrado de Deus!"

Que dizes ao homem
Que ausculta o espaço
Buscando nas ígneas
Rotas dos astros
O profundo arcano
Daquele que Sempre Foi?
— "Que sou o sereno olhar d'Ele!"
Luz do Infinito!...
Luz da alvorada
Luz que resplandece radiante no zênite,
Luz que se dilui em desbotadas violetas
Quando já a tarde
Se esconde para dormir
Que dizes à criança que ri no berço,
E ao homem que desfruta de grande esplendor,
E à mãe que rega de pranto
A tumba do filho
Que de terra cobriu?
— "A todos canto a mesma canção!"
Salve luz dos céus, eterna
Fada misteriosa
Que tudo sabes e tudo vês!...
Conta-me tuas visões...
Conta-me tuas lendas
Essas que recolhes
Nos pavilhões de âmbar e turquesas
De teu áureo dossel
— "Aquele que as busca, as vê!"
És o infinito sereno olhar?
És o arauto do Eterno Amor?
Seu beijo fecundo que tudo anima,
Espelho em que plasma teu alento de maga
Com viva cor
Tudo o que é vida
Quando é vibração?
Por que copias o drama estupendo
De séculos e idades

Que em ronda gigante desfilam
Como exalação?
— *"Porque tudo é Hoje!"*
Tens o enigma insondável, eterno
Ó divina maga de pupila audaz!...
E se tu sabes, vives, sentes,
E és fada boa cheia de piedade,
Conta-me teu segredo, luz da alvorada,
Luz do meio-dia,
Luz do entardecer!...
Que se apenas um alento de vida
Palpita em meu ser,
Ouvirás como um eco distante,
Gemido ou clamor
Que te diz: Maga...
Dize-me ao ouvido!...
Com tua voz sem ruído...
Como é Deus?...
. . . .
— *"Como tu, quando vibras como Eu!"*

OS BAMBUAIS DO EUFRATES

O grande rio que nascia nas montanhas de Manhp e saltava impetuosamente como uma torrente transbordada num leito profundo, ao chegar às planícies da Ibéria e de Ur-Bau transformava-se em mansa e caudalosa corrente, permitindo a formação de grandes ilhas de terras de aluvião, ramos de árvores arrastadas pela corrente e, principalmente, bambus de largas e lustrosas folhas que, arrastadas pelas fortes enchentes do rio, iam formar, no meio de suas águas, espessos bosques de um verdor de esmeralda brilhando ao sol.

Abiron, encarregado das tendas que abrigavam a numerosa prole angustiada e faminta que os kobdas missionários haviam adotado, teve a idéia de percorrer os bambuais do Rio Grande para a construção de cabanas mais sólidas e menos custosas que as tendas de tecido de fibra vegetal usadas para as viagens a longas distâncias. Provendo-se de grandes barcaças de carga, internou-se pelas ilhas do Eufrates com seu grupo de trabalhadores.

Esta circunstância proporcionou ocasião a Kaíno e seus pérfidos conselheiros para tratar de apoderar-se da pessoa de Abel sem levantar distúrbios entre os súditos de Alisan e Ismaku, aliados do Chalit do Nilo.

As novas leis de tolerância e anistia que estes dois príncipes tinham promulgado por instrução de Abel motivaram a volta de grande parte dos escravos e delinqüentes fugitivos que, por necessidade, se haviam somado às tribos nômades habitantes das grandes ilhas do Eufrates e que reconheciam Kaíno como chefe.

Seus magos e áugures tinham-lhe dito:

"Aitor!* Se não eliminares do teu caminho o Homem-Luz, sua claridade matará a tua e a noite eterna far-se-á para ti."

Os agentes de Kaíno, em espreita entre os espessos e gigantescos bosques de bambu, apoderaram-se de Abiron e de seus homens e, sem causar-lhes dano, mas manietando-os e vendando-os, conduziram-nos rio acima até a morada do Aitor, que estava a um terço de dia de navegação, sempre costeando o labirinto de ilhas.

Kaíno recebeu-os com toda a suntuosidade semi-selvagem de sua estranha soberania.

Abiron sentiu-se invadido de grande serenidade, muito fora do seu costume e temperamento, mas isto era graças à recordação constante do aviso dado por Sênio em sonhos antes de sair de A PAZ.

Olhou para Kaíno com uma indiferença fria que quase ofendeu o jovem déspota, o qual, como primeira saudação, lhe disse:

— Sabes que a tua vida e a dos teus homens estão na minha mão?

— Do mesmo modo que está em minha mão servir ou não de instrumento aos teus desejos — respondeu Abiron serenamente.

— Como? Ousas fazer tal comparação?

— Naturalmente; tu tens a minha vida em tua mão; eu tenho na minha a satisfação do teu desejo; logo, estamos em iguais condições.

Tal audácia agradou aos velhos e astutos conselheiros de Kaíno, que lhe disseram:

— Este homem merece ser o segundo depois de ti, ó Aitor, porque não teme a morte e aprisiona em vôo a *mariposa vermelha.***

— Muito bem, Abiron, eu te fiz vir para propor o seguinte: que me conduzas sem obstáculos e sem perigo até a tenda de Abel, porque quero reconciliar-me com ele, ou que o tragas até aqui, com igual objetivo.

"Qual das duas propostas julgas mais aceitável? Bem entendido que, se Abel vier, virá sozinho contigo, e que se eu for, irei também sozinho contigo."

Abiron pensou por alguns instantes e sua rude fisionomia pareceu iluminar-se de interior complacência, lembrando-se de Sênio, cujo amor o havia redimido.

— Naquela ilha vizinha, onde está o templo dos sacerdotes cuchitas, tenho uma grande provisão de madeiras e bambus, e por este motivo a visito com freqüência.

---

* Quer dizer "filho da Lua", nome com que os povos vizinhos do Cáucaso designavam a seus reis semideuses.

** Nome dado por eles a um pensamento de extermínio de um ou mais homens.

"Ao pé do mais alto bambu, onde verás uma bandeira branca, estarei à saída da Lua daqui a dez dias."

— Abel estará contigo?

— Naturalmente, visto que é ele a quem buscas.

— Está bem, está bem — exclamou Kaíno satisfeito, olhando para seus conselheiros. — Dai-lhe o combinado — acrescentou.

Um daqueles velhos se aproximou do homenzarrão redimido por Sênio e estendeu um grosso pedaço de bambu, forrado de pele de serpente, com fechaduras de cobre em ambos os extremos.

— Está cheio de pedras preciosas e te devolvo dez vezes o valor das esmeraldas que tirei da tua cabana e com as quais conquistei meu poderio atual.

— Agora não quero nada — respondeu o obsequiado. — Receberei tua dádiva quando tiver cumprido o pacto que firmamos.

— É que então não será um bambu cheio de pedras preciosas, mas a metade dos meus domínios que te pertencerá.

Muitos olhares inquisidores se cravaram no rosto de Abiron à procura de um assomo de cobiça, mas não encontraram senão um rosto semelhante ao granito, incapaz de expressão alguma.

— Sabes que se me enganares pagarás com a vida? — voltou Kaíno a perguntar, um tanto inquieto.

— Oh!... isso já foi resolvido há instantes! — respondeu o interpelado.

— Deixa-me como reféns seis dos teus homens, que os devolverei quando tiveres cumprido a tua palavra.

— Serão uns reféns desprezíveis, pois se eu quisesse enganar-te, nada perderia nesses trabalhadores, os quais, da mesma forma como outros quaisquer, só trabalham para mim em troca de pagamento.

A fria indiferença de Abiron transtornou Kaíno, impetuoso e violento.

Foram todos novamente amarrados, vendados e conduzidos de volta ao mesmo lugar onde tinham sido presos.

Quando chegaram ao acampamento dos kobdas, tudo era quietude e silêncio. Apenas na tenda de Aldis ardia a vela gigante, em cujo resplendor Abiron viu Iber escrevendo sobre uma prancha de cera, enquanto Aldis, profundamente concentrado perto dele, parecia imóvel como uma estátua de pedra.

Quando o jovem concluiu sua tarefa, Abiron chamou suavemente e entrou. Aldis leu de um olhar a gravação de Iber e disse ao recém-chegado:

— Trazes mensagem de morte; contudo, a Lei Divina decreta a vida, e a vida será. Vê isto.

Na prancha de cera, o jovem psicógrafo estampara com seu estilete, seguindo a forma usada pelas almas errantes de Deus para se comunicar com seus irmãos encarnados no plano físico, um machado, indicação de morte violenta; depois o nome de Abel, ao qual se seguia uma víbora de duas cabeças, figuras que, na linguagem usada pelos kobdas para todas as suas gravações, significavam as manifestações de magia negra; logo uma coroa. Aldis, entendido nesta linguagem oculta, leu com grande facilidade:

339

— Uma pessoa de poder pretende assassinar a Abel, agindo por instigação de magos negros.

Mas a gravação continuava. Havia um *olho muito aberto,* seguido de uma *palma formada de muitas folhas,* depois um *lança* e finalmente um *arco tensionado* e debaixo uma *flor de lótus.*

Aldis continuou lendo:

— A vigilância divina, a união da amizade sincera, formando a força espiritual, oferecerão dura resistência ao mal, que será vencido pela paz e pelo amor.

Lendo juntamente com Aldis o estranho hieróglifo gravado por Iber, interpretamos que o olho significava a vigilância divina; a palma de muitas folhas, a união da verdadeira amizade; a lança, a força espiritual; o arco tensionado, a resistência; e o lótus, a paz e o amor que novamente reinariam uma vez vencidas as forças do mal.

Abiron ficou assombrado do que via e, ato contínuo, contou tudo quanto lhe havia ocorrido nos emaranhados bambuais do Eufrates.

— Daqui a três dias — disse Aldis — será visível para Kaíno a derrota que já está plasmada no pensamento divino. Vai descansar que amanhã falaremos.

Quando Abiron se estendeu em seu leito de feno e peles, viu sua cabana iluminada por um tênue resplendor, no meio do qual o rosto de Sênio, iluminado de felicidade, fez-lhe compreender, como que por um reflexo de idéias, estas palavras:

"Antes de cinqüenta auroras estarei novamente no plano físico. A fidelidade que demonstraste neste momento apagou a aspereza da lei que encadeava as tuas faculdades espirituais. Novo caminho abre-se diante de ti. Segue-o que encontrarás a Deus." A visão desapareceu, deixando o homem de granito inundado de lágrimas de meiga e suave emoção como nunca o havia experimentado em sua vida.

Quando, ao amanhecer o dia, cantavam os kobdas o hino costumeiro, Abiron já tinha construído várias dúzias de lanças para distribuir aos guerreiros cuchitas de longas tranças, dispostos a muralhar em tríplice fileira o acampamento dos kobdas para resistir à investida de Kaíno.

— Em vez de cabanas constróis lanças? — perguntou o kobda despertador quando concluiu o grandioso hino do amanhecer.

— Guerra... guerra! — rugiu como um leão o homenzarrão, demonstrando haver centuplicado suas forças.

— A paz esteja contigo, Abiron! — disse repentinamente a voz meiga e suave de Abel, saindo de uma cabana de terra e ramos secos que se levantava apenas quatro côvados do piso coberto de úmida erva.

O olhar diáfano e terno do Homem-Luz, do Homem-Amor, do Homem-Paz, pareceu penetrar no mundo mental de Abiron que, vendo-se culpável em seu afã de vingança e extermínio, soltou o machado e o bambu que lavrava. Desculpando-se, disse:

— Não é justa a guerra para salvar nossa vida?

— A paz esteja contigo, Abiron — voltou a repetir Abel enquanto cobria com seu manto um menininho que levava nos braços, cuja mãe acabava de expirar na pequena choça de ramos, deixando seu filhinho de poucos dias na mais completa orfandade.

— Que fazeis, menino... Que fazeis? — perguntou alarmado Abiron. — Reco-lheis do arroio outro Kaíno, talvez mais desleal e traidor que o primeiro?

— Kaíno... Kaíno — murmurou Abel, caminhando para a sua tenda. — Toda a humanidade terrestre é Kaíno, e o Altíssimo derrama sobre ela os raios do seu Sol e as doçuras da sua chuva...

Abiron deixou-se cair, como que vencido por uma força irresistível, entre a verde ramagem dos bambus que cortara para armar centenas de lanceiros que trespassariam, como a serpentes venenosas, a Kaíno e seus sequazes.

Abel, sentado numa raiz de cedro à porta de sua tenda, embalava em seus joelhos o pequenino órfão que gemia, e recordando os cânticos de sua mãe, a meiga Évana, sussurrava a meia voz:

> *Ri, menino, ri*
> *Que assoma já o Sol*
> *Trazendo para teus olhos*
> *O beijo de Deus.*

OS DOIS SANTUÁRIOS

Vendo os kobdas da missão que Hélia-Mabi deixara de ser *o homem das folhas secas* para transformar-se no homem da esperança e da fé, e que seu espírito se abria novamente para a vida e para o amor como numa eflorescência de primavera, resolveram enviá-lo para "A PAZ" com suas duas filhas e aproveitaram o regresso de uma caravana que fazia viagens contínuas de transporte de mercadorias do Maharati até Babel.

— Com isto dais por terminada a nossa missão? — perguntou Mabi, entre pesarosa e risonha, à assembléia de seus irmãos que, sem consultá-las, acabava de tomar tal resolução.

— Sim, minha filha, sim — respondeu Aldis. — É necessário que assim seja. Vós não podeis continuar a penosa viagem que vamos reatar dentro de breves dias. Além do mais, é o momento de demonstrardes ser na verdade mulheres kobdas, prontas a sacrificar a própria vontade quando elevados interesses assim o reclamam.

As duas irmãs procuraram com o olhar o rosto sereno de Abel, no qual costumavam encontrar sempre a resposta a essas internas contrariedades que tão freqüentemente se levantavam nos espíritos veementes e sensitivos. Abel, adivinhando naqueles olhos entristecidos a resposta que buscavam, aproximou-se delas para que, sem rebeldia e sem dor, aceitassem a resolução.

341

— Eu agradeço infinitamente o vosso amor e a vossa solicitude — disse. — Mas, para que seja isto perfeito ante Deus, não devereis ofuscar a vossa mente de forma que esqueçais o longo e penoso sofrer do vosso pai que, ao perder tudo quanto amava na vida, mergulhou no negrume de um desequilíbrio mental do qual acaba de sair mediante os esforços conjuntos do nosso amor ao seu redor. Se a Lei Divina já deu por terminada a sua dura prova, não deveis querer prolongá-la para dar a vós mesmas uma satisfação desnecessária.

"Além do mais, para aqueles que aprenderam a poupar tempo e distância mediante as atividades espirituais que a Eterna Lei permite e concede a quem se consagra completamente a ela, bem sabeis que vós em 'A Paz', e eu continuando a minha viagem, estamos unidos na aura maravilhosa do amor que nos envolve a todos como um suave véu materno repleto de promessas e carícias."

— Faremos como decidistes — responderam finalmente as duas irmãs, convencidas de que assim deviam proceder.

— Sem desgosto e sem violência? — voltou Abel a perguntar, como se, em sua delicada sensibilidade, sentisse o arranhão de um espinho.

Ambas compreenderam isto e, sobrepondo-se a si mesmas, responderam quase a uma voz:

— Estamos contentes de fazer o que quereis.

Poucas horas depois, Hélia-Mabi e suas filhas, comodamente sentados sob um dossel no largo lombo de um elefante, retornavam para "A Paz", não sem voltar muitas vezes a vista para trás para observar Abel e os demais kobdas que, agitando ramos de palmeira, despediam-se deles, até que um ângulo do caminho os ocultou de vista.

Na noite anterior — ou seja, quando os kobdas missionários resolviam o regresso das filhas de Shiva com seu pai —, no santuário de mulheres kobdas, vizinho ao Pavilhão da Rainha, as que ficaram de plantão, entre as quais se achava Shiva, viram, num momento de clarividência, aquela cena que se realizava na pradaria de Babel, quando Abel, no meio de seus irmãos, convencia Hélia e Mabi a voltar para "A PAZ". Antes de se diluir tal vidência, apareceu na penumbra o rosto grave e envelhecido do homem das folhas secas.

Um grande alarme sacudiu a alma de Shiva, que julgou conhecer naquele rosto o único homem a quem havia amado em sua vida. Oprimiu o rosto com ambas as mãos, como se quisesse subtrair-se a um pesadelo que perturbava suas horas de intensa elevação espiritual.

Todas compreenderam que aquele aviso estava relacionado com Shiva e suas filhas, e que algo devia ocorrer dentro de muito pouco tempo.

A kobda cronista, segundo o velho costume, escreveu, na folha de papiro desse dia, a clarividência do plantão da noite e a colocou no pórtico de entrada da Morada da Sombra, onde permaneceria durante vários dias até que houvessem sido tomadas as anotações e resoluções convenientes.

Bohindra e Ada chamaram Shiva, pois um mensageiro chegou antes da caravana com a finalidade de pedir que não fechassem as portas externas do grande parque, pois deviam chegar depois do pôr-do-sol. — Shiva — disse Bohindra —, se o Altíssimo mudasse repentinamente o rumo da tua vida, ficarias feliz com isto?

Aquela pobre alma, habituada a devorar em silêncio toda dor, estremeceu de sobressalto, angústia e aflição, e apenas teve forças para perguntar:

— Não é uma loucura de minha parte falar de felicidade, se é que vos referis à felicidade humana, com a qual faz muito tempo deixei de sonhar?

— Não, Shiva, não é loucura, quando a Vontade Divina se manifesta em acontecimentos que não buscaste.

"Hélia-Mabi, o pai das tuas filhas, vive e, juntamente com elas, se aproxima de 'A Paz'."

Uma palidez de morte cobriu o formoso rosto daquela mulher, que fazia inauditos esforços por parecer serena.

Bohindra e Ada compreenderam tudo quanto passou como um torvelinho pelo íntimo daquele espírito tão torturado por toda a espécie de angústias quase desde a meninice.

Ada aproximou-se, cheia de amor e ternura, para dizer:

— Não temas o amor, pobre Shiva, se ele volta a florescer em teu benefício; mas, muito pelo contrário, recolhe com alegria as flores que recebeste e bendiz o Altíssimo que novamente as derrama no teu caminho.

Shiva mantinha-se silenciosa.

— Alma repleta de solidão e silêncio — exclamou Bohindra, abismado na beleza que sua alma de kobda extraía do fundo daquele ser, que tanto sentia e que tão poucas vezes falava. — O Amor Eterno te devolve ao coração daquele homem que, por aliança de séculos, está unido a ti com laços que nem tu nem ele podeis romper, que os homens não podem desfazer, que a maldade humana não pode desatar.

"O santuário da família é também um santuário de amor, e, como foste livre para vestir a túnica azulada, o és também para deixá-la em favor daquele que chega, cansado de buscar-te e já no ocaso de sua vida, mais terrível e angustiosa, se admites, que a tua."

Shiva sentiu-se aturdida ante o panorama insuspeito de um lar com paz, sossego e amor.

— Hélia-Mabi!... A túnica azulada! As mulheres kobdas!... — exclamou, como que reunindo tudo o que tais idéias encerravam para ela. — Como reunir tudo isso aqui dentro deste pequeno coração? — perguntou finalmente, num clamor que estivera longamente contido.

— Shiva! O amor é um mago divino que salva de todos os abismos — disse o kobda-rei, compreendendo a tempestade que se havia levantado naquele ferido coração.

"Não me vês ao lado de Ada, vestindo ambos a túnica azulada?"

Pelo rosto melancólico de Shiva pareceu passar em dança fugitiva a fada azul da esperança, mas ela repentinamente ficou lívida e, como se uma visão de terror lhe houvesse aparecido, cobriu o rosto com ambas as mãos; caindo aos pés de Ada e Bohindra como que ferida por uma raio, murmurou numa queixa desesperada:

— Não pode ser!... Deixai-me! Não pode ser!... Iber!... Selyman!... Não pode ser!... Não, nunca!... Jamais! Eu devo estar morta para todos os afetos humanos... todos!

Ada estreitou contra seu coração aquela cabeça sacudida pelos soluços enquanto lhe dizia:

— Shiva, Shiva! Volta a ti e não pronunciem os teus lábios frases que desta forma machucam o teu próprio coração.

— O amor é o mago divino que salva de todos os abismos! — voltou a repetir Bohindra, com voz musical.

— Shiva! Esqueceste que vives entre os kobdas, que fizeram do amor a sua primeira lei e que vivem a vida terrestre somente para derramar a paz e o amor sobre todos os seres?

"Não sabes já que Selyman é um kobda e que Iber, teu filho, o é também? Esqueceste que o amor falou no fundo dos seus corações para deixar bem claro os direitos e deveres de cada um de vós, tais como o são perante a Eterna Lei e não perante as paixões humanas?

"O Eterno Amor encheu de paz e harmonia a alma de Selyman, que hoje não é diante de ti senão um irmão que só deseja a tua felicidade e o amor do filho. Teu filho caminha para ele, abençoando a imolação e o sacrifício que ofereceste para trazê-lo à vida terrestre na vantajosa situação espiritual em que se encontra.

"O Altíssimo tem para os seres caminhos inexplorados, desconhecidos, insuspeitos.

"Cegos e inconscientes quase sempre, os seres desta Terra se aventuram em julgamentos errôneos e disparatados, com aparência de moral que no fundo não é senão hipocrisia, egoísmo, tirania despótica e arbitrária.

"Bem vejo, Shiva, que te machuca a recordação de que foste durante dezoito Luas a esposa do teu irmão sem sabê-lo; mas pensaste acaso no que houvera sido de ti naquela época se ele não te houvesse tomado sob o seu amparo, como uma das suas esposas?

"Voa mais alto, Shiva, e lembra-te antes que matéria frágil e mutável somos nós, espíritos de imortais destinos que, ao vir para a vida, buscamos a aliança espiritual com almas que são gêmeas das nossas e adaptáveis aos fins que nos trazem para a vida física.

"Além do mais, deves ter presente a existência ainda de muitos países nos quais é permitida a união conjugal entre seres que, reconhecendo um mesmo pai, têm mães diferentes, hábitos maus da antiga civilização lemuriana nos séculos da sua decadência, quando as mulheres esposas eram como um rebanho numeroso em torno de cada varão. A submersão de grandes minas, principal atividade daquele continente, sepultou milhares de homens, ficando as vastas cidades e os imensos campos unicamente povoados de mulheres e crianças. Deste acontecimento, repetido em intervalos durante mais de dois séculos, surgiu a multiplicidade de esposas, levada até ao maior exagero visto pelos tempos...

"Lembra-te que as tuas duas filhas e Iber são almas de grande evolução, e que te escolheram para mãe em razão de leis de afinidade, de conjunções astrais e planetárias que os encarnados levam muito pouco em conta. A maldade humana afastou teu esposo do teu lado quando Iber já havia planejado no mundo astral a sua volta à vida física, a qual não podia retardar por muito tempo. Ante tal obstáculo, poderia esse espírito deixar frustrada a sua obra? Poderia empurrar-te para um ser qualquer, sem condições espirituais nem materiais que contribuíssem depois para a existência que ele viria a realizar na magna missão redentora do Verbo de Deus?

"Ante tão elevados e nobres ideais, Shiva, o que são, dize-me, as mesquinhas moralidades das leis humanas, baseadas, quase sempre, no egoísmo, na estreiteza de pontos de vista, nos interesses criados unicamente pelas conveniências materiais?"

Diante de tais raciocínios, o rosto de Shiva foi serenando-se lentamente até que o kobda-rei concluiu ao dizer-lhe, para coroar sua bela obra de paz e amor em torno daquele espírito sacudido por tão terrível tempestade:

— Volta ao teu santuário, Shiva; submerge-te na Divindade da qual saíste e para a qual hás de voltar, e lá escutarás a palavra que demarcará o caminho a seguir.

"Não te esqueças de que Hélia-Mabi gastou toda a sua vida em te buscar, e que, se o Altíssimo lhe permite encontrar-te novamente no ocaso da existência, será para que o mesmo amor, mais puro e sublime, mais radiante e excelso, ilumine outra vez as vossas vidas como um Sol do entardecer, quando a Lua está em crescente e ambas as claridades se confundem para combater as trevas!...

"Compreendeste-me, Shiva?"

— Eu vos compreendi, kobda-rei, eu vos compreendi — exclamou aquela mulher, parecendo sair de uma tumba como ao impulso de uma ressurreição.

"Tendes a magia do consolo na palavra... Benditos sejam os vossos lábios, que só se abrem para cantar!..."

Ada e Bohindra estenderam-lhe suas mãos, segundo o costume, e Shiva aproximou delas seu rosto rejuvenescido.

Naquele coração que sorria, acabava de abrir-se outro santuário: o de um novo lar que, como o de Adamu e Évana, floresceria à sombra da árvore gigantesca da sabedoria dos kobdas.

ROSAS DO ENTARDECER

Procurando sempre a solidão e o silêncio, Shiva costumava fiar o algodão ou a lã num jardinzinho afastado que se abria como uma verde ferradura atrás do Pavilhão da Rainha, ao qual estava unido, como se sabe, o santuário das mulheres kobdas.

Havia ali grandes roseiras da Irânia, sua terra natal, estendendo seus verdes ramos salpicados de rosas brancas e encarnadas junto a um pequeno lago circundado de

345

pedras brutas, formado por um aqueduto aberto desde o açude Chatel Hareb, o qual Sênio batizara de "Lago Évana".

Removendo pedrinhas e acrescentando outras, durante todos os anos em que habitara no Pavilhão e no santuário, Shiva tinha conseguido dar ao pequeno lago uma forma e uma aparência que recordavam a do grande Lago Uran, aberto ao pé das grandes montanhas que dividiam seu país do de Sogdiana.

Ela tinha nascido na margem daquele pequeno mar e ao pé daqueles montes gigantescos, e sua alma, que vivia da recordação, se encontrava mais quieta e serena naquele delicioso recanto onde as lembranças pareciam cantar uma canção que somente ela escutava.

Esta predileção de Shiva fez com que Ada e Évana dissessem um dia:

— Chamemos a este jardinzinho sem nome de "o jardim de Shiva", já que é ela a sua mais assídua visitante e a que com tanto amor o cultiva.

Todo o vale do Lago Uran havia sido do domínio de seu pai, mas ela só se lembrava da cabana lavrada na falda do monte Sagron onde passou ao lado do pai, já pobre, os anos de sua infância. Amontoando pedras e troncos, construiu uma cabana em imitação daquela, onde, abandonando-se às vezes às suas meigas recordações, evocava a memória do pai sentado sobre uma pedra junto à lareira, enquanto ela escutava a história cem vezes repetida: "Todo este vale era cheio pelas minhas ovelhas, meus camelos, meus elefantes, e toda a falda desta montanha até a margem do lago se iluminava ao anoitecer com as fogueiras do lar do meu povo, que foi numeroso e fiel enquanto meus armazéns e meu gado asseguravam a sua subsistência." Mas quando o velho Aranzan foi aprisionado e despojado, os que lhe haviam servido gritavam: "Que roa as pedras, velho louco, já que não foste capaz de te opor ao estrangeiro!"

— Vive e morre nesta caverna, minha filha, onde as pedras dar-te-ão de boa vontade o pão, antes que os homens, egoístas, perversos, abortos dos gênios do mal.

Depois recordava Shiva, como em confirmação das palavras do pai, o torvelinho de fúrias que a arrebatou da cabana depois de ver morrer, crivado de lanças, seu velho genitor; e, da mesma forma que "o homem das folhas secas", desfiava também ela, no plano de cristal de suas recordações, as pérolas negras e brancas de sua desgraçada existência, até o momento iluminado no qual os kobdas a haviam recolhido levando como único tesouro suas duas filhinhas desnudas entre seus braços sem forças.

As madeixas de algodão ou de lã iam surgindo brancas e suaves dentre os dedos de Shiva, que pareciam mover-se mais rapidamente ainda que seus pensamentos tumultuosos, como fantástica dança de seres alados que, risonhos ou malignos, rondavam em torno dela, devorando as horas, os dias, os anos!...

Ali foi encontrá-la Hélia-Mabi com suas filhas, depois que o kobda-rei, com a magia de sua palavra saturada de amor, lhe fizera contemplar a situação através do único prisma que lhe permitiria vê-la com as cores belas e diáfanas do amanhecer.

— Se, sabendo já o que sabes — disse Bohindra abrindo a porta que conduzia ao jardinzinho de Shiva — és capaz de permanecer junto a ela sem causar-lhe amargura nem pesar, entra, Hélia-Mabi. Mas se as leis e egoísmos humanos ainda têm

346

poder sobre ti, volta atrás, porque serias criminoso se, sobre velhas feridas que ainda sangram, abrisses outras novas nesse espírito que, à custa de heróicas imolações, vai subindo a montanha da sua purificação.

Hélia-Mabi não falou, mas, sem deter-se, entrou. Suas duas filhas o acompanharam até colocá-lo num pequeno caminho, bordeado de ambos os lados por loureiros e murtas, que ia terminar na pequena cabana junto ao lago.

— Ali a encontrarás fiando. Que a paz esteja contigo, pai. — E ambas se encaminharam ao santuário onde o Conselho as aguardava para a cerimônia da reincorporação em seu seio, segundo determinava o costume para todos os elementos da instituição que haviam realizado missões ao exterior.

Era simplesmente uma terna manifestação de amor fraternal, que consistia em cânticos, em aspersões de água vitalizada e na imposição de mãos sobre as cabeças, irradiando tudo o que de grande e belo pode transmitir um ser para outro ser.

— Meu coração esperou-te tanto tempo... que morreu esperando-te... — murmurou Shiva quando Hélia-Mabi se deteve à porta da cabana.

O homem das folhas secas não pôde articular palavra, e, caindo de joelhos aos pés de Shiva, repousou o rosto sobre as brancas madeixas de lã que ela tinha em seu regaço.

Shiva deixou o fuso e continuou fazendo o movimento maquinal e automático de retorcer a lã, mas nos cabelos já acinzentados daquela cabeça apoiada sobre seus joelhos.

Oh!... Que fantástica dança de recordações e pensamentos iluminava e escurecia a aura da cabana junto ao lago, onde estendiam seus ramos verdes as roseiras da Irânia!

Aquele silêncio cantava, falava, ria, chorava.

— Shiva! Shiva! — disse finalmente Hélia-Mabi. — As ondas de todos os rios, as pedras de todos os montes deste continente, as costas do Mar Grande aprenderam de memória o teu nome, tanto te chamei!... Onde está o Deus do Amor, que desta forma fugiu e se ocultou para nós?...

A pequena mão de Shiva pousou com suavidade de pétala sobre aqueles lábios angustiosos que tão amargamente se queixavam.

— Cala-te, Hélia-Mabi, que ofendes ao Deus do Amor! Não O vês acaso, neste momento, flutuar como um arrebol sobre estas águas serenas onde se refletiam as roseiras em flor da nossa terra? Se Ele não vivesse em nós mesmos, estarias agora junto a mim, como estás?

Fresca rajada de vento, que sempre soprava ao entardecer, agitou os ramos das roseiras, cujas pétalas brancas e vermelhas caíram como uma chuva sobre as águas tranqüilas e sobre o teto de folhas de palmeira da cabana.

— Rosas do entardecer!... Rosas da montanha da Irânia!... — exclamou Hélia-Mabi, recolhendo com amor aquelas suaves pétalas que o acariciavam ao cair. — Se as roseiras revivem e se renovam como os homens, Shiva... serão estas rosas as mesmas que perfumavam os teus cabelos sob o céu puro e radiante de Susian, quando, ao despedir-me de ti para ir buscar o preço do teu resgate, deixava um beijo em teu rosto enquanto dizia: "Espera que voltarei para comprar a tua liberdade, ainda que tenha de tirar o resgate das entranhas da terra ou do fundo do mar"?... Serão as mesmas?

— Pode ser que sejam as mesmas — respondeu Shiva. — As mesmas que acariciaram o nosso amanhecer e que agora desfolham as suas pétalas ao impulso do vento no entardecer da nossa vida.

— Rosas... Rosas da Irânia, que escutastes os idílios de amor da nossa juventude, bebestes as nossas lágrimas, escutastes as nossas queixas e descobristes os ocultos pensamentos que a distância voavam de um para o outro, sem suspeitar sequer onde nos encontrávamos!... — exclamou novamente o homem das folhas secas, recolhendo aos punhados as suaves pétalas que continuavam caindo... caindo como pérolas brancas e vermelhas desfiadas desde os céus por sílfides invisíveis.

"Não sois, talvez, tão luxuriantes como aquelas... Contudo, também aprendereis os nossos nomes e atapetareis novamente o nosso caminho, e voltareis a escutar as nossas confidências, rosas do entardecer!..."

Bohindra dissera a verdade, pronunciara a grande palavra, a sábia palavra, alicerce e coroa de toda a sabedoria kobda:

"O Amor é o Mago Divino que salva de todos os abismos!"

Num-Ma-Ki

Tal foi o nome dado, na época neolítica, à região que a história antiga chamou Média ou Elam e que está situada entre o Mar Cáspio e a imensa plataforma dos Montes Zagros.

Num-Ma-Ki significava *País de Numu* no idioma dos matchas, raça essa que a habitava na época, e tal nome foi dado àquela região por Hélia-Mabi e Shiva quando as voltas e reviravoltas da vida lhes devolveram aquele vale no qual o velho Aranzan vira caminhar em manadas seus camelos e elefantes, e, no horizonte de suas noites, iluminado pelo resplendor de milhares de fogueiras onde eram preparados os alimentos de seus povos e servidores.

Embora tarde, às vezes, os povos fazem justiça aos homens que verdadeiramente os amaram, e os matchas, habituados à autoridade suave e paternal de Aranzan, não sofreram longo tempo o jugo pesado e duro dos príncipes gomerianos que os haviam escravizado. Expulsos os invasores do território, souberam, pelos kobdas das margens do Mar do Norte (Mar Cáspio), para onde Selyman se havia retirado, que a filha do seu senhor se encontrava nas margens do Eufrates, com o marido e suas filhas.

348

Os anciãos da região dividiram seu território em duas porções iguais, ambas costeiras do grande Lago Uran: uma para Selyman e a outra para Shiva.

Mas como o primeiro tinha iniciado sua atividade missionária no país de Ethea, à qual se dedicou com grande ardor, renunciou em favor da irmã e das filhas desta a todos os seus direitos, pedindo unicamente que aquele país que lhe haviam adjudicado fosse chamado Num-Ma-Ki, *"País de Numu"*, e que se adotasse nele a lei dada pelos kobdas aos povos da Aliança do Eufrates e do Nilo. Shiva, a pobre Shiva, que vimos arrastar-se pelo solo como uma larva, como um farrapo de humanidade, foi consagrada Rainha Kobda com o nome que, segundo seu idioma e costumes, quis dar-lhe o povo que a reclamava: Suisini-Manh-Shiva, que significava "Divina-Mãe-Shiva". No decorrer dos séculos, o nome de *Shiva* passou à categoria de divindade adorada por diversos povos nas imediações daqueles países; divindade que ainda hoje tem cultores entre algumas raças da Índia Ocidental.

Os meigos e místicos xiitas da Pérsia atual parecem conservar, vibrando ainda em suas canções, em seus poemas clássicos, em suas antigas lendas e tradições, algo do perfume daquela kobda que, no entardecer de sua vida física, foi derramar nos vales do Lago Uran o amor, a paz, a fraternidade e toda essa pureza de sentimentos que constituía a essência da sabedoria dos filhos de Numu.

— O Eterno Amor manda-te novamente, Shiva, ao teu país natal — disse Bohindra ao despedir-se deles na imensa esplanada aberta junto ao pórtico de "A PAZ". — Não esqueças jamais que és uma pomba mensageira da Divina Lei junto daqueles povos que, na nova eflorescência do teu amor, verão o raio de luz que os guiará ao seu alto destino.

Para que Shiva se resignasse a esta partida, que necessariamente devia ser por longo tempo, o Alto Conselho enviou, juntamente com eles, dois kobdas de idade madura, homens experimentados em dirigir multidões, e quatro mulheres kobdas que anos atrás haviam vindo daquele mesmo país. Tal foi o Conselho de Governo que os kobdas de "A Paz" deram à pomba mensageira da Lei Divina que empreendia seu vôo desde "A Paz" até o outro lado da cadeia de Sagron.

Antes que a enorme barca, na qual se dispunham a atravessar o Eufrates, cortasse amarras, Shiva e Hélia-Mabi perguntaram a Bohindra, que, com Ada, Adamu, Évana e as duas filhas do casal irânio, os havia acompanhado:

— Receber-nos-eis com tanto amor se voltarmos algum dia até vós?

— "A Paz" será sempre o vosso lar enquanto os kobdas do Eufrates não esquecerem o que são no meio dos povos.

Hélia-Mabi e Shiva estenderam as mãos sobre suas duas filhas, que os viram partir sem dor, porque a felicidade daqueles dois seres, que o Eterno Amor acabava de reunir, parecia refletir-se em todos quantos conheciam a dolorosa tragédia daquelas vidas açoitadas pelo infortúnio durante tantos e tantos anos.

Dado o temperamento retraído e silencioso de Shiva, suas duas filhas cresceram mais como filhas de Adamu e Évana que daquela que as trouxera para a vida, sem levar em conta o fato de que a aliança espiritual de Johevan e Sophia, ou seja, Mabi e Hélia, era mais antiga e estreita com Évana do que com sua mãe carnal desta época.

Para os filhos de Numu, grandes cultores do espírito, essas separações materiais se realizavam sem esforços e sem angústia, sem murchar a exuberância dos afetos puros de família, grandeza que jamais as instituições monásticas modernas puderam imitar, sendo elas baseadas no desprezo das leis naturais e numa moral estreita, mesquinha e rígida, cristalizada em dogmas e em leis que, anulando a vontade, a razão e o livre-arbítrio, fazem do espírito humano uma lâmpada artificial de luz mortiça em vez de resplendor de estrela que serve de orientação e guia aos viajantes.

Enquanto isto ocorria em "A Paz", os kobdas missionários continuavam a viagem para o país de Ethea, onde Iber e Selyman estreitariam outra aliança de amor de muitos séculos que, como a de Shiva e Hélia-Mabi, devia dar flores e frutos em abundância para a magna civilização que se iniciava.

O Reino de Bau

À medida que nossos missionários avançavam para o norte, os costumes dos habitantes eram menos enquadrados dentro da Lei da Grande Aliança do Eufrates e do Nilo, em razão, em parte, das dificuldades de comunicação entre os diversos povos.

Podia notar-se, não obstante, mais ignorância que maldade, o que tornava propício o ambiente para uma grande renovação.

— Somos semeadores da paz e do amor — dizia Abel nas reuniões noturnas à luz da Lua, realizadas à porta das tendas, ou, de dia, sob a frondosa ramagem das árvores em cuja sombra se detinha para descansar. Embora a maioria destes povos não pudesse ainda compreender a Eterna Verdade em toda a sua esplendorosa magnificência, a linguagem do amor é compreendida por todos os seres da Criação, desde o vegetal até o homem, e o kobda deve adaptar-se à capacidade mental e espiritual dos povos que busca levantar e redimir.

A imensa pradaria denominada então Ur-Bau, que os kobdas traduziam "*Reino de Bau*", é o país que depois foi denominado Mesopotâmia, regado pelo Eufrates e pelo Hildekel, ou Tigre.

De uma fertilidade maravilhosa, embora ainda, naquela remota época, de um clima frio na maior parte do ano, oferecia grande abundância e uma extrema facilidade para a vida de homens e animais.

Esta mesma circunstância fazia com que a região fosse muito cobiçada pelas raças que habitavam os países montanhosos que a rodeavam, principalmente as das grandes estepes da Alésia e das cordilheiras nevadas do Tauro que, de tempos em tempos, invadiam a sangue e a fogo as férteis pradarias cobertas de trigais dourados e de rumorosos canaviais de açúcar, principalmente na época das abundantes colheitas.

Estas invasões tornaram-se menos freqüentes depois que a Aliança estendeu sua rede protetora de arqueiros em torno dos países que a formavam; não obstante os urbausinos, ou *Filhos de Bau*, tivessem sentido grande alarme à chegada de estrangeiros a seu país, pois, dada sua natural simplicidade, foram muitas vezes enganados por invasores que, sob o pretexto de chegar em viagem de compra de gado, lã ou cereais, haviam surpreendido os habitantes, despojando-os, às vezes, de suas vidas e propriedades.

Conforme os elementos de que dispunham, assim eram os meios de defesa usados. A mais importante de suas cidades era Subartu, situada próximo à costa oriental do Eufrates, a umas duas milhas mais ou menos, e unida a ele por um grande aqueduto denominado Aguera, que era fechado todos os dias ao cair da noite por meio de uma espécie de muralha móvel, lavrada de enormes troncos de carvalho, através dos quais se abriam pequenos orifícios de espia. Ao pé desta muralha ficava sempre um destacamento de arqueiros.

A defesa da cidade, pelo lado do campo aberto, consistia em grandes pilhas de palha seca de trigo, ramos e tudo quanto fosse um fácil combustível, cobertas de terra comprimida na forma de uma compacta muralha, de tal modo que, havendo inimigos perto, deitava-se fogo na palha, desmoronava-se a terra e a cidade ficava guardada por um círculo de fogo que os de dentro se encarregavam de manter aceso durante dias e até meses, com os grandes aprovisionamentos de palha e ramos que em cada casa eram armazenados para tal fim.

Paralelo a este círculo havia outro, que era uma faixa circular de areia de vários côvados de largura, cuja margem interior ia terminar nas águas de um canal de igual largura, o qual limitava imediatamente o recinto da cidade. Esta tríplice circunvalação garantia que, se o vento levasse os ramos ou palhas acesas, eles fossem morrer dentro do círculo de areia ou do canal. Este era alimentado pela água vinda do Eufrates pelo grande aqueduto que se bifurcava em dois braços, rodeando a cidade.

Os urbausinos estavam divididos em tribos ou famílias, cada uma das quais formava um bairro da imensa cidade. As famílias eram a aristocracia daquele país. O resto do povo formava grandes ou pequenas aldeias, disseminadas em toda a extensão da vasta pradaria, e cada aldeia era uma só tribo ou família, com seus "*kiranis*" (escravos), com seu gado, e cada qual havia construído sua muralha de palha e ramos cobertos de terra, imitação da que circundava a grande capital. Residia nesta o grande Hinis-Bau (filho de Bau), com seu Conselho e sua numerosa família. Era a autoridade suprema da região. Ali residiam como fiéis guardiães os "pilix" em grande número, que eram os soldados ou guardas da cidade. Tal palavra tinha o significado de colunas ou pilares, em nossos idiomas de origem latina.

Segundo suas velhas tradições, o deus Bau caíra no Eufrates de uma estrela distante e fora salvo de perecer afogado por uma ovelha, que acabava de ver submergir-se nas ondas seu cordeirinho, e que, ao ver flutuar o deus-menino envolto em brancos véus, puxou-o para a margem julgando ser seu filhote. Bau cresceu entre as manadas, e, segundo estranha crença, os dentinhos do divino menino eram grãos

351

de trigo que, ao caírem na idade devida, germinaram na terra, produzindo os dourados trigais que eram o orgulho e o assombro dos estrangeiros e nativos. O deus havia determinado, pois, o gênero de vida de seu povo escolhido: deviam ser pastores e agricultores. E o eram de coração e alma, pois, para eles, cuidar de suas manadas e lavrar seus campos era parte dos rituais de seu culto e de sua crença.

Por isso, desde o grande Hinis-Bau até o último kirani, deviam todos ter semeado pelo menos vinte vezes o trigo em sua juventude, condição indispensável para permanecer como cidadão naquele país.

Tal era a tradição meio mitológica e meio real conservada entre eles, passando de geração em geração, quer verbalmente, quer gravada em lâminas de pedra, em cascas de árvores ou em grandes pranchas de madeira de carvalho com as inscrições gravadas a fogo.

Contudo, a história real das origens desse povo era outra.

Em época ainda mais remota, houve uma copiosa invasão de águas em que os quatro grandes rios daquela pradaria transbordaram pelo degelo repentino das geleiras que cobriam de neve eterna as grandes cordilheiras vizinhas. A aparição de um grande cometa na atmosfera da Terra provocou, durante muitas Luas, um calor sufocante, como se labaredas de fogo circundassem o globo em todas as direções. Por natural e lógica conseqüência, todo aquele imenso vale, cortado por quatro grandes rios, ficou convertido num grande banhado. Os habitantes das regiões montanhosas, afetadas pelo sufocante calor, trataram de salvar-se em barcaças feitas de troncos, onde, juntamente com parte de seu gado, deixaram-se levar pela correnteza na esperança de encontrar lugar seguro para estabelecer-se. Quando as águas foram descarregar-se nos mares do continente, aquelas grandes balsas foram encalhar nos pântanos costeiros dos rios da Mesopotâmia. Algumas famílias com seus animais se salvaram, e um sacerdote chamado Bau gravou num tronco de faia umas palavras cujo significado era este:

"Uma estrela me trouxe entre as águas transbordantes para esta terra, onde umas ovelhas e uns grãos de trigo me deram vida, paz e alegria. Bau — filho de Shamas."

Destas breves palavras formaram-se o culto, a crença, os costumes e a lei de todo um povo.

Quando o solitário sacerdote de Shamas trazido pelos degelos do norte estampava tais palavras, quão longe estaria de supor que alguns séculos depois seria adorado como uma divindade pelos povos pastores e lavradores daquela região!

Shamas, o deus dos homens ruivos do norte, chamados shamanas, foi apelidado *pai de Bau* e adorado no Sol do ocaso, terminado o qual aparecia o Orvalho Noturno, ou seja, o Divino Filho, para fecundar os campos de cultivo.

De transformações ideológicas ou religiosas como estas está cheio aquele remoto passado, no qual as dificuldades e perigos das viagens impunham a necessidade de que as emigrações fossem feitas pelas tribos ou povos em grupos de centenas ou milhares de pessoas.

O êxodo do povo hebreu desde o Egito até Canaã, referido como algo muito extraordinário pela Bíblia, elevando-o quase às alturas inconcebíveis do milagroso

352

e do estupendo, talvez seja o único do qual as civilizações modernas conservaram memória. Porém, não é mais que um reflexo das ininterruptas emigrações de povos, raças e tribos, em busca de melhores terras para estabelecer-se com seus costumes, cultos e rituais. Tais emigrações eram motivadas ora por perseguições de outras raças, ora por cataclismos geológicos ou movimentos sísmicos, ou mais comumente naquelas épocas, pelas freqüentes invasões das águas das geleiras, que causavam profundas alterações na superfície terrestre.

Mares que abandonavam grande parte de seus estuários, deixando-os convertidos em ressequidos lençóis de areia, para esvaziar-se sobre outros territórios que tinham baixado de nível por afundamentos parciais, ou por erupções de vulcões; lagos de água doce, nascidos em mananciais, que, em cima de uma montanha, se abriam ao reflexo do gelo como a imensa porta de um cofre de cristal, e que, por uma abertura em seu leito de pedra, começavam a transbordar-se na planície qual uma torrente, formando, no decorrer dos anos, um rio caudaloso; montanhas derrubadas mudando o curso dos rios e fazendo-os transbordar às vezes sobre cidades e aldeias... formam algo semelhante a uma dança gigantesca e trágica de titãs e magos, que, para o homem que não conhece outra coisa senão a sua insignificante vida de cinqüenta ou noventa monótonos anos, parecem um maravilhoso conto de fadas, como aqueles em que um príncipe belíssimo risca a terra com o pé e abre uma torrente, ou sopra com sua boca para o espaço fazendo cair as estrelas.

Entretanto, os séculos... as centenas de séculos, os milhares e milhares de séculos, dizem ao homem de hoje que, desde que a Terra era uma bola de gás até a época atual, quantas espécies de hecatombes siderais, astrais, etéreas, geológicas e fluviais não se haverão sucedido em remotas épocas, de forma que os homens de uma delas nada possam saber das tragédias imensas de seus distantes antepassados?

Eis aqui o grande erro cometido pelos estudiosos de todos os tempos, ao pretender que suas conquistas, em qualquer ramo do saber humano, sejam a última palavra da ciência, ou a verdade absoluta nos domínios da história.

Eis aqui como uma pueril vaidade conduz ao mais desastroso ridículo, ao ressoante e majestoso *Non plus ultra** das épocas passadas, querendo elevar à grandeza excelsa e eterna do inalterável, do único, do que foi, é e será, do invariável, aquilo que está sujeito a contínuas e eternas transformações: instituições, seres, continentes e mundos!

Se tivéssemos sido capazes de compreender o Verbo de Deus encarnado no genial e inimitável Jesus de Nazareth, bem clara nos soaria esta sua frase, que parece de bronze:

"*Os céus e a terra passarão, mas minha palavra não passará.*"

Os mundos nascem, crescem, decaem e se desagregam como gigantesco torvelinho de pó, menos a palavra dos Messias, que levam a cada mundo a manifestação

---

* Não mais além. (Indica um limite do qual não se pode passar.)

da Causa Suprema, da Eterna Energia e do Eterno Amor, a qual não pode ser nem será jamais dita a não ser de uma única forma, invariável, inalterável pelos séculos dos séculos, na eternidade sem fim!

O CAMINHO DAS TREVAS

O leitor se recordará de que Kaíno e Abiron tinham um encontro importante na pequena ilha do Eufrates onde os sacerdotes cuchitas tinham seu templo.

Antes de terminado o prazo combinado, duas circunstâncias favoráveis haviam ocorrido no acampamento kobda: a partida de Hélia-Mabi e suas duas filhas para "A Paz" e o reinício da viagem dos missionários rumo ao norte.

Abiron ficou com seus quarenta trabalhadores terminando as habitações dos refugiados que, por formal promessa conseguida de Ismaku, deviam continuar amparados por uma espécie de conselho dos melhores homens e mulheres do país, que foram chamados de "*Auxiliares Kobdas*".

Abiron meditava:

"Toda a humanidade é como Kaíno — havia-lhe dito Abel — e, não obstante, Deus lhe envia os raios do seu Sol e o frescor das suas chuvas..."

Contudo, ele não podia compreender como se podia permitir que seres perversos e malvados causassem livremente dano aos demais sem que se tomassem medidas de repressão e castigo.

— Eu não quero matar Kaíno — disse ele em suas meditações — mas pelo menos devo dar-lhe uma lição severa, que lhe tire o desejo de interpor-se no caminho do Menino.

"Por acaso Sênio não me deu aquela formidável lição que me tirou para sempre o desejo de açoitar escravos e cometer violências de todo gênero?"

Inquiriu e investigou pacientemente tudo quanto lhe era necessário para planejar o que ele considerava uma estupenda correção para Kaíno.

Eis aqui o resultado:

O templo cuchita não era senão uma simples pirâmide truncada construída da mesma forma que todos os edifícios de Babel. Sua entrada era uma espécie de alçapão que se abria na esplanada superior, o qual era ao mesmo tempo entrada de luz e relógio de Sol. Do nascer ao pôr-do-Sol, um sacerdote, espécie de pregoeiro, gritava em alta voz anunciando as horas, que eram apenas quatro — ou seja, duas do nascer do Sol até o meio-dia e outras duas do meio-dia até o ocaso.

Este grito pode ser traduzido assim: "Termina a primeira hora"; "Termina a

354

segunda hora"; "É meio-dia". E então ecoava um grande clamor conjunto do povo: "*Salve, pai Sol!*"

Quando esta mesma frase era repetida ao submergir-se o Sol no ocaso, o sacerdote oficiante se retirava, fechando atrás de si a pedra que cobria a entrada, e o templo ficava vazio. Mas ai do profano que, na hora de quietude do templo, entrasse naquele lugar!

Inteirado de todos estes pormenores, Abiron saiu ao encontro de Kaíno, que foi conduzido por uma barca até a ilha do encontro.

— Cumpriste a tua palavra — observou Kaíno.

— E tu cumpriste a tua. Eu venho só. A ilha, bem o vês, está vazia, pois passado o ocaso nenhum cuchita tem coragem de vir a ela, porque sua lei o proíbe.

— Onde está Abel? — voltou Kaíno a perguntar, investigando com o olhar.

— Ele te espera no templo, porque está desejoso de reconciliar-se contigo. Como exigiste que ele viesse só, em nenhum outro lugar tal coisa seria possível. Sua tenda está cheia de gente, como também os arredores. Se é do teu agrado, entra, mas procede como quiseres. Estou desligado do compromisso, pois cumpri a minha palavra.

— Como terei certeza de que não me preparaste uma emboscada? — insistiu Kaíno.

— Muito facilmente: subindo ao alto da pirâmide e olhando para dentro dela. Verás somente a ele junto à pedra dos sacrifícios — respondeu Abiron.

— Está bem, vamos. — Fez um sinal aos dois remeiros de sua barca e eles ancoraram junto a outra ilha habitada por algodoeiros, pois era a época da colheita.

Antes de subir à pirâmide, Abiron perguntou:

— Queres que eu permaneça aqui ou que me vá?

— Meus remeiros foram embora. Vai tu também.

Kaíno olhou para dentro, e à tênue claridade da Lua, viu sentado na pedra do sacrifício um kobda que, com os cotovelos apoiados sobre os joelhos, sustentava sua cabeça inclinada.

Pensou, então, que, na mais profunda solidão, Abel meditava.

Já sem nenhum temor, começou a descer. Quando Abiron o viu quase no fundo, com grande suavidade fez girar a pedra da entrada, que não podia ser aberta do interior, e, tranqüilamente, afastou-se. O que ali ocorresse não era já do seu interesse.

O kobda meditativo que aguardava Kaíno era o cadáver de um jovem leproso que havia morrido no dia anterior. Valendo-se de certos subterfúgios, Abiron havia impedido que o arrojassem à fogueira comum onde, a cada dia, eram cremados os cadáveres dos infelizes que morriam sem recursos e sem família que lhes dessem as honras de uma sepultura nas grandes necrópoles da região.

Aquele cadáver cheio de chagas arroxeadas e sanguinolentas estava coberto com uma túnica de kobda, e sua cabeça com o gorro violeta, o que produziu o perfeito engano de Kaíno.

O leitor pode calcular o terror e o horror do jovem orgulhoso ao ver-se encerrado naquele lugar com o cadáver de um leproso. Pela ogiva do teto filtrava-se opacamente um raio de Lua, que dava ainda mais espantosa lividez ao rosto despedaçado daquele infeliz. Como sua intenção não era o assassinato de Abel, mas levá-lo prisioneiro para exigir depois como resgate, ao Thidalá do Eufrates e do Nilo, toda a fértil região de Ur-Bau e o vizinho país de Nairi, não somente ia Kaíno provido de armas como também de fortes cordéis, com os quais, para desafogar sua fúria, começou a açoitar ferozmente o cadáver, conseguindo somente despedaçar mais ainda aquele infecto farrapo de carne morta.

Mas, ao nascer do Sol, o sacerdote oficiante encontrou aquele espetáculo e os papéis se mudaram. Kaíno foi ferozmente açoitado pelo cuchita enfurecido ante a profanação de seu templo.

Inútil foi para Kaíno assegurar ter sido introduzido no templo por engano, pois foi tomado por um ladrão sacrílego que visava se apoderar do tesouro do templo. O sacerdote abriu uma portinhola na grande pedra do sacrifício e viu o tesouro intacto. Kaíno também o viu e, quer para salvar sua própria vida, quer para tirar proveito material daquela infausta aventura, sacou seu punhal de formoso cabo de ouro e pedras preciosas e o introduziu na garganta de seu adversário. Tirou o tesouro do templo, que consistia em pequenos vasos de ouro cheios de grãos de trigo — que era o alimento para a Divina Pomba, filha do Sol —, enormes esmeraldas talhadas na forma de pequenos bebedouros cheios de um suave elixir perfumado e grande quantidade de rubis em forma de cerejas.

Fugiu, deixando sobre a pedra do sacrifício o cadáver do infeliz sacerdote em meio a uma poça de sangue.

O ódio e o furor pareciam prestar-lhe novas energias e, numa carreira desenfreada, ele chegou à margem e chamou seus remeiros, que o aguardavam inquietos na barca.

Ao vê-lo com as vestimentas ensangüentadas e em desordem, alarmaram-se grandemente; mas ele os tranqüilizou, mostrando a seus assombrados olhos a valiosa conquista que fizera.

O alarme de todo o grêmio sacerdotal foi imenso quando o sacerdote oficiante não anunciou as horas como de costume, e uma procissão deles se dirigiu à ilha sagrada e desceu ao interior do templo.

O fato foi interpretado de maneira bem diversa da realidade: um jovem kobda se introduzira no templo para roubar o tesouro e assassinara o sacerdote que o encontrou lá dentro. Entretanto, a ira do deus o havia ferido com a lepra, enfermidade infamante e vil, e o fulminara ali mesmo.

Tal foi a primeira versão, mas ao intervir Ismaku no esclarecimento do crime, fez notar que isso não podia ser, visto que o tesouro tinha desaparecido e que a túnica azulada vestida pelo leproso tinha a cor, o tecido e a forma diferentes da túnica usada pelos kobdas. Do mesmo modo o gorro violeta não era senão um pedaço de tecido enroscado na cabeça em forma de capacete.

Era, pois, indubitável que uma terceira pessoa havia participado da ocorrência.

Os sacerdotes estavam mergulhados em profunda desolação, e alguns, no furor de seu fanatismo, rasgaram as próprias carnes em desagravo à divindade ultrajada.

Foi necessária a intervenção de Asvínia, cujas faculdades espirituais tinham sido depuradas pela aura de amor e harmonia dos kobdas em torno dela.

Numa solene cerimônia de pacificação e adoração ao Único Deus da Aliança, falou por ela, em estado de transe, aquele Bau, sacerdote de Shamas que, séculos atrás, chegara com um grupo de fugitivos:

— Não meçais a grandeza e a justiça de Deus pelo valor de umas pedras que vós mesmos podeis extrair das entranhas da terra. Purificai o recinto do vosso templo com um generoso pensamento de amor pelas almas que animaram esses dois corpos sem vida. Esfregai a parede e o piso interior com suco de palmeiras, queimai, sobre a pedra do sacrifício, ervas aromáticas e substituí por oferendas de cantos e flores, cestas de trigo e ramos com frutas em maturação, o holocausto sangrento de animais, sobre cujas vidas o Altíssimo não vos dá direito como propiciação, mas como alimento. Oferecei a fina flor de farinha de uma vida pura, de honradez e de trabalho, e convencei-vos de que a Divindade não quer outro tesouro a não ser a retidão dos vossos corações. *Bau, filho de Shamas.*

O entusiasmo sacerdotal chegou ao delírio.

O cadáver do sacerdote morto foi honrosamente entregue à terra com todas as vestimentas e objetos que lhe haviam pertencido. Sua alma havia subido aos palácios do Sol.

Bau tinha falado aos sacerdotes e ao povo. Bau não queria holocaustos de sangue, mas de flores e frutos da terra.

Bau pareceu aos babelitas uma divindade à maneira dos kobdas.

— És irmão de Numu, o deus dos kobdas? — tinham perguntado ao ser que falava por intermédio de Asvínia.

— Sou um seu arauto e acendo minha lâmpada quando Ele se aproxima... Numu, o gênio inspirador dos kobdas, passou por esta Terra e não o conhecestes.

Enquanto Asvínia falava em estado de transe, Bohindra havia caído em profunda letargia em "A Paz", e era seu espírito quem tomava aquela distante personalidade de Bau, filho de Shamas, vindo dentre os homens ruivos do norte entre o torvelinho dos gelos convertidos em líquidas correntes, para fundar aquelas raças de lavradores e pastores das margens do Eufrates.

Como se vê, pois, a chegada do Homem-Luz liberou aquele povo do domínio das malignas entidades espirituais que os tinham encadeado à idolatria e aos mais pecaminosos costumes, e novamente o pacífico Bau, que ensinava a procurar a grandeza de Deus entre o balido das manadas e o rumor dos trigais dourados, tomava posse daquelas consciências escurecidas pelas correntes astrais dos milhares de idólatras desencarnados na catástrofe do Vale do Shidin.

Então a adorada pomba, filha do Sol, passou a ser para os babelitas a mensageira de Bau, a que, levando em seu bico grãos de trigo e porções de lã, o havia alimentado e vestido... E, novamente, a lenda mitológica surgia com variantes e acréscimos, porque é próprio de todas as humanidades primitivas o não satisfazer-se com a Verdade Única, resplendor do Eterno intangível... invisível enquanto não é revestido de uma forma material e adaptável à estreiteza de suas concepções ideológicas.

Entretanto Abiron, único possuidor do segredo dos fatos consumados no interior do templo cuchita, empreendia com seus trabalhadores a marcha de regresso a "A Paz", dizendo para si mesmo:

— Pus diante de Kaíno um morto para evitar uma morte; mas ele encontrou o meio de dar a morte a um vivo.

" 'Verdadeiramente para esse homem apagou-se a luz, e ele caminha nas trevas. Ó Sênio... Sênio!... Não apagues a tua lâmpada para mim, porque também se farão ao meu redor as trevas de Kaíno!"

Ouviu, então, como uma voz interior a lhe dizer:

"O orgulho é uma hidra de muitas cabeças, cuja primeira manifestação é o descontentamento e a rebeldia, à qual se acrescentam logo a ambição, a vaidade e o despotismo. Mata o descontentamento e a rebeldia e a hidra morrerá apenas nascida."

O homenzarrão comovido soltou o bridão de seu camelo e abraçou o vazio, parecendo-lhe ser o branco fantasma de Sênio falando-lhe ao ouvido.

A MENSAGEIRA KOBDA

A grande cidade kobda da margem do Rio Grande situava-se mais ou menos nas imediações do que hoje é Basora ou Basra, ou seja, uns cinqüenta quilômetros antes de que o Chatel-Arab se bifurque nos dois grandes rios Tigre e Eufrates.

A imensa barca veleira que levava Shiva e Hélia-Mabi para o seu país cruzou, com rumo ao Oriente, o caudaloso rio, e dois dias depois os viajantes pisavam a planície de Susan, que se estende entre a margem oriental do Tigre e a imensa cadeia dos Montes Zagros. O nome dessa cordilheira é derivado de "Montanha do Sangue", que foi seu nome na época neolítica em razão de alguns mananciais filtrarem de suas gretas águas avermelhadas, as quais, deslizando até Teerã, iam tingir de amarelo avermelhado seus ressequidos areais.

Ali esperava-os a caravana de elefantes e camelos enviada com tal fim pelos anciãos do país de Uran, que eram os domínios do príncipe Aranzan, pai de Shiva, sacrificado por um chefe gomeriano havia vinte anos.

Costeando a margem oriental do Tigre, chegaram até as proximidades de Bag-Ada (a posterior Bagdad) onde, deixando camelos e elefantes, deviam continuar a viagem no lombo de asnos e mulas, costeando desfiladeiros e tortuosos caminhos abertos na rocha viva, e tendo aos pés, a muitos metros, profundos precipícios onde troava a corrente bravia de alguns daqueles riachos que desciam torrentosamente das montanhas.

Pelos vales encantados, onde muitos séculos depois floresceram Behistun e Ecbátana, entrou Shiva no país de seus ancestrais, a fértil e formosa terra do gado e das amendoeiras, das grandiosas montanhas que *"manavam diamantes, rubis e turquesas"*, segundo o cantar dos poetas daquela época, em seus vales coalhados de vinhedos e roseiras brancas e vermelhas, cuja essência foi tão célebre e cobiçada pelos grandes magnatas da Antigüidade.

A emoção de ambos os esposos foi intensa quando, do alto de um desfiladeiro que costeava, estenderam o olhar ao vale nativo no fundo do qual o lago Uran, como um imenso lençol de prata, começava a tingir-se dos rosados matizes da aurora.

— Shiva! — disse Hélia-Mabi à sua esposa. — Nossas roseiras se desfolharam sobre as águas do lago para esperar-nos!...

Shiva, vendo nas margens do lago uma infinidade de brancas ovelhas que pastavam e bebiam, respondeu:

— As amendoeiras cobriram de botões de neve a pradaria para nos dar as boas-vindas.

A emoção intensa fê-los emudecer, porque um dos anciães disse:

— Aranzan!... Aranzan!... Levanta a tua cabeça da tumba para ver a glória da tua raça neste dia!

A esta evocação, todos os kobdas, segundo o costume, irradiaram intenso amor pela alma do ancião pai de Shiva. A nova rainha, então, viu a imagem dele flutuar serena e risonha a poucos passos dela e se arrojou de joelhos sobre a relva, gritando:

— Pai!... Pai!... És tu que sais ao meu encontro para abençoar a tua filha, que retorna ao abandonado lar!...

Junto à visão de seu pai, viu Shiva plasmar-se a fisionomia e a silhueta daquele formoso senhor que a havia amado nas brancas torrezinhas dos lagos azuis e serenos; e a visão lhe disse:

— A bênção que imploras seja para ambos, porque sou teu irmão. — E os dois corpos astrais se abraçaram ao se diluir como suaves matizes no éter.

Os anciãos do país julgaram que a felicidade havia enlouquecido *Suisini-Manh-Shiva*, e choravam com grande desconsolo. Hélia-Mabi, espantado com tal desgraça, tratava de fazer voltar sua esposa à realidade presente.

Somente os dois kobdas anciãos e as quatro companheiras de Shiva sabiam do que se tratava, pois eles tinham presenciado a sutil manifestação espiritual graças ao desenvolvimento máximo que suas faculdades psíquicas haviam adquirido.

O mais ancião dos kobdas, chamado Elvoro, aproximou-se de Shiva, ainda dominada pelo assombro:

— Minha filha, a Divina Sabedoria e o Eterno Amor foram tão pródigos contigo que te fazem compreender, para a tua maior tranqüilidade, o que significa a tua situação espiritual enlaçada com os acontecimentos da tua vida.

"Aquele teu segundo esposo encerrou-se com o seu amor na cripta de um santuário kobda, para ressurgir dali como o teu irmão Selyman, também filho de Aranzan, cuja vida e cujas obras continuareis com o duplo direito de herdeiros dos seus domínios e das suas virtudes.

"Acalma-te, pois, que as águas puras do Amor Eterno enchem de flores e de luz os sombrios vazios criados pelos erros humanos."

Shiva, ainda ajoelhada, inclinou seu rosto até tocar com ele a terra, enquanto derramava abundantes lágrimas de intensa felicidade, dizendo a frase dos kobdas agradecidos à bondade divina:

— Deus meu, basta!... Que neste pobre coração já não cabe nem uma gota mais!

Apenas tinham chegado ao vale da terra natal, encontraram-se com uma grande

359

multidão que os aguardava, e Shiva foi forçada a subir numa espécie de tribuna coberta de ricos tapetes, onde o mais ancião dos governantes do país lhe colocou o diadema de flores de amendoeira, o símbolo de sua realeza, lavrado de diamantes e esmeraldas, que, prendendo-lhe à fronte o branco véu de rainha-kobda, fazia um formoso contraste com o negrume de seus cabelos e singela modéstia de sua túnica azulada.

A tribuna foi levantada sobre o lombo de um elefante branco, e empreendeu-se a marcha até chegar à cidade real de Matschan, que estava edificada na costa meridional do Lago Uran.

Aquela cidade, tão magnífica para seus habitantes, não era senão um conjunto do que nós chamaríamos de choças de pedra, cobertas de trepadeiras e vinhedos; em cada uma delas se abrigavam, ao mesmo tempo, homens e animais. Em cima das paredes baixas, formadas de enormes pedras semipolidas, estendiam um mezanino de grandes pranchas de madeira, formando assim o pavimento dos aposentos superiores que era destinado aos seres humanos, enquanto a cavidade inferior, muito baixa, era abrigo dos animais.

A mansão real era mais suntuosa, pois estava rodeada de um verdadeiro acampamento de grandes cercados onde levavam vida principesca os elefantes brancos dedicados à realeza e uma coleção de feras dos mais formosos tipos então conhecidos, amarrados com grossas correntes de cobre, as quais estavam encarregadas da defesa da família real em caso de ataque estrangeiro.

Quando aquela multidão se prostrou em terra para receber sua rainha, ela lhes falou deste modo:

— Não vim até vós para receber a vossa adoração, mas para trazer-vos a mensagem da Lei divina mais formosa e terna que conhecestes até hoje.

"Sou para vós a mensageira do Eterno Amor, e só aceito como oferenda o amor de uns para com os outros e de todos juntos para com o Altíssimo Deus que cobre de flores e frutos os nossos campos, que nos sorri na aurora da manhã e na radiante claridade do Sol.

"Quero que denomineis Num-ma-Ki, *país de Numu*, a este pedaço de terra que nos viu nascer, porque sua lei de Amor e Justiça vem comigo para semear paz e grandeza no vosso caminho."

— Num-ma-Ki!... Num-ma-Ki!... — O grito ressoou nos espaços e repercutiu pelas montanhas como um hosana de júbilo e de glória.

— Se tanto amais a vossa Manh-Shiva — continuou dizendo aquela mulher transfigurada pela felicidade — chamaremos Aranzan a esta cidade que me dais como sede destes domínios, em memória do vosso velho rei, sacrificado tão cruelmente pela cobiça dos invasores.

Um novo clamor ressoou pelos ares, seguido de música, danças e do agitar de ramos de amendoeiras florescidos e de ricas bandeiras de variadas cores.

— Aranzan!... De Aranzan chamaremos a deusa do Lago Uran, que se esconde atrás das montanhas do Sagron para mirar-se nas águas!...

Antes de terminarem as festas de recepção à Suisini-Manh-Shiva, esta apresentou ao povo seu Conselho de Governo, formado pelos dois kobdas que a acompanhavam, por sete anciãos do país e completado por Helia-Mabi, seu esposo. Este leu ao povo

360

reunido a Lei que os kobdas haviam dado aos povos da Aliança do Eufrates e do Nilo, à qual ficou incorporado Num-ma-Ki, o país de Numu.

Quando se levantaram alguns protestos referentes à liberdade dos servos, à abolição da poligamia e de toda propriedade adquirida pela força, os conselheiros de Shiva lhe disseram a frase kobda: "O Amor é o mago divino que salva de todos os abismos", e a induziram a desprender-se por livre e espontânea vontade dos numerosos escravos e escravas que, igualados quase aos animais, estavam dedicados a levá-la sobre os ombros em sua liteira de ricos tapetes, para qualquer lado de seus domínios onde ela quisesse ir.

Quando aqueles escravos foram dotados, cada qual, de uma porção de terra para cultivar e levantar sua choça, com a única obrigação de levar a décima parte aos armazéns reais para atender às necessidades públicas, os grandes chefes guerreiros começaram a fazer o mesmo.

Quando viram a rainha caminhar a pé, acompanhada de seu Conselho, para averiguar por si mesma onde estavam os sofredores, os enfermos, os anciãos e os órfãos, para levá-los aos grandes aposentos intermediários entre os da família e o dos animais, os quais anteriormente eram ocupados por seus numerosos escravos, e para prestar ali toda a classe de solicitudes, os grandes e os pequenos começaram a sentir a suavidade que brota do amor como uma torrente caudalosa, e, às centenas, se juntaram aos esforços pessoais da generosa e nobre Suisini-Manh-Shiva.

A pomba mensageira enviada pelos kobdas do Eufrates derramou a semente nas margens do Lago Uran, onde se viu plasmada, anos depois, a mesma forma de vida que era vivida em "A Paz", às margens do Eufrates, e em Negadá, às margens do Nilo.

O Perdão e a Justiça

Os missionários, esticando as jornadas, aproximavam-se do final de sua viagem: o país de Ethea, onde eram esperados pelos príncipes da Aliança de todos os países vizinhos.

Detiveram-se uns dias em Hiva e em Cheru, cidades importantes naquela época; espalharam-se como mensageiros de paz e fraternidade pelas povoações e aldeias.

Cada um dos missionários tinha enchido seu volume de papiros, ou telas enceradas, com as anotações das necessidades mais prementes daquela gente que iam visitando. Aqueles dados deviam servir de base às solicitações que fariam aos chefes e príncipes da Aliança, com o fim de fazer progredir aquela coletividade humana que eles governavam.

Quantas chagas morais!... Quanta lepra espiritual, juntamente com males físicos, encontraram aqueles homens de alma pura e sã e corpos viris e fortes!

E continuaram desenvolvendo o mesmo programa de ação que haviam seguido desde que saíram de "A Paz".

Agnis, Heber e Jobed foram de opinião que deviam mergulhar aquelas massas de carne enferma nas águas do rio, e desde o amanhecer foram vistos incansavelmente consagrados a esta tarefa preliminar da cura magnética que desejavam para todos.

Artânio, Erech e Felácio, com sua fácil e persuasiva palavra, procuravam convencer os recém-purificados pelas águas de que, do mesmo modo, deviam purificar suas almas mediante a firme resolução de afastar-se de seus viciosos costumes, causa única de todas as suas enfermidades.

Helito, Geuel e Nandro, futuros gênios da harmonia, dedicaram-se a pacificar com suas melodias os espíritos carregados de rebeldia e rancor.

Yamaoz, Dabim, Areniel e Yataniel, excelentes médiuns de transe e psicógrafos, recebiam mensagens das almas errantes que lhes iam indicando quais daqueles seres eram filiados à grande Aliança Espiritual do Verbo, para selecioná-los em agrupamentos à parte e dar-lhes as instruções adequadas, de forma a não malograr a já alcançada evolução.

Glauco, Isdacar e Nabor, poderosos clarividentes, estavam quase completamente consagrados a vigiar principalmente os que, por uma circunstância ou por outra, se aproximavam de Abel e da missão em geral, e gravar em seus livros particulares o resultado de suas averiguações, que comprovavam depois discretamente com o fim de evitar dificuldades, ciladas ou desgraças.

Entretanto Aldis, Iber e Ibrin desdobravam-se em seus esforços de atender às necessidades materiais dos missionários e de conseguir que os chefes de tribos e os homens abastados se interessassem pela situação dolorosa dos enfermos, dos anciãos e dos órfãos.

As duas mais importantes capitais do país de Nairi, Urartu e Biânia, eram o esplendor dos sardúrios, antiqüíssima dinastia, resto da passada e grandiosa civilização sumeriana. O chefe ou príncipe desta dinastia na época era aquele Etchebéa, pai dos vinte e cinco jovens cobiçados pela rainha guerreira vencida pela força mental dos kobdas de "A Paz".

Um descendente distante desta raça, chamado Aramé, foi, muitos séculos depois, príncipe do país de Manhp, por enlace matrimonial com uma rainha adolescente de tal região, a qual tomou desde então o nome derivado do seu chefe, ou seja, Aramênia, que, em variante de linguagem, chegou até nós como Armênia.

Os sardúrios haviam-se mantido na simplicidade de costumes herdada de seus distantes antepassados, um dos quais, de nome *Askírio*, tinha sido, segundo a tradição, trazido por uma ave marinha gigantesca de um país tragado pelo mar; país esse, segundo eles, onde tudo era maravilhoso e estupendo. Askírio era, pois, quase um deus ou filho de deus, pois ninguém havia conhecido seus genitores, e seu nome passou para a posteridade como uma divindade protetora daqueles povos. Quando os sardúrios uniram sob um mesmo cetro os países de Manhp, Nairi e Alaródia, seus reis se intitularam Sutip-ris-hinis, cujo significado era "Filho do Rei do Mundo", e

362

sua grandiosa capital foi Arzaskum, edificada de acordo com o relato que Askírio deixara das maravilhosas cidades de seu país de origem.

Bem terá o leitor compreendido que, de tal tecido de fantasias, surge para nós uma importante verdade, ou seja, que esse Askírio não era senão um ramo desmembrado da família antuliana que, assim como Nohepastro e muito tempo antes dele, havia subido àquelas montanhas guiando um grupo de compatriotas que haviam podido salvar-se da invasão das águas. Companheiro daquele Dáctilo que levantou sua cabana nas montanhas da Ática, onde semeou a semente recolhida da alma excelsa do Homem-Luz, Askírio fizera o mesmo no país que escolhera para residência, e, no momento em que encontramos Etchebéa, começava já a decadência daquela que fora uma elevada civilização.

Este príncipe, tendo tomado conhecimento da chegada dos kobdas a um país vizinho do seu, Alaródia, pôs-se em viagem acompanhado dos dezenove filhos que lhe haviam restado daquele formoso grupo de vinte e cinco, visto que seis deles estavam entre os kobdas de "A Paz".

O rei havia envelhecido enormemente porque, não obstante sua natural bondade, não gozava de paz em seus vastos domínios.

O mais jovem de seus filhos, Áktrion, unira-se em matrimônio com uma bela mulher caucasiana de nome Droith, cujo talento para a intriga andava de mãos dadas com sua extraordinária formosura. Ela havia conseguido dominar quase todos os filhos de Etchebéa que, por natural direito, eram os chefes principais das diversas cidades que formavam os domínios do rei.

O controle exercido por ela originava os maiores distúrbios, não apenas entre a numerosa família do velho rei, mas em todas as ordens da administração e do governo do país. As esposas dos outros filhos se queixavam ao sogro de ver-se constantemente postergadas e humilhadas por seus esposos por causa daquela mulher, cuja graça e força de sugestão eram tais que bem poucos conseguiam resistir.

O próprio Etchebéa, querendo muitas vezes pôr as coisas em ordem, havia enviado para a Torre do Silêncio a encantadora Droith, mas esta, apenas chegava àquela prisão de limpos aposentos, mas saturada de solidão e tristeza, enviava uma petição de perdão carregada de promessas e de doçuras, à qual o velho rei jamais resistia, logo enviando um de seus fiéis vassalos com a chave libertadora.

Tal cena havia-se repetido inúmeras vezes, ocorrendo que, depois daqueles perdões tão facilmente concedidos, o domínio da delinqüente ia-se tornando maior a cada dia. Os distúrbios eram cada vez mais graves, e Etchebéa se via ameaçado não só por lutas entre seus próprios súditos, como também por guerras com alguns príncipes vizinhos, de quem eram filhas ou parentes próximas algumas de suas noras humilhadas e vilipendiadas.

— Quero ser indulgente e bom como o Thidalá, rei de nações; quero ser, como ele, um vaso cheio de mel e suavidade, e eis que isto é o que recolho da minha atitude... — meditava o velho rei, cheio de dor ante sua incapacidade de solucionar o árduo problema.

Era este o mesmo espírito que, muitos séculos depois, veio a ser o sumo sacerdote

363

do povo de Israel com o nome de Heli, e de cuja morte, causada pelas graves desordens de seus filhos, a Bíblia faz o sucinto relato com estas breves palavras:

"Ao tomar conhecimento de tais loucuras de seus filhos, Heli caiu sem sentidos de seu assento sobre os degraus de pedra de seu estrado, onde quebrou o pescoço e morreu."

Nos tempos do Cristo ele esteve encarnado na Samaria e perteceu aos sacerdotes do templo samaritano do Monte Garizin, com o nome de Isaías. Depois, foi aquele Eusébio que figurou como cronista nos primeiros séculos da igreja cristã; depois, um discípulo de Francisco de Assis, de nome Leão; e, finalmente, o bondoso e desventurado rei Luiz XVI da França, esposo de Maria Antonieta da Áustria.

Uma noite, Etchebéa teve um sonho no qual seu filho Lobed, um dos seis que eram kobdas, lhe dizia:

— Pai, se queres saber a forma de governar teus povos em paz, comparece junto ao Homem-Luz, cuja sabedoria tem o segredo para curar todos os males.

Cheio de esperança, Etchebéa empreendeu a viagem ao acampamento kobda nas proximidades da cidade de Alaródia, no país deste nome que depois se chamou Ibéria, derivado de Iber, o jovem kobda, filho de Selyman e Shiva, que foi proclamado rei daquela região na maturidade de sua vida, como veremos em seu devido tempo.

— Por que choras, ó rei, na ancianidade dos teus dias? — perguntou suavemente Abel, sentindo em seu ombro as lágrimas ardentes de Etchebéa, que se abraçou a ele apenas o viu.

— Choro por meus filhos, choro por meu povo e choro por mim, incapaz de tornar felizes aqueles a quem o Altíssimo me confiou — respondeu Etchebéa, sentado à porta da tenda de Abel numa espécie de estranha poltrona confeccionada com cabeças de búfalo dissecadas, na qual serviam de suportes e braços os longos e tortuosos cornos da espécie de búfalo existente naquela época.*

Silencioso, o jovem apóstolo escutou a tragédia do velho-rei que, em presença de seus filhos e de todos os kobdas da missão, ia desfiando aquele rosário doloroso, humilhante para si mesmo, no qual punha em evidência sua incapacidade como soberano e sua debilidade como pai.

Quando terminou, exclamou:

— Homem-Luz, homem-sabedoria! Ensina-me, se podes, a ser justo sem crueldade e a ser bom sem debilidade!

— A Luz nos vem do Altíssimo — respondeu Abel. — E, se eu a tenho d'Ele, é porque a recebi para vertê-la sobre os que a buscam e pedem. Etchebéa, já pensaste onde termina a bondade e começa a debilidade? Onde termina a justiça e começa a crueldade?

— Não, na verdade! — respondeu o velho rei.

— Pois teu mal vem de não pensares nisto. Quantas vezes, dize-me, perdoaste os delituosos abusos da tua nora Droith e dos teus filhos dominados por ela? — perguntou o jovem Mestre.

---

* Nas escavações de Oran e do Cáucaso foram encontrados fósseis desta espécie desaparecida.

— Somam mais vezes que os dedos das tuas mãos e os das minhas — respondeu Etchebéa.

— E desses teus repetidos perdões não surgiu nunca a melhora que advém naturalmente de um arrependimento verdadeiro? — voltou Abel a perguntar.

— Não, jamais; antes, pelo contrário, os distúrbios são maiores, os delitos se multiplicam, os assassinatos vão semeando o terror nos bons habitantes do país e uma corrupção dissimulada e surda vai invadindo o santuário das mais nobres famílias, arrastadas pela corrente surgida da minha própria morada. As esposas não respeitam os seus maridos, nem as filhas os seus pais, a quem vêem enlodados por essa turva corrente que vai invadindo tudo.

— Oh, Etchebéa!... Quanto me dói dizer que a tua bondade passou o justo limite e se converteu em culpável debilidade!

"O perdão e a tolerância deixam de ser benéficos para aqueles a quem são outorgados quando não produzem o arrependimento na alma do agraciado, mas são a causa de novos excessos e abusos. Todos os crimes, todos os males e dores que esses perdões e tolerâncias tuas causaram, são crimes teus, Etchebéa, e tu serás o responsável perante a Lei Eterna que, sendo infinitamente boa, corrige severamente os seus filhos com a dor sob todas as formas quando a bondade e a suavidade não bastaram para melhorá-los e engrandecê-los.

"Amas os teus filhos e os filhos dos teus filhos? Amas o teu povo e queres a sua felicidade e a sua paz? Empunha valentemente a vara da justiça, atravessa-a na torrente transbordada das paixões agigantadas pela tua debilidade, e diz: *'Daqui não passará ninguém.'* Empunha com decidida coragem o machado da justiça, não para decepar cabeças nem para torturas, mas para cortar de um golpe, como o lenhador, a árvore seca que não dá frutos, ou a árvore de sombra daninha para os dourados trigais, que serão amanhã o pão da tua mesa.

"Se Droith, tua nora, causa distúrbios entre os teus filhos, mantém-na afastada nos seus aposentos privados, constituindo-te tu mesmo em severo guardião, e, se for necessário um ano ou dois de solidão para corrigi-la, que passem em boa hora uns depois dos outros, até que, iluminado o seu espírito pela dor benéfica e santa que a solidão lhe causará, se disponha a uma regeneração verdadeira.

"Quantas vezes, Etchebéa, as carícias e as lágrimas provocadas pela maléfica arte, e não pelo real arrependimento, darão novamente a essa mulher uma funesta ascendência sobre ti, para arrastar-te ao abismo juntamente com ela, os teus filhos e o teu povo!

"Porque amas a Droith, tua nora, porque amas aos teus filhos, afasta-os do caminho da perdição no qual vão desmoronando-se para o abismo, e usa com esses seres, que têm o teu próprio sangue, a mesma energia, a mesma justiça, o mesmo rigor com que corriges o último dos teus vassalos que delinqüiu.

"Que a carne e o sangue não ofusquem a tua razão até o ponto de ver como inofensivos ou talvez plausíveis, na tua nora e nos teus filhos, os atos que consideras delituosos e criminosos nos demais. Que o sentimento do dever e da justiça não seja em ti obscurecido por inadmissíveis e falsas desculpas que jamais resistem à análise

365

serena da tua razão, mas que o mal seja o mal e o bem seja o bem, quer sejam praticados pelo mais amado dos teus filhos ou pelo menos amado dos teus servos.

"E agora, meus irmãos — disse Abel, dirigindo-se aos kobdas que o rodeavam — orai comigo para que o Altíssimo ilumine a mente do seu filho Etchebéa e fortifique a sua vontade, de tal forma que, a partir de hoje, inicie ele o caminho da justiça e da verdade."

Os kobdas entraram numa profunda concentração.

O velho rei começou a chorar silenciosamente e seus filhos caíram em sono profundo.

Levavam já cerca de uma hora neste trabalho mental quando despertaram todos ao mesmo tempo, gritando espavoridos:

— Pai!... Os campos ardem! O lago Van está envenenado... As cidades, invadidas e saqueadas... nossas mulheres, arrastadas pelas hordas selvagens... pai, tudo se afunda e tu vais ser degolado sobre o teu próprio leito.

Cada um daqueles homens parecia um louco furioso que tivera espantosas visões.

O ancião havia caído de joelhos com o rosto em terra, pedindo ao Altíssimo piedade e misericórdia, enquanto os kobdas, como estátuas de pedra, continuavam imóveis e silenciosos.

Finalmente renasceu a paz, e Abel lhes disse:

— O que vistes é o último raio de luz que a Misericórdia Divina vos envia para evitar as desastrosas conseqüências dos vossos erros de maus filhos, maus esposos e maus governantes. E tu, bom Etchebéa, toma-o como a ponte salvadora que o Altíssimo estende diante de ti para obrigar-te a compreender onde termina a bondade e começa a debilidade; quanto é santa a justiça e quanto é errado o perdão...

"E tu, Áktrion, caíste na desonra de consentir que a tua esposa seja o anzol que aprisiona a vontade dos teus irmãos para satisfazer as suas ambições desmedidas. Estás ainda a tempo de salvar-te e a todos vós da mesma maneira, se, unidos num esforço conjunto, limitardes a vontade dessa mulher, que fez de vós o seu joguete e o escárnio do vosso povo.

"Vossas esposas honestas e puras choram e gemem na humilhação e no desprezo, elas que são as mães dos vossos filhos e que sacrificaram por vós a sua vida e a sua juventude. Pois eu vos digo, e não passará muito tempo sem que vos recordeis das minhas palavras: se não derdes um passo atrás para refazer o vosso caminho e evitar as conseqüências do vosso imprudente agir, vós e vossos filhos arrastareis a corrente de escravos em terras estranhas e o vosso formoso país será entregue a quem saiba convertê-lo em campo fértil para a semente do bem, da fraternidade e da paz.

"Não é acaso uma ofensa para vós, príncipes filiados à Grande Aliança do Eufrates e do Nilo, formada para o triunfo da verdade e da justiça sobre a Terra, o haver-vos convertido em abúlicos encobridores dos desacertos de uma mulher que, com fingidas carícias, vos fez esquecer todo sentimento de honradez e eqüidade?

"As vossas esposas, os vossos filhos, os vossos irmãos kobdas em 'A Paz', pediram para vós ao Doador de todas as dádivas, piedade e misericórdia; mas acreditai-me, já estais enchendo a medida, porque, ao repartir as suas dádivas, o Pai Comum tem um limite e uma medida; e os vossos próprios irmãos kobdas, conhecedores da Eterna Lei, embora com o coração despedaçado, colocar-se-ão a um lado quando chegar a hora de dizer a uma só voz:

"*Faça-se a Justiça de Deus!*

"Julgais que nada pesam na Eterna Alma Divina as angústias, as lágrimas, os tormentos e a morte, originados por vossa culpável debilidade que submergiu esse ser no abismo, em vez de receber a salvação que veio buscar ao vosso lado?

"Agindo juntos, não soubestes levá-la ao caminho real da justiça, e ela sozinha, em compensação, vos arrastou a todos para a perdição...

"A Eterna Energia, utilizada pelo amor dos kobdas de 'A Paz', vos salvou das garras da sinistra rainha guerreira do Mar Cáspio, porque estáveis chamados a entrar no concerto grandioso dos trabalhadores da luz e porque queríeis ser salvos, mas agora não o sereis sem o esforço da vossa vontade. Ontem queríeis e não podíeis por vós mesmos. Hoje podeis e não quereis.

"Tendes ouvidos para ouvir-me. Tendes inteligência para compreender-me. Tendes livre-arbítrio para agir ou não agir.

"Alma Suprema de todos os seres!... Tem ainda piedade de todos estes que chamaste para o país encantado das eternas conquistas, se é que não terminou para eles a hora da tua piedade!..." — exclamou Abel com a voz trêmula pela emoção que lhe causava o silencioso pranto de Etchebéa junto a ele, e a consternação de seus filhos, que, à Luz emanada do Verbo de Deus, compreendiam seus erros e temiam suas conseqüências.

Prepararam o regresso a seu país depois de haver prometido aos kobdas que entrariam no verdadeiro caminho.

— Minha idade avançada não me permitirá ver novamente o teu rosto — disse Etchebéa chorando quando abraçou Abel pela última vez. — Mas morrerei feliz por haver visto a Luz de Deus sobre a Terra.

— Mais feliz morrerás se, fortalecido e iluminado por essa Luz, corresponderes nesta hora ao Pensamento Divino — respondeu o jovem Mestre, irradiando sobre ele toda a energia de seu espírito. — Que Deus seja contigo, Etchebéa, com os teus filhos e com o teu povo, para onde quer que sopre o vento!

Partiram. Os ódios e ressentimentos diluíram-se entre eles ao sopro benéfico e meigo do amor de Abel e de seus irmãos, reunidos ao seu redor para despedir-se deles.

Parecia-lhes viver novamente os dias da adolescência, quando juntos brincavam com seus antílopes e cordeiros, quando navegavam em suas canoas sobre as ondas azuis do Lago Van e corriam em veloz carreira sobre suas águas serenas para chegar em primeiro lugar à margem onde o pai os esperava com o galardão merecido pelo mais esforçado remeiro.

Rememoravam aqueles dias de amor e paz, e mútuas promessas ouviram aquelas pradarias e aqueles bosques saturados das auras benéficas do Homem-Luz que lá estava.

Etchebéa estava inundado de felicidade. Mas foram as últimas gotas da harmonia e da piedade divina que se derramavam sobre ele.

Áktrion, o mais jovem de seus filhos, desposado com Droith, foi depois Saul, rei de Israel, nos tempos da juventude de Davi; o próprio Lázaro ou Simão de Betânia, na época de Jesus.

Aquela Droith, que tão formidável sugestão exercia com sua formosura e arte sobre os caracteres débeis e em excesso complacentes, nós a encontramos depois em Dalila, mulher de Sansão, o homem mais robusto de Israel; mais tarde em Pompéia, a única mulher que soube dominar as fúrias de Nero em sua conveniência e de seus protegidos. A mesma que, na época de Alexandre VI ou o Papa Bórgia, foi aquela belíssima Lucrécia, seu instrumento para dominar todos os príncipes da Europa Medieval.

Inumeráveis existências de dor e humilhação formaram o altar expiatório deste ser, cuja derradeira encarnação destacada foi Carolina, a irmã de Napoleão Bonaparte, casada com o desventurado Murat.

Quando, pouco tempo depois, se desencadeou sobre Etchebéa o grande cataclismo que Abel lhes anunciara como lógica conseqüência da divisão existente no meio deles, Droith fugiu para as montanhas onde nascera, em cujos impenetráveis labirintos fez morada com todos aqueles que, confiados em sua sagacidade e em suas promessas, quiseram segui-la.

Ela mesma se constituiu sacerdotisa-rainha daquela solidão. A tribo que daí surgiu foi chamada "*Os Droith*", depois, pela mistura das línguas dos que assim se haviam unido para formar uma nova raça ou dinastia, variou em "Droithes da montanha", nome derivado dos idiomas de origem latina; por fim, veio a converter-se nos legendários Druidas que dominaram a antiga Gália por longo tempo com seus misteriosos rituais saturados de poesia e solenidade, e às vezes de heroísmo e tragédia.

Etchebéa, com horríveis punhaladas no peito e na garganta, foi salvo por um criado fiel e oculto numa cavalariça: viveu ainda para receber o último de seus seis filhos kobdas enviados de "A Paz" quando se teve conhecimento da horrorosa tragédia e que o ancião rei ainda vivia. O ferimento recebido na garganta tinha-lhe tirado o uso da palavra, e apenas pôde comunicar-se com seus filhos através de olhares cheios de dor e de lágrimas e por suas mãos trêmulas, que se fartavam de acariciar aquelas cabeças serenas que se detinham diante dele como céu sem nuvens depois da borrasca.

Seus outros filhos, e a melhor juventude de seu povo, foram levados para o outro lado do Mar Cáspio, onde as hostes guerreiras de Shamurance haviam-se organizado novamente e assolavam todas aquelas regiões saqueando cidades e capturando homens e rebanhos.

Os anciãos, as mulheres e as crianças foram salvos pelos arqueiros que mantinham guarda nos povoados da Aliança; mas os soldados não puderam impedir a rebelião do próprio povo de Etchebéa, já cansado de sofrer as arbitrariedades de seus governantes que, por pressão de Droith, carregavam os nativos de impostos e trabalhos penosos para galardoar gente estranha que se ia apropriando dos melhores campos, cidades e animais.

Enquanto isto ocorria à família de Etchebéa, na Morada da Sombra de "A Paz" e de Negadá, os kobdas clarividentes viram, em luminosa aparição, um monstro gigante deitando por terra com formidáveis golpes de machado um formoso bosquezinho de amendoeiras em flor, amontoando-as em imensa fogueira a arder em labaredas vermelhas e negras e espalhando as cinzas ao vento.

Com profunda consternação, aqueles videntes interpretaram em meio de amarga angústia a desoladora visão:

— Irmãos da Aliança, nossos irmãos foram vencidos pelo mal, cujas conseqüências os esmagarão quem sabe ainda por quanto tempo!

Só então se enlutava a alma dos kobdas, e não quando a morte física libertava uma alma de sua prisão carnal.

Em dez dias de silêncio e de trabalho mental contínuo e conjunto, acumularam energia sobre aqueles desventurados irmãos, abandonados numa vida de inconsciência e debilidade, para ajudá-los a se levantar de sua formidável queda por um arrependimento verdadeiro que lhes reincorporasse novamente, num futuro mais ou menos próximo, nas fileiras do bem e da justiça.

A CAVERNA DOS VAMPIROS

No Monte Marashan, prolongamento da cadeia do Antitauro, mais ou menos na altura onde as nascentes do Eufrates formam turbulentos riachos antes de descer unidas para a planície na caudalosa corrente do grande rio, encontrava-se uma imensa caverna que havia sido, sem dúvida, uma grande mina de cobre, metal abundante naquelas montanhas.

Podia conter várias centenas de homens em suas profundas cavidades e labirintos, nos quais o tempo fizera desaparecer muitos dos vestígios deixados pelos seres humanos em sua passagem por lá.

Os pequenos riachos torrentosos, descendo como torvelinhos de espuma, filtravam suas águas pelas fendas das rochas, constituindo as irregulares abóbadas daquele abrupto subterrâneo, motivo pelo qual se haviam formado nas mais profundas escavações, e no interior da caverna, uns lagos de água lamacenta, nos quais pululavam repugnantes animalejos como os que ordinariamente se encontram nas águas estagnadas dos pântanos.

Examinando detidamente aquele labirinto de cavernas, galerias sinuosas e tortuosos corredores, podia-se apreciar mais ou menos o longo lapso de tempo que devia ter passado desde que seres humanos abriram a golpes de picareta aquela entranha da terra.

Havia sido, sem dúvida, o foco central de uma forte raça mineira que esgotou

369

a riqueza da montanha e emigrou para outras cordilheiras que lhe abriram novamente seu seio repleto de cobiçados tesouros.

Depois tinha sido refúgio de animais, pois, em várias das cavidades que davam para o exterior, podiam ainda ser vistos esqueletos de quadrúpedes deitados como em repouso.

Vários elefantes grandes e um pequeno sobressaíam do pantanoso leito de uma das cavernas e pareciam fazer parte da montanha cinzenta. Contudo, a observação mostrava que não eram de pedra desde a sua origem, mas carne feita pedra pela ação de diversos fatores naturais, desde não se sabe que tempo.

Em outras cavidades viam-se restos fósseis de dromedários, alguns em atitude de ter morrido durante o sono, outros de haver sido atacados por algo que lhes privou subitamente da vida.

Como troncos secos, os corpos de enormes cetáceos ocupavam outras cavidades daquele interminável labirinto.

A morte, a desolação, a solidão e o silêncio por todas as partes!

A aproximação de grandes cometas na atmosfera terrestre, ou determinadas conjunções astrais de planetas que, em seu eterno correr na imensidão infinita, viam-se arrastados pela maior força de atração das esferas de nosso sistema, derretia de épocas em épocas as geleiras eternas do longo período paleolítico e parte do neolítico, o que produzia inundações súbitas que, às vezes, surpreendiam homens e animais nos mesmos lugares onde se encontravam. Ou, vice-versa, o congelamento repentino daquelas águas, formando montanhas de gelo e obstruindo a saída das cavernas e os caminhos abertos em nossa história, aquele antro gelado e pavoroso era refúgio dos membros de uma tenebrosa escola de magia negra chamada pelos kobdas *"Irodia-hinis"*, que queria fizer *"Filhos do Ódio e da Ira"*.

Era um vasto agrupamento de magos, áugures ou sátrapas, consagrados ao desenvolvimento dos poderes ocultos com fins sinistros de dominação e engrandecimento, explorando as baixas paixões humanas e todos os instintos depravados que se encerram nos seres atrasados e perversos.

Ali estavam também os sacerdotes da falecida rainha Shamurance e muitos outros que, de diversas regiões da Terra, haviam fugido, perseguidos pelos povos encolerizados à vista das atrocidades cometidas por eles ou pelos príncipes e governantes que caíam sob a sua influência.

Fazia poucos anos que a infernal instituição habitava aquele pavoroso antro, o qual chegou a ser denominado o *"Monte Maldito"* em face das estranhas manifestações que os habitantes da região viam de vez em quando aparecer no exterior; já algumas aldeias imediatas tinham sido abandonadas pelo terror que seus habitantes sentiam por aquela perigosa proximidade.

Numa circunferência de duas milhas ao redor não havia sinais de vida, mas um solo árido e às vezes avermelhado, acinzentadas e nuas montanhas de eriçadas rochas, velhos troncos de árvores secas mostrando suas descarnadas raízes como braços esquálidos de cadáveres há muito tempo expostos.

A Lei Eterna que tudo vivifica, move e transforma, parecia estar exilada daquela desolada região, onde a alma do viajante se sobressaltava de estranho terror.

Se os habitantes das aldeias vizinhas abandonadas eram interrogados, respondiam invariavelmente:

— Ali ninguém pode viver. Os animais se vêem invadidos de tão estranho furor que se matam uns aos outros, e os humanos, de uma febre lenta e maligna que os leva à morte sem motivo aparente. Quando estão quase no instante de expirar, uma repentina fúria os acomete e são vistos a fugir enlouquecidos para a caverna do Monte Maldito, de onde ninguém volta.

"Até os cadáveres são profanados em suas tumbas, muitos dos quais saíram delas e foram vistos a perambular errantes e enlouquecidos pelas montanhas vizinhas."

Quem poderia, pois, viver naquela região?

Se, em minha última vida terrestre, houvesse escutado tais relatos, teria dito simplesmente que aqueles pobres aldeões padeciam de desequilíbrio mental coletivo, de perigosa e funesta alucinação grupal.

Mas hoje, depois de quarenta anos lendo no grande livro da luz astral, depois de meditar profundamente as leis que regem as forças, as correntes e energias do éter e da atmosfera em contato com as forças e energias mentais nas distintas correntes de ação, nas quais estas se encaminham para o bem ou para o mal, não digo o mesmo, mas mergulho numa série de meditações, dizendo no final:

"Quão pouco sabem os homens atuais das eternas leis do universo, da imensa potencialidade do pensamento e da amplíssima liberdade da vontade ou do livre-arbítrio humano para escalar os altos cumes da virtude, da sabedoria e do amor, como para descer aos espantosos abismos da depravação humana!"

O leitor poderá compreender a macabra operação realizada por aqueles funestos habitantes do Monte Maldito quando algum deles, esgotado pela velhice ou pela enfermidade, devia desencarnar.

Buscavam entre todos os jovens das aldeias vizinhas os corpos mais fortes e vigorosos e, mediante uma contínua irradiação de fluidos maléficos sobre o escolhido, produziam em seu corpo a estranha febre que em poucos dias o consumia. Facilitado assim o desprendimento daquele espírito, o espírito vampiro deixava a sua matéria já inútil e gasta e se assenhoreava daquele corpo para continuar vivendo nele. Se, ao efetuar a transferência, não conseguissem estabelecer conjunção entre os cérebros, pouco importava; tudo se reduzia a deixar ali um pobre louco, inútil para toda a sua vida.

Entretanto, mais freqüentemente ocorria que a transmigração se fazia com bom êxito, pois o elemento escolhido era um ser inferior, de escassa evolução e instintos baixos e grosseiros. Imediatamente compreende-se que só indivíduos de tal natureza podem ser aproveitados pelos vampiros para este fim, pois a Lei Eterna corta toda a ação mental maléfica *sobre seres cuja evolução espiritual e cuja vida irrepreensível os coloca a salvo do domínio psíquico dos espíritos do mal.*

Isto explica de modo racional e lógico aquelas longas vidas de seiscentos, setecentos e até novecentos anos que, se não eram comuns a todos, como as antigas escrituras dão a entender, de fato existiram; houve casos, tanto no campo da justiça quanto no da iniqüidade, de vidas terrestres prolongadas durante muitos séculos em diversos corpos.

Daí surgem dois raios de luz que põem em evidência a absoluta imparcialidade e justiça da Lei Eterna: Primeiro, que a dita Lei não restringe a ação das entidades invisíveis consagradas por livre vontade ao mal quando ela se exerce sobre seres que, por lei de afinidade, ficam sujeitos ao que dentre eles pode mais, resultando assim, de uma realidade evidente, o velho ditado: *"Dize-me com quem andas e dir-te-ei quem és."* Ou, melhor ainda, aquela frase do excelso Mestre: "Aquele que busca as trevas, nelas perecerá."

O segundo raio luminoso põe em evidência a soberana imunidade da alma livre que conquistou, com seu esforço pelo bem e pela justiça, uma posição espiritual que a mantém a salvo dessas espantosas dominações em que, às vezes, os seres passam séculos e séculos sem dar um passo sequer em sua evolução e com grande risco de converter-se, no final de tão desastrosa carreira, em seres sem vida própria, sem personalidade definida, a quem a centelha divina abandona como a invólucro inútil, desagregado no montão informe de forças vivas que, em centenas de milênios, em distantes ciclos de evoluções novas, em mundos que talvez ainda não saíram de suas nebulosas originárias, voltarão a viver vidas de pedra em imóveis montanhas, vidas parasitárias em lodaçais pantanosos, vidas vegetais, vidas animais em espécies inferiores, vidas sem alma e puramente orgânicas, vidas de *alma múltipla*, como chamam alguns filósofos modernos à Eterna Energia que anima essa *coisa viva* mas sem individualidade, acumulada em infinita sucessão de tempo nos impenetráveis laboratórios onde age o Cosmos...

Harpas Eternas

Josefa Rosalía Luque Alvarez
(Hilarião de Monte Nebo)

Harpas Eternas é o mais fiel relato sobre a vida do Profeta Nazareno, resultado de mais de vinte anos de pesquisa nos centros culturais da Palestina, da Síria, da Grécia, de Alexandria, de Damasco, de Antioquia e da Ásia Menor, completados pelas informações obtidas nos antigos arquivos essênios de Moab e do Líbano e nas Escolas de Sabedoria fundadas pelos mais ilustres sábios do Oriente.

É a história de Jesus de Nazaré narrada com impressionante riqueza de detalhes sobre todas as etapas da sua vida, detendo-se mais particularmente nos seguintes aspectos:

- As circunstâncias astrológicas em que se deu o seu nascimento.
- A infância em Nazaré na companhia de Maria, de José e de seus meio-irmãos.
- Sua iniciação e educação entre os essênios.
- A juventude e as viagens que fez aos centros culturais mais importantes do seu tempo.
- O quadro social e histórico em que realizou seus milagres.
- A repercussão de seus ensinamentos no ambiente político e religioso da Judéia.
- As convicções que seus contemporâneos tinham acerca de sua missão como o Messias.
- Os incidentes que resultaram na sua condenação à morte.
- Sua ressurreição e ascensão ao céu.

A grandeza do Mestre Nazareno não está fundamentada apenas no seu martírio, mas em toda a sua vida, prova grandiosa e convincente da sua doutrina, que ele construiu sobre estas duas vigas mestras: a paternidade de Deus e a fraternidade entre os homens.

Toda a sua existência foi um vivo reflexo dessas duas verdades incontestáveis, resumo de todo o seu ensinamento, que sempre transmitia a convicção profunda de que só elas podem levar a humanidade à sua perfeição e felicidade: sentir Deus como Pai é amá-Lo sobre todas as coisas; sentir-nos irmãos de todos os homens é trazer o céu à terra.

Harpas Eternas é uma obra de interesse geral pois, na expressão do psicólogo suíço C. G. Jung, queiramos ou não, somos todos cristãos.

* * *

Esta é uma obra editada em quatro volumes que podem ser adquiridos separadamente.

EDITORA PENSAMENTO

CUMES E PLANÍCIES

Os Amigos de Jesus

Josefa Rosalía Luque Alvarez
(Hilarião de Monte Nebo)

Harpas Eternas, a narrativa da vida terrena do Messias, que a Editora Pensamento publicou em 4 volumes, termina às margens do lago de Tiberíades, quando Jesus faz suas últimas recomendações aos seus amigos e, principalmente, aos Apóstolos, que o seguiam mais de perto.

Mas, como bem lembra o prefácio de *Cumes e Planícies*, a história não termina aí e, por múltiplas razões que seria fastidioso enumerar, os que amam o Mestre Nazareno ignoram por completo a história dos continuadores da magna obra de redenção e amor iniciada e anunciada por Jesus.

Cumes e Planícies preenche essa lacuna retomando a narrativa desde a reunião dos Apóstolos em Jerusalém, por ocasião da festa de Pentecostes, e, refazendo seus itinerários pelas principais regiões e civilizações do Mundo Antigo, acompanha-os em seu trabalho de evangelização, narrando-lhes as peripécias, as vitórias e o martírio.

As várias histórias que se entrelaçam neste livro são sempre muito ricas em detalhes e, como em *Harpas Eternas*, não se limitam a focalizar os personagens principais – os Apóstolos Pedro, Tiago, João, André, Felipe, Tomé, Bartolomeu e Mateus, Tiago, filho de Alfeu, Simão Zelote, Judas, filho de Tiago, e Matias, eleito para ocupar o lugar de Judas Iscariotes. Este, surpreendentemente, não tem o fim de que falam os Evangelhos, mas recebe o perdão pelo gesto ignóbil que levou o Messias ao Calvário e que lhe valeu a alcunha de Judas, o Traidor.

A história começa quando todos – discípulos, amigos e colaboradores do Mestre, tendo à frente os Apóstolos – , reunidos em torno de Maria, Mãe de Jesus, decidem separar-se para obedecer ao mandado do Messias: "Ide por todo o mundo, proclamai a Boa Nova a todas as criaturas."

* * *

Cumes e Planícies está sendo publicado em três volumes, que podem ser adquiridos separadamente.

EDITORA PENSAMENTO

Moisés

O Vidente do Sinai

Josefa Rosalía Luque Alvarez
(Hilarião de Monte Nebo)

Moisés não é um mito, nem sua vida uma lenda. Ele é um ser inteligente da mais alta evolução, um Enviado de Deus à humanidade, que se encarnou no filho de uma princesa real do antigo Egito, numa época em que a Esfinge e as Pirâmides nada mais revelavam sobre suas remotas origens perdidas num passado obscuro.

Moisés foi a sétima personalidade humana daquele *Agnus Dei* vislumbrado há milhares de séculos pelos querubins dos mundos mais puros e luminosos dos infinitos céus de Deus. Em eras remotas, anteriores a ele, Moisés havia sido o fogo purificador e uma autoridade judicial no continente de Lemúria; foi Juno, o "Mago dos Mares", foi a piedade, a compaixão e a misericórdia personificadas num pastor de cordeiros e antílopes; foi o Numu da pré-história, que os kobdas do antigo Egito fizeram reviver como o protótipo perfeito do criador das fraternidades idealistas, educadoras de povos e transformadoras de homens.

Moisés viveu como um Rei da nobre dinastia tolsteca da bela Atlântida, devorada pelas águas do mar; foi Anfião, a quem chamaram de "Rei Santo" e, posteriormente, Antúlio, o filósofo médico que curava os corpos e enobrecia a alma dos homens.

Por último, foi Abel e Krishna, na Ásia, iluminando, com os raios da Sabedoria, a Paz e o Amor. E tudo isso reunido como que num cofre de diamantes, invulnerável aos golpes, às fúrias e às tempestades: o Moisés confidente de Elohim, o homem feito de bronze e de pedra, cuja alma vibrante de fervor e de fé impôs a Lei eterna à humanidade, assim como pôde tirar água das rochas para dar de beber a um povo sedento.

Moisés, o Vidente do Sinai é uma obra publicada em três volumes. Como os outros títulos desta série, podem ser adquiridos separadamente.

* * *

Leia também, da mesma autora, *Harpas Eternas*, relato sobre a vida do Profeta Nazareno, em quatro volumes, e *Cumes e Planícies*, em três volumes, que narra a vida e as atividades dos doze Apóstolos no cumprimento da missão que lhes foi confiada.

EDITORA PENSAMENTO

Outras obras de interesse:

A PRECE DE TODAS AS COISAS
Pierre Charles

OS MANUSCRITOS DO MAR MORTO
E. M. Laperrousaz

O MISTÉRIO DO GRAAL
Julius Evola

A PALAVRA VIVA DE SÃO JOÃO
White Eagle

PARA CHEGAR AO CORAÇÃO DO SENHOR - Orações Inspiradas nos Salmos de Davi
Yara B. Coelho

O REAPARECIMENTO DO CRISTO
Alice A. Bailey

O SERMÃO DA MONTANHA - Segundo o Vedanta
Swami Prabhavananda

AS VARIEDADES DA EXPERIÊNCIA RELIGIOSA
William James

A LENDA DO GRAAL
Emma Jung e Marie-L. von Franz

O YOGA ESPIRITUAL DE SÃO FRANCISCO DE ASSIS
François Chenique

DICIONÁRIO DAS RELIGIÕES
John R. Hinnells (org.)

CRISTO - O AVATAR DO AMOR
Haroutiun Saraydarian

A DRAMÁTICA HISTÓRIA DA FÉ CRISTÃ
J.J. Van Der Leeuw

OS ESSÊNIOS
Christian D. Ginsburg

O EVANGELHO ESOTÉRICO DE SÃO JOÃO
Paul Le Cour

OS EVANGELHOS GNÓSTICOS
Elaine Pagels

JESUS - Ensinamentos Essenciais
Anthony Duncan (org.)

JUNG E OS EVANGELHOS PERDIDOS
Stephan A. Hoeller

O LADO INTERNO DO CULTO NA IGREJA
Geoffrey Hodson

Peça catálogo gratuito à
EDITORA PENSAMENTO
Rua Dr. Mário Vicente, 374 - Fone: 272-1399
04270-000 - São Paulo, SP